中国思想史研究

（2022年卷）

谢阳举 主编

中国社会科学出版社

图书在版编目(CIP)数据

中国思想史研究.2022年卷/谢阳举主编.—北京：中国社会科学出版社，2022.12

ISBN 978-7-5227-0675-7

Ⅰ.①中… Ⅱ.①谢… Ⅲ.①思想史—中国—文集 Ⅳ.①B2-53

中国版本图书馆CIP数据核字（2022）第252364号

出 版 人 赵剑英
责任编辑 安 芳
责任校对 张爱华
责任印制 李寡寡

出 版 中国社会科学出版社
社 址 北京鼓楼西大街甲158号
邮 编 100720
网 址 http://www.csspw.cn
发 行 部 010-84083685
门 市 部 010-84029450
经 销 新华书店及其他书店

印刷装订 北京君升印刷有限公司
版 次 2022年12月第1版
印 次 2022年12月第1次印刷

开 本 710×1000 1/16
印 张 20.75
字 数 340千字
定 价 118.00元

目录

CONTENTS

秦汉思想研究

宋明理学研究

宗教思想研究

编后感言

卷　首

前言

从“天人之学”看中华文化特色

张岂之

（西北大学中国思想文化研究所）

摘要：我原来的论文题目是《中华文化与世界文化》，试写中，觉得题目太大，改成现在的题目《从“天人之学”看中华文化特色》，围绕“天人之学”的具体内容，加以论述，又与西方文化进行比较，这样也许会说得清楚一些。

三十多年来，通过对中华文化的研究，我认为“天人之学”“变易之学”与“会通之学”是它的重要主题。关于“天人之学”的演变过程，从“重人事轻天道”到老子“天道自然”理论，到儒学的“生生之谓易”及天地为万物之母、生养之源，应当加以礼敬，再到荀子的天人“相分”“相合”的理论，逐步深化，构成了中国古代“天人之学”的主体。中华文化中的“天人之学”的形成与演变，体现了中国长期农业社会的印记，这和西方不同。古希腊自有它自身的历史背景，从古希腊文明开始，到 18 世纪康德哲学，都没有类似于中国古代“天人之学”的理论。西方哲学的最高主题是思维和存在的关系问题。西方有识之士关注“天”（自然）与“人”（社会）关系的探讨，已经是 20 世纪中叶以后的事，由于全球性生态环境危机，西方才开始注意中国古代“天人之学”的理论及其实践意义。

通过“天人之学”与西方文化的比较，可以看出中西文化相互比较、相互补充的必要性，这样才能维护并推进人类文化的多样性。而文化多样性才是文化得以进步和发展的主要动力。太湖文化论坛首届年会为此贡献力量，我个人有机会参加并发表学术观点，深表感谢，并祝年会圆满成功。

关键词：天人之学　特色　老子　儒学

探讨中华文化精华及其特色，分析它的重要理念，揭示其丰富内涵，与西方文化进行比较，这样也许会有所得。

中华文化精华中有哪些重要理念，要看从哪个角度着眼，学者间仁者见仁、智者见智，这是很自然的事。如果从中华文化的构成上进行分析，我的浅见是：其中的天人之学、变易之学与会通之学也许可称之为基本理念。这里，我想就“天人之学”试做一些分析，向诸位请教。

一 中华文化的源头

谈中华文化最好从文明起源说起。

炎黄时期距今五千多年，这是中华文明的源头。从历史学观点看，炎帝族和黄帝族是史前两个关系密切的大氏族部落，他们对后来中华民族的生衍发展有很大影响。

我国考古学者指出新石器时代仰韶文化后期和龙山文化是中华文明的起源期，炎黄时代就在这个时期内。

炎黄时代的主要贡献是在原始农业和原始文化方面，发明医药是炎帝神农时代的又一重大成就。这些是见诸若干古文献的。我国农业考古学证实距今八九千年，原始农业已有相当发展，在此基础上产生了原始文化。

原始文化不能称之为原创性文化，当时文字初创，也没有文化观和思想体系，是文化源头。在中华民族文化发展史上，形成独特的文化观，以及丰富的文化内涵，才称之为原创性文化，这指的是先秦时期，特别是西周和春秋战国时期的文化。

农业与祭祀祖先这两件大事对中华原创性文化的产生和发展有重大作用。具体说，黄河流域的粟（小米）作农业成为春秋战国时期齐鲁文化（主要指儒家文化）的物质基础。儒家的原创性文化着重探讨“人”的本质、意义和价值。长江流域的稻作农业成为楚文化，即主要指道家文化的物质基础，着重研究“天道”的本质及其与“人道”的关系。两河（黄河、长江）是中国的两条母亲河，由她们哺育出两大体系的原创性文化（儒、道），构成中华民族传统文化的主流。

在中华文化中，原创性文化是民族文化的最初成熟形态，它在演变发展进程中，有本土不同文化的融合，也有本土和外域文化的会通，源远流长，丰富多彩，显示出自身的特色。

二 “重人事轻天道”的思想

我国古代思想家对“天”的认识，大概始于夏、商时期。从西周时起，“天”的概念有两种不同的含义：一种是天神、天命；一种是自然界的天体，即古文献上说的茫茫苍天。以《周易》的经文为例，其中有些对“天”的理解，是指自然的天体、天象，但多数是关于天命、天神的记载。至于西周时的重要政治文献《尚书》，其中“天命”一词，比比皆是。这种状况到春秋时期才发生变化，出现了重人事轻天道的观点。

思想上的这种变化，首先见于兵家（军事家）的著作。齐国军事家孙武在《孙子兵法》中首次提出天时、地利、人和的理念（《始计》）。他说的“天时”，指阴阳、寒暑、四时等自然现象；“地利”指路途远近、面积大小、形势险易、环境利害等方面；“人和”指得民心、得民力、上下同心同德。《孙子兵法》认为，军事家运用这三个条件，才能取得战争胜利。史书记载，越王勾践的大夫范蠡在政治上和军事上由于兼顾天时、地利、人和三者，才取得成功。

战国中期儒学代表孟子认为，天时、地利与人和这三者缺一不可，而“人和”最为重要（《孟子·公孙丑》下）。战国时的兵家著作《尉缭子》也认为，“天时不如地利，地利不如人和”（《战威篇》）。战国末道家的《十大经》（古佚书）把知人事作为知天时、地利的中心环节。由此可见，我国古代重人事轻天道的理论来源于战争的实践，又能提到理论的高度予以总结，这不是思想家们空想的产物。

三 老子与“天道自然”理论

我国先秦时期，深入探讨天人关系，将天道与“自然”联结起来，构筑关于“天道自然”的理论体系，首先要提到老子和《老子》书。从《老子》书中可以看出，它不仅对兵学有研究，而且对农学的知识加以提炼、总结。

有些学者认为，《老子》书（《道德经》《老子五千言》）并非老子本人所著，成书于战国时代。三国时魏人王弼为《老子》作注，其注与《老子》文本珠联璧合，都是哲学美文。后人将王弼注本称为《老子》书的通行本。20 世纪 70 年代和 90 年代又发现了《老子》的地下文书——帛书与简文，足见研究老子思想的材料相当丰富。

《老子》五千字，赫然在目的一个理念，就是“道”。其书第一章为老子思想的总纲。“道”是“有”与“无”的统一。“无”，名天地之始；“有”，名万物之母。什么是“无”？不能照字面解释成什么都没有，“无”指的是空间、空虚。“无”还指“道”体不同于通常的物体，不能说它是圆或方，它具有不确定性。天地万物的最初形态，可称之为“有”，由此演变出纷繁复杂的大千世界。

《老子》第 25 章有这样一句话：“人法地，地法天，天法道，道法自然。”天、地、人都源于“道”，没有神力，没有矫饰，自然而然。“天道”即自然而然的道理，它不争、不言、不骄，没有制物之心，像无形的巨网广大无边，虽然稀疏却没有任何遗漏，将一切都囊括在其中。在《老子》看来，与“天道”自然相反，“人道”显得自私、褊狭、不公。如何改造“人道”?《老子》回答说：“人道”应当效法“天道”自然的本性。

《老子》这样描述“天道”的自然本性：“反者道之动，弱者道之用。”（《老子》第 40 章）“反”指向相反的方向运动，而发展到了相反方向以后，还要再向相反的方向发展，直至回到原初的状态。因此，在《老子》思想中，“反”具有转化和返本两种含义。在这个总法则的影响下，《老子》描绘了强与弱、生与死、福与祸、上与下、前与后等相反而相成的画卷。他主张将“天道”的自然特征引入人事，使施政者具备“柔弱”“无为”的品格和风貌：淳朴、不自以为是、不固执己见、不扰民，以百姓之心为心。这样，经过“天道”浸润的“人道”才能立于不败之地，达到“道法自然”原初的“和谐”境界，这就是《老子》第 42 章所说的“道生一，一生二，二生三，三生万物。万物负阴而抱阳，冲气以为和”。“和谐”在老子思想中也有其他的表述名称，例如称之为“无为而无不为”。“无为”主要指清除独断的意志和专断的行为，含有不妄为的意思，并不是什么都不做。

《老子》书在西方被译成多种文字，不过，据学者研究，这些译本能比较准确地反映老子思想的很少。这主要不是文字理解问题，而是因为用西方哲学观点，不论是哪个学派的，去理解老子哲学，都很难准确有效；在西方，不论古今都没有类似于中华文化中的天人之学。老子所勾勒的理想世界蓝图是万物和谐、各遂性命、充满生机的协调世界，直到今天仍然有着重要的启示价值。

四　先秦时期儒学的天人之学

孔子在春秋末期创立儒学时，对“天”作过研究。《论语》中记载了他与弟子们关于“天”的对话。他说：“天何言哉？四时行焉，百物生焉，天何言哉？”（《论语·阳货》）这里用了两个“天何言哉”，来强调天是自然，如同四季流转一样，没有神性。由此孔子要人们“不怨天，不尤人”（《论语·宪问》），要靠人自身的努力。

战国末期有些儒者研究《周易》的论述，保存在《易大传》中，其书基本上属于儒家学派，也吸取了诸子百家，特别是道家的观点。《易大传》有十篇，又名《十翼》，其中《系辞》上下在于发掘《周易》的哲学潜质，文中关于天人关系的论述，对中华文化的演进有较大的影响。

《易大传》记述自然与人事的变化，从阴、阳着眼，说“一阴一阳之谓道”，“刚柔相推，而生变化”。《易传·系辞上》不像老子那样强调人道效法天道，主张将事物变化的道理运用于社会。《系辞下》云：“穷神知化，德之至也”，认为圣贤懂得事物变化的道理，这才是最高的品德。再如《系辞上》：“一阴一阳之谓道。继之者，善也。成之者，性也”，认为人们在阴阳的相反相成中即可体察到事物运转变化的途径，由此建立行为规范，这才能体现人之所以为人的本性。

《易大传》阐述的变易之理不同于《老子》之处是：《老子》主张柔弱、无为，而《易大传》则强调刚健中正。《乾卦·象传》说：“天行健，君子以自强不息。”“健”，永不中断，永远为此，具有不知疲倦的刚毅精神。不过，《易大传》在主要强调刚健的同时，并未否定柔弱的作用，主张刚柔相济，二者相互为用。在古代哲人看来，君子的自强不息并不只是表现于一时一地，应当贯穿于他们的整个生命历程。这种精神，孔子用“松柏后凋”（《论语·子罕》）作过譬喻，后又演变为愚公移山的故事（《列子·汤问》）。

《周易》讲天、地、人三才之道的统一，《易大传》加以发挥，提出“生生之谓易”，人们以此指导践行，除旧更新。又要人们笃信天地为万物之母、生养之源，应当加以礼敬，不可毁坏。由此可见，中华文化中早就包含有朴素的生态平衡思想，这是符合事实的。

五　天人“相分”“相合”的理论及其价值

在很长的时间里，一提到天人关系，有学者说“天人合一”是其最恰当的文字表述。这个看法值得商榷。“天人合一”见于西汉时期儒学今文经学大师董仲舒。他是“罢黜百家，独尊儒术”的倡导者。在其著作《春秋繁露·深察名号》中论说了“天人之际，合而为一”。按其思想体系，这种提法其实是“天人感应”论的一种表述，以为天、人之间存在着一种神秘的联系，天主宰人事，人的行为也能感动天，这明显带有天命决定论的色彩。

在董仲舒之前的战国末期，荀子提出的天人之学认为，在天、人合一之前先要有天人相分的观点，这和天命决定论大异其趣，将古代的天人之学推进到一个新的高峰。

荀子，名况，字卿，亦称孙卿子，赵国人。早年到过齐国。公元前266 年应秦昭王聘请到秦国。秦国民风淳朴、政治清明给他留下深刻的印象。公元前 255 年，再次入楚，被楚相春申君用为兰陵（今山东峄县）令。春申君死后被免官，荀子住在兰陵，以授徒为业，著《荀子》一书。

荀子生活的时期约在公元前 298 年至前 238 年，当时中原各国的统一已成为历史的主题。他涉猎百家之学，曾在齐国主持过稷下学宫（担任“祭酒”），在这里他与百家之学的思想家们进行切磋，使他的视野更加开阔，思想更有深度。

荀子本着孔子的思路，寻求“和”而否定“同”。“和”是多样性的统一，建立在事物相互区别的基础上，而“同”则是排除矛盾的一致，是没有生命力的单一。荀子探讨“天人之学”的名篇《天论》，把这个道理阐发得深刻而清晰。他写道：“天行有常，不为尧存，不为桀亡。应之以治则吉，应之以乱则凶。”认为天有常规，不受人的意愿支配。顺应天（自然）的法则，人们将从天那里取得养生之资，如粮食等。如果人们违反天的法则，将受到它的惩罚。荀子在《天论》中写下一大段关于加强农业生产的文字：“强本而节用，则天不能贫。养备而动时，则天不能病。修（循）道而不贰，则天不能祸。”认为人们抓住农业这个根本，厉行节约，天就不能使人贫困，有充分的养生之资，并按照季节进行农事，天就不能使人患病；遵循农业生产本身的法则而行动，天也不能使人遭到祸患。可见人在自然的面前不是完全无能为力的。他又说：“错人而思天，则失万物之情”，如果看不到人的作用，只是企求天的恩赐，就和天人关系的真实情况相背离。基于上述分析，荀子的结论是：“故明于天人之分，则可谓至人矣。”

荀子“天人相分”的观点，在中华思想文化史上揭开新的一页，阐述了一个客观真理：当人从自然界分离出来，成为与自然相对的认识主体的时候（也就是认识到天人相分），人才有可能成为有智慧的人，而不是一般意义上的人；不是自然的奴隶，而是能认识并按照自然法则去行动的人；这样的人荀子称之为“至人”，用今天的话讲就是“真正的人”。

强调“人”的地位与作用，这是中华文化及其理论的特色之一。中华文化以“人”为核心，进行探索，才产生了“天人之学”（探讨什么是天？什么是人？人与天有何关系？）、变易之学（探讨世界万物变化的道理）、为人之学（即人的道德伦理标准）、会通之学（即博采众家之长的文化胸怀）方面构筑了内容丰富的理论体系。在这方面，荀子的“天人相分”论作出了重要的贡献。

荀子在《天论》中着重论述了天人相分，就是看到天和人各自的特点，呈现于人面前的是千姿百态的自然世界，不是一个色彩、一种声音的单调死板的存在。在异中求同，达到和而不同。由此荀子在《天论》中写下这样的话：“万物为道一偏，一物为万物一偏，愚者为一物一偏，而自以为知道，无知也。”在荀子看来，万物只是“道”的一个方面，个别事物是整体的部分，人们往往以偏概全，以部分替代整体，自以为认识了“道”，其实并没有达到全面认识的境界。从“分”到“合”，从个别到一般，这才是人们认识的正确途径。

荀子关于天人既相分又相合的理论，在中华思想文化史上产生了深远影响，东汉时期的王充，唐代思想家、文学家刘禹锡、柳宗元等都在这个大课题上作出了贡献。中国历史上的宋、元、明、清时期，由于本土和外域文化的对立与融合，产生了新的思想课题，但天人之学在这段时期并没有失去它的光泽，只是变换了形式，这将由另文论述。

六　中华古代“天人之学”与西方哲学不同

中国古代“天人之学”是农业社会长期延续的印记，本文前面所叙，只是其中的若干要点，并不全面。“天人之学”渗透于中国古代的科学技术，从天文历算、中医药学、古地理学、古建筑学中均可看到它的思想影响。我国古代文学与史学更加离不开天人之学的滋养。关于天人之学的丰富史料，从古代史学中可以见到。西汉时大史学家司马迁有一句名言：“究天人之际，通古今之变，成一家之言。”（《汉书·司马迁传》）在他看来，只有研究天人之间的关系，才能在学术上有所建树。

中国古代史学不仅记述社会人事变迁，而且比较详尽地记载了自然界的变化及其与社会人事的密切关系。以孔子删定的史书《春秋》为例，其中记载了春秋 242 年间的重要天象和地理变迁。日食、月食、地震、山崩、星变、水灾、旱灾等，在《春秋》一书中都有所反映。在二十四部正史中，有十八史本来就有“书”或“志”，其中有关于天象的天文、律历、五行三志的内容。至于中国古代的地理，与天人之学也有密切的关系，不论是自然地理或历史地理，都有关于天象变化与地理学的记载。在中国古代文学中，天人关系始终是一个常见命题。由此可见，天人之学也许可以称作中国古代学术的重要架构。不过，中国古代的神学迷信等往往借用天人之学的形式加以宣传，所以在天人之学中往往鱼龙混杂，需作仔细分辨。

在西方，却不是这样。古希腊哲学是从探寻自然开始的，前苏格拉底的希腊哲学家包括米利都学派（约前 6 世纪产生）、毕达哥拉斯（Pythagoras，约前 580—前 500）、爱利亚学派（约前 6 世纪产生）、赫拉克利特（Heraclitus，约前 535—约前 475）等，对自然现象及其形成的原因进行研究，一般都留下一篇《论自然》的作品。到巴门尼德（Parmenides，约前514—?），他区分了感觉和理性、存在和非存在、本质和表象、真理和意见，由此，希腊哲学的抽象思辨能力大大提升，这是西方哲学最高命题即思维和存在关系问题的起点。

从前5世纪开始，在西方出现了对自然哲学家进行批判的智者学派，他们对人类自身的认识能力有所反思，提出了价值和伦理的问题。由此，希腊哲学转向人的探讨阶段。苏格拉底（Socrates，前469—前399）提出了什么是人生意义的问题，柏拉图（Plato，约前427—前347）继承毕达哥拉斯和巴门尼德等的抽象思考方法，用理念（idea）统摄主观和客观，这在很大程度上决定了西方文化往认识论和理念论方面发展的方向。亚里士多德（Aristotle，前384—前322）完成了最早的学科分类，如：自然哲学、伦理学、政治哲学、美学、逻辑学（他称之为“分析法”）、形而上学等，这是西方学术的基本框架。后亚里士多德的希腊哲学和罗马哲学中也没有出现类似中国古代天人之学的主题。18世纪德国哲学家康德（Immanuel Kant，1724—1804）虽然对星空和道德律表示敬畏，可是他并没有思考过二者间是否存在中华文化所理解的那种天人关系，因此，康德哲学不能称之为天人之学。至于西方有识之士关注天（自然）与人相互关系的探讨，已经是20世纪中叶以后的事，由于全球性生态环境危机，西方许多著名哲学家才开始注意中国古代天人之学的理论及其实践意义。

至于中国古代天人之学的方法论问题，中外学者已开始着手研究，笔者在这篇简短的发言稿中不想涉及这个问题，留待将来发表专文来参加讨论。

最后，我想说的是，中华文化走向世界，在今天已经不是一个理想，而是成为我国学术文化工作者的重大责任之一。让世界了解中华文化，其中最重要的是，准确地向世界介绍中华文化的核心理念，这比介绍具体的文化形态要困难得多。中华文化中的一些核心理念和西方文化并不相同，通过对话与交流，使中西文化相互比较、相互补充，以维护并推进人类文化的多样性；文化多样性是文化得以进步和发展的主要动力，这是一项繁重而必须要做好的工作。笔者在本文中介绍中华文化的天人之学，也正是出于这样的目的。不妥之处，请指正。

侯外庐思想研究

"革命家、史学家、思想家"：侯外庐探索马克思主义中国化的三重身份

袁志伟

（西北大学哲学学院）

摘要：侯外庐的史学研究是马克思主义中国化的重要学术成果，他在马克思主义学术中国化的探索过程中也表现出三重身份：一是"用笔战斗的革命家"，侯外庐希望以学术研究解答中国文化现代化的时代课题，实现民主与科学的思想文化变革；二是"求真致用的史学家"，侯外庐通过开创中国思想史的马克思主义范式，从而为马克思主义的科学性与合理性进行了学术论证；三是"探索出路的思想家"，侯外庐始终将其学术研究目的与中国文化命运相结合，将马克思主义中国化视为中国文化的未来出路，从而为马克思主义中国化提供了学术解答。

关键词：马克思主义中国化　侯外庐　中国思想史　中国文化

侯外庐从事中国思想史研究的主要目的是为马克思主义中国化寻求学术上的答案，针对马克思主义学术的中国化路径，他从"革命""史学"和"思想"三个角度进行了思考和论证；与之相应的是，侯外庐也因此兼具了"革命家 + 史学家 + 思想家"的三重身份，我们正可以通过这三重身份理解其史学研究的目的及学术贡献。首先，从研究内容来说，侯外庐是以史学家的身份，系统考察和研究书写了自商周之际至 20 世纪初的中国思想和社会历史，并建构确立了马克思主义的中国思想史研究范式；其次，从学术思想来说，侯外庐是以思想家的身份，通过对近三千年中国思想和社会的通贯性研究，在其中体现出自己对中国思想和社会特点、历

史发展动力的思考和批判；最后，从研究目的来说，侯外庐还以革命家的身份，“用笔杆子战斗”，他要为共产党领导的新民主主义革命、为马克思主义在中国的传播找到合法性的历史依据，并呼应客观整理和继承中国传统文化、为中国现代化建设提供思想资源的时代课题。①

一 “用笔战斗的革命家”：求索中国现代化时代课题的答案

在侯外庐所处的时代，救亡图存和实现中国社会现代化是当时最为重要的时代课题，他毕生所从事的学术研究和社会活动，正是为了求索这一时代课题的答案。通过践行革命工作和从事学术救国，侯外庐参与并实践了马克思主义中国化的“革命路径”，以此具备了“革命家”的身份。

（一）投身中国共产党领导的救亡图存运动和新民主主义革命

据侯外庐口述自传《韧的追求》等文献记载，他早年在北京就读大学期间，就积极参加了反帝反军阀等学生运动；1924 年他结识李大钊，并在其指导下“确立了马克思主义的世界观”。1927 年李大钊遇害后，侯外庐怀抱着追寻共产主义真理的理想赴法国勤工俭学，并在周恩来的指导下参与当时旅法共产党支部的工作。旅法期间，侯外庐最核心的工作是学习和试译《资本论》，经过长期的积累和翻译，1936 年他与王思华合译出版了我国最早的《资本论》（第一卷）汉译全本。抗日战争全面爆发前夕，他又独自完成了第二、三卷的译稿（后不幸毁于抗日战火），从而“填补中国马克思主义理论宣传一大空白”。侯外庐于 1930 年归国后，先后任教于哈尔滨法政大学、国立北平大学、中国大学等高校，并加入“左翼教师联盟”，利用大学讲台进行马克思主义唯物史观和抗日救亡的

① 近 30 年以来，中国史学界在“走出教科书范式”的影响下，对中华人民共和国成立以来的中国思想史研究也展开了一系列的反思、修正与补充；与此同时，也存在对侯外庐中国思想史体系的误读，部分学人将他的研究成果简单定义为“旧教科书”的模式，这未免有武断之嫌。实际上，侯外庐对中国思想史研究范式的探索，正是其独立自得精神及马克思主义史学中国化的体现，对于今天讨论中国文化发展的出路、马克思主义的中国化等，也具有重要的理论借鉴意义。

宣传；1932年他被国民党当局秘密逮捕，并以"宣传与三民主义不相容之主义"罪名判处监禁。1934年，侯外庐出狱后接受阎锡山的邀请，以"左派教授"身份赴山西从事抗日救亡和统一战线活动；西安事变后又协助周恩来、薄一波在山西开展抗日动员工作。1938—1946年间，侯外庐担任重庆《中苏文化》杂志主编，在周恩来和党的领导下从事促进中苏友好、巩固抗日统一战线、宣传马克思主义的工作，并与郭沫若、翦伯赞、吕振羽等人协助党在重庆及国统区开展革命活动。由此可知，兼具中国马克思主义史学家、著名社会活动家和革命理论家等多重身份的侯外庐，在抗战建国和统一战线等革命工作中做出了重要贡献。

（二）将学术研究作为践行马克思主义信仰和革命理想的主要途径

侯外庐将马克思主义作为其毕生的信仰和归宿，他晚年在回忆录《韧的追求》中曾自述："一九二七年大革命失败时，我找到了信仰的归宿——马克思主义"，"五十多年来，我以信仰为生命，以信仰为家业，以信仰自励、自慰"。[①] 在这一信仰的激励下，侯外庐上承五四时代追寻"民主""科学"的革命思潮，批判性地研究了上起商周时代下至五四时期的中国思想史；其史学研究的目的，一方面在于以实事求是的科学态度追溯和反思中国传统思想文化，全面客观地评判其价值与地位，以此完成新文化运动未完的历史任务；另一方面则是为了民族的独立和自由、为解决中国现代化的时代课题提供学术答案（他将民国时期的时代课题视为"近代的民主潮流在中国的现实解决"[②]）。

侯外庐一生的学术研究正可以视为对此"时代课题"的解答，他晚年回忆自己的治学生涯时说："远言之，我爱羡王船山六经责开生面的气魄，仰慕马克思达到的科学高峰；近言之，自认最能理解鲁迅先生为民族前途，交织着忧愤和信念的、深沉而激越的、锲而不舍的'韧'的战斗。大半生来，在我追求、研究的不平坦历程中，鞭策力是共产主义拯救中国

---

① 侯外庐：《韧的追求》，张岂之主编：《侯外庐著作与思想研究》第一卷，长春出版社2016年版，第54、55页。

② 侯外庐指出："19世纪中叶的中国，是真正把近代的课题从内忧外患中历史地提出来了。所谓课题，是近代的民主潮流在中国的现实解决。"侯外庐著，黄宣民校订：《中国近代启蒙思想史》，人民出版社1993年版，第1页。

的理想。”①

受旅法时期研读和翻译《资本论》的影响，侯外庐在 20 世纪 30 年代归国后开始从事经济学的研究，后来在郭沫若《中国古代社会研究》的影响下关注中国古代社会史的问题（以亚细亚生产方式、土地分配制度、土地所有权形式、社会中不同阶级的结构关系等研究为主）。此后，侯外庐相继发表了《中国古代社会与老子》（1934 年）、《周代社会诸制度考》（1942 年）、《中国古典社会史论》（1943 年，后易名《中国古代社会史》）等社会史论著。通过这些研究，侯外庐揭示了中国古代文明和国家起源的独特“维新”路径（土地由氏族公有直接转变为君主所有，未出现个体家庭的土地私有化）、中国封建社会的土地国有制（土地所有权为皇族地主所有，庶族地主和普通民众只有占有权和使用权）、中国近代资本主义萌芽的出现与发展（地租货币化、商品贸易发展、个体手工业发展等逐渐瓦解旧的生产制度）等理论创见，并由此证明了马克思主义经典理论的合理性，进而为马克思主义在中国的传播提供了学术上的证明。②

（三）用史学研究论证中国新民主主义革命的必要性与紧迫性

在社会史研究的基础上，侯外庐先后完成了《中国古代思想学说史》（1942 年）、《中国近世思想学说史》（1944 年）及《中国思想通史》（第一至三卷，1946—1950 年）等代表性思想史论著，系统考察了近三千年

① 侯外庐：《韧的追求》，生活・读书・新知三联书店 1985 年版，第 2 页。

② 对此，侯外庐晚年在回忆录中指出：“早期马克思主义者的研究焦点集中于政治与经济，集中于社会形态的剖析，尚无暇顾及思想学术史方面。但是随着形势的发展，国民党反动派愈热衷于思想史上沉渣的利用，以售其欺蔽。在中国本位文化谬说的鼓倡之下，他们崇王阳明立诚之教，倡‘复兴礼学’等等，喧嚣鼓噪，洋洋盈耳。究其实际，乃在堵塞马克思主义占领思想学术阵地的通道。于是屠刀禁令之外，书报检查之余，认为贞下起元，标榜新理学以应帝王者有之。自诩‘于古今学术略有所窥，其得力最深者莫如宋明儒’，‘自问薄有一得，莫匪宋明儒之所赐’者亦有之。自二十年代开始，马克思主义者奋起，张我赤帜，高步进入学术史研究园地者。……三十年代以后，接武者纷纷而起，已经出现一批最早的马克思主义学术史工作者。这就为学术史的科学研究准备了条件，也为学术史领域的理论斗争准备了条件。我在上述的概括中，揭露了各种非科学的学术史研究的态度，是反映了当时客观情况的，也说明马克思主义学术史工作者的研究，自然区别于非科学的态度。”侯外庐：《韧的追求》，张岂之主编：《侯外庐著作与思想研究》第一卷，长春出版社 2016 年版，第 209 页。

的中国思想历史，并借此论证了进行中国新民主主义革命的必要性与紧迫性。他认为，仅仅从中国哲学与思想概念本身的讨论中，难以发现其演变发展的根本原因，因此必须从思想所处时代的社会和经济状况中寻找答案。侯外庐发现，中国思想史最重要的特点之一，就是受"维新路线"的影响和束缚："旧的拖住新的"或"死的拖住活的"。① 为什么中国古代史上反映新社会要求的思想往往保留旧的形式？其原因主要在于，经济上的土地国有制和政治上的君主集权制结合为巨大的专制力量和保守的"维新"罗网，它一方面阻碍了中国古代唯物论思想和自然科学的发展，另一方面更迫使中国古代思想家在解决社会危机时缺乏革命与批判精神，而采用与旧制度和思想妥协的方式；这也迫使他们放弃追求外在的社会与政治变革，转而追寻内心的自由与矛盾的消解，并利用宗教等"旧形式及材料"委婉表达新思想。侯外庐对中国传统思想发展特点的这些总结，实际上正是他对中国传统思想文化消极性的批判和中国现代化发展曲折性的探源。在此基础上，侯外庐进一步用理论证明了中国进行政治和社会革命的紧迫性和必要性，以及用马克思主义理论和共产主义理想指导中国社会和文化革命的合理性。

综上所述，侯外庐一方面积极投身共产党领导的救亡图存运动和新民主主义革命，为抗战建国和统一战线工作做出了重要贡献；另一方面更以马克思主义为信仰归宿，通过学术研究论证马克思主义在中国传播的合理性，以及共产党领导新民主主义革命的必要性。从这种意义上说，具有崇高马克思主义信仰的侯外庐正是一位"用笔杆子战斗"的革命家。

二 "求真致用的史学家"：开创中国思想史研究的马克思主义范式

侯外庐的史学研究是中国现代新史学的重要组成部分之一，他作为中国"新史学"的亲历者和建设者，对于中国现代史学，特别是中国现代马克思主义史学所取得的成就给予了很高评价，他说："半个多世纪来，

① 侯外庐、赵纪彬、杜国庠、邱汉生：《中国思想通史》第三卷，人民出版社 1957 年版，第 252 页。

中国新兴史学队伍赢得科学，挣脱枷锁，是有所作为，无愧时代和民族的。在这个队列的名录中，有郭沫若、李达、杜国庠、吕振羽、翦伯赞、范文澜、吴晗、尚钺、尹达……与他们同伍，是我的殊荣。我们这一代投身革命的史学工作者，是争先恐后、热热闹闹、纷争不已、悲喜交集，敞开赤诚的胸怀，披着鳞鳞的伤痕，饮着不尽相等的辛酸，一起奋斗过来的。”①

在此背景下，侯外庐以“求真致用的史学家”身份，系统考察和研究书写了自商周之际至20世纪初的中国思想和社会历史。他在史学领域最重要的贡献，是开创了马克思主义的中国思想史研究范式，其研究视野、理论框架等在今天依然具有重要的学术价值和参考意义。

第一，经济学、哲学和史学“三位一体”的学术体系。侯外庐的学术体系包含着经济学、哲学和史学三大领域，并组成了“三位一体”的统一关系。对此，他在《新哲学教程》一书的“自序”中明确提出，哲学、历史科学、经济学“这三样学问属于三位一体的”：哲学是进行史学和经济学研究的理论指导，“没有哲学修养，便不能裁成事物”②；经济学则是探索中国哲学和史学演变的基础门径，而史学则是对中国传统哲学理论、一般思想及经济社会状况的学术回溯。这一逻辑结构的形成，正是侯外庐运用马克思主义唯物史观指导学术研究的产物。

就经济学与史学的关系来说，经济学为考量思想和社会的发展演变提供了理论前提。而就哲学史与思想史的关系来说，侯外庐认为两者之间既有统一又有区别：一方面哲学史是思想史的核心部分，哲学世界观在思想家的思想体系中居于核心地位；另一方面哲学史的研究范围小于思想史，后者的研究对象包括哲学思想、社会思想和逻辑思想三大部分。治思想史者不仅要研究理论化思维为主的哲学史，还应研究包括宗教、信仰及社会思潮等在内的整体思想史。因此，在侯外庐看来，思想史具有综合性的特点：“思想史也并不是政治思想、经济思想、哲学思想的简单总和，而是要研究整个社会意识的历史特点及其变化规律。”③ 由此可见，在侯外庐

① 侯外庐：《韧的追求》，生活·读书·新知三联书店1985年版，第2页。

② 侯外庐：《新哲学教程·自序》，新知书店1947年版，第1页。

③ 侯外庐：《侯外庐史学论文选集·自序》，人民出版社1987年版，第11页。

的学术思想体系中，哲学是研究方法论和进行批判反思的工具，经济学则是研究基础和考察深层原因的途径，而史学则是在综合两者的基础上，对中国传统文化进行的追溯和整理，并最终发挥解答社会问题的"致用"目的。

第二，"社会史与思想史结合"的研究特色。作为"革命家+史学家+思想家"的侯外庐，其最为学人所熟知的史学研究特色是"思想史与社会史的结合"，即将中国历史视为社会历史和思想历史的统一整体而进行考量。他在回忆录中总结说："自三十年代开始，我对于中国历史的研究，主要做了两个方面的工作，一是社会史研究，二是思想史研究，我向来认为，社会史与思想史相互一贯，不可或缺，而'研究中国思想史，当要以中国社会史为基础。'"① 与同时代的钱穆、胡适等思想史研究者不同的是，侯外庐选择从社会史路径进入思想史研究领域，即通过社会史审视中国思想的历史。这一研究路径主要渊源自他早年对马克思《资本论》的研究和翻译，即"从经典著作的原著中掌握观察问题的理论和方法"②。因此，马克思主义的经济学和社会历史分析法也成为侯外庐研究中国古代社会和思想最基本的理论依据。在此基础上，侯外庐的史学研究由社会史和思想史两部分有机组成，他在中国思想史的研究中既注意从土地制度、社会阶层结构、所有权归属等角度分析哲学思想发展演变的本质原因，也注意审视社会与思想之间的互动，揭示中国历史的发展动力和丰富内涵，以达到"以古人之思想还诸古史之实际"③ 的"求真"目的。

第三，"以世界眼光研究中国问题"的史学视野。侯外庐在马克思主义经典原理的启发下，注意从世界历史发展演变的宏观格局中看待中国历史的演变特点，他提出中国思想史研究应具有中西比较的世界史视野，必须坚持"世界视野与中国问题结合"的原则。在侯外庐的著作中，我们既可以看到中国国家起源与古希腊城市国家的对照，明末以来思想社会变迁与欧洲启蒙运动的比较；也可以看到抗战建国与欧洲战局、中苏关系与新民主主义建设的关系等中西比较下的讨

① 侯外庐：《韧的追求》，生活·读书·新知三联书店1985年版，第221页。

② 侯外庐：《韧的追求》，生活·读书·新知三联书店1985年版，第157页。

③ 侯外庐、赵纪彬、杜国庠：《中国思想通史》第一卷，人民出版社1957年版，第222页。

论。在这些重要现实与理论问题的研究中，我们也不难发现这种“世界眼光，中国问题”研究视野的意义：中国现代史学的发展必须突破传统史学“中国即天下，天下即中国”的自我中心局限。学人只有立足中国的现实问题、以世界历史的视野进行中西比较，才能对中国思想和社会的特点、价值与不足作出全面的考察和反思，进而从学术角度发现并解决中国社会和文化的发展问题。

综上所述，作为“史学家”的侯外庐向我们表明，史学研究必须做到“求真”与“致用”的统一。对此，他一方面在唯物史观指导下取得了一系列理论创见，并通过史学研究论证和确立了马克思唯物主义的科学性；另一方面则建立了马克思主义的中国思想史研究范式，[①] 为中国史学研究发展和社会问题解决提供了参考与借鉴。

三　“探索出路的思想家”：以马克思主义引领中国文化的未来发展

侯外庐以思想家的身份，通过对近三千年中国思想和社会的通贯性研究以“叩问中国文化的未来出路”。他的史学研究和理论观点无不体现出对中国思想和社会特点、历史发展动力的批判和总结，以及他对中国文化未来发展方向的深刻思考。

第一，文化反思：在系统批判与整理的基础上继承和弘扬中国优秀传统文化。

侯外庐在史学研究中深刻认识到，要实现对中国传统文化的继承与发展，首先必须对其进行深入系统的批判性整理，最终为中国现代化扫清思想障碍，这是当时学术研究中的“首要任务”。因此，他一方面系统地批判研究了中国传统思想中的落后成分，以此扫清中国传统文化中的“糟粕”；另一方面也肯定了中国传统思想中的合理成分，以此彰显传统文化中的“精华”，进而肯定了当前继承这些思想文化的现实合理性。侯外庐

① 例如，任继愈主编的《中国哲学史》及肖萐父主编的《中国哲学史》等论著，在主要研究方法、论述框架、理论观点和哲学史分期等方面都借鉴了侯外庐主编的《中国思想通史》等著作。

通过"综合前人思想的源流演化，而做一些承先启后的工作"①，从他对中国传统思想和社会的系统批判分析中，我们可以看到他对正统哲学的专制色彩、传统哲学的浓厚宗教性、封建土地国有制和自由私有权缺乏等持坚决的批判态度；与此同时，他对中国思想史上的反专制思想、朴素唯物主义、无神论、自由法权观念等优秀思想遗产给予了重视和表彰。其目的就在于通过对马克思主义经典原理的中国运用，推进科学、自由、民主思想和法权观念的启蒙，从而实现中国现代化的时代课题。

第二，文化自信：运用马克思主义建构史学研究的中国道路。

侯外庐认为，马克思唯物主义是真正科学的研究理论，只有运用这一理论和方法才能对纷繁复杂的中国传统思想和社会做出客观的解释。对此，他在《中国思想通史》第四卷中说："我们提倡马克思主义理论与中国历史实际相结合的创造性的科学研究，同时也反对这样的态度：或者孤立地用一句封建主义的定义来代替各个角度的全面分析，或者动不动就武断地说马克思主义的普遍性的理论不适用于中国。这种态度妨碍人们对科学理论进行虚心而认真的研究。"② 由此可见，侯外庐史学研究的出发点及归宿，正是要论证马克思主义理论与中国历史实际结合的合理性。因此，他也将史学研究工作视为"从新事物里剔除腐烂渣滓，从旧事物里提取新生契机"③，也就是说，通过考量中国历史的特点，进而重估中国文化的价值；通过探索独立自得的中国史学范式，进而重建中国学术和文

---

① 侯外庐将其中国思想史研究也视为对中国传统文化的一次系统总结，他说："我们的入手处，是根据古人对思想史的批判来开始的。但我们并不是随意引用，而是依据了一个原则。这原则就是每到了历史发展的划期关头，就有学人出来做综合各派思想而考竟源流的研究，他们相对地可以说出些思想脉络。例如古代，战国末年有《庄子·天下》《荀子·非十二子》《解蔽》《韩非子·显学》，以及汉初的《商君书·开塞》《史记》的'六家要旨'；同样，又如初期启蒙时代，明、清之际有黄宗羲、全祖望的《宋元学案》《明儒学案》；乾、嘉汉学结束时期有江藩的《汉学师承记》、汪中的文化思想发展史的著作；清末民初之际有章炳麟、梁启超的中国学术史试作的诸论著。这些总结性的著作，说明了在新旧社会交替之际，本着一定时代条件之下的有限的认识，企图综合前人思想的源流演化，而做一些承先启后的工作。如果历史上没有划时代的变化，则这些综合学术的史论，就不会出现。然而，我们也并非完全依据这些著作，主要在于把这样的文献作为证件，再用科学方法来进行解剖。"侯外庐、赵纪彬、杜国庠：《中国思想通史》第一卷（上），人民出版社 1957 年版，第 18 页。

② 侯外庐主编：《中国思想通史》第四卷（上），人民出版社 1959 年版，第 3 页。

③ 侯外庐著，黄宣民校订：《中国近代启蒙思想史》，人民出版社 1993 年版，第 307 页。

化的自信。

第三，文化自觉：在马克思主义中国化基础上探索中国文化的未来出路。

在侯外庐看来，中国传统思想和社会虽然有其特殊性并自成体系，但缺乏自我进化的内在动力，难以适应中国现代化的时代要求。因此，要实现中国社会现代化的时代课题，就需要将科学的马克思主义作为新的文化动力，从而推动中国传统哲学思想、社会制度等方面的改革。这也是对“五四”文化和思想启蒙使命的继承，他称之为“自觉”[①]。侯外庐的史学研究，从史学方法上论证了马克思主义理论的“科学性”，从学术思想上论证了马克思主义改造中国传统文化的“合理性”，进而揭示了现代中国文化和学术研究的发展路向：一方面继承和发展中国传统文化中的唯物主义和无神论思想；另一方面坚持以马克思主义的辩证唯物主义和历史唯物主义为核心的科学世界观和方法论，并最终构建出新的中国学术形态和民族文化。正是从这种意义上说，侯外庐学术研究的目的是“叩问中国文化的未来出路”，即为中国的独立和富强、中华民族的解放和自由寻找答案。这些理论经验，对当前马克思主义中国化和中国文化未来发展方向的学术讨论，依然具有重要的理论参考和启示意义。

结语

侯外庐具备“革命家 + 史学家 + 思想家”的三重身份。从“革命家”的角度来说，马克思主义的崇高信仰和拯救中国的理想信念，促使侯外庐积极投身抗战救国和新民主主义革命；而翻译《资本论》的学术经历和马克思主义的理论滋养，则打开了侯外庐的理论视野和学术方向，为他提供了“用笔战斗”的学术武器。从“史学家”的角度说，侯外庐主张在史学研究中讲出“民族的语言”，走出一条既不拘泥古人又不照搬西方的

---

① 对此，侯外庐在研究五四文化运动与孙中山思想时说道：“五四文化的市民自觉运动，是中国近代的思想启蒙，它的革新意义，对中国封建社会的朽腐因袭传统，从意识上做了一个扫清工作，上而结束了士大夫的卑躬屈节的说士气习，下而在人民观念上与国民运动相连结。”侯外庐：《五四文化运动与〈孙文学说〉的关系》，张岂之主编：《侯外庐著作与思想研究》第二十三卷，长春出版社 2016 年版，第 194 页。

史学研究的新路，并推进马克思主义的中国化；从"思想家"的角度说，他希望对中国优秀传统文化进行整理和继承，并着力论证中国社会和文化虽有特殊性，但未来中国的出路将是人类大同的共产主义。侯外庐 1939 年在其《中国学术的传统与现阶段学术运动》一文中曾经写道："中国真正的德谟克拉西学术的介绍者，必然同时是社会主义学术的介绍者"，"中国真正德谟克拉西自觉运动者，必然同时是社会主义中国化者"。[①] 我们从侯外庐的学术研究中可以发现，这段话正是他对自己学术使命的描述，侯外庐正是这样一位真正的"德谟克拉西（民主）学术的介绍者"和"社会主义学术的介绍者"，同时也是一位"社会主义中国化者"。在"叩问中国文化未来出路"和马克思主义中国化的学术道路上，侯外庐等老一辈马克思主义学者做出的重要理论贡献，在今天依然具有积极的借鉴意义。

① 侯外庐：《中国学术的传统与现阶段学术运动》，张岂之主编：《侯外庐著作与思想研究》第二十三卷，长春出版社 2016 年版，第 17 页。

先秦思想研究

刘宝才教授的先秦思想文化研究*

韩　星

（中国人民大学国学院）

摘要：论文从学术研究的理论基础和学术渊源、炎黄文化研究、儒家经典和儒学研究、先秦诸子研究、先秦思想史研究几方面综述刘宝才教授的先秦思想文化研究。认为刘宝才教授先秦思想文化研究的理论基础是马克思主义，学术渊源主要是“侯外庐学派”，也吸收了王国维、徐中舒等学术研究范式和方法。他的先秦思想文化研究突出在炎黄文化研究方面；他对儒家经典《周易》《论语》《大学》《中庸》都做过专门研究，对儒学更新发展有考辨；对先秦诸子从宏观和微观研究和阐发，认为诸子各派学说都有价值，对道、法、名、阴阳家都有专论。先秦思想史研究是刘宝才教授在传承发展侯外庐学派、追随张岂之先生不断深化中国思想史研究的主要工作，先后参加与《中国思想史》《中国思想学术史》等先秦卷的撰写和主编，对先秦思想史有系统梳理，形成了与时俱进，正本清源的学术观点。

关键词：刘宝才　先秦思想文化　侯外庐学派　学术研究

一　刘宝才教授学术研究的理论基础和学术渊源

刘老师先秦思想文化研究的理论基础是马克思主义。据他回忆，中学毕业考入西北大学历史系后，“与多数同辈人一样，我青年时期学习理

* 基金项目：2020 年度教育部哲学社会科学研究重大委托项目“儒家思想的当代诠释”（20JZDW010）。

论，主要是学马克思主义著作。它培育了我的宇宙观，影响了我的人生态度，训练了我的理论思维能力。在历史文化研究中，我遵从它的观点和方法。”① 也就是说，他通过学习“毛著”和马列原著，得到了理论思维的训练，奠定了日后从事学术研究的基本观点和方法。

刘老师经常对研究生说，历史研究，理论、史料、文字三方面都要下工夫。在历史文化研究中，他非常重视史料。这可能与他在西北大学历史系读书，受到侯外庐、陈登原、陈直等史学大家的影响有关。他不仅自己做学问是先有材料，在材料的基础上形成学术观点和思想，在带研究生时也非常重视学生运用资料的基本功训练。据刘丰同学回忆：“刘老师是一位严谨的历史学家，他始终教育我要有历史的态度，在学习、研究的过程中对待史料要严肃认真。我现在还保存着刘老师撰写的一份‘关于先秦思想史史料（提纲）’，这应当是他讲课的一个提纲，其中简要、明确地叙述了有关先秦思想史史料的一些特征和使用原则。”② 在研究历史文化中，刘老师也非常重视古汉语学习。大学毕业，刘老师先到陕西省社科院历史研究所工作。当时工作任务不多，有了读书的机会，他就认真学完了王力主编的四册《古代汉语》，打下了很好的古文基础，在后来研究古代历史文化就派上了用场。

刘老师的学术渊源主要是中国思想史研究的“侯外庐学派”。侯外庐是当代中国著名的马克思主义理论家、史学家。刘老师在读书和工作期间受到侯外庐和侯外庐学派第二代学术带头人张岂之先生的影响，熟悉侯外庐学派的学术思想和研究理路。他认为侯外庐研究中国古代社会理论成就的集中表现是将亚细亚生产方式理论中国化。侯外庐关于中国古代社会基本特点的论述，就是从中国历史的实际出发阐明亚细亚生产方式理论，从而使之中国化的范例，是在更高层次上对唯物史观的丰富和发展。侯外庐对于中国古代社会研究采用全面占有史料、认真考辨史料的方法，同时与马克思主义历史学科的社会发展规律加以统一研究，也就是理论与史料统一的方法。重视马克思主义的理论研究是侯外庐历史研究的突出特点，是

① 刘宝才：《我的求学路》，《西北大学学报（哲学社会科学版）》2017 年第 5 期。
② 刘丰：《刘宝才老师教我学习思想史》，《学衡》公众号，2021 年 4 月 8 日。

中国马克思主义历史学的优良传统，我们应该加以继承和发扬光大。① 侯外庐先生的《中国古代社会史论》在史学方面是一部具有开创意义的大作，具有标志性意义。在该书中，侯外庐先生在承认人类社会普遍规律的前提下，致力于研究中国社会的特殊规律。在对亚细亚生产方式研究的基础上，从城乡问题入手对中国古代社会做了宏观研究。具体是从古代城市国家的起源、建国原则、发展、性质、差别等角度，阐明氏族制度残余、氏族贵族专政、古代变法的艰难、古代政治和法权理论特点、各诸侯国不尽相同前途命运等，系统深入，新见迭出。②

刘老师还非常重视“侯外庐学派”的传承发展，引导研究生树立起对侯外庐学派的自信，为研究生开设《费尔巴哈与德国古典哲学的终结》和《中国思想通史》导读课，将二者结合起来，讲马克思主义唯物史观的诞生及其重要哲学意义，讲侯外庐先生如何把马克思主义原理运用到中国史研究，如何对中国思想发展的历史做出贯通性的诠释，使学生对侯外庐学派的理论品质、学术路径有了深切认识，为其巨大的理论魅力所感染，并以成为“侯外庐学派”的后继者深感自豪。侯外庐先生认为研究社会史不能单纯看生产资料，生产工具，还要看它们与劳动者的结合方式。刘老师对侯先生的亚细亚生产方式研究和封建土地国有制的研究等都进行过深入的剖析。他自己的学术研究也是沿着侯先生的路径，着力对先秦社会史与思想史给予充分的解释。③ 20 世纪 80 年代后，改革开放，思想解放，学术研究百花齐放，各种理论和研究范式、研究方法层出不穷，很多人感到侯外庐学派过时了、落伍了，在这种情况下，刘老师带研究生还是非常重视指导学生沿着侯先生开辟的学术路径，继承侯外庐学派的学术精神和研究方法，稳重地推进侯外庐学派的传承与发展。

1979 年，刘老师还到四川大学徐中舒先生受教育部委托开办的先秦史进修班学习，一年中系统地听徐老讲了先秦历史和古文字学，收获满满。进修结束后，他继续研读徐中舒先生的《先秦史论稿》和《徐中舒

① 刘宝才：《亚细亚生产方式理论的中国化——纪念侯外庐先生诞辰 100 周年》，《中国史研究》2003 年第 2 期。

② 刘宝才、梁涛：《侯外庐〈中国古代社会史论〉的史学开创意义》，《东北师大学报（哲学社会科学版）》1994 年第 3 期。

③ 方光华：《怀念刘宝才老师》，《西北大学报》2020 年 10 月 30 日第 4 版。

史学论著辑存》等重要著作，同时钻研侯外庐先生的著作，特别是《中国古代社会史论》和《中国思想通史》第一卷。后来他这样谈自己的收获：

> 对比两位先生治学的经历和成就，我产生一个深刻的印象：两位先生研究先秦历史有殊途同归之妙……徐老从文字学到史学，侯老从马克思主义理论到史学，他们的治学之路不同，对中国古代社会形成的基本见解却是相近的。侯老用“亚细亚的古代”“‘早熟’的文明‘小孩’”“改良的路径”“惟新的路径”描述中国古代社会，揭示出存在着的氏族是中国古代社会的特殊性。欧洲历史进入古代社会之时就冲破了氏族组织，中国历史进入古代社会之后继续保存着氏族组织，直到古代社会瓦解。徐老认为中国古代社会普遍存在农村公社，公社中的人群以血缘为纽带连接在一起，同样看到中国古代社会一直保存着氏族组织。侯老着重对中国古代社会的这个基本特点进行理论论证，徐老更多以此解释了种种历史现象。侯老和徐老研究先秦历史殊途同归，对学术研究具有重要启迪，值得我们深长思之。①

毋庸置疑，刘老师的学术研究立足侯外庐学派，也吸收了王国维、徐中舒等学术大家的学术研究范式和研究方法，这就是他的学术渊源。

二　炎黄文化研究

炎黄文化研究在刘老师先秦思想文化研究中比较突出。他曾经搜集古代文献中有关黄帝的各种资料，题解注释，编入张岂之先生主编的《五千年血脉——黄帝文化资料汇编》一书，由西北大学出版社、香港新世纪出版社 1993 年联合出版。通过这份文献资料的整理，他认识道：“关于黄帝事迹的文献有两个方面的价值，即研究传说时代古史的价值和研究文献形成时代文化史的价值。”② 后来又作为主编之一编撰了《陕西省志·

① 刘宝才：《我的求学路》，《西北大学学报（哲学社会科学版）》2017 年第 5 期。

② 刘宝才：《黄帝文化文献述论》，《求学集》，陕西人民出版社 2004 年版，第 559 页。

黄帝陵志》（陕西人民出版社2005年版）和《黄帝文化志》（陕西人民出版社2008年版）。笔者参与了《黄帝陵志》和《黄帝文化志》的部分章节编撰，跟刘老师学到了很多东西。

刘老师研究炎黄文化，注重解决学术界争议或悬而未决的问题。关于炎黄时代的传说史料一度被认为出于战秦国汉人的臆造。但越来越多的考古发现证明，传说史料基本上是可信的。刘老师把传说史料和考古资料结合起来，从经济、文化、社会三方面进行研究，得出结论：炎黄时代大致在距今6000年至4000年之间，黄帝时代大致在距今5000年前后，炎黄时代始于黄帝之前500多年，炎黄时代是中华文明的开端。怎样说明中华文明有5000年悠久传统而不是4000年或更短呢？怎样理解中国社会基本特征的历史渊源呢？怎样论证中国传统文化的积蓄形成过程呢？这些问题，都需要追溯到炎黄时代才能给予回答。[①] 刘老师把考古资料与史籍记载的古老史料结合起来进行研究，经过考辨，去伪存真，探寻炎黄时代的真实历史，对炎黄时代的经济、文化、社会作了探讨，认为炎黄时代中国的原始农业发展到了高级阶段，文化上从文字、艺术和宗教三方面可以得到说明，还论述了两大问题：其一，炎黄时代是否已经出现国家因素的萌芽？回答是肯定的。其二，炎黄时代与其后中国五千年历史的联系问题，也是可以肯定的。[②] 他指出："炎黄文化是炎黄时代和后代与炎黄有关的中国文化。它是中华文化的源头，又是几千年来不断发展的中华文化的组成部分。它集中代表中华文明的开创精神和民族凝聚力。""炎黄文化的研究基本可分为远古研究和文化史研究两大学科的研究。"但二者研究对象、标准、价值不同，需要加以区分。[③] 中华民族有五千年文明史这一论断是可信的，中华民族的发源地就是广大的黄河流域，而不只是这一地区某个小地方，中华民族是一个富有开创精神的伟大民族，中华文明是一个连续发展的过程。因此，古代文献关于黄帝的文字记载是一份值得深入研究的宝贵历史遗产。这一结论不仅具有重要的学术意义，而且有利于增强

① 刘宝才：《炎黄时代——中华文明的开端》，《西北大学学报（哲学社会科学版）》1994年第3期。

② 刘宝才：《论炎黄时代》，《求学集》，陕西人民出版社2004年版，第529—550页。

③ 刘宝才：《炎黄文化三题》，《求学续集》，陕西人民出版社2019年版，第78、81—82页。

中华民族自信心，中华文化自豪感。①

经过长期研究，刘老师还提出了“黄帝文化”的问题。什么是黄帝文化？中华文化历史悠久，博大精深，是一个多方面、多层次的复合体，我们经常讲华夏文化、中华传统文化、儒家文化、道家文化、佛教文化等。这些文化与黄帝文化是什么关系？为什么又要提出黄帝文化？他指出，古籍记载的黄帝事迹，实际上可以分成两类：一类是传说时代的传说史料，包括黄帝的族性世系、文明发展状况、各部族的关系等；二类是后代发生而已黄帝事迹表述的文化现象，包括战国儒、道、阴阳诸学派借以阐发各自思想的黄帝事迹，关于黄帝的神话传说，汉代纬书记述的神化的黄帝事迹，神仙方术以至道教著述中的仙化的黄帝事迹。这类记述对于传说时代是虚假材料，对于研究中国古代它们分别形成的时代的文化史是真实的。黄帝文化产生于史前，随着中华民族历史发展形成为一种传统。黄帝文化的优秀传统可以概括为四个方面：社会文明进步，文化兼容并包，民族团结和睦，国家统一强盛。

由诸多学者参与编撰的《黄帝文化志》是一部有关黄帝族姓里居、文治武功、发明创造和黄帝与中华民族、黄帝与中华文化、黄帝陵庙祭祀及历史沿革、传说轶闻等方面较为完整的文献汇编，特别是书中就黄帝时代的始创，如政治文明，编入了社会管理制度、礼仪制度等；发明创造，编入了天文历法、农与工商、衣食住行、医药、文字、器物等；艺术成就，编入了音乐、舞蹈、绘画、雕塑等。这部书对于人们了解、认识黄帝文化，深入研究黄帝文化，具有重要的参考价值和历史文献价值，可以称得上是一部黄帝文化的“百科全书”。笔者有幸参与该书第一编“黄帝与中华民族”、第二编“黄帝的武功文治”的编撰。《黄帝文化论纲》是刘老师在主编《黄帝文化志》过程中形成的关于黄帝文化的系统认识，他认为黄帝文化反映了黄帝时代的特征，突出体现黄帝时代的凝聚精神和创新精神。黄帝文化的精神孕育出众多中国学术流派，如先秦诸子中除了黄老学派，还有儒家、法家、道家、兵家、纵横家、杂家都与黄帝文化有关，古代典籍《左传》《国语》《周易》《商

① 刘宝才：《有关黄帝的文字记载告诉我们什么》，《求学集》，陕西人民出版社2004年版，第551—558页。

君书》《韩非子》《庄子》《管子》《尉缭子》《战国策》《吕氏春秋》等都有不少有关黄帝文化的材料。黄帝文化在全国各地都有其资源，有其影响，主要分布在黄河中下游地区，陕西作为黄帝文化的一个中心地区，是历史形成的。首先，渭河流域和洛河（指北洛河）流域是炎黄氏族的发源地和早期生活的地区。其次，《史记》汉武帝祭祀黄帝陵的史实说明，早在西汉的时候，黄帝陵在陕西就得到中央朝廷承认。以后历代帝王都在陕西桥山黄帝陵祭祀黄帝。近现代史上，辛亥革命期间同盟会在这里祭祀黄帝，抗日战争期间国共两党在这里共祭黄帝。西汉至今两千多年里，黄帝文化的发展没有离开过陕西。当代陕西黄帝陵整修、清明节公祭得到党和国家领导人、相关部委支持，得到全国很多省、市、自治区政府支持，得到海内外炎黄子孙的广泛支持，表明陕西是黄帝文化的一个中心地区得到公认。这对于某一些省市文化搭台，经济唱戏，不顾事实地争夺黄帝文化资源是有力的学术辩证。

黄帝文化一个非常重要的内容就是陕西桥山延续两千多年的黄帝陵祭祀。如何看待黄帝陵祭祀？如何挖掘黄帝陵祭祀的文化底蕴？由刘老师和何炳武主编的《陕西省志·黄帝陵志》是一部以黄帝陵为题，对黄帝、炎帝时代以及黄帝文化进行全面记述的专志。黄帝陵是中华民族的文明始祖轩辕黄帝的陵寝，在1961年国务院公布的第一批全国重点文物保持单位中，黄帝陵列为古墓葬第一号，号称“天下第一陵”，在中华民族历史上有着崇高的地位和深远的影响，是海内外中华儿女尊崇和向往的圣地。《黄帝陵志》共八章，分别是“黄帝传略”“黄帝陵”“轩辕庙”“黄帝祭祀”“黄帝陵祭文”“历代咏黄帝陵诗词”“黄帝陵楹联”和“整修黄帝陵工程”。笔者有幸撰写第一章“黄帝传略”。这项工作的完成带有开创性，它填补了此类专志的一项空白。刘老师把黄帝祭祀放在中华民族生生不息、中华文化一脉相承的宏观视野下，认为“黄帝祭祀是中华民族特有的顽强生命力形成和得以发挥文化因素之一，是在中华民族结构内在的深层联系和中华民族具有长远根本共同经济利益的前提下发挥作用的，同时也离不开政治因素的影响”①。中国历史上的黄帝祭祀活动，把黄帝看成祖先、天帝和帝王三种观念。在历史上三种观念先后出现，相离相兼，

① 刘宝才：《黄帝祭祀与中华民族》，《求学续集》，陕西人民出版社2019年版，第99页。

不同时代不尽相同，大体是史前和三代把黄帝作为祖先祭祀，封建社会前期主要把黄帝作为天帝祭祀，封建社会后期主要把黄帝作为帝王祭祀，近代以来又把黄帝作为祖先祭祀，强调黄帝是中华民族的人文始祖。当今黄帝祭祀已经成为中华民族伟大复兴运动中一种具有重大意义的特殊文化行为。刘老师还进一步研究了黄帝祭祀与中华祭祀文化的关系，认为黄帝祭祀是中华传统祭祀文化的有机组成部分，研究黄帝祭祀要放在中国传统祭祀文化之中，从经学角度研究，才能发掘出它的历史文化底蕴。他概括了中华民族传统祭祀文化的四大特征：强调反始报本、注重恭敬虔诚、进行人伦教化、追求天下之和。他引用《礼记·祭统》“夫祭有十伦焉：见事鬼神之道焉，见君臣之义焉，见父子之伦焉，见贵贱之等焉，见亲疏之杀焉，见爵赏之施焉，见夫妇之别焉，见政事之均焉，见长幼之序焉，见上下之际焉。此之谓十伦”，认为这十个方面是中国传统祭祀文化的十大价值，也是黄帝祭祀的文化价值，其中集中体现为以人为主体的观念，“这是中华民族传统文化、中华民族传统祭祀文化的永恒的文化价值，也是黄帝祭祀的永恒的文化价值”①。刘老师还特别重视黄帝文化的创新精神，认为创新是黄帝文化的根本精神，全面创新是黄帝时代的本质特点，黄帝文化的创新精神得到多方面的传承发展，成为中华传统文化的优秀内涵，具有重大的理论价值和现实价值。② 今天，我们如何更好地传承发展中华优秀传统文化，还要特别重视这种创新精神。

三　儒家经典和儒学研究

刘老师对经典《周易》《论语》《大学》《中庸》都做过专门研究。他认为《周易》筮辞原本是历史积累下来的占筮记录，西周初年由占卜官选编整理成书，这样周人把自己的世界观加进去，其内容反映了西周统治者的思想观念，在宗教世界观的陈旧体系中出现了非宗教的崭新内容，如德治论：关于德的观念；德治方面明察以用人，宽和以治民；刑罚方面

① 刘宝才：《黄帝祭祀与中华祭祀文化》，《求学续集》，陕西人民出版社 2019 年版，第 129 页。

② 刘宝才：《黄帝文化的创新精神》，《求学续集》，陕西人民出版社 2019 年版，第 141—143 页。

明德慎罚，战争方面起到军事纪律。发展观念："无平不陂，无往不复"表达事物发展规律；哲学从宗教中脱胎出来；强调人的主观努力。① 他试图通过考察《易经》产生的文化背景和易学史，说明《易经》是历史资料，易学史有一个发展过程。今天我们研究《周易》要坚持以历史唯物论为指导，以保证应有的科学性，使学术研究避免倒退和产生不良社会影响。作为儒学哲学体系的《易传》在继承占筮象数观念的基础上形成理论化的解说，反映了当时中国人对自然和社会普遍规律的认识。以《易传》出现为标志形成的易学，作为经学的组成部分，与经学相始终，是理论思维的历史表达，并随着时代发展由浅入深，不断提高。②

刘老师把《论语》和《周易》中的主要观念，如天命鬼神观、孝德观、仁礼观等作了进行比较，辨析异同，分析孔子如何继承西周传统思想而创新发展，为确立孔子在中国思想史上承前启后、继往开来的地位提供了学理证据，充分肯定了孔子在思想上和影响上远远超越了春秋时代管仲、子产、史墨、医和、孙武等著名人物，"孔子思想的新因素基本方面反映着'尚贤而悦仁'的春秋时代精神"③。他探讨《大学》《中庸》的道德政治论和先秦儒家人治学说之间的关系，指出《大学》以"修身为本"贯穿全文，是三纲八目的核心，也是《中庸》道论的主旨。《大学》《中庸》都把个人修养与治理统一于道；强调统治者的道德状况影响全社会；好的制度还必须有品德高尚的人才能贯彻执行，道德与财货的关系是德本财末。修身的途径的格物—致知—诚意—正心。④

荆门市博物馆编写的《郭店楚墓竹简》一书，1998 年由文物出版社出版，一时成为学界研究热点。刘老师认为郭店楚简《唐虞之道》主张实行禅让制度，系统论证了禅让制度的实质，历史依据，理论依据以及实施办法。在三代以前古史传说时代，禅让曾是真实的历史事实。战国中期出现的禅让思潮，有其具体的社会背景。战国中期以后的历史上，禅

---

① 刘宝才：《〈周易〉筮辞的德治论和发展观》，《人文杂志》1982 年第 5 期。

② 刘宝才：《〈周易〉和易学的历史考察》，《西北大学学报（哲学社会科学版）》1990 年第 2 期。

③ 刘宝才：《〈论语〉与〈周书〉之比较》，《西北大学学报（哲学社会科学版）》1983 年第 4 期。

④ 刘宝才：《〈大学〉〈中庸〉的道德政治论》，《人文杂志》1990 年第 5 期。

让没有成为现实。但它代表人类的一种崇高理想，是具有永恒价值的。[①]

孟荀人性学说对于儒家思想非常重要，刘老师指出，人性问题在战国时代提出并得到重视，是和当时社会变革出现的三股潮流相联系的，即氏族贵族统治的彻底瓦解，中华民族大融合和奴隶的解放。孟荀人性论的功绩之一是探讨了人与动物的区别，强调道德观念的重要，重视教育和学习。荀子"人能群"的命题，接触到人的社会性，是先秦人性学说中的最高成就。孟荀人性论已经具有人性平等思想的萌芽，并重视对物质生活条件。孟荀人性论对后代有着双重的影响，从董仲舒、韩愈的"性三品"，李翱的"性善情恶"说，道张载的"气质之性"与"天地之性"、二程"气禀"说都是这样。孟荀人性论中的人本主义精神，高扬人在自然界中的地位，以人作为政治的中心，对后世起着积极的影响。但孟荀把人与动物的区别集中在道德观念上，也使人性的讨论长期株守善恶的狭小范围内，妨碍着人们对人的本质的真正的认识。[②]

《儒学的更新发展和现代启示》[③] 是笔者与刘老师合作。从孔子创立儒家学派至今，儒家学说历经两千五百多年历史发展，显示了极其顽强的生命力，其中一个重要原因就是它能够与时俱进，传承创新。一般认为，儒学至今经历了三个阶段，即原始儒学、汉唐经学、宋明理学和心学。这三个阶段连续不断，形成了儒学自我更新，发展演变的历史，如长江大河，奔腾不息，直到今天。可见，更新发展就是儒学生命力连绵不断的关键。讨论儒学在华夏文明发展史上更新发展的经验，总结其更新发展的规律，可以为面向 21 世纪的儒学复兴和中华文化复兴提供思想资源和历史借鉴。儒学的更新发展主要在两个层面上展开：一是儒学自身依据"损益"原则进行减损增益来更新发展；二是借鉴、吸收外来思想改变儒学的基本形态来更新发展。这两个层面往往是互相交叉，同时进行的，其基本目标是通过量的变化而避免了质的变异，从而使儒学能够在变化中长期延续下来，成为支撑华夏文明的强有力的精神支柱。

---

① 刘宝才：《〈唐虞之道〉的历史与理念——兼论战国中期的禅让思潮》，《人文杂志》2000 年第 3 期。

② 刘宝才：《孟荀人性学说补论》，《孔子研究》1987 年第 3 期。

③ 刘宝才、韩星：《儒学的更新发展和现代启示》，《求学集》，陕西人民出版社 2004 年版，第 346—347 页。

刘老师研究虞舜德孝文化，认为“舜的事迹提供了一个典范，一个以自身品德修养为内在动力，促使家庭和睦、朋友诚信、社会更加文明的典范”。“将伦理道德与国家政治、社会文明联系起来，重视道德在政治生活中的作用，重视道德在社会文明发展中的深远影响，是中国文化的传统。”① 这就把虞舜代表的德孝文化在中国走向现代文明社会的意义和价值给予充分肯定，强调道德风尚是一个社会进步的重要标尺。

四　先秦诸子研究

刘老师不仅对儒学，而且对先秦其他诸子从宏观和微观都有研究和阐发，针对“国学热”中的儒学热，他提出诸子各派学说都有价值，不能“独热儒术”，他概括四个方面的理由。其一，从整合与分化看，春秋战国时代，统一的天命神学体系崩溃，分化为各有体系的诸子学派。面对时代课题，各派分别从自己的出发点和思路进行思考，交出了自己的答案。各派的答案没有哪一个是百分之百的真理，同时也都包含有部分真理，为其他学派所不及。所以诸子各派学说都有价值，都值得研究。其二，从学术内容侧重看，诸子各学派学术内容侧重不同，成就所在不同。所以诸子各派学说都有价值，都值得研究。其三，从学术发展史看，汉武帝开始独尊的儒术，已经是加进了诸子多个派别学说因素的儒学。由此以下历代统一王朝都尊儒，其实也都是“霸王道杂之”，甚或是内法外儒，儒学像衣襟上的花边一样是个装饰。这个装饰的意义不可轻视，它使得儒学成为中华传统文化的代表。其四，从当代意义看，在当今时代，诸子各学派学说仍然都有价值。面对种种重大的当代问题，人们探求解决方案的时候，诸子各派学说都是具有启迪意义的思想资源。② 对于一些观点，笔者曾经对刘老师提出疑问，刘老师后来都加以整理，作为本文的下篇，收录在《求学续集》中，由此可见刘老师虚己下人，善于思考，勇于探索的精神。为庆祝西北大学 110 周年校庆，他撰写了《诸子学说中的公诚勤

① 刘宝才：《虞舜德孝文化与社会文明》，《求学续集》，陕西人民出版社 2019 年版，第 174—175 页。

② 刘宝才：《诸子各派学说都有价值》，《求学续集》，陕西人民出版社 2019 年版，第 174—175 页。

朴——为西北大学 110 周年校庆而作》一文，从诸子学说角度讨论校训，会通诸子，别具一格。西北大学沿袭西北联大的“公诚勤朴”校训，四个范畴都含有中华传统文化中的优秀因素，但在诸子不同派别学说中，四者各自的地位不同，含义有差别。法家突出公，儒家强调诚，墨家注重勤，道家归本于朴。在 20 世纪前期的历史条件下，将诸子学说中的优秀因素统合起来，又注入了近现代西方文化的精神，提出“公诚勤朴”的教育理念，是现代历史条件下对于中华传统文化的基础和创新。①

关于道家，刘老师从中国上古历史整体背景出发，探索《老子》学说的渊源，列举《左传》《国语》等书中的有关材料说明，结合《老子》之言，阐述《老子》“尚水”和守雌观念的历史渊源。认为“《老子》以水喻道，阐发哲学思想，其源于整个上古历史的大背景，而不仅仅是由某一地域文化发展而来”②。《老子》守雌思想也是西周末年和春秋时期一种流行思想，《左传》《国语》也常见。思维方式属于思想学说的深层价值，决定着思想观点的形成过程。他认为老子的思维方式可以概括为“正言若反”，即从负面看问题是老子思维方式的主要特点。这不是完备的思维方法但有特殊优长，就是善于抓住常规易忽视的那一面真理，使人察知矛盾的形成，以及时把握事物的发展变化，包含有深刻的智慧。③并从人类社会与自然界的关系问题、人类社会的发展和稳定的关系问题、人的物质生活与内在幸福的关系问题三方面阐释了老子思想的现代价值。追求高尚人格，是中华文化人文精神的固有内涵。刘老师认为“无心”是道家理想人格，以道法自然为哲学基础，指出“无心”人格的精神境界是超越自我、为人规范是朴素真信、生存智慧是处下不争。关于对道家“无心”人格的评价，刘老师指出：“道家‘无心’人格对于贫贱者、困厄者和富贵者、显达者都有价值，不同处境的人都用得着。要走出困厄、摆脱贫贱，可以从道家人格理论中汲取智慧；要不失去富贵，要在显达的位置上

① 刘宝才：《诸子学说中的公诚勤朴——为西北大学 110 周年校庆而作》，《西北大学学报（哲学社会科学版）》2012 年第 2 期。

② 刘宝才：《尚水与守雌——〈老子〉学说探源》，《求学集》，陕西人民出版社 2004 年版，第 326 页。

③ 刘宝才：《老子思维方式的现代价值》，《求学集》，陕西人民出版社 2004 年版，第 344 页。

不栽跟头，也可以从道家人格理论中汲取智慧。有人像公鸡一样好斗，到处称王称霸，就是少一点道家的智慧。”“我们的追求是，本着‘扬弃旧义，创立新知’的精神探索道家的‘无心’人格的现代价值，吸取道家理想人格观念中适合现代人精神发展的成分，使之成为现代人格的成长元素。”①

关于法家，刘老师把韩非看成是法家的集大成者，认为他的贡献主要是在政治思想和哲学思想方面，同时在文学、史学领域也有杰出成就。他从爱国者韩非、理论家韩非、文史家韩非等及方面全面评述韩非的人生和思想，客观公正地评价韩非在中国历史上的贡献、地位和影响。② 针对“文革”中“批儒评法”后学界放弃研究法家的法治，刘老师提出了法家的法治再审视这个话题。法家的法治理论和实践，是中华传统文化的组成部分。刘老师做了几点重新思考：第一，法家确认法治优于人治，是很了不起的；第二，整治新权贵阶层自身，是法家法治的重要方面；第三，关于法家的人性好利论；第四，无视个体生命价值，是法家法治的致命问题。他特别指出，法家所谓的“法治”与专制主义结合，残害了很多人的生命，让活着的人处境极为恶劣：“物质匮乏，在饥饿线上挣扎；精神处于压抑、苦闷、折磨、恐惧之中……不可以把它与现代民主制度的法治混淆。”③ 这就告诉我们，要客观认识法家法治正面作用和负面作用，不能把法家的法治与现代民主制度的法治混为一谈。“法家文化在秦的统治地位，始自秦孝公，直至秦朝灭亡，经历8位君主154年。其间，秦孝公相商鞅，秦庄襄王和秦王政相吕不韦、秦始皇相李斯与秦文化关系至大。三相事迹显示，强秦者法家，祸秦者亦法家。吕不韦败亡后，秦文化转型失去现实可能。秦统一后，专制政治极端化与法家人物堕落的叠加作用，更加堵死了秦文化转型之路。”“秦的法家文化与秦王朝一起，埋葬于自

---

① 刘宝才：《道家的“无心”人格》，《求学续集》，陕西人民出版社2019年版，第258页。

② 刘宝才：《韩非评传》，《求学集》，陕西人民出版社2004年版，第493—528页。

③ 刘宝才：《法家的法治之再审视》，《求学续集》，陕西人民出版社2019年版，第291—292页。

掘的坟墓。”[①] 这种对法家文化与秦文化关系的梳理与判断是符合历史事实的，也有重要的现实意义。

关于名家。刘老师认为，公孙龙与惠施齐名，是名家的主要代表人物。在先秦诸子中名家是被人褒贬最多的一个学派，而在名家中公孙龙就是被人指责最多的一位学者。他的“白马非马”，“离坚白”论长期以来受到历代学人的批评。当今学界对公孙龙的评价仍然存在很大分歧。刘老师认为，公孙龙与其他辩者一起，开辟了逻辑研究的新领域，建立了与逻辑学性质相适应的学术形式，构建了逻辑学说的理论体系。[②]

关于阴阳家。刘老师通过历史材料勾画出先前思想史上阴阳五行学说发展的轮廓，认为阴阳五行学说在商、周时代宗教占统治地位时，是当时宗教意识形态形式的积极内容。到了春秋时代，其中朴素唯物主义和辩证法的因素得到充分发展，却始终包含着两种对立的因素：科学和迷信，唯物主义和唯心主义。到了战国时代，阴阳五行学在《易传》和“道论”中理论化得到发展，在邹衍四时教令思想中向实际化、庸俗化方向发展。[③] 这就梳理阴阳五行学说发展演变的基础上给予实事求是评价，以免使学术研究陷入实用主义、功利主义、片面、庸俗、荒谬的泥潭。

关于其他诸子，如《鬼谷子》，刘老师写过《说〈鬼谷子〉》《〈鬼谷子〉的沟通艺术》《〈鬼谷子〉的“无为而贵智”》等论文。《鬼谷子》哲学史和思想史著作很少提到它，刘老师认为这本书是很值得注意的珍贵文献，因为它是流传至今的唯一的纵横家著作，是一本纵横家的方法论的专著，在古代文化遗产中具有自己的独特价值，对于军事、外交、政治以至商贸活动，都可以提供智慧和启迪。《鬼谷子》的思想特色是注重实际，不独尊一家、兼取百家，为我所用。从沟通艺术的角度讨论《鬼谷子》，可以看出是对纵横家游说经验的理论总结，对于互知、互信、共赢和灵活应对都有精辟见解。《鬼谷子》“无为而贵智”的命题，代表一种追求和

① 刘宝才：《秦三相与秦文化》，《求学续集》，陕西人民出版社 2019 年版，第 293、305 页。

② 刘宝才：《公孙龙辩学的创新精神》，《求学集》，陕西人民出版社 2004 年版，第 450—459 页。

③ 刘宝才：《先秦思想史上的阴阳五行学说》，《求学集》，陕西人民出版社 2004 年版，第 183—184 页。

平的精神。“无为”是不盲目蛮干、不穷兵黩武。“贵智”是崇尚智能，主张运用智能寻求实现和平的途径。这些重要的观点具有现实意义和普遍价值。

还有《晏子春秋》，刘老师与李仙峨合作的《晏子〈晏子春秋〉超越儒墨》一文，指出《晏子春秋》的政治思想好似朝着春秋时期回归，实质上却反映着超越诸子学说的努力，是以回归春秋贤大夫思想的形式去实现对诸子学说的超越。

五　先秦思想史研究

刘老师的先秦思想史研究是在传承发展侯外庐学派、追随张岂之先生不断深化中国思想史研究的主要工作。他先后参加与《中国思想史》《中国历史》《文史英华》《中国传统文化》《中国儒学思想史》《中国思想学术史》等先秦卷的撰写和主编，形成了对思想史研究的学术观点。思想史与社会相结合是侯外庐学派的思想史研究的基本方法论，需要不断发展。刘老师在运用这一方法论时注意摆脱教条主义、泛政治化、历史决定论、阶级论等，努力做到思想解放、心胸开阔，在思想史与社会史之外还重视制度史、文明史、文化史、宗教史等内容，使思想史研究置于广阔的历史文化背景之中。

在《关于先秦思想史研究的几个问题》一文中刘老师指出：改革开放以来，学术界研究中国历史文化的指导思想，从过去以阶级斗争为主转变到以弘扬优秀文化传统为主。先秦思想史研究也是这样，随着指导思想的转变，视野越来越开阔，内容不断丰富，方法多样，思考深入，成果丰硕。这就为新编下思想史提供了必要条件。他认为，先秦思想史不应该只从商周以下写起，而应该书写5000年中华文明史的前3000年，从古史传说时代到春秋战国时代。他把这3000年中国思想史的内容概括为两句话：一句是“从走入古代宗教思想走出古代宗教思想”，指传说时代到春秋时代思想发展过程。第二句是“诸子学说的发展”，指春秋末期和战国时代思想的发展过程。具体到先秦思想史研究与先秦社会史结合问题，他提出六点看法：第一，坚持先秦思想史研究与先秦社会史结合的基本方法特别重要。第二，先秦社会经济结构的基本问题是氏族与村社及其变化。第三，要更多地研究古代科学知识与思想文化的联系。第四，重视从知识分子的起源，从知识分子的生存角度研究先秦思想史。第五，要研究国家体制和文化制度对思想史的影响。第六，正确估计地区差别对先秦思想史的影响。[①]

刘老师对先秦思想学术发展历程有一个全面概括，首先提到五帝到春秋战国时代中国思想的宗教背景，这是过去哲学史、思想史一般忽视的。他指出："中国古代社会经济、政治环境下的中国古代宗教，不可避免地有着不同于西方古代宗教的特点。中国古代宗教中，上帝观念的产生和演变始终与氏族贵族统治的国家的形成和发展相对应，祖先神的地位尤其突出，连原始社会早就有的自然神也被纳入上帝祖先崇拜的宗教体系之中，忽视这些特点就无从说明先秦思想的历史。"[②] 基于这样的认识，他把先秦思想的发展历程分为八个阶段论述：第一，五帝时代中国文明的起源；第二，夏商宗教的发展；第三，西周的天命神学；第四，春秋思想学术的过渡性质；第五，老子与孔子学说的诞生；第六，战国前期的儒墨显学；第七，战国中期的"百家争鸣"高潮；第八，战国后期的学术思想综合趋势。这篇论文其实是先秦思想史纲要，加以扩展就是一部先秦思想史。《20 世纪的先秦思想学术研究》是一篇研究综述，刘老师先概括了与 20 世纪社会变革密切相关的先秦思想学术研究总体特征：以中国文化的现代化为宗旨，力求会通中西的理论与方法，分化—对立—对话的发展趋势。如何从上古文明探讨、先秦诸子研究、国外汉学等几方面做了梳理。这两篇论文后来就是《中国思想学术史·先秦卷》的"绪论"部分。

刘老师与陈春会合作的《先秦宗教思想史论纲》[③] 认为先秦是中国古代宗教发展的关键时期，中国几千年的宗教文明，皆与这一时期的奠基有着根本的关系。古代宗教是在原始宗教的基础上发展而成的一种较高等级的宗教形式，较之原始宗教，它增加了极其宝贵的伦理内容。这就在宗教

---

① 刘宝才：《关于先秦思想史研究的几个问题》，《求学续集》，陕西人民出版社 2019 年版，第 31—38 页。

② 刘宝才：《先秦思想学术发展的历程》，《求学集》，陕西人民出版社 2004 年版，第 67—68 页。

③ 刘宝才、陈春会：《先秦宗教思想史论纲》，《求学集》，陕西人民出版社 2004 年版，第 149—169 页。

发展演变的基础上来梳理思想史，是长期以来学界不太重视的。

结语：薪火相传、砥砺前行

作为刘老师的学生，笔者才疏学浅，努力不够，虽然从1998年起跟刘老师读先秦思想文化方向的博士并于2001年毕业，但很惭愧，20年时光匆匆流逝，个人生活在艰难困窘中变动不居，学术研究在多元激荡中盲目摸索，对先秦思想文化研究未能深化展开，对刘老师的学术思想未能传承发展。现在刘老师已经离开我们快一年多了，再也不能见他温厚的笑脸，听他亲切的声音，再也不能一杯清茶，坐谈半天，探讨乃至争论学术思想、社会人生问题。斯人已逝，斯文不坠，薪火相传，砥砺前行，是我此时此刻唯一能够告慰刘老师在天之灵的心语心声。

先秦博物思想略论

夏绍熙

（西北大学中国思想文化研究所）

摘要：博物思想的主题是探讨人与自然的关系，在中国传统文化中，博物活动和博物学几乎无处不在，人们不断追求对天、地、人、物的全面认识和深入理解，形成悠久的博物传统和丰富的博物思想。先秦时期产生了丰富的博物思想，为我们理解古人看待世界的方式提供了宝贵资源，对先秦博物思想的研究将有助于思想史研究的进一步深入。

关键词：先秦　博物学　博物思想　自然

一　博物与博物思想的主题：人与自然

“博物”之名来自博物学（natural history，或译自然志、自然史），“博物学”如“科学”“哲学”等一样，是来自西方的概念。从科学史的角度来看，博物学是一个“在西方强大的理性科学背景下被辨识出来的知识传统”①。在西方文化中，博物学的传统可以上溯到两河流域的苏美尔人、古埃及人对自然现象的观察和记录，古希腊哲学家如阿那克西曼德、恩培多克勒等也是博物传统的开创者。而西方的博物学史如罗伯特·赫胥黎的《伟大的博物学家》、约翰·G. T. 安德森《探赜索隐：博物学史》等论著将亚里士多德尊为第一位博物学家，他的《动物志》对动物

① 吴国盛：《由史入思：从科学思想史到现象学科技哲学》，北京师范大学出版社 2018 年版，第 184 页。

的生活进行了全面的观察和描述；亚里士多德的弟子塞奥弗拉斯特被称为“植物学之父”，是西方植物学研究的开创者；罗马帝国时期的迪奥斯科里斯探究植物的药用价值，被称为“药物学和草药学之父”；老普林尼撰写的《自然志》是第一部包罗博物学全部内容的著作。上述四人是西方博物学传统的奠基者。由他们的研究可以看到，博物学致力于对大自然的探究，观察和记录动物、植物、矿物、山川河流、天文、气象，甚至人体器官及其生理、病理等，大千世界中的万事万物都在其探究的领域之内。与理性科学相比较，博物学的探究更加重视经验而非推理，因而抽象程度不高，理论性不强，但它更接地气，更关注地方的、民间的、实用性的和经验性的具体事物。在这个意义上，有学者指出：“无论是西方还是古代中国，博物学都是一种尺度介于宏观与微观之间的人与自然打交道的观看、探究和行为方式。它基本上是以非实验的方式，把目光投射到与人类息息相关的动物、植物和矿物上，观察、叙述它们，并且从人与自然的视角去研究这些动物、植物和矿物的种类、分布、性质和生态以及与本土居民的关系等，它就是这样一门综合性、整体性和多学科的学问、学科。”① 这个对博物学的描述说明博物学侧重于对自然的观察与叙述，它不用实验的方式解剖观察对象，而是非介入式的旁观，它尊重观察对象，在观察和叙述过程中也渗透着观察者的主观感受。博物学关注自然与人类的交互影响，探讨自然对于人类生活的意义，是具有人文关怀的学问。

从根本上说，博物学是人与自然互动的产物，是不同的人群在与所居处的自然环境打交道的过程中产生出来的，经过不断积累、传续而形成一种学问和一种传统。从其探讨的主要内容来看，博物学知识着眼于对天地万物的观察与记录，它天生具有亲自然的特性。值得注意的是，博物学主要与普通人的日常生活密切相关，因而也在某种程度上表现为地方性知识或本土知识。简言之，博物学追求的是知天、知地、知人、知物，人们每时每刻都与其所居处的自然环境发生着联系，博物活动在此基础上展开，博物学和博物传统由此生成，博物学不仅限于西方文化传统之中，其他的文化传统中也充满着对自然的细密观察和深入理解，积累并构成了丰富的

① 吴彤：《博物学是什么，在哪里?》，刘华杰、薛晓源主编：《中国博物学评论》（第3期），商务印书馆2018年版，第1—2页。

博物知识体系。

《博物理念宣言》说："博物是人类感受、认知和利用大自然的一种古老方式。复兴博物学意在传承和发扬这一传统，重申人类属于大自然这一基本事实。博物过程反思现代性的逻辑。博物活动在宏观层面与大自然互动，强调通过亲自观察、体验、探究，增强个体对大自然的感受力，更好地鉴赏自然之美，坚定合理利用大自然的信念。博物自在而不忘自律，方能赢得尊重、做到可持续。应当知晓盖娅的前世今生，学会感恩。应当不断反思、约束自己的行为，减少博物活动对大自然的可能伤害。应当广泛吸收传统文化、民间智慧和现代科学中的各种有意要素，尝试用非人类中心论视角看待世界，不夸大人类算计能力和对大自然的改造能力，充分理解演化过程之精致和复杂，推动保护生命多样性、保持生态系统的稳定性。"① 从《博物理念宣言》可以看出，博物活动与人的生存经验密不可分，它是古老的，也是鲜活的，只要人类属于大自然这个基本事实不发生改变，人类的博物活动就不会停止；博物活动是人对自然万物的观察、叙述和体验，强调人与大自然可持续的良性互动，突出表现在人合理利用大自然的信念，以及对大自然的感受、尊重和热爱；博物活动与传统文化和民间智慧密切相关，我们若对其中蕴含的真知灼见进行阐发，或能为思考人与自然的关系问题提供诸多启示。刘华杰还通过对"博物"的汉语拼音 BOWU 进行阐释，全面概述了博物的特点，他说："B：Beauty（美丽），天地大美，自然全美。O：Observation（观察），乾坤生意，体察入微。不限于科学家的观察、实验。重要的是百姓自己去观察、去判断。W：Wonder（惊奇），感受惊奇，童心聪慧。U：Understanding（理解），寻求理解，互利顺生。"② 博物就是人们全身心融入大自然去感受、去欣赏、去观察、去领悟的一种活动，它并不试图以高高在上的姿态掌控主宰自然万物，而是脚踏实地，在寻常生活中去感触自然万物。博物活动与人的生存紧密相关，是人类生存智慧的重要组成部分，博物活动既需要冷静的观察分析，也强调情感的全面投入，讲究情与理的和谐交融。在中国传

① 中国自然辩证法研究会博物学文化专业委员会：《博物理念宣言》，刘华杰主编：《中国博物学评论》（第4期），商务印书馆2019年版，第21页。

② 刘华杰：《从博物的观点看》，上海科学技术文献出版社2016年版，第91页。

统文化中，博物活动和博物学几乎无处不在，人们不断探索人与自然或文化与自然之关系，追求对天、地、人、物的全面认识和深入理解，形成悠久的博物传统和丰富的博物思想。今天，我们如果想深入理解中国古代思想文化，探索古代中国人的精神世界，有必要对中国古代博物思想进行研究。

二　先秦博物思想概观

先秦时期是一个漫长的时段，从中华文明发展史的角度看，仰韶时代中晚期，即约公元前4000—前3000年1000多年是中华文明起源的重要时期；龙山时代，约公元前3000—前2000年的1000多年是中华文明初步形成时期；三代即夏商西周王朝时期，公元前2000—前770年的1200多年是中华文明早期发展阶段；[①] 而春秋战国时期，前770—前221年的500多年则是中华文明发展的第一次高峰。在这4000多年中，中国大地上璨若星河的各种古文化之间不断分化、聚合、沉淀、累积，经历了复杂的演进过程，形成中华文明这株枝叶扶疏的大树的复杂根系。其中蕴含着许多宝贵的文化基因，这些基因在中国文化史上被不断复制和改写，成为构建中国人精神世界的深层力量。这些文化基因中包含了丰富的博物思想。

中华文明产生之初，中华民族的先民们已经把天、地、人作为一个整体来加以认识，并在此基础上建立起复杂的宇宙观和时空观。例如，20世纪80年代末发掘的河南濮阳西水坡遗址仰韶晚期文化遗存，发现三组蚌壳摆塑的动物图案，在一个平面上自南向北一字排开，并且时代完全相同，距今约6500年。[②] 考古学家冯时经过研究发现："西水坡45号墓不仅以其蚌塑遗迹构成了中国目前最古老的天文星图，而且墓葬的特殊形制也表现了最原始的盖图，这种设计当然符合中国古代星图必以盖图为基础

① 参见王巍《关于中华文明起源的几个问题》，科技部社会发展科技司、国家文物局博物馆与社会文物司编：《中华文明探源工程文集·社会与精神文化卷（Ⅰ）》，科学出版社2009年版，第97页。

② 参见濮阳西水坡遗址考古队《1988年河南濮阳西水坡遗址发掘简报》，《考古》1989年第12期。

绘制的传统。”“它向人们展示了天圆地方的宇宙模式、寒暑季节的变化特点、昼夜长短的交替更迭、春秋分日的标准天象以及太阳的周日和周年视运动特点等一整套古老的宇宙思想，表现了南天北地的空间观念和天地人三才的人文精神。”① 这个6500多年前中华文明起源时期的墓葬向我们传递着人与天地万物如何相处的观念，古代先民相信人不能脱离天地万物而生存，不仅如此，人还能获得与天地万物互相沟通的能力，这当然需要向传统学习，承袭祖先对天地万物的理解，同时也需要亲身的观察与探究。西水坡墓葬的主人也许就是这样一个探究天地奥秘的人，与天地同生共死。

这个墓葬反映了文明起源时期的古代先民早已有了频繁而深入的博物实践，对天地万物的理解也已经达到了一定的深度。把墓葬打造成上具天文、下具地理的微缩宇宙，将棺椁安放于其中也是古代中国人根深蒂固的传统，从史前的濮阳西水坡墓葬到规模宏伟的秦始皇陵都是如此。将天、地、人视为一个不可分离的整体，这一朴素的观念作为一个重要的文化基因在古代中国得到不断复制。最典型的例证就是《庄子·列御寇》中记载的庄子将死时与弟子的对话。弟子们想要厚葬庄子，庄子不同意，他说：“吾以天地为棺椁，以日月为连璧，星辰为珠玑，万物为赍送。吾葬具岂不备邪？何以加此!”弟子们又说：“吾恐乌鸢之食夫子也!”庄子说：“在上为乌鸢食，在下为蝼蚁食，夺彼与此，何其偏也!”② 将天地作为棺椁，把日月作为珍贵的双璧，把星辰作为珠玑，把天地间的万物作为殉葬的财物。治丧所用的东西至此可谓完备得无以复加了。弟子们说出了心中的忧虑，他们担心乌鸦和秃鹫等食腐动物回去吃庄子的遗体。而庄子认为遗体在地面上会被乌鸦和秃鹫吃掉，可是埋在地下又会被蝼蛄和蚂蚁等地下食腐动物吃掉，从那边夺下来交给这边未免太偏心。庄子对弟子们的教导不是纯粹的理论推演，而是充满生活经验的博物智慧，如果没有对动物习性的仔细观察和对生死的感悟是不会产生这样的通观达见的。庄子提出人生死都与天地共在的道理，源自上古文化中盛行的以盖天说为底色

① 冯时：《文明以止：上古的天文、思想与制度》，中国社会科学出版社2018年版，第26、27页。

② （清）王先谦：《庄子集解》，中华书局1987年版，第343页。

的宇宙观，这种宇宙观是上古时期人们博物活动产生的硕果。庄子接受了这个文化基因，又通过一个具体的情境将其复制到弟子们的头脑当中，完成了一个重要思想观念的代际传递。

先秦时期的经典文献中，关于天地万物的探索，有许多直接来自古代博物文化传统，有些则与这一传统密切相关。《尚书》作为一部上古历史文献汇编，保留了许多有价值的上古史料，其第一部分《虞夏书》的开篇为《尧典》，记载了帝尧的政绩和这一时期的政治制度、社会状况。其中“乃命羲和：钦若昊天，历象日月星辰，敬授人时”① 一段详细描述了帝尧敬顺上天，观察天象，记录日月星辰等的运行以确定时令。帝尧派遣羲仲、羲叔、和仲、和叔四人到东、南、西、北四方，他们在黄昏时通过观测鸟、火、虚、昴四星宿的南中天以确定春分、夏至、秋分、冬至。羲仲等四人除了仰观天象之外还负责四方政务，在不同的季节做不同的事情，农事、日常生活、祭祀四方之神等都安排得井井有条。这一段还描述了以鸟兽的某些特征指示四季变化的物候学方法，春天鸟兽交尾繁殖，夏天鸟兽毛羽稀疏，秋天鸟兽毛羽整齐，冬天鸟兽生出细软的绒毛。这一大段文字明确记录了古代先民的博物活动，他们努力与自然建立起良好的对话关系，将感受、观察、记录、探究天地万物作为极其重要的大事，希望通过敬畏、顺从自然而得到稳定的社会政治秩序和美好生活。《虞夏书》的另一篇《禹贡》则以 1200 字左右的篇幅记载了冀、兖、青州、徐、扬、荆、豫、梁、雍九州的山川、河流、湖泊以及各地的气候、土壤、植被、物产等，同时说明如何对不同的区域施行不同的统治方式。在大多数中国科学史论著中，《禹贡》都被视为中国现存最早的地理学著作，而从博物的角度来看，《禹贡》也是一篇典型的记录“一方水土养一方人”的博物志。它是先秦时期的人们长期实地观察和记录的积累和总结，代表着人们对生活环境的整体认知和理解。博物学的视野引导人们确认自身生活在天空、大地、山脉、河流、海洋之间，与其他物种共生共在，这个简单朴素的事实在《尧典》《禹贡》的作者那里表现得如此明确清晰。

《诗经》是中国第一部诗歌总集，收录西周至春秋时期的诗歌 305 首，包括《风》160 篇，《雅》105 篇，《颂》40 篇。这些诗篇内容丰富，

---

① （清）孙星衍：《尚书今古文注疏》，中华书局 1986 年版，第 12—13 页。

特别是十五国风记载当时各诸侯国的风土民情，堪称一幅幅生动的博物活动画卷。不能忽视的是，《诗经》使用赋、比、兴的方法来表情达意，这些方法不仅具有文学意义，也具有博物认知的意义。“赋”是直接抒写和铺叙，这个过程并非纯客观的描述，而是同时渗透着作者对所写事物的主观感受；“比”为类比，即以彼物比此物，这样能使表达形象生动；“兴”为“先言他物以引起所咏之辞”①，有发端之意，一般用在诗的开头，称为起兴。起兴的句子有时与诗的内容有关，有时无关，它们在诗中回环反复、一唱三叹，使诗人的思想情感得到充分抒发，同时也引起读者的共鸣。赋比兴的熟练运用需要对天地万物的细致观察和感受，有时更要出神入化，去体验万物互通的境界。刘华杰从博物学角度对赋比兴所进行的阐发具有启示意义，他特别重视“兴”的博物认知意义，认为“兴”源于日常生活，易于理解。“兴”展现了人的实际认知过程，在其中没有因果性、确定性、必然性，但它有助于发现新事物。② 他说：“博物学不特意强调创新，更在意理解世界。关注进化历程，观察、描写大自然，触类旁通，实现伦理扩展，是博物学要做的工作，这自然与赋比兴都有关，而最难把握的是‘兴’。由赋到兴，没有简单的逻辑通道，不会有‘必然得出’的推理，但从惠威尔广义归纳的意义上看，赋与比的积累可能有助于兴的创新，转过来在新的层次上，又会提高赋与比的水平。”③ 博物学的认知方式不强调在人与自然的某个重要领域刻意深入，形成突破性见解和知识，它比较质朴、温和，不强求速度和深刻，不追求统一标准，不回避个体对世界的独特感受和理解，由此形成开放和包容的传统，这样的传统与普通人的日常生活状态更加相融，也更加懂得如何与自然和谐相处。《诗经》中那些我们耳熟能详的起兴之句“关关雎鸠”“桃之夭夭”“杨柳依依”“雨雪霏霏”“风雨凄凄”“风雨潇潇”等或许就在不知不觉间通过对自然环境与人物情感的描写传达着古人看待世界的独特方式。而同

---

① 朱杰人、严佐之、刘永翔：《朱子全书》（第一册），上海古籍出版社、安徽教育出版社 2002 年版，第 402 页。

② 刘华杰：《博物学文化与编史》，上海交通大学出版社 2014 年版，第 185 页。

③ 刘华杰：《博物学文化与编史》，上海交通大学出版社 2014 年版，第 186 页。

为古代诗歌总集，“书楚语，作楚声，纪楚地，名楚物”[①] 的《楚辞》似乎也可以经由博物认知的方式而得到更加深入的阐发和理解。

《周易》对中国文化有着极为深远的影响，历代对《周易》的解释汗牛充栋，形成庞大的学术思想文化体系，包含着异常丰富的博物思想。《周易》的两大部分《易经》和《易传》。《易经》由六十四卦组成，而六十四卦的基础是八卦，八卦皆为三画卦，由阴爻和阳爻叠加而成。八卦象征着自然界的八种事物，乾为天、坤为地、震为雷、巽为风、坎为水、离为火、艮为山、兑为泽。八卦经过排列组合，形成六十四卦，用以占卜吉凶。先秦时期的学者对《易经》中占卜吉凶悔吝的道理进行阐发，借助对六十四卦的解释讨论宇宙运行、万物变化、天人秩序等大问题，将上古流传的卜筮之书变为一部探究天人之学的哲学经典。《周易·系辞下传》阐释卦爻象的起源说：“古者包牺氏之王天下也，仰则观象于天，俯则观法于地，观鸟兽之文，与地之宜，近取诸身，远取诸物，于是始作八卦，以通神明之德，以类万物之情。”[②] 文明起源之时，传说中的伏羲氏治理天下，仰观天上的日月星辰，俯察地面的山川动植，观察飞禽走兽的纹理，又观察在地上生长的种种事物。近处取法人的身体，远处取法各种物象，以此为基础摹拟仿效画出了八卦。这个过程是深思远虑的，能够与神祇的智慧沟通，并对各种事物的情形进行类归。在这段圣人观象制器的论述中，伏羲氏（及其后面论述的神农氏、黄帝、尧、舜等圣人）是作为一个象征出现的，代表着文明起源之初的古代先民。他们所从事的活动是典型的博物活动，为了生存下来，过上更好的生活，他们不停地“仰观”“俯察”“近取”“远取”，在观察、体验自然万物的过程中拓展着自身的生存能力。圣人们关于渔猎、农耕、服饰、交通、宫室、丧葬、文字书契等发明创造都各有取法，具备朴素、简易、实用的特点。他们通过观察和效法天地万物的形象，理解事物的结构和功能，感受事物之间的相互关联，探查事物的成败盛衰；他们接受自然万物的启示进行发明创造建立起观念系统；他们没有以自然的征服者的面貌出现，而保持着敬畏自然和

---

① 黄伯思：《东观余论·校定楚辞序》，转引自林家骊译注《楚辞》，中华书局 2010 年版，第 2 页。

② 高亨：《周易大传今注》，齐鲁书社 1998 年版，第 419 页。

向自然学习的态度。古人将《周易》视为包罗宏富、体大思精的著作，它通过阴阳变化的简易道理引导人仰观俯察天地万物，推原万物之始，探究万物之终，阐发天地万物生生不息的奥秘，从这个意义上我们也可将《周易》视为一部深邃的中国古代博物经典。

除上述之外，先秦诸子的著作中也包含有丰富的博物思想。道家是先秦最具博物情怀的学派。《老子》书仅五千余言，主要讨论“道”“德”的意义，没有对具体事物的描写和讨论，似乎与博物无关。但实际上我们可以将博物视为老子思想一个重要的潜在背景。老子做过史官，三代时期的史官有藏书、读书、作书的职责，负责记录天文、地理、人事等现象，老子的哲思与他作为史官的广博见闻密切相关。《老子》书在与“道”相关的论述中，没有尝试对“道”进行定义，认为“道常无名”（《老子》第三十二章）、“道隐无名”（《老子》第四十一章）、“道之出口，淡乎其无味”、（《老子》第三十五章）。《老子》论道常作“闪烁之辞”，其特点是“似无而有，似有而无”①，大量运用类比来对“道”进行阐发。如：“上善若水”（第八章）、“上德若谷”（第四十一章）、“谷神不死，是谓玄牝”（第六章）、“我独异于人，而贵食母”（第二十章）、“含德之厚，比于赤子”（第五十五章）、“治大国若烹小鲜”（第六十章）等；以“谷神”“玄牝”“天地根”“江海”“水”“母亲”“婴儿”“赤子”等类比和隐喻谈道论德，说明道生育万物、爱养万物、包容万物、处下不争，而德则如初生婴孩依赖母亲一样依赖大道。《老子》第二十五章说：“人法地，地法天，天法道，道法自然。”“人”是第一个话题，引发了一系列的思考，老子认为人应该效法或取法于“地”“天”“道”“自然”，谦下、慎重地汲取生存智慧。王弼说“自然者，无称之言，穷极之辞也”②，用“无称”“穷极”来形容老子思想的深远意义，而关注天地人的博物思想正是深思“无称”“穷极”的基础。

道家的另一个代表人物庄子，其书在先秦诸子中最为丰富多彩，精彩纷呈不仅体现在文辞上，更体现在思想上。金岳霖说：“他（庄子）的哲学用诗意盎然的散文写出，充满赏心悦目的寓言，颂扬一种崇高的人生理

① 王力：《龙虫并雕斋文集外编》，中华书局 2014 年版，第 7 页。

② 楼宇烈：《王弼集校释》，中华书局 1980 年版，第 65 页。

想，与任何西方哲学不相上下。其异想天开烘托出豪放，一语道破却不是武断，生机勃勃而又顺理成章，使人读起来既要用感情，又要用理智。”[①] 庄子思想的蓬勃生机表现在《庄子》书塑造的一个个鲜活形象和生动故事当中，正是它们吸引读者进入深广的精神世界。《庄子》书涉及的名称事象可谓“博”矣，有学者统计指出有700多个，包括人、神、山、水、动物、植物、地名、国名、音乐、自然现象、身体、病症、刑罚、抽象术语等[②]，它们融入庄子思想之中，成为庄子思想的独特标志。如果我们把《庄子》书中古灵精怪的各色人、物及其演出的故事撤走，那《庄子》书的思想力量就会立刻丧失殆尽。在《齐物论》中，庄子说“天地与我并生，而万物与我为一”，可见庄子对博物活动投入极大的热情，并从中寻获精神上的愉悦和满足，甚至是精神境界的全面升华，可以说庄子继承了《周易》关注天地人之“生”或“生生不息”的思想，从未停止过对天、地、人、物及其相互关系的探索。他明确提出以道为宗师，向自然万物请教。在中国传统文化中，庄子成为最有个性和创造性的思想家，“开辟以来最伟大最古怪的一个情种”[③]，庄子之“情”倾注于天地万物之间，拓展着人们的经验、知觉和心智，正所谓“万物毕罗，莫足以归”“芒乎昧乎，未之尽者”（《庄子·天下》），这其中就有庄子深厚的博物情怀。

儒家学派也有丰富的博物思想值得探讨。《论语·阳货》记载孔子的话：“小子何莫学夫《诗》?《诗》，可以兴，可以观，可以群，可以怨。迩之事父，远之事君，多识于鸟兽草木之名。”[④] 孔子评论学习《诗经》的作用，多识于鸟兽草木之名列于最后，似乎是学《诗》过程中最不重要的事。而从博物学的角度看，《诗经》中记述的动植物各有100多种，是古人日常生活中最为常见的生物，会经常接触到。[⑤] 看到并能叫出一个事物的名称，是与陌生事物打交道的第一步，之后对其进行观察、辨别、归类、记录、整理等。而叫不出或不关心某个事物的名称，意味着人们拒

---

① 金岳霖：《中国哲学》，《金岳霖全集》（第六卷），人民出版社2013年版，第379页。

② 参见贾学鸿《〈庄子〉名物研究》，人民出版社2016年版，第5页。

③ 闻一多：《古典新义》，商务印书馆2016年版，第250页。

④ 刘宝楠：《论语正义》，中华书局1990年版，第689页。

⑤ 罗桂环、汪子春主编：《中国科学技术史·生物学卷》，科学出版社2005年版，第55页。

绝对其进行深入的认知。因此，孔子说多识于鸟兽草木之名并非简单地识记鸟兽草木的名称，而是把这作为深入认识自然事物，深入观察日常生活的第一步。以此为基础，才能在学《诗》时引发真诚的心意，唤醒真诚的情感，进而逐步实现温柔敦厚的诗教。“多识于鸟兽草木之名”也成为儒家博物思想的一个重要标志，其中最有代表性的是战国时期形成的《尔雅》一书，其中释草、释木、释虫、释鱼、释鸟、释兽、释畜的文字占全书篇幅的一多半，根据形态对所释生物进行了分类，成为中国古代博物志经典。

上述所论只是先秦博物思想的极小一部分，先秦时期的许多著作中都含有丰富的博物思想。如《礼记・中庸》说“天地之道：博也，厚也，高也，明也，悠也，久也”；①《孟子》提出“诚者，天之道也；思诚者，人之道也”②（《孟子・离娄上》），认为天道至诚，能化万物。人道也应至诚，才能感化他人；《荀子・天论》认为自然现象的交替出现是确实可信的，“列星随旋，日月递炤，四时代御，阴阳大化，风雨博施，万物各得其和以生，各得其养以成，不见其事而见其功，夫是之谓神。皆知其所以成，莫知其无形，夫是之谓天”；③ 还有《大戴礼记・夏小正》中记载一年中各月的物候变化，涉及天象、动植物变化、气象、农事等；《管子》中《内业》《心术》等篇章讨论精气。《地员》篇讨论各种土壤的分类及其与植物的关系，还有《度地》《水地》《四时》等篇对农耕与天地人关系的阐发；还有《左传》《国语》等史籍中对人们认识天地万物的记录；还有“备天地万物古今之事”④ 的《吕氏春秋》对天文、地理、人体、农事等的探索。这些也都是先秦博物思想研究的重要内容。

三　探讨先秦博物思想的意义

探讨先秦博物思想对深化中国思想史研究以及反思我们当下的处境都具有重要的意义。博物学致力于探讨人与自然的关系，注重观察和体验，

① 李学勤：《十三经注疏・礼记正义》，北京大学出版社 1999 年版，第 1451 页。
② 李学勤：《十三经注疏・孟子注疏》，北京大学出版社 1999 年版，第 200 页。
③ 王先谦：《荀子集解》，中华书局 1988 年版，第 308—309 页。
④ 陈奇猷：《吕氏春秋新校释》，上海古籍出版社 2002 年版，第 1843 页。

它与普通民众的日常生活密切相关，是一种古老的学问，“近现代科学只有300来年的历史，而博物学的历史在千年的数量级之上”[①]。中华文明从约公元前4000—前3000年开始文明起源至今没有中断，其间有着积淀丰厚的博物传统，包含着从古到今中国人的生存智慧。“中国古代的自然现象记录的五大特点：系列长、连续性好、地域广阔、内容多样、相关综合性强。这五大特点恰当地说明了中国自然知识的博物学特征，以及中国博物学的优长之处。”[②] 中国思想史研究不应该忽视博物学传统，而应努力发掘其中传承千年的文化基因，探讨中华民族从人与自然的角度理解世界所展现出来的特点。正如有学者指出的：“古中国之所以是中国，就因为一直在博物的意义上发展自己的实践智慧传统，形成了属于自己博物文化的重要思想和行动规则。”[③] 先秦博物思想是中国古代天人之学、道法自然等核心观念的重要组成部分，循此探究，或将能更加清晰地勾勒出中华文化对人与自然、人与天地万物共生共在的深入理解。此外，从博物的角度探究中国思想史也会发现许多此前未受重视的文献或思想家。例如：在先秦思想史研究中《黄帝内经》和《山海经》这两本著作很少被提及，而从博物思想的角度，完全可以将之纳入研究范围。《黄帝内经》探究、记录人体的生理和病理，核心是对生命与疾病的认知，强调人的生命与天地阴阳四时息息相关，“夫四时阴阳者，万物之根本，所以圣人春夏养阳，秋冬养阴，以从其根”（《黄帝内经素问·四气调神大论》）。[④] 这是把人体与自然视为一个整体，指出气候等外部环境的变化对人体产生的影响，这属于博物智慧当中探讨人如何理解、对待生存环境的问题。在《黄帝内经》中这是被反复提及并不断深入探讨的主题。《山海经》长期被视为神话志怪之书，很少进入思想史研究的视野。而从博物的角度看，《山经》和《海经》都是古老的博物志。《山经》记载山川物产，脉络清晰，记载鸟兽草木，都是经过实地观察如实记录。《海经》虽看似荒诞，

---

① 刘华杰：《从博物的观点看》，上海科学技术文献出版社2016年版，第76页。

② 吴国盛：《由史入思：从科学思想史到现象学科技哲学》，北京师范大学出版社2018年版，第196页。

③ 刘孝廷、刘静远：《作为一种世界观理论的博物学——“博物的哲学及博以成人”弁言》，刘华杰主编：《中国博物学评论》（第4期），商务印书馆2019年版，第19页。

④ 南京中医药大学：《黄帝内经素问译释》，上海科学技术出版社1959年版，第18页。

但其成书时间更早，影响也超过《山经》，在先秦文献如《庄子》《楚辞》《逸周书》《吕氏春秋》等中被广泛征引，与上古时期的博物实践紧密相关。[①] 如果我们能够深入理解先秦博物思想，则有望对先秦思想史中许多名物、命题、论述做出更加合理的解释，走近古人的生活世界。

先秦博物思想中许多有价值的因素也值得我们反思和借鉴，从而更好地理解我们当前的处境。班固在《汉书·艺文志·诸子略》中评论道家时认为道家的优点在于谦下，“易之嗛嗛，一谦而四益”[②]，这个评论与道家思想相符。道家有着丰厚的博物智慧积淀，因而懂得在与万物相处的过程中不能逞强，而应守柔，如同流水一样。《庄子》书中记载了很多无用之木的寓言，这同样可以理解为一种谦下的博物智慧。博物学以非实验非功利的方式观察和记录天地万物，也就是从尊重他者的视角从旁观看，通过非介入的方式给予自然的演化以足够的尊重，在以这种态度观察万物的同时，也对自然生出敬畏之心，崇敬之情，这样方能更好地领会天地之大美。因此，探讨博物思想或有助于改进人们看待世界的方式，反思求力、求强、求变、求新、求速、求主宰与控制的充满算计的现代世界，重拾古人的谦虚、从容、安静、颖悟、善感、通达，与自然万物建立起和谐的共生关系。

---

① 参见刘宗迪《众神的山川：山海经与上古地理、历史级神话的重建》，商务印书馆 2022 年版，第 8—9 页。

② （汉）班超：《汉书》，中华书局 1962 年版，第 1732 页。

老子慈爱思想辨析和深层道德论

谢阳举

（西北大学中国思想文化研究所）

摘要：本文旨在澄清老子慈爱和深层道德思想的理论及其功用。老子批评刻意而为、夹带私意、有所偏袒的仁爱，意在消除不公正和不广泛的仁爱。他倡导政治家效法大道，像天地那样自然、博大和超脱地慈爱苍生万有，将慈爱与公正提到同等重要的地步。慈爱伦理要求人类超越自我中心主义价值观，树立宇宙伦理情怀，包容万物，老子把这种通达宇宙的道德叫作“玄德”，即“深层道德”。慈爱原则因而可以扩充为环境伦理的指引法则。

关键词：老子　慈爱　深层道德

历史上有学者倾向于认为，佛老满足于小我得失计较，舍难避苦，苟安幸存，自求多福，因而不免有流于自私冷酷、旁观退缩的弊端，于生无益，于世无补，至多算小乘境界。这是如实的论断还是厚诬佛老？其实，这些都是非常肤表的误解，甚至可以说是片面的曲解。老子怀柔万物，宅心慈厚，悯世惜人，达到了玄同而超越的博爱境界。老子的慈爱思想属于深层道德，可以为环境德性伦理学提供很好的支撑。

一　《道德经》有无慈爱思想

《道德经》中有惊世骇俗的一章，文中说：“天地不仁，以万物为刍狗；圣人不仁，以百姓为刍狗。天地之间，其犹橐龠乎？虚而不屈，动而愈出。多言数穷，不如守中。”（第五章）刍狗，指结草为狗，是祭祀中所用的象征性代用品。圣人，指圣明的统治者。橐籥，即风箱，因为虚空通畅，能运气生风，功用不竭。这里老子两次提及“不仁”，王弼注说：“天地任自然，无为无造，万物自相治理，故不仁也。仁者必造立施化，有恩有为……有恩有为，则不具存。物不具有，则不足以备载。”王弼注预设了道家慈爱和儒家仁爱、天道和人道高低优劣的区分，有心为仁，难免挂一漏万，有失全面；天地没有目的和偏向，无心无为，天网恢恢，反而能覆载万物而没有遗漏。他批判仁爱，目的是借大道而树立道家的慈爱。“天地不仁”，说的是自然造化，一般能够接受。说“圣人不仁”，似乎有违常情，就不那么容易理解了，正因如此，老子常常受到诟病，例如明清之际王夫之曾经尖锐地指出：老庄、佛教和申韩是天下三大害，认为“其上申、韩，其下必佛、老”，即惨淡的专制是佛老产生的社会政治原因，佛老是苛政的附属物（《读通鉴论》卷十八）。韩非子从道论中引申出法理，排除掉道德情感，是片面利用老子思想，至于佛道，显然含有普度众生或厚德载物的教义，它们旨在扶助百姓而不是刻薄寡恩的虐政。

《老子》第五章旨在辨析人为的仁爱和合乎自然无为的辅助万物生成之间的区别。老子反对刻薄寡恩，但又反对刻意而为、夹带私意、隐藏偏袒的仁爱。人类有亲疏差等，人有偏私，这是人情固有的局限，如果人类在施与的时候不能涤除不纯粹的动机，那么慈善行为会变成出尔反尔的操纵和利用，反而会对社会造成更大的伤害。为了纠正偏失，老子倡导能超越人情偏颇的、不厚此薄彼的公正的慈爱。这样的慈爱类似自然运化，可以免除拥功自重，而且越施与自己反而越富足（“圣人不积，既以为人己愈有，既以与人己愈多”，第八十一章）。老子的考虑，从社会历史背景上看，就是为了避免儒家式仁爱的弊病，欲存仁爱之实功，而消除恩恩报报的计较心。与老子的其他多章论述互相参证，从老子完整的思想体系看，第五章别有深意，这正是老子的高明之处，它意在消除不公正和不广博的仁爱，预防人道堵塞天道的发用流行，要统治者效法大道，像天地那样自然、博大和超脱地慈爱人民。

通行本《道德经》第六十七章便明白无误地宣称积极的伦理观：

天下皆谓我道大，似不肖。夫唯大，故似不肖。若肖，久矣其细也夫！我有三宝，持而保之：一曰慈，二曰俭，三曰不敢为天下先。

慈，故能勇；俭，故能广；不敢为天下先，故能成器长。今舍慈且勇，舍俭且广，舍后且先，死矣。夫慈，以战则胜，以守则固。天将救之，以慈卫之。

这里，“我”指代守道的统治者，“道大”是说统治者尊奉的“道”深邃、广博、崇高，“不肖”指“道”是无形的、不会放到具体事物的层次来理解。这样的“道”具体化为治理原则，就产生了慈、俭、不敢为天下先三个要领。章中直接将“慈”视为凝聚民心、克敌制胜、保卫国家、巩固统治的法宝。所谓“天将救之，以慈卫之”，断然申明了“慈”是立国之本、治国纲领，而且这是源于天道的启示。这些足以印证老子对慈爱作为核心政治价值观的赞赏和坚持。

在老子的眼里，合理而有威信的统治必须以大道为指导原则，大道对于统治者来说比什么都珍贵，所以他说：“道者，万物之奥…… 故立天子，置三公，虽有拱璧以先驷马，不如坐进此道”（第六十二章），“奥”是古代宫室内部的西南角（《尔雅·释宫》），是最隐蔽的地方，也是室内祭神的场所，还是尊长者居住的地方。大意是，道是一切事物应该尊重和敬畏的宗主，对于统治和治理天下者而言，受纳合抱的玉璧和驷马这样的大礼，根本比不上有人进献“道”有价值，因为“道”蕴藏着最本源的政治智慧和方法。

《老子·第八十一章》说：“圣人不积，既以为人己愈有，既以与人己愈多。天之道，利而不害；圣人之道，为而不争。”也是主张把博施广济的超越行为当成义务。

根据以上辨析，应该说，《道德经》中明显含有深刻的慈爱思想。老子以“慈”为宝，以慈为善德，这是老子的慈爱思想，也可以说是他的慈善思想。老子思想中无疑高扬慈善精神，而且慈善思想在其理论体系中占有极高的地位。当他将“慈”视为从永恒的、超越善与不善的形上之“道”出发得出的“不得已”（《庄子·庚桑楚》，《庄子》中十多次使用了“不得已”一语）时，他道出的是形而上的慈善思想。当他将慈爱视为“道法自然”，要求统治者“必需”如此时，他指明了慈爱和政治的内在关系。当他说圣人“应该”效法天道、“善于”施与时，他是作为伦理哲学家的慈善思想家。老子的慈善思想具有政治、伦理、形而上三重意义。老子慈善论又是从道引发而来的，如果考虑到道具有超越性，是对有限存在的终极关怀者，那么，它还有宗教情操，但是又回避了宗教的神格性、专断性。不过，从直接的表述形式看，其慈善思想归属于他的政治伦理思想，带有浓厚的政治伦理色彩。这些思想主要是用来奉劝统治者慈爱人民，它以统治者为主体，强调统治的基本原则之一就是慈善，而慈善适用的对象是百姓。

这种慈善思想即使在今天仍然具有重要意义，我们学习老子，宣扬老子思想，希望慈善扎根文明人的心灵，成为广普的社会行为，然而它首先应该是政治行为，政治慈善是政治的根本价值观之一，是保障人民福祉的主导力量。只是因为，不可能有万能的政府，政治慈善总有限度，所以才需要社会慈善来补充。即便如此，不能改变慈爱人民作为治国纲领的出发点的意义，也不能抹平政治慈善理念对社会慈善的奠基作用。一句话，慈爱本来是政治原理，社会慈善归根结底是政治慈爱目的的发用，政治慈善和社会慈善不存在绝对的鸿沟。现代社会体制将慈善划归社会管理部门，使得慈善看起来与政治有了本质的区别。实质上并非如此，至少在中国文化传统中，社会慈善根源于政治慈善。可以说，今天的人们着眼于现实社会的体制，以为慈善只是非政府的行为，这是没有把握慈爱源头而导致的谬误。还有一种观点似是而非，它认为执政做到公正就可以了，那就更加大错特错了。人们这样认为，事出有因，即以为慈爱似乎隐含着统治者以人民为臣民的误区，可是老子对慈爱的论述是以顺从自然而尊重人民自治为前提的，已经消除至少颠倒了统治和臣服的关系。其实，政治有两个最基本的准则，就是慈爱人民和尊重人民，评价政治文明的高低水准，“慈”与不慈是核心筹码之一。对慈善政治的论述，是老子捍卫政治与生俱来的美德和合理性的体现，也是他对中国古代以民为本的政治文明精华的提升和发扬。从其他文明体系的进化看，其政治也莫不存有这慈爱卫民的原则。

二　老子慈爱观的要点

什么是“慈”？慈善的“慈”，据《说文解字》，字形从“心”，“兹”声。《礼记·大学》说：

> 为人君，止于仁；为人臣，止于敬；为人子，止于孝；为人父，止于慈；与国人交，止于信。

可以看出，“慈”的本义是指“上爱下”，虽然是爱的一种形式，但是本来属于垂直的爱，特别是如父母之爱子女，这种爱是人世间最无私和真诚的爱。垂直关系仍然是现代社会结构中一大类相对而实在的关系，而垂直的慈爱提供了这类关系的一个伦理律则，自然有可推广的余地。老子的确希望“民复孝慈”（第十九章）。上对下的慈爱，尤其是统治者对人民的慈爱，出自所谓尧、舜、禹、汤、文、武垂传的正德、利用、厚生的“先王之道”、民本精神，是中国古代思想家在讨论政治和伦理问题时所共同强调的。但是，说到其理论阐释，各家深浅广狭如何就大不一样了。老子慈爱观的内容是什么？特色何在？从《道德经》出发，可以将老子的慈善思想概括为以下几点：

其一，“圣人不积”（第八十一章），即统治者以民为先，以民为重，不以财富、权势聚敛和垄断为尚，而以辅助人民淳朴、安宁、幸福为乐。统治者要知道自己的依赖所在，统治者能够凭借的不是财富权势，而是人民的拥戴，“故贵以贱为本，高以下为基”（第三十九章）。统治者必需一反处上、先民的主宰式弊政，一切以人民为先，从根本上为人民谋利益，这样反而能引来人民的信任和归心，赢得政治的成功，所谓：

> 江海所以能为百谷王者，以其善下之，故能为百谷王。是以圣人欲上民，必以言下之；欲先民，必以身后之。是以圣人居上而民不重，居前而民不害。是以天下乐推而不厌。以其不争，故天下莫能与之争。（第六十六章）
>
> 是以圣人抱一为天下式。（第二十二章）

天下福利属于人民，统治者是天下公道和美德的守护者，职责在于抱道执一，建立法式，确定规则，维护正当价值，而不是与人民争名逐利的。统治者需要认清对自己最重要的东西是什么，认清长治久安之道，所谓：

> 名与身孰亲？身与货孰多？得与亡孰病？是故，甚爱必大费，多藏必厚亡。知足不辱，知止不殆，可以长久。（第四十四章）

圣明的统治者以人民为重，所以不蓄积通常人们珍视的东西，诸如使自己富、贵、显、严的货财、名声、权势等，不但不蓄积这些，而且很慷慨地付出，借以成就万物和生民，用老子的话说：

> 圣人不积，既以为人己愈有，既以与人己愈多。天之道，利而不害；圣人之道，为而不争。（第八十一章）

老子相信“既以为人己愈有，既以与人己愈多”，道出了慈善行为的传递性和创造性，慈善既能够构建善政也能够改善教化，慈善的链式反应必然带来超过慈善行为本身的效益。

其二，“损有余而补不足”。圣人是“有道者”，奉行道的准则，济贫扶弱，解厄除灾，反对人类社会的不平等、不公平，所谓：

> 天之道，其犹张弓欤？高者抑之，下者举之，有余者损之，不足者补之。天之道，损有余而补不足。人之道，则不然：损不足以奉有余。孰能有余以奉天下？唯有道者。是以圣人为而不恃，功成而不居，其不欲见贤。（第七十七章）

这一章将人之道与天之道对照，指出人类社会有不厌其余的贪婪欲望，如果任其自发衍生，社会会陷于纷争不息、分崩离析的恶的状态，所以必须有置身人类物欲之外的“有道者”来平抑人之道的泛滥。如果简单地概括，老子慈善观的内容就是要统治者按照大道的精神无私地慈爱人民，而这不但不是高高在上的施舍，反而是顺从大道的法则做应做的分内事，人民享有的属于他们应得的。老子说：

> 太上，不知有之；其次，亲而誉之；其次，畏之；其次，侮之。信不足焉，有不信焉。悠兮，其贵言。功成事遂，百姓皆谓我自然。（第十七章）

最好的统治者与人民一体相关，人民根本没有把它看成异己的权威。该章是对古代尊尊、亲亲、贵贵的传统等级社会的挑战。“太上，下知有之”这句话极其尖锐地否定了主奴关系、统治者本位和权势崇拜，老子将专制政治中的上下关系重新颠倒过来，他要申明的是，最好的统治者不过出于自然，做他该做的而已，绝不是仰仗威严、强制、奸诈而不可一世地君临天下。这种慈善观与儒、墨等其他学派所讲的有关内容存在很大差别，特别之处在于：其有真正地捍卫人民权利之实。

老子何以提出这样的慈爱观？其理论基础何在？作为一个开道家风气的哲学家，道论是老子最大的理论创造，正是这一套有关道的论述蕴含着慈爱的哲学基础，他的慈爱思想就是从其道论中引申出的结论，道的哲学使得他的慈爱思想具有了特别的深度、厚度和高度。在老子哲学的环节中，人是从属于大道的，他说“人法地，地法天，天法道，道法自然”（第二十五章），其慈善观正是从效法大道及其“自然”本质而得出的。

第一，慈爱人民是统治者的天职，这是根据大道的责任性而来的。老子认为，“道”不是抽象的形式母体，而是兼有生命力、能动力的母体，所以能够创造，道是万物之母，万物是道的产物，所谓“道生一，一生二，二生三，三生万物。万物负阴而抱阳，冲气以为和”（第四十二章），又说：“谷神不死，是谓玄牝。玄牝之门，是谓天地根。绵绵若存，用之不勤”（第六章），“道”“渊兮，似万物之宗”（第四章）。万物虽然都产生于道，然而这不等于说万物永远都是自在自足的。老子说：“故失道而后德，失德而后仁，失仁而后义，失义而后礼”（第三十八章），根据《韩非子·解老》，这段文字应该是“失道而后失德，失德而后失仁，失仁而后失义，失义而后失礼”。不管原文如何，放宽来看，该章可以代表老子对万物生成，特别是人类社会历史运动趋势的看法，这就是：万物和人类历史的演变不是直线进化式的，而是包含着曲折迂回，一切演变是得失进退交加的过程。可以说，道生成万物，即道散而成万物，万物得道而转化为存在者的过程也是道性缺失，即不断丧失部分道性的过程，万物之于道，不管从其对于整体的道来说，还是从其所得到的“德”来说，显然是不完整的，庄子对事物缺陷性、有限性的论述更是通篇都是。庄子在《齐物论》中用简单的得失、成毁的相关性命题，表达了得道成物过程的二重性。他说“道”遍在一切事物之中（《庄子·知北游》中庄子答东郭子），万物各有道性，但万物的道性是不具足的、非平衡的，这为万物的无穷繁衍、复杂进化和价值鼎立留下了理论基础。道生成万物也不是一次性完成的，因此，对万物的缺失也不能绝对消极地看待，它们的缺失是道生成万物并且始终要参与宇宙运化的预设理据，也就是说，万物从终极性上说依赖于“道”的作用。按照这样的观察，春夏秋冬四季循环，绝对不是道对万物无聊的玩弄，而是自然万物遵循道而进行的自我调节和发展机制的体现，是“道”曲成万物所必要的过程。从这里我们还可以读出：老子的慈爱带有中国式的终极关怀意味，是从无限的道的立场对具体时空中所有有限存在者的拥抱。

那么对于特殊的人类社会呢？人类社会的缺失如何解决？怎么能保持人类社会的良好秩序？老子慨叹：

> 吾言甚易知，甚易行。天下莫能知，莫能行。言有宗，事有君。夫唯无知，是以不我知。知我者希，则我者贵。（第七十章）

可见人类社会情况更为复杂，常常不免落入对道的蒙昧无知。老子承认人类社会存在的事实和地位，他说：“故道大，天大，地大，王亦大。域中有四大，而王居其一焉”（第二十五章），这也同时说明他肯定人类社会中统治存在的必要性。《道德经》反复提到“圣人”，突出了圣人的独特地位和价值，说“圣人”：

> 为学日益，为道日损。损之又损，以至于无为。无为而无不为。（第四十八章）
>
> 学不学，复众人之所过。以辅万物自然而不敢为。（第六十四章）

“为学日益，为道日损。损之又损”句中的“损”字，就是批判反思的意思，是老子的哲学方法论之一，与“学不学，复众人之所过”中的“复”意思完全相同。这里包含这样的意思：圣人能认识道、觉悟道，是道和自然、历史的中介。人类社会似乎对道存在逆反性，更需要道和圣人的协调。“大道甚夷，而民好径”（第五十三章），对于有意识且日益智多的人类而言，必定有顺道而行和逆道而动两种行为，根据自发的趋势，人类更容易发生逆动，这是人类时刻应该加以注意的。人类社会过去的历史事实昭示出的结果是，违背道性自然、逆道而动是更为常见的现象。人类的确是从道之中分化生成的，但是智力产生的同时还会蕴化出欲望，智力加上欲望使得人类产生了许多人性的弱点，使得人类更为可怕，这是动植物和无生命的物质所不具备的，正如老子说的：

> 道恒无名，侯王若能守之，万物将自化。化而欲作，吾将镇之以无名之朴。无名之朴，夫亦将不欲。不欲以静，天地将自正。（第三十七章）

“化而欲作”，就是指即便侯王能遵守道的法则，但是万物尤其人，还是会突现出欲望，如何使欲望不产生危害？这引发出中国古代众多哲人有关善恶的争议，老子的理论极富个性，他不走善恶价值论的思路，而是主张人类依循道的作用，使欲望最终归于素朴，维持本真人性。

正因为万物生成演变带有缺失性，所以老子认为世界和历史是在循环中上升的，这就必然包含一个万物向道不断复归的过程，他说：

> 致虚极，守静笃。万物并作，吾以观复。夫物芸芸，各复归其根。归根曰静，静曰复命。复命曰常，知常曰明。不知常，妄作凶。知常容，容乃公，公乃王，王乃天，天乃道，道乃久，殁身不殆。（第十六章）
>
> 有物混成，先天地生。寂兮寥兮，独立而不改，周行而不殆，可以为天地母。吾不知其名，字之曰道，强为之名曰大。大曰逝，逝曰远，远曰反。（第二十五章）
>
> 反者道之动，弱者道之用。（第四十章）

归根、复命被视为“返还”原初也就是复归“道”性的过程。这个说法在理论逻辑上有必要性，用到人类社会更加必要，它实际上指明：万物成毁都有道的作用，万物不可须臾脱离“道”，人类需要在异化旅程中保持本真性。所以老子警告人类：

> 天下有始，以为天下母。既得其母，以知其子。既知其子，复守其母，没身不殆。（第五十二章）

就是提醒人类不要舍本逐末，脱离道所规定的正常态。

据此可以说，“道”不仅生成万物，而且像伟大无私的母亲一样，让作为有限存在的万物“复守其母”，在不断返还中逐渐完善，让人类通过保持本真、复归本性而维护健康生成，让宇宙整体通过万物的复归而得以正常运转和进化。老子称颂说：

> 大道汜兮，其可左右。万物恃之而生而不辞，功成而不名有。衣养万物而不为主，可名于小；万物归焉而不为主，可名为大。以其终不自为大，故能成其大。（第三十四章）
>
> 保此道者，不欲盈。（第十五章）

大道崇高伟大就体现在它首尾一贯地执行着其创始和复归的职责。也就是说，老子的大道自始至终参与万物的演化，不仅参与万物的创始，而且维护着万物自然而然地运化、复归和绵绵长存。可以说，大道像尽责的母亲一样，永恒无私地瞻顾着、拥抱着万物。大道是这样的，圣人或统治者也应该是这样的，统治者应该时刻以生民的性命和幸福为自己的天职，或者说，统治是且仅仅是为了人民，正如荀子所说的：“天之生民，非为君也；天之立君，以为民也。”（《荀子·大略》）

第二，道以自然而然的永恒态、正常态的内涵为规定，生成万物却不主宰万物，展示出极大的包容性、超脱性、慷慨性和公正无私性。

> 道生之，德畜之，物形之，势成之。是以万物莫不尊道而贵德。道之尊，德之贵，夫莫之命而常自然。故道生之，德畜之。长之育之，成之孰之，养之覆之，生而不有，为而不恃，长而不宰，是谓玄德。（第五十一章）
>
> 大道泛兮，其可左右。万物恃之而生而不辞，功成而不名有。衣

> 养万物而不为主，可名于小；万物归焉而不为主，可名为大。以其终不自为大，故能成其大。(第三十四章)

道生成万物，德畜养万物，抚育它们，使它们长成，保护它们，但是不据为己有，不自恃有功，不凌驾于万物之上，也就是说大道深沉而伟大，与偏狭的人道相反，具有相当的超越性和极大的包容性。

统治者为什么不可居功坐大？因为一切事物归根结底来自自然创化，一切财富来自人民本于自然而劳动创造的，统治者本来无功可据，庄子讲过一个故事，齐国人挖井解渴，井水出来了，他们却围着井打成一团，原来是为了争功（《庄子·列御寇》），这是滑稽可笑的，因为井水来自大自然，真正的功劳属于大自然，人有多大的功劳？怎么能颠倒主次，贪天功以为己有？所以说，统治者居功薄民力是完全错误的。换句话说，统治者应该取之于自然，还之于自然；取之于民，还之于民。道在万物实现过程中包含的一个作用就是，保持万物自然存在，否则万物相害，渊源也就堵塞不通了。统治者的存在也是为了慈爱百姓，否则政治也会堵塞不通。对那些凭借强权占有的暴人，老子恨之入骨，借用前人的教导“强梁者不得其死”（第四十二章）诅咒他们。

大道是公正无私的，

> 天之道，其犹张弓欤？高者抑之，下者举之，有余者损之，不足者补之。天之道，损有余而补不足。人之道，则不然：损不足以奉有余。孰能有余以奉天下？唯有道者。是以圣人为而不恃，功成而不居，其不欲见贤。(第七十七章)

人道有自己的弊病，人类社会常常有剥夺、压迫导致的失衡现象，统治者理应效法大道，维护人间的公正和最有均衡。大道也是最慷慨的，而且越慷慨越长久，可谓取之不尽用之不竭：

> 道冲而用之，或不盈。(第四章)
>
> 天地之间，其犹橐龠乎？虚而不屈，动而愈出。(第五章)
>
> 天长地久。天地所以能长且久者，以其不自生，故能长生。是以

圣人后其身而身先，外其身而身存。不以其无私邪？故能成其私。（第七章）

根据大道的原则，统治者应该节制过剩、奢华和安逸无度的生活（“去甚、去奢、去泰”，第二十九章），广泽百姓，藏富于民，老子认为给予人民越多则国家越昌盛，统治越稳定越健康长久。况且，财富权势毕竟是变化无常的社会现象，没有不变的归属，所以，老子说：

持而盈之，不如其已。揣而锐之，不可长保。金玉满堂，莫之能守。富贵而骄，自遗其咎。（第九章）

名与身孰亲？身与货孰多？得与亡孰病？是故，甚爱必大费，多藏必厚亡。知足不辱，知止不殆，可以长久。（第四十四章）

既然金玉难守，多藏必厚亡，统治者还不如跳出这样的诱惑和陷阱，与人民共享社会进步的成果。后来的庄子大声疾呼：

夫藏舟于壑，藏山于泽，谓之固矣！然而夜半有力者负之而走，昧者不知也。藏小大有宜，犹有所循。若夫藏天下于天下而不得所循，是恒物之大情也。（《庄子·大宗师》）

“藏天下于天下”，是对古代统治者占有制度的公开挑战，按照老子、庄子的意思，财富来自人民，属于天下，理当还之于天下，藏富于民是保存财富最好的办法。

三　慈善德行己内的规范

慈善的动机和行为多种多样，有各色各样的慈善理论，老子的慈善思想来源于道的规定，他这样慈善理论有什么独特价值？老子的慈善思想的直接形态是政治伦理，这抓住了慈善的主体内容，不过，他的慈善思想源出普遍、超越的道对万物的终极关怀，当然也可以推广为社会思想，只要社会财富、地位、权势等存在上下高低的差异，慈善就有其发生的必要。

慈善成为社会化普遍自觉的行为，是对政治慈善的补充，是社会健全和文明的自我调节机制。问题是慈善行为的社会化本身究竟有什么样的规范？谁有资格慈善？应该如何慈善？难能可贵的是老子的慈善思想对慈善本身也有自反性的辨析。

老子明确地主张，“孰能有余以奉天下？唯有道者”（第七十七章），这就是说，慈善的完成需要能行慈爱的必要条件。施与者自身必须得到合乎“道”的规定。

首先，慈善应该是辅助自然，而不是干涉自然。老子指出了万物缺失的不可避免性，等于肯定了天助、互助、自助三者的必要性和互补性，然而，毕竟“自然”是万物存在的最高准则，所以慈善应该是有节制的，不能违反自然，不能无规则地妄作，“故物或损之而益，或益之而损”（第四十二章）。万物有自己的存在特性和价值属性，人类有偏私的破坏或维护反而会适得其反，清醒的统治者不会干出名曰爱民实足以害民的事情。这个节制体现在社会规范上就是以不妨碍百姓“自然”（第十七，二十三，二十五，五十一，六十四章）、“自化”“自正”（第三十七，五十七章）、“自富”“自朴”（第五十七章）、“自均”（第三十二章）为限度，用庄子的话说，要顺物本性，辅助自然，“以鸟养鸟”的原则（《庄子·至乐》）。慈善需要执行“无为”的法则，不仅是因为慈善要维护事物各正性命的终极原则，而且因为“无为”具有更大的创造性力。在老子看来，“无为”是顺从“自然”而为，不妨碍天功，是以最小的人为换取最大的功效，所谓“无为而无不为”（第四十八章）。这跟有为的慈善行为划开了界限。庄子说，“为人使易以伪，为天使难以伪”（《庄子·人间世》），所以慈善必须注意“无为”，这不是不作为，而是顺乎自然最佳地作为，是发明天地之诚。对于那些有为过度，违背天秩的慈爱行为，《庄子·秋水》告诫说：“不多仁恩”，即慈爱也不能泛滥，否则反而会落得个溺爱害民。

其次，慈善的行为不能著迹。老子提出：

> 上善若水。水善利万物而不争，居众人之所恶，故几于道。居善地，心善渊，与善仁，言善信，政善治，事善能，动善时。夫唯不争，故无尤。（第八章）

本章要求人们要善于做慈善，最高的慈善应该像“水”一样，水性柔弱不争，利物而不争胜、不害物。章中后面八个“善”字特别耐人寻味，强调的是道的方法论、艺术性、技术性的意义，这跟后来《庄子·养生主》中强调的“技进于道”的理论一先一后，可以相互诠释。老子是说，慈善行为是要求极高的事情，做慈善的人需要掌握时机，心地诚恳，做到恰到好处，不贻害他人，尤其不能邀集名利。庄子反对一切伪善，他说“为善无近名，为恶无近刑”（《庄子·养生主》）。真正的慈善应该不留痕迹，不求名闻，完全出于自觉自愿的奉献。

再次，不偏不党，一视同仁。在老子看来，道生养万物，不过是顺辅万物，使万物各正性命，各是其是，各适其适。圣人的慈善应该具有最广泛的包容性，而不局限于有偏私的选择。老子说，“人之不善，何弃之有?”（第六十二章）这就是说，对那些不善的人，怎么忍心弃之不顾呢?不管是天然的不善，还是社会带来的不善，还是自身的不善，不问造成不善的原因何在，在慈善面前一视同仁，老子明确地说：

> 圣人常无心，以百姓心为心。善者吾善之，不善者吾亦善之，德善。（第四十九章）

“德善”即真正的善德，指能宽容和善待百姓那些苛刻的意见。老子又说：

> 善行，无辙迹；善言，无瑕谪；善数，不用筹策；善闭，无关楗而不可开；善结，无绳约而不可解。是以圣人常善救人，故无弃人；常善救物，故无弃物。是谓袭明。故善人者，不善人之师；不善人者，善人之资。不贵其师，不爱其资，虽智大迷。是谓要妙。（第二十七章）

老子认为，善于行走的人不是跟着别人留下的痕迹走，善于言谈的不会漏洞百出，善于计算的不用筹码，善于隐藏的不设开关机制，善于约束的不用强制却无法逃脱。概括而言，“善于”做任何事都不会留下遗憾，不会引起副作用和反作用。由此进而得出，“圣人”要善于救济人，善于拯救物，不要放弃任何人和物。那些不善的人，在老子看来正是善人慈爱拯救的好对象。

复次，老子善于慈善的思想和儒家所讲的仁爱思想明显不同。儒家讲的“仁”，字源上本来出于恻隐之心性，但是在孔子那里被转换为仁者爱人的挈矩之道，即平行对等的仁爱。这样一转化，“仁”成了互惠性的施报关系，它需要双方互相约束，最后容易流于恩恩报报、善善恶恶的纠结。孔子很坚定地捍卫这种对等性，所以他说，“以直报怨，以德报德”，并公开反对老子说的“以德报怨”（《论语·宪问》）。这样的仁爱精神没有老子慈爱的精神广博超迈，老子说“是以圣人执左契而不责于人。有德司契，无德司彻”（第七十九章），圣明的统治者保留欠账的凭证，但是不向债务人索要。可以设想，如果将缺乏包容性的仁爱推广到社会实践中去，势必要引进礼仪之类的强制性规范。而一旦引入了外在而保守的规范，就必定会引申出以义节仁的理论解释，这会使仁爱的不足转换为仁义的紧张，即“厚于仁，薄于义，亲而不尊；厚于义，薄于仁，尊而不亲”，那么究竟仁和义哪一个更优先？它可是更大的理论麻烦。当然，这不等于说儒家的仁爱丝毫没有存在的必要，其实正如沈清松先生说的，在目前条件下的现实社会中，儒家的对等的爱也可以补老子所倡导的无条件地慈爱的脆弱性。

最后一点是泽及万物。值得一提的是，根据大道的内涵，老子的慈善超出了人类社会的范围。在老子的世界观中，人没有突出的精华价值或优势地位，万物各有其固有的价值，它们组成了价值多样性和平等性的世界，而“道”像天地一样覆载无私。中国古代伦理思想家大多共同信奉自然的形上伦理，根据日月普照、天无私覆、地无私载等而论证普惠的道德规范。有所不同的是，老子更为明确地指出了人之道的缺陷，为了张扬天之道，他不惜否决人类某些贪婪的自我意识。对于人类的意见和价值分歧，老子主张用“玄同”（第五十六章）的态度看待之。

关于这一点，老子思想的追随者庄子有更清楚的阐明。庄子有一篇《齐物论》，题意是反其道而用之，即用“不齐”的方法为法门。文中核心思想是抛弃偏狭的自我中心、人类中心的立场，从具有崇高性和包容性的道观方法出发，“道通为一”，对万物及其价值偏好采取“不齐”的办法给予平等看待。万物平等，人类绝对没有高于其他存在者的地方。对于人的自鸣得意，庄子特别加以讥讽，《庄子·大宗师》里面说，“大冶”（隐喻造化者）在无心无为的铸造过程中偶然造出了具有人的形状的一物，它马上叫嚷自己是“人啊”，庄子认为这是不祥之兆，意在否定人有所谓优越于万物的价值。庄子以为万物的质料都是气：

> 臭腐复化为神奇，神奇复化为臭腐腐朽。（《庄子·知北游》）

人类偏爱的神奇和所厌恶的臭腐总是处在不按人类好恶而改变的相互转化之中。从根本上看：

> 天地与我并生，而万物与我为一。（《庄子·齐物论》）

《淮南子·精神训》称：

> 然则我亦物也，物亦物也，物之与物也，又何以相物也。

对于人和物的平等关系讲得很清楚。这是何等清醒和超迈的智慧啊！这种万物平等的思想是实现平等的爱的基础，也为纯粹而普遍的慈善思想扫清了关键障碍。

在中国文化中，慈爱万物的情感不断得到理论的论证，是一种盛传不衰的理想，庄子说“夫至德之世，同与禽兽居，族与万物并”（《庄子·马蹄》），张载说“民吾同胞，物吾与也”（《西铭》），就是写照。老子开启的万物平等和慈爱万物的思想后来在道教中得到继承和发扬，《太上感应篇》说要“慈心于物”，“昆虫草木，犹不可伤”，将对非人类生命的慈爱包括到慈善伦理中来。

现在有不少人认为政治只要搞好公正、民主就够了，这是不正常的。我们可以看看启蒙思想家们提出的口号，即“自由、平等、博爱”，为什么是三个原则？即使将自由与平等合并成民主或者公正，那么他们重视的还有两个原则，再不可简约了！公正，是评价制度是否文明的重要因素，可是从其消极意义上看，公正有两个缺点：其一，它内涵着对某些适当甚或既定的差异的维护，而适当的差异带有极大的不确定性，因此这样的公正很难完全现实化；其二，公正在制度化时，像法律一样，带有明显的保守性，在立法和制度没有调整以前，只能遵循惯例，因而难以灵活调节社会的失衡，特别是无法凭自身就能满足一个高度变动的社会的需求。

我们今天的社会显然不只是有了公正或民主就够了，无条件的慈爱是中国传统哲学对政治美德的体认和概括，应该继承和发展，将其与现代社会政治价值结合起来，只有这样，我们的社会才能健全发展，越来越美好！政治文明和社会进步需要珍视公正，但是又要同等地珍视比仁爱超越的慈爱。仅有公正是不够的，好的政治必定是至慈至爱的。慈爱是老子对政治文明完整的核心要素的强调，是中国古代政治美德之一，我们不能满足于公正而不慈爱的社会理想，我们应该呼唤慈善的原则重归政治和社会。

四　作为深层道德的慈爱伦理

慈爱伦理学是老子基于其特别的自然之哲学而提出来的伦理学。我们知道，将二元化认识论视为哲学中心的哲学观，有一个明显的错误，因为它依赖的前提是二元分离，可是事实上认识者是先作为存在者，在和外界的关联中衍生出来的，这就是说人的本体论地位和特质被倒置了。就此而言，以认识排除价值判断在本体论上是本末倒置的。正是认识论上的人之优先的偏执，加剧了人的人化和人道危机的泛滥，人本来不只是人，而在认识的经历中逐渐成了单纯的、无相干的、隔离的孤立者。人类一度认为她将自然边缘化，自己解放进步了，实际上也可以说是自然在让人自己边缘化。

人们已经从环境危机中追寻到道德伦理原因链，人类生存环境恶化的发生大多是人类引起的，可以说是人道之患之后果的一部分。人道之患的一个伦理学表征就是，传统的人文伦理是人为的，也仅仅是为人的，它无视伦理行为更深邃的形而上学基础，也没能反思到其可能的行为后果。中国的道家不同，正是在研究道家哲学中我发现了他们讲尊重自然，宇宙伦理情怀，讲包容万物，讲超越自我、超越人类中心主义。道家说的自然不是外在自然，而是整体性的内在自然，这个自然道出了人和自然混沌一体的关系。由于能够把握人的内在自然性，认识到人类和自然的内在依赖性关系，所以道家才能做到放弃小我和僵化封闭的自我，追求大我，与宇宙、自然、万物溟一无间。

道家把这种通于宇宙的道德叫作“玄德”，也就是我所谓的“深道德”。在道家那里，德不能离开道，德只是道的缺乏、失去的产物，德归于道，这正是为什么道家的道德是深道德的原因所在。深道德由于统一道一德，因而也可以说是合成了规范和描述双重意义，可能这是针砭人道而到达最深病根的道德之学。

深道德，不求自由，也不反对自由，不过其特质在于追求逍遥。这是道家一大贡献，道家自创立以来就守着自然倾向的学术观，崇尚“逍遥游”于“无何有之乡”“旷浪之野”。道家常以山林隐士出现，他们追求素朴人性与简单生活方式，反对人工驯服、雕琢刻饰、“机心”“机事”，逍遥合于自然，具有野性精神的特点。

即使我们恢复了思维上本体论的地位和参与，批评者可能仍然反对我们能够达到所谓非人类中心主义，因为很简单，是人而想在认识、伦理上变成非人类中心主义者，不啻是说自我否定自己。可是我仔细思考了这里的正反争论，有一点认识可以提出来，即说非人类中心主义陷入自相矛盾的说法也好，说一般的环境伦理学等陷入矛盾也好，都是从语言、语义、逻辑形式等立论的，如果不考虑既定语言，则我们很容易看到，在个体和群体的内意识行为和外在行为中普遍的存在矛盾的事实，而后者不但不是问题，却恰恰是人类独具的自我反思、反省和发展应有的特质。

中空之“无”

——老子之“无”再议

徐久琳

（西北大学中国思想文化研究所）

摘要：“无”作为老子哲学的核心范畴，一直是学界讨论的热点，但因为“无”在《道德经》文本里有着多重表现，所以学界对于“无”的理解又难能达到统一。再者，学界对于老子“无”的解释往往着眼于“无”对于“有”的方面，却忽视了“有”对于“无”的方面，完全失去了老子的“有”“无”互生、互建的意蕴。对于“无”，首先可以从《道德经》第十一章揭示出老子的中空之“无”含义，无论在自然器物形象中，还是在社会人生中，这种中空之“无”都是有所体现的。中空之“无”最显著的特征在于中空之“无”是有“身”之“无”，这也是与传统解释最大的不同。虽然老子那里的“无”又可以表现为对于“道”和有“道”之人描述的“无”和否定性意义的“无”，但这两种“无”与中空之“无”并不矛盾，中空之“无”也是可以含纳这两种“无”的。

关键词：“无”　老子　中空　“有”　“身”

老子的“无”在《道德经》文本中是具有多重表现的，这也是当前学界对“无”的理解有很大差异的原因所在。[①] 总的来说，“无”在《道

---

① 老学史上以及当前学界对于老子的“无”的解释有着很大的差异，总的来说，对于老子“无”的解释有以下几种比较常见的看法，一是将“无”等同于“道”或者将“无”作为“道”的代指，持这种观点的如冯友兰、胡适、高亨等先生；二是根据“无名，天地之始”和“有生

德经》中有四种表现，一是表现为器具内部之“无”；二是表现为社会人生中的“无心”“无欲”；三是表现为否定性意义上的“无”；四是表现为对“道”描述性的“无”。对于“无”的这些表现是否可以被统一或者是否可以被容纳在一个含义之下，学界没有一个共识，而有的学者便认为“无”在老子那里具有多重含义，比如冯友兰、张岱年、詹剑峰先生。本文试图从《道德经》第十一章出发，将“无”解释为中空之“无”，并以这种中空之“无”尝试统一或含纳老子那里的各种“无”的内涵。

一 自然与器物形象中的“无”

在《道德经》中，以“无”作为独立的概念来使用的有三章，第二章的“有无相生”，第四十章“天下万物生于有，有生于无”（简帛本为“天下万物生于有、生于无”），还有第十一章文本[①]，而相比前两章，第十一章似乎最不受学者重视，原因便在于第十一章讨论的是具体的“有”“无”而并非形而上的“有”“无”，因此第十一章对于“有”“无”的谈论似乎并不具代表性。但是，对形而下事物的分析总是更能让理解形而上的道理，老子在第十一章也是想通过具体事物来说明形而上“有”“无”的道理的：

> 三十辐共一毂，当其无，有车之用。埏埴以为器，当其无，有器之用。凿户牖以为室，当其无，有室之用。故有之以为利，无之以为用。（第十一章）

学者对于这里的“无”的解释往往有两种，一种是将“无”解释为

于无”两句，认为“无”指的是万物的开端或者指的是万物开端的不可描述的状态，持这一种观点的如王弼、严遵、蒋锡昌、张松如、牟钟鉴等人；三是认为“无”指的是空虚、虚无，持这一种观点的如张载、道安、黑格尔等人；四是从西方语言哲学出发，认为“无”是逻辑上的否定词或者负概念，指的是对于“道”的不可描述，持这种看法的如郑开、任继愈等先生；五是认为“无”是存在的不可见的部分，“无”是无形的或隐藏的存在，持这种看法的如王博等人，如此学界对于“无”的理解千差万别、形式各异。

① 本文将第一章文本断句为：“无名，天地之始，有名，万物之母。”因此，本文并不认为第一章是将“有”“无”作为独立的概念来使用的。

“空虚”，如河上公注：“无谓空虚，毂中空虚，轮得转行，车中空虚，人得载其上也。”① 如果从“有”“无”关系上来讲，将“无”解释为“空虚”，侧重于将“无”作为“有”的生成者，“无”上升到与“道”同等重要的存在，而“有”作为被生成者没有自己独立的地位。另一种则是将“无”解释为“中空”，如王博：“对于车来说，三十辐是有，毂之中空处是无；对于器来说，埴是有，器之中空处是无。”② 将“无”解释为中空之“无”，更加侧重于从“有”“无”的共在关系上来理解这段文本，“任何一个物都是有和无的共同体，缺一不可”③，“有”“无”双方是互相依存的，在统一体中各自发挥着它们的作用。

其实如果从这一段文本的最后一句“有之以为利，无之以为用”来考量的话，第二种解释是更具有合理性的，因为“有之以为利，无之以为用”所表达的是：在器具中“有”与“无”两者都是不可或缺的，两者各具有其作用。从器具来说，虽然器具是以内在的“无”来装东西，但是也需要器身提供载体以使得中空之“无”得以实现其作用。只不过老子认识到平常人更加注重“器身”而忽略了器身内在的“无”，所以才更加强调“无”的作用，因此在这一章中前面都是在强调“无”对于“有”的作用，但是最后一句开始强调“有”和“无”的相互作用。另外从第二章的“有无相生”以及帛书本的第四十章“天下万物生于有、生于无”这两句来看，两句皆是在说明“有”和“无”的相互依存、互相成就的关系。因此应当将这里的“无”理解为中空之“无”而非“空虚”。

从中空之“无”来说，器物之身是中空之“无”发挥作用的前提，没有器身，中空之“无”自然也不能发挥作用，便如房子，只有空间的“无”而没有墙壁，“无”便无法通过墙壁发挥其住人的作用。反过来，中空之“无”又是“器”得以发挥作用的基础，没有中空之“无”，房子便不成为房子，只是实心物，实心物也能发挥房子的作用，因此只有房

① 河上公著，王卡点校：《老子道德经河上公章句》，中华书局1993年版，第42页。

② 王博：《无的发现与确立——附论道家的形上学与政治哲学》，《哲学门》2011年第1期。

③ 王博：《无的发现与确立——附论道家的形上学与政治哲学》，《哲学门》2011年第1期。

子的中空之“无”才能使得四周的墙壁发挥出其为墙壁的作用，使器身成为器身。可以看出，在中空之“无”中，“有”是“无”发生作用的前提，而“无”也是“有”发生作用的前提，两者互相构建、互为前提，又共同发挥作用。房子如此，陶器也是如此，陶器中间的空虚也是通过其外在的器壁发挥其盛物的作用，因此器壁是中间空虚发挥作用的前提，而器壁也必须是因为中间的空虚才得以成为器壁的，中间的空虚成就着器壁并使其发挥作用，因此中间的空虚也是器壁发挥作用的前提。

其实学界很多学者也认识到了这里的“无”应当是中空之“无”，如王博、陈鼓应等学者在对《道德经》第十一章的解释中，都明确地指出这里的“无”指的是中空之“无”，但是他们对从第十一章所揭示出来的中空之“无”含义能否上升到对老子“无”的整体理解上还是抱有疑问的。在对老子“无”的整体解释中，他们往往会放弃第十一章所揭示出来的中空之“无”含义。如陈鼓应便说：“本章所说的‘有’‘无’是就现象界而言的，第一章上所说的‘有’‘无’是就超现象界、本体界而言……它们符号型式虽然相同，而意义内容却不一。”① 如此便放弃了从“现象界”所揭示出来的中空之“无”含义，问题的关键是这里的中空之“无”的含义能否涵盖“超现象界”的“无”?

在《道德经》第四章，有那么一句话“道冲而用之或不盈，渊兮似万物之宗”。这里的“冲”，傅奕本作“盅”，俞樾也认为“冲”是“盅”的假字②，《说文》将“盅”解释为“器虚”，因此“冲”指的是器中空的意思。这里说“道冲”，便是在说明“道”从某种意义上类似于“器”，当然不能说是形体上“道”从形体上类似于“器”，不然的话，“道”便是一物了，而只能说“道”在作用上类似于“器”。另外从后文的“或不盈”和“渊”来看，两者皆是描述具有形体而内部空虚的形态，“不盈”是说内部的空虚，而将“道”类似于“渊”和将“道”类似于“牝”（玄牝）一样，也都暗示了“道”的作用上具有这种中空之“无”的结构。如此“道冲而用之”的意思便是在说：“道”通过“器”一样的中空之“无”发挥其作用。因此从这一章来说，中空之“无”的含义

① 陈鼓应：《老子今注今译》，商务印书馆2006年版，第117页。

② 朱谦之：《老子校释》，中华书局1984年版，第18页。

是可以涵盖超现象界的“无”的，它表明老子的“道”是在阐明关于中空之“无”的道理的。

其实当我们考察老子所举出的诸多关于“道”与“天地”的形象中，可以显而易见地发现类似于这里器具的中空结构，比如“牝”“渊”“谷”“橐籥”，这些都是中空结构形象的。

“天地之间，其犹橐籥乎？虚而不屈，动而愈出”（第五章），老子在这里把“天地”形象地比喻为一个“橐籥”也即风箱，对于了解地球与宇宙知识的现代人来说，这个比喻是很不恰当的，但是从一个充满想象力的古人的眼中，天地又何尝不像一个中间虚空而上顶天、下抵地的大器，天与地构成大器的器身，而天地之间的虚空便是中空之“无”，由中空之“无”和天与地的器身的相互作用，万物得以生生不息。从“橐籥”这一形象来看，“橐籥”的器身是中空之“无”发生作用的载体，也是其存在的前提，而中空之“无”则实现着“橐籥”之为“橐籥”的作用。

而对于“牝”与“谷”也是如此，老子也是把“道”看成一个形而上的“谷”以及玄而又玄的女性生殖器，“谷神不死，是谓玄牝。玄牝之门，是谓天地根，绵绵若存，用之不勤”（第六章）。所谓“谷神”“玄牝”实质上是对“谷”“牝”的形上表达。对于“谷”，如任继愈和陈鼓应等很多学者往往将其解释为“虚空”，但是从《道德经》的文本来看，老子之所以选取“谷”这一形象，便在于“谷”具有四周高，中间低的特点。老子选取“谷”这一形象便是看中“谷”的四周实有、中间虚空的特点，如“江海所以能为百谷王者，以其善下之，故能为百谷王”（第六十六章）一句和“谷无以盈将恐竭”（第三十九章）一句，都是将“谷”作为周围实有（高）、中间虚空（低）的形象。因此从准确意义上来说，“谷”这一形象仍然代表的是中空之“无”，“牝”这一形象更不用再说。

从以上《道德经》所注重的“毂”“埏埴”“户牖”“谷”“天地”“牝”“渊”“橐籥”等形象可以初步看出，老子那里的“无”实际上是一种中空之“无”。这种中空之“无”的含义既可以涵盖现象界，亦可以涵盖超现象界，是以现象界来说超现象界的。这种中空之“无”有两方面内涵，一方面“无”必须是有“身”的，“身”是中空之“无”得以实现的载体与前提，虽然老子重视“无”，更加强调“无”对于“有”

的成就，但也不是否定“有”的，恰恰相反老子更加强调的是“有”中之“无”。另一方面“身”的作用与成就必须由内在的“无”来实现，可以说“无”是“身”得以发挥作用的生生之机，器身只有通过内在的“无”才能发挥作用。由此《道德经》第十一章的最后一句“有之以为利，无之以为用”实际上是在描述中空之“无”与“有”之间的关系，在一个器物当中，“有”也即器身是发挥作用的载体与前提保证，因而说“有之以为利”，而“有”之“身”必须是通过“无”发挥作用的，因而说“无之以为用”①。其实学界对于老子“无”的发挥大都集中在“无之以为用”上，将注意力放在“无”对于“有”的参建作用，而很少注意“有之以为利”，也即很少注意到“有”其实也在成就着“无”，这也是本文所需要重点说明的，“无”在老子那里其实是有“身”之“无”的。

二　从器物、自然的中空之“无”到存身、治国的“无心”“无为”

上一节是从自然、器物层面所总结出的关于中空之“无”的道理，对于这种中空之“无无”是否为老子“无”的完整含义，还需要具体地看社会人生层面上的“无”。而“无”在社会人生层面具体的展现最典型的便是“圣人”这一形象：

> 圣人常无心，以百姓心为心。善者，吾善之；不善者，吾亦善之，德善。信者，吾信之；不信者，吾亦信之，德信。圣人在天下，歙歙焉，为天下浑其心。百姓皆注其耳目，圣人皆孩之。（第四十九章）

在这一段文本中，老子对于“圣人”形象分解为两个要素，一是“无心”，二是“以百姓心为心”，但是这两要素不是割裂的；前者的“无

① 这一结论并不否定传统的老子“重无”的看法，而实际上老子也确实将这种中空之“无”作为生机之本，这从“牝”这一形象也可以看出，老子思想的重点是落在了“有”中之“无”。

心”并不是完全的空无一心，它仍有其外在的实有，那便是“以百姓心为心”。而后者的“以百姓心为心”也并不是光有实有，还必须有内部的“无心”。如果用第一节所提到的“器”这一形象来说明的话，那么百姓实际上便是“器”之身，而圣人的“无心”便是“器”的中空之处。同样的“圣人在天下，歙歙焉，为天下浑其心”也是在表达同样的道理，“歙歙”与“浑其心”也表示的是“无心”的意思。这里的需要着重注意的是，这句话中的“在”字，在这句话中，“在”是位于的意思，它是说圣人是有其外在的实有的，他是以天下为实有也即“在”天下的圣人。如果将“天下”看作上文所说的大器的话，那么圣人的“歙歙”便是中空之“无”的“无心”：

天下神器，不可为也。为者败之，执者失之。故物或行或随，或歔或吹，或强或羸，或挫或隳。是以圣人去甚，去奢，去泰。（第二十九章）

在这段文本中，老子便把“天下”比作一个大器，而这个大器内部不是有“执”“为”的实心的大器，而是以“去甚，去奢，去泰”的圣人作为核心的大器，如此也是中空之“无心”的大器。而也只有圣人在天下保持中空之“无心”，才能保证天下的生生之机，实现天下的稳定和谐。这也便刚好符合第一节所揭示出来的中空之“无”的两方面含义：一方面中空之“无”（圣人无心）通过器身（天下）发挥其中空之“无”的作用；另一方面器身（天下）通过中空之“无”（天下）而实现其作用、成为更好的天下（稳定和谐）。只不过这里关于中空之“无”的道理运用到人生或者治国上面总需要一个生存论的转化，在自然与器物层面的空间上的“无”转化到生存层面上便变成“无心”“无欲”“无为”。生存意义的“无心”不再是空间意义上的空无，生存意义上的外在之身也不能执定为空间意义上外在之实有。圣人治国如此，治身也是如此：

五色令人目盲，五音令人耳聋，五味令人口爽，驰骋畋猎令人心发狂，难得之货令人行妨。是以圣人为腹不为目，故去彼取此。（第十二章）

“身”相对于“天下”来说是另外一种“器”，对于这个身体的“器”来说，内部的感官欲望的充盈，都会使外在的“身”遭受伤害，“目盲”“耳聋”“口爽”“发狂”“行妨”这些个词汇所描述的都是人的身体的感官欲望对人身体的伤害。面对这些身体的感官欲望，圣人要求“虚其心，实其腹”（第三章），也便是要求排除这些身体的感官欲望，从而达到“无心”的目的。但这个“无心”并不是完全的空无，而是有“身”的“无心”，因为“无心”最终是为了更好地实现“身”的存在。因此老子那里的“无心”从来都不是无身的“无心”，而是有“身”之“无心”，不然“无心”也发挥不了作用。而“身”又必须保持内在的“无心”，不然“身”便失去了生机之本而遭受到伤害，“无”必须有“身”，而“身”也必须有“无”。

> 修之于身，其德乃真；修之于家，其德乃余；修之于乡，其德乃长；修之于邦，其德乃丰；修之于天下，其德乃普。故以身观身，以家观家，以乡观乡，以邦观邦，以天下观天下。（第五十四章）

任何“修”都必须是在“身”的基础之上的“修”，不然修养所达到的“无心”没有得以承载的载体，“无心”自然也发挥不了作用，这种“身”可以是人的身体，也可以是家庭，还可以是于乡、邦、天下，只有在“身”“家”“乡”“邦”“天下”中保持“无心”，才能更好地成就“身”“家”“乡”“邦”，从而实现“身”的养生、家的和睦、乡邦天下的和谐稳定。

综上，老子的“无”准确地来说是一种中空之“无”而非“空虚”，这在自然、器物、社会人生的各个形象中都是可以得到印证的。当然在社会人生中，这种中空之“无”，已不具有器具的空间意义，而转化为生存意义上的“无心”，这种“无心”是兼具修养意义与理想境界意义上的。另外，如果将老子的“无”解释为中空之“无”，还需要看将第二章的“有无相生”和第四十章的“天下万物生于有、生于无”中的“无”解释为中空之“无”是否合适，如果合适，便进一步地证明了将“无”解释为中空之“无”的合理性，如果不合适，也便证伪了。

对于第二章的“有无相生”，这句话和“难易相成，长短相形”类似，它实质上指的是“无”与“有”存在互相依存、相互成就[①]的关系。如果遵循上文的论证，把这里的“无”解释为中空之“无”，把“有”解释为“身”之“有”，那么“有无相生”的意思便是说：中空之“无”与“身”之“有”是相互依存、互相成就的，内在的“无”成就着“身”，保证着“身”的生生之机，而“身”又是内在“无”得以发挥作用的前提。没有中空之“无”，“身”便失去了生生之机，从而成为僵硬的死物。没有外在的“身”之“有”，“无”只是空无，没有其得以发挥作用的载体。只有互相配合，才能在对方中成就自身。

而如果把第四十章的“天下万物生于有、生于无”中的“无”解释为中空之“无”“有”解释为身之“有”，那么“天下万物生于有、生于无”的意思便是：万物都是由内部的空虚和外在的“有”两者相合而得以生成并实现其存在的，这个“万物”既包括“身”“国”“天下”的社会人生层面，也包括“天地”“谷”“户牖”“橐籥”“牝”的自然器物层面，还包括自然界的生物，万物都是因其外在之“身”以及内在的中空之“无”而保证其生生之机从而实现其存在的。如此，中空之“无”在第二章的“有无相生”和第四十章的“天下万物生于有、生于无”中都是可以解释得通的。

通过以上两节的论述，便可得出一个结论，老子的“无”实际上是一种中空之“无”，“无”有身性的。在“有”与“无”的相互关系中，一方面“无”是“有”前提，“无”成就着“有”、实现着“有”；另一方面“身”之“有”是“无”实现的载体，“有”实现着中空之“无”的功用，“有”也成就着内在的“无”。而学界对于老子“无”的解释往往只关注于“无”对于“有”的方面，而很少关注于“有”对于“无”的方面，如此便失去了“有无互生”和“有之以为利，无之以为用”的完整含义，因此是不完全的，这也是本文将老子的“无”解释为中空之“无”的初衷，通过中空之“无”表明“无”的有身性。

---

① 《说文解字》对于“生”解释是“进也”，而《说文解字》对于“进”的解释是“登也”，“登”也便是前进登生的意思，因此“生”具有向好的方向发展的态势的意思，“有无互生”的“生”是使动词，在这里可以解释为“有”与“无”互相使对方向更好的方向发展的意思，从而可以理解为互相成就对方。

三　中空之“无”与描述性的“无”

老子那里“无”有时候又在表达“道”的不可捉摸、不可把捉的特点，如第十四章对“道”的描述：

> 视之不见名曰夷，听之不闻名曰希，搏之不得名曰微。此三者不可致诘，故混而为一。其上不皦，其下不昧。绳绳不可名，复归于无物，是谓无状之状，无物之象。是谓惚恍。迎之不见其首，随之不见其后。执古之道，以御今之有，能知古始，是谓道纪。（第十四章）

在这里，老子便是把“道”描述为“视之不见”“听之不闻”“搏之不得”“无状”“无象”的，这些概念都表示“道”是“不可识”的。很显然，这里的“无”表示的是“道”的不可描述、不可把捉的特征，似乎和上文所说的中空之“无”并不相干。但是细细考察又会发现实际上这种“道”的不可描述的状态与中空之“无”还是存在内在的关联的。这种对于“道”的描述性的“无”很类似于老子对于有道之人的描述，比如老子在第十五章对于有道之人的描述：

> 古之善为士者，微妙玄通，深不可识。夫唯不可识，故强为之容。豫焉若冬涉川，犹兮若畏四邻，俨兮其若容，涣兮若冰之将释，敦兮其若朴，旷兮其若谷，混兮其若浊。孰能浊以静之徐清？孰能安以久动之徐生？保此道者不欲盈，夫唯不盈，故能蔽不新成。（第十五章）

类似于对于“道”的描述，老子认为有道之人也是“不可识”的，“不可识”的意思便是说很难用概念来对有道之人进行规定。虽然有道之人很难用概念进行规定，但可以“强为之容”，所谓的“强为之容”，便是指的用“若”而非“是”形象化语言进行描述。“若”与“是”最大的不同在于“若”更多的是通过类比的方法进行的形象化描述，而“是”

则是范畴性的规定。与之相似的是，老子也认为“道”是不可认识的，而对于“道”，老子也认为只能“强为之名”，“吾不知其名，字之曰道，强为之名曰大”（第十五章）。这种措辞上的相似性决定了对于两者描述性的“无”是在同一意义上的，只要解释清楚对有道之人描述性的“无”也便解释清楚了对“道”描述性的“无”。

首先需要问的是为什么有道之人会“不可识”？有道之人是有“身”的，他有着自己的体征、容貌、肢体、动作，这些外在的形象是可以用概念进行规定的，因此不可能是不可认识的。因此“不可识”不可能指的是有道之人的外在的形体、容貌，而只能是关于有道之人“心”的不可识。因为有道之人是“无私”“无欲”“无为”“无心”的，因此不可能用概念直接说有道之人的心是怎样的。但是虽然不能对有道之人的心进行概念规定，但是可以通过对有道之人身体的举止动作对有道之人的内心进行描述。如老子所说的“豫兮若冬涉川，犹兮若畏四邻，俨兮其若容，涣兮若冰之将释，敦兮其若朴，旷兮其若谷，混兮其若浊”，这些其实都是从有道之人身体的举止描述他的心灵状态，“若容”“若朴”“若谷”“若浊”都是用类比的方法描述从有道之人举止动作中反映出来的“无心”的特点。同样地，对于“道”的描述性的“无”也是如此。虽然“道”也是“无心”的，是“不可识”的，但是仍然可以“道”在万物中的外在功用来“强为之名”，比如老子对于有道之人的描述：

> 大道泛兮，其可左右。万物恃之而生而不辞，功成不名有，衣养万物而不为主，常无欲，可名于小；万物归焉而不为主，可名为大。以其终不自为大，故能成其大。（第三十四章）

“不辞”“无欲”“不为主”“不自大”这些否定性概念都是在说“道”的“无心”，正因为“道”的无心，所以“道”是很难用概念进行把握。但是“道”的“无心”毕竟还有其“身”，它的“身”便是万物，万物展现着“道”的“无心”的“生”“衣养”的功用，我们可以通过“道”的“无心”在万物之中的功用中，来对“道”进行“强为之名”。因此“道”的描述性的“无”也是有“身”之“无心”的，符合中空之

"无"的典型特征，只不过是对中空之"无"的形象化的描述。

四　中空之"无"与否定意义的"无"

相对于"有"，可以很明显地发现《道德经》更重视"无"。在《道德经》中，老子更多是运用"无……"而不是"有……"①，如"无名""无为""无欲""无物""无心""无事""无味""无知""无执"。这种对于"无"的用法与现代类似，表示的是一种否定性思维方式，比如"无为"是"有为"的否定，"无事"是"有事"的否定。而"无"又和"不"联系到了一起，"不"和"无"都是否定性用法，在老子那里，"不"更为常见，如"不宰""不尚贤""不处""不用筹策""不怒""不武""不与""不争""不言"，这些"不"和"无"一样，都是对"宰""尚贤""处""用筹策""怒""武""与""争""言"的否定。②这些"无……"与"不……"都是关于"心"的"有……"的否定，所达到的最终指向的是心的"无心"或"虚心"状态，也即通过对心灵"有……"的否定使得心灵无欲无执。

而实际上，老子对于"无……"的重视，是为了强调"无"对于"有"的成就及作用，因此在《道德经》那里有很多类似于"无……无不……"与"后……先……"等"反者道之动"的句式，比如"无为而无不为"（第三十七章），"后其身而身先，外其身而身存"（第七章），"夫唯不争，故天下莫能与之争"（第二十二章）等，都是为了说明否定出的"无……"对于"有"的成就。"无"对于"天下"的作用，便是

---

① 郑开先生将"有"理解为"（有）欲""（有）为""（有）心"，这似乎并不符合老子原意，因为在老子那里，无论是在第二章"有无相生"一句中，还是在第十一章的"有之以为利，无之以为用"一句中，又或者在第四十章的"天下万物生于有、生于无"一句中，"有"都是具有积极的作用的。如果将"有"理解为"（有）欲"之"有"，这便意味着"有"是消极的，是应当为被否定的存在，而事实上并非如此，因此应当将这种"有"理解为有身之"有"。（参见郑开《道家形而上学研究》，中国人民大学出版社 2018 年版，第 10 页）

② 郑开先生认为老子那里的"无"是逻辑上的否定词，并将"无"理解为"什么也不是的某×"，这是从语言概念的限制入手来讲"无"。（参见郑开《试论〈老子〉中"无"的性质与特点》，《哲学门》2014 年第 1 期）

使天下“无不为”，“无”对于“身”的作用，便是使“身”存[①]，凸显的都是“无”对于“有”的成就。但是这种对于“无”重视并没有否认“有”的重要性。老子之所以更加重视“无”便在于人们在日常生活中更加重视“有”，高亨先生认为，老子对于“无”的强调便是要打破常人重“有”轻“无”的成见。[②] 常人往往更加注重的房子的器身、人体的身、国家等实实在在的东西的功用，却很少关注到内在的“无”，因此老子更强调“无”以及“无”对于“有”的功用是为了打破人们的成见。

但是这种强调并没有否定“有”和“有”对于“无”的作用，因此对于“无”和“无”的作用的强调与上文所揭示的中空之“无”并不矛盾。而实际上在“无”也必须通过“身”“天下”才能发挥作用。“无”虽然成就着“有”，使“身”成为更好的“身”，使“国”成为更好的国，但是也必须是在有“身”和有“国”基础上才能发挥其作用。“无”只有通过“身”“天下”，才能发挥“无”的存身、治理天下的功用，因此先有“身”和“天下”，才有“无”的功用，同样的天地、万物、国家、人际关系、家庭也都是“无”得以发生的场所。因此虽然不能证明这种“无”是中空之“无”，但是却可以证明中空之“无”可以含纳否定意义上“无”。

结论

综上，老子的“无”虽然具有多重表现，既表现为器物、自然中的空间性的中空之“无”，又表现为社会人生的生存性的“无心”，而这种中空之“无”与描述性的“无”以及否定意义上的“无”也是不矛盾的，中空之“无”对于这两种“无”是可以容纳的。这种中空之“无”具有两方面内涵：一方面“无”必须是有“身”的，“身”是中空之“无”得以实现的载体与前提；另一方面“身”的作用与成就必须由内在

---

① 这里不可言“无”而“有”，因为“外其身而身存”是指的使得“身”更好的存在，“无为而无不为”也是使得天下更好的得到治理，不能说“无心”而有“身”，“无为”而有“天下”，因此对于“有”之“身”只能言成就，“无”成就了“身”存，“无”成就了天下的“无不为”。

② 高亨：《老子正诂》，清华大学出版社 2011 年版，第 20—21 页。

的“无”来实现，可以说“无”是“身”得以发挥作用的生生之机。如此中空之“无”指的便是有“身”之“无”，在中空之“无”中，“有”中有“无”，“无”中有“有”，互生共在。

对于老子“无”的这种解释，一是为了改变学界在对老子“无”的解释中忽略了“有”的作用，解释为中空之“无”更大的意义是为了说明“无”的有身性；二是为了对老子关于“无”的思想做出一个统一性的解释，只有对老子的“无”的思想进行统一性解释，才能更大程度地符合老子思想中的原意；三是为了厘清老子文本中“无”与“有”以及其他概念之间的关系。

论孟子的“安宅”观

张茂泽

（西北大学中国思想文化研究所）

摘要： 孟子提出“安宅”一词，是对中国古代儒家精神家园思想的大贡献。宅，家园；安，安全，安静，安慰，安乐。儒者具有健全信念而能安身立命，表明儒学既是理性的学术思想，又有安慰人心的功能。孟子“安宅”观包括天人合一的“正命立命”的安宅依据论、“求其放心”的安宅修养论、“先知觉后知”的安宅感化论等，思想内容丰富。在孟子看来，人之所以有安宅，因为人有人性修养；这就将精神家园建立在理性的学习、寡欲等人性修养基础上，彰显了儒家精神家园的人文理性色彩。在孟子那里，人性修养和安宅有机统一，形成了理性和信仰辩证统一的精神家园结构。孟子的“安宅”以仁义道德为内容，有安乐、恒心、大丈夫气概等心理标识，有普遍性、抽象性、“心服”性等特征。

关键词： 孟子　“安宅”　精神家园　儒教思想

孟子说：“夫仁，天之尊爵也，人之安宅也。”（《孟子·公孙丑上》）又说：“仁，人之安宅也；义，人之正路也。旷安宅而弗居，舍正路而不由，哀哉！”（《孟子·离娄上》）“安”有安全、安静、安乐诸义，“宅”即“居”，是人们出身、成长的基地，生产生活的家，人们精神上的家即精神家园。“安宅”，就是安身立命的精神家园。在孟子看来，人的精神家园不是空旷的家人住宅，而是实有其物在内，这就是“仁”。换言之，“仁”就是儒家安身立命的精神家园。

“仁”何以能为人的精神家园？因为孟子的“仁”，就是他所谓良知、良心，也是“禹稷颜回同道”“圣人与我同”的统一性的“道”，即人天赋“固有”的至善本性。因为“仁”源于“天”，是天对人的位分规定，故谓之“天爵”；天给人的位分规定被认为高贵于世俗爵位，故曰“天之尊爵”。人在现实世界里努力求得的地位、位分或爵位，只是“天爵”的部分实现。天爵完全实现，便是圣人。天爵规定了人在现实世界生活的可能性、准则和最高理想，故天爵可以成为人之所以为人的规定性或统一性，充当人成为理想的人的逻辑根据，是谓“道”或“理义”；天爵又是人在现实世界生产生活的出发点、方向、主宰和最高境界，故天爵可以成为人之所以为人的真主体，充当人境界提高的主宰者，是谓“良知”或“良心”。天爵、理义、良知，其实质内涵都是“仁”，只是分别从人性的来源、本质、主体方面分别言之罢了。朱熹注解此句甚好，曰：“仁、义、礼、智，皆天所与之良贵。而仁者天地生物之心，得之最先，而兼统四者，所谓元者善之长也，故曰尊爵。在人则为本心全体之德，有天理自然之安，无人欲陷溺之危。人当常在其中，而不可须臾离者也，故曰安宅。”①

整体看，孟子儒学宗教性较明显。孟子尊崇尧舜、商汤、文武，相信五百年必有王者兴。他“私淑”孔子，可谓民间尊孔第一人，他的言论多次称引《诗》《书》，又提出“尽信《书》，则不如无书”（《尽心下》），相信经典而又理性对待之，是儒家经学诞生的关键人物。孟子好辩，力辟杨、墨，说明他有“护教”意识。自孟子开始，“安宅”又成为儒教思想的关键词。这表明，孟子是儒教思想史上的重要人物。研究孟子的“安宅”观，意义重大。

孟子说：“乃所愿，则学孔子也。”（《孟子·公孙丑上》）孟子自觉学习孔子，其学问主要源于孔子。孔子传承尧舜、三代历史文化，改造三代宗教思想，创立理性儒学，建构起以仁义道德为核心的精神家园思想体系，提供了古代中华民族共同体精神上的安身立命之所，展示了儒学理性学术思想、民众精神家园的双重文化功能。孔学传人很多，曾子《大学》、子思《中庸》可以作为早期代表。但从儒家精神家园思想史

① 朱熹：《孟子集注》卷三，《四书章句集注》，中华书局 1983 年版，第 239 页。下同，只注书名、卷数、页码。

看，孟子提出“安宅”概念，才标志着先秦儒家精神家园理论在表达形式上的完成。

学界一直关注孟荀比较。大家皆知双方有性善性恶之争、心性礼法之别，在理论性质上也有唯物唯心、理想现实之分。其实，孟荀皆儒学大家，作为先秦儒学样本，他们阐发仁义道德的意义，各有侧重。荀子所重在经验实证，在实践而有实效，关注个人节操和礼法结合；孟子则强调先验理想的意义，比较关注人们精神上的安身立命问题，希望人们大气磅礴，志坚而行笃。故孟子思想更多关涉精神家园建构。从精神家园思想角度，观察孟子的学术思想，揭示其学思特质，是很合适的。

一 “正命立命”的“安宅”依据论

孔子提出“知天命”说，要求理性认识把握人之所以为人的性命、社会分工规定的角色使命，也要虚怀承受人为努力之后的最终结局。孟子承认最终结局的天命，尽力发挥天命的性命、使命意义。他说：“莫非命也，顺受其正。是故知命者，不立乎严墙之下。尽其道而死者，正命也。桎梏死者，非正命也。”（《孟子·尽心上》）朱熹注：“人物之生，吉凶祸福，皆天所命。然惟莫之致而至者，乃为正命，故君子修身以俟之，所以顺受乎此也。”（《四书章句集注》，第349—350页）命有普遍性，人能顺应天行天生，正常发挥、实现天赋，“尽其道而死”（《孟子·尽心上》），就是正命；正命有成，是立命。知，主要是认识活动；正、立，落脚在实行、实践。如此，孔子“知命”主要应在人性命的自觉，孟子正命立命则可谓人性命觉悟基础上的实践和实现。

孔子承认子夏“死生有命，富贵在天”说，人生穷达贫富、社会和战治乱等最终结局上，人无能为力。而孟子提出“尽其道而死”，在命运作为社会人生最终结局意义上，增加了人的道德修养比重，提高了人在天命面前的地位。孟子天命观中人文理性因素的增长，曲折反映了战国时期社会生产力的进步。换言之，在孟子那里，“安宅”建立在正命、立命修养基础上，是人们进行正命立命修养达到的精神境界，也是人们进行文明教化建构的精神家园。“安宅”观可谓孟子儒学的精神家园形态。

和孔子“知天命”说比较，孟子的“正命立命”说有几个突出特点：

1. 道德使命意识突出

向孔子学习，希贤成圣，是孟子一生的追求。孟子生当战国中期，当时战乱频仍，杀人盈野，杀人盈城。孟子努力道性善，言必称尧舜，希望以此改变时局，拨乱反正。他要求人们有做人成人的使命感，尽力进行道德修养；人人从我做起，逐步影响周围的人。这样坚持下去，最终自会见效。他说："求则得之，舍则失之，是求有益于得也，求在我者也。求之有道，得之有命，是求无益于得也，求在外者也。"（《孟子·尽心上》）朱熹注："在我者，谓仁义礼智，凡性之所有者。有道，言不可妄求。有命，则不可必得。在外者，谓富贵利达，凡外物皆是。"（《四书章句集注》，第 350 页）在我者，指人以仁义道德为核心的至善本性，乃天命于人，为人性先天固有，它待求、可求而必得，是为人的性命和使命。在外者，富贵利达，外面环境条件，乃天命于人，为命运之既定者；却非人之固有，乃后天求得；但它待求、可求而不必得。这是人的宿命。使命可以用力，人们尽力，定可实现；宿命不可改，故人们不必尽心用力于此，只是虚怀承受即可。孟子提倡的天命论和孔子接近；这是一种主张进行道德修养以把握人生、社会命运的人学思想。天生人成，天命人性，天意人心，是先秦哲学天人合一的几种形态。天命人性，主要指天命人以仁义道德；而人则以道德修养把握人生命运，以道德教化把握家庭、国家、天下的命运。儒家天人合一理论强调道德和天命的内在关联，也应是孔子"知天命"说的精髓所在。至于天生人成、天意民心在汉代儒学、张载关学、陆王心学处才得到比较充分的发掘。

孟子建议滕文公："苟为善，后世子孙必有王者矣。君子创业垂统，为可继也。若夫成功，则天也。君如彼何哉？彊为善而已矣。"（《梁惠王下》）他主张治国者应该"为善""彊为善"以治国，要求以道德修养、道德教化把握国家命运。至于人生际遇、社会结局，皆"非人所能"，乃天命决定。只是相信，顺天为善，或可成功；逆天为恶，必不能成。顺天为善，或不成功，乃天意如此耳；逆天为恶，或偶然逞其私欲，而社会大众、文明历史受其害，亦命数使然。后起者继续顺天为善，必可拨乱反正，而治国平天下，此即善之胜恶、正之胜邪，成就、实现天命之人性，发展完善文明之历史。这实际上是要求人们重视道德修养，至于才能、机遇、贵人、平台等，则有偶然性，不必斤斤计较于此。为人做事，不走后门、拉关系，只是“居易以俟命”，绝不“行险以侥幸”（《礼记·中庸》）。

2. 政治天命被分割、抑制

在孟子之前，思想家们思考政权获得和更替的原因，一般归诸天命。孟子做了富有新意的解释。他认为，尧禅让舜，是“天与之”的表现；天与之，就是以天地变化、情事转变暗示之。具体言，就是“尧荐舜于天而天受之，暴之于民而民受之”，如尧使舜“主祭而百神享之，是天受之；使之主事而事治，百姓安之，是民受之也。”“民受之”的第一个表现是“主事而事治，百姓安之”；第二个表现是“舜相尧二十有八载，非人之所能为也，天也。尧崩，三年之丧毕，舜避尧之子于南河之南。天下诸侯朝觐者，不之尧之子而之舜；讼狱者，不之尧之子而之；讴歌者，不讴歌尧之子而讴歌舜。”（《孟子·万章上》）舜相尧28年，非一般人所能，孟子认为这是天意；尧驾崩后，天下朝觐、讼狱、讴歌，都去找舜。孟子认为这是“民受”的证据；而民受，根本上说也是天意的表现。因为《尚书·泰誓》言“天视自我民视，天听自我民听”，民心民意反映的就是天意。孟子还进行了更深入的诠释，他说：“尧舜，性也”（《孟子·尽心下》），尧舜禅让只是自然表现了人性本质，所以成为最高理想人格。尧舜作为效法对象，便如工匠之规矩，“规矩，方圆之至也；圣人，人伦之至也。欲为君尽君道，欲为臣尽臣道，二者皆法尧舜而已矣”（《孟子·离娄上》）。圣人正是人性的理想典型；我们做人成人，也只是效法尧舜，“天下为公，选贤与能”而已。尧舜公天下，政权转移，也是公共权力的转移，并无个人名利的考量。

可见，孟子理性解释权力交接现象，抑制了政治活动中的天命因素，降低了“天命”的政治影响力。他提出君权来源于“天受”和“民受”，可谓天民各半，神人以和；虽然如此，在神权占统治地位的时代，也只能说，这种“天”的观念只有微弱的神权色彩，而突出了人文的地位和作用。这当然是人理性政治能力提高，能够解决更多现实问题的政治反映。

3. 鬼神人文化

孔子承认鬼神，参与祭祀，祭神如神在，但他所重在以“知生”“事人”为先，对待鬼神，则敬而远之，不语不祈。在孟子那里，神则被划分为两类：一是作为祭祀对象的神灵。如他说：“岁日有恶人，斋戒沐浴，则可以祀上帝。”（《孟子·离娄下》）又说：“牺牲既成，粢盛既洁，祭祀以时，然而干旱水溢，则变置社稷。”（《孟子·尽心下》）对这类鬼神（上帝、社稷），孟子客观描述当时社会现象而已；二是人们进行道德修养，达到圣人境界时，理想人格便有“圣而不可知”的神奇特征。孟子曰：“圣而不可知之谓神。”（《孟子·尽心下》）朱熹注：“程子曰：‘圣不可知，谓圣之至妙，人所不能测。非圣人之上，又有一等神人也。’”（《四书章句集注》，第370页）这是孟子提倡的，以内在心性修养为基础达到的理想人格；它其实不是神，只是有类似于神的“不可知”性而已。

4. 天人关系论

在孟子那里，“安宅”蕴含的哲学思想主要是天人关系论。而孟子提出的“正命”“立命”等修养，正是天人合一的桥梁，也可谓天人统一的枢纽。正命、立命说反映的天人合一关系，内容丰富。在他看来，有修养的人“强为善而已”，致力于“创业垂统”，努力行善；若最后结局，交给天命即可（《孟子·梁惠王下》）。这是孟子天人关系论的基本看法。

人性论是孟子思考天人关系最富有新意的内容，其“性善”说也可谓先秦儒学最为精彩的华章。孟子所谓人性在外延上至少有三义：一是物性，如“形色天性”（《孟子·尽心上》），食色等是其表现；物性属于性，但又是命定的，非人力所能左右。所以，有修养的君子一般不将物性看作人性。一定将物性看作人性，如告子，则人性便无善无恶等。二是德性，含仁义礼智等，今人所谓理性在其中。孟子曰：“仁也者，人也。合而言之，道也”（《孟子·尽心下》）。朱熹注：“仁者，人之所以为人之理也。然仁，理也；人，物也。以仁之理，合于人之身而言之，乃所谓道者也。”（《四书章句集注》，第367页）仁是人之所以为人的本质内涵，其德性即善，故人性善。这就为人在现实世界行善、求善提供了对象依据。三即心性，即以“浩然之气”为代表的成圣成贤的主体性；这就为人能够在现实世界里行善、求善提供了主体依据。

关于三性之间的关系，物性有践形的要求，而践形需要认识上的明理和实践上的追求目标；德性要求认识觉悟、遵循、爱好、实现等修养努力，这需要以理想为主要内容的主体性逻辑支持，也必须有形色为主要内容的物性做事实基础；心性要求觉悟、树立、爱好、追求等，而这又直接建立在德性修养的逻辑基础上，也间接建基于物性事实。孟子所谓性善，主要针对德性、心性而言。盖就物性而言，也是就人事实上的生活状态而言，无所谓善恶，可以说无善无恶、或善或恶、可善可恶、善恶混等；这样的人性强调了人和动物相同的“食色”等物性或生物性因素，和禽兽无本质区别。若就人不同于其他物的特性而论，则德性、心性便为主要内容。德性以规范（规律、规矩、制度、习惯等）为基本内容，而规范所指向的就是善本身；也就是说，符合规范的，就是善的；心性以主体性（自在、自觉、自主、自由）为基本内容，而主体就是善的价值的承载者，可谓善者自身。其实，善的和善者，当然关系紧密：善的可谓抽象的理，善者可谓抽象的理的主体性表现，也是理的主体性的实现。后人将这种关系概括为“心即理”，也就是说，人的心性，实质就是人的德性，可谓至当不移。如此看来，三性统一，不可分割。分则各自皆非人性全部，而只是人性的某一要素；合才是真正全面的人性。在三者构成的合一体中，心性为本原、依据、本质、主体，物性只是存在基础而已。

细究起来，孟子天人关系论有几个特点：其一，仁义内铄，道德“固有”。孔子首次明言“天生德于予”，孟子更言仁义道德天生固有。他说：“仁义礼智，非由外铄我也，我固有之也，弗思耳矣。”（《孟子·告子上》）耳目口鼻之欲，有修养的人不把这叫作性，而视为命中注定的事情（《孟子·尽心下》）。其二，在天人合一结构中，孟子明言“天时不如地利，地利不如人和”（《孟子·公孙丑下》）。孟子和孔子一样，都强调人为努力的积极意义；认为天自然如此，有既定规则，而人能弘道，人有主体性。人主体性的依据就是至善本性或良知良能，主要内容就是其天生道德的存养扩充、固有仁义的发荣滋长。其三，人为努力的方向，只能“顺天”而不能“逆天”，因为“顺天者存，逆天者亡”（《孟子·离娄上》）。孔孟强调的，依然是天和人和谐统一，有机一体。其四，所谓顺天，不是顺应高高在上外在必然的天，而是觉悟和实现内在抽象的至善本性，这就是孟子的“反身而诚”论。孟子深刻揭明：“万物皆备于我矣。反身而诚，乐莫大焉。强恕而行，求仁莫近焉。”（《孟子·尽心上》）什么是“万物皆备于我?”朱熹注：“此言理之本然也。大则君臣父子，小则事物细微，其当然之理，无一不具于性分之内也。”就是“性即理也”“万物之理具于吾身”，人性中有天理，人性的本质就是天理，而天理也是万物的本质。“反身而诚”，诚即实，“言反诸身，而所备之理，皆如恶恶臭、好好色之实然，则其行之不待勉强而无不利矣，其为乐孰大于是”。强，勉强；恕，推己及人。“反身而诚，则仁矣；其有未诚，则是犹有私意之隔，而理未纯也。故当凡事勉强，推己及人，庶几心公理得而仁不远也……体之而实，则道在我而乐有余；行之以恕，则私不容而仁可得。”（《四书章句集注》，第 350 页）易言之，顺天，正命，只是人性真理的觉悟和实践而已。

孔孟之道是先秦儒学的主要内容，也可谓先秦儒家精神家园理论的代表。孔子传承尧舜三代历史文化，改造传统宗教信仰，创立儒学，提出“知天命”作为儒家精神家园的大纲节目，《大学》提炼出内圣外王之道作为儒家精神家园理论的思想框架，《中庸》开掘出儒家中道（中庸）思维的理论高度。孟子以“正命”“立命”等命题为核心，具体展示了社会人生历史命运乃是天人、内外、体用、主客的辩证统一体，人们只要努力提高人性修养，进行文明教化，就可以在根本上把握人自身的命运。孔孟之道由是完成，孟子“安宅”中的天人关系内容由此完备。

二 “求其放心”的“安宅”修养论

人性是人们建立“安宅”的内在基础，人性论自然成为孟子“安宅”观的理论前提。孟子相信并断定，“道一而已”（《孟子·滕文公上》），此“道一”就是天人合一的至善本性，尧舜是其理想人格和社会政治代表。但在现实中，人“浑然至善”的本性或因“汩于私欲而失之”“尧舜则无私欲之蔽，而能充其性。”（《四书章句集注》，第 251—252 页）孟子对此至善本性体认甚深，曰：“人之所以异于禽兽者几希，庶民去之，君子存之。舜明于庶物，察于人伦；由仁义行，非行仁义也。”（《孟子·离娄下》）仁义即人的本性。圣人依据仁义而认知、言行，让仁义本性自然表现出来；非如常人，有意识地要实行仁义。

在孟子那里，依据“道一”信念，人性修养最基本的理论根据便是“圣人与我同类”（《孟子·告子上》）的人性论断定。这个断定肯定：圣人是人，人人可以学而至。但一般人却缺乏人的应有修养，“行之而不著焉，习矣而不察焉，终身由之而不知其道”（《孟子·尽心上》）。其实，不论人得志与否，都应有人之所以为人的人性修养，如“古之人，得志，泽加于民；不得志，修身见于世。穷则独善其身，达则兼善天下”（《孟子·尽心上》）。

孟子界定“善”概念说：“可欲之谓善。”（《孟子·尽心下》）人的至善本性表现为人性的可欲性，人们在现实生产生活中需要人性支持；这是人们认识、爱好、发展、实现人性的基础。人的所有心理活动根本上说以至善本性为本原、基础，则心性本一体；此心便是道心、本心，此“可欲”之欲便是道的运动表现。

分析地看，孟子主张“人之性善”，反对其他人性论，这并不意味着孟子只认识到人性中的形而上部分，他也注意到了人性中的形而下部分，此即人的物性；只是他认为君子不将人的耳目口鼻等物性当作人性内容。其次，孟子主张性善，并不是只认识到人性中善的部分，忽视或贬低非善的部分；而是为了强调或突显人性中的善性——德性和主体性对于人之所以为人的根本、主体意义。

孟子人性修养内容可划分为几个层次：第一，物性乃自然生成，船山谓之日生日成；其养在身体锻炼、健身、延年益寿；第二，知言知性知天修养：乃就物形身体活动而认识德性，朱熹称为格物穷理；其养在认识如实、合理、有效；第三，养气或养心修养：乃就德性的主体性进而体验心性，阳明谓为致良知；其养在立志、寡欲、动心忍性、专心致志等。

和孔子、荀子等比较，孟子人性修养论有几点特别处：一是强调良知觉悟的根本性。在孟子看来，良知觉悟可以张大视野心胸，摹划人生格局，规定奋斗方向。他说“志至焉，气次焉”“持其志，勿暴其气”（《孟子·公孙丑上》）。人都有“是心”，“所欲有甚于生者，所恶有甚于死者”，只是“贤者能勿丧耳”（《孟子·告子上》）。未放心则“专心致志”；已放心则“求其放心”（《孟子·告子上》）。具体内容是“造道”而能自得；若能自得，则“居之安；居之安，则资之深；资之深，则取之左右逢其原”（《孟子·离娄下》）。造道则需要读书，知人，尤其需要自我反省，“先立乎其大者，则其小者弗能夺也”（《孟子·告子上》）。其大者就是良知本性的觉悟，成圣成贤远大理想的树立，做大丈夫的主体性挺立。

二是“动心忍性”的心理训练，也是养气修养，包括“苦其心志，劳其筋骨，饿其体肤，空乏其身，行拂乱其所为，所以动心忍性，曾益其所不能”（《孟子·告子下》）。朱熹注：“动心忍性，谓竦动其心，坚忍其性也。然所谓性，亦指气禀食色而言耳。”（《四书章句集注》，第 348 页）动心忍性，乃磨炼物性，锻炼意志而成就心性也。养心之法，对本心，不外觉悟挺立，“扩而充之”（《孟子·公孙丑上》）；对目标，必须专心致志，而又“勿忘勿助长”（《孟子·公孙丑上》）；对人心，则既要读书知人论世，又要克己“寡欲”（《孟子·尽心下》）；对私意，则毫不留情，清除干净。

在意志训练中，“存心”是标准，“自反”是方法。孟子说：“君子所以异于人者，以其存心也。君子以仁存心，以礼存心。……有人于此，其待我以横逆，则君子必自反也：我必不仁也，必无礼也，此物奚宜至哉？其自反而仁矣，自反而有礼矣，其横逆由是也，君子必自反也：我必不忠。自反而忠矣，其横逆由是也，君子曰：‘此亦妄人矣。如此则与禽兽奚择哉？于禽兽又何难焉？’是故君子有终身之忧，无一朝之患也。乃若所忧则有之：舜人也，我亦人也。舜为法于天下，可传于后世，我由未免为乡人也，是则可忧也。忧之如何？如舜而已矣。”（《孟子·离娄下》）朱熹注“存心”曰：“以仁礼存心，言以是存于心而不忘也。”（《四书章句集注》，第 298 页）如此，存心就是树立成贤成圣的远大理想，为之奋斗不已，永不忘怀。

三是“尽心知性知天”“存心养性事天”的心性综合修养。孟子曰：“尽其心者，知其性也。知其性，则知天矣。存其心，养其性，所以事天也。夭寿不贰，修身以俟之，所以立命也。”（《孟子·尽心上》）修身以待的立命工夫，内容丰富。朱熹注：“存，谓操而不舍；养，谓顺而不害。事，则奉承而不违也。”尽心知性而知天，主要是认识人性真理的活动；存心养性以事天，主要是实践人性真理的活动。人们认识把握人性真理后，信而“不动心”，行而不疑惑（“不贰”），知行并进，终身以之，“全其天之所付，不以人为害之。”（《四书章句集注》，第 349 页）从发展进程看，孟子的人性修养有其要点：反面是“求其放心”；正面是存养扩充仁爱心。孟子说：“人能充无欲害人之心，而仁不可胜用也。”（《孟子·尽心下》）扩充善端，积累善念善行，自然有成。仁胜不仁，如水救火。但杯水车薪不行，必需修养日进，日新不已，达到德盛仁熟境界乃可

（《孟子·告子上》）。

从实际效果言，孟子的人性修养也可谓“安宅”修养。人性修养实为“安宅”建立的基础和源泉。孟子说：“有诸己之谓信。”（《孟子·尽心下》）信，诚信，信任，信义，既是信德，也是信仰、信心。作为宗教特有心理活动的信仰，照孟子看，其本原、基础、依据，就是人们在现实生产生活中实“有诸己”。“有诸己”，有之于己；结合孟子此言的语境，即有“可欲”之“善”者于己；结合孟子人性修养论，即人性修养有得，实有至善本性的自觉和实现，亦即至诚，反身而诚。表现出来，就是有“不忍人之心”，有仁爱心，恻隐、羞恶、辞让、是非四端是部分表现。实有诸己，便实有其信，也就实有其自信。换言之，信仰是人性修养的收获，也是进行人性修养的前提。信仰的依据在人性修养，而人性修养活动，也只是信而言之、信而行之，有人性修养收获而已。在信而言行的人性修养活动中，理性的读书学习、为善集义，只是“充实”“光辉”此浩然信心而已。比如，孟子相信《尚书》经典，多次称引，但并不独断，又理性分析对待之，提出“尽信书，则不如无书”命题。这表明，在孟子的“安宅”里，理性和信仰不矛盾，而是有机统一为笃实信心。

故在孟子看来，有“安宅”的人，有若干心理特征。其一，安身立命，首要在安心。有“安宅”的人心安理得，绝不心浮气躁。如何才能安心？需要学习、寡欲等造道修养。安心的一个情感标志是快乐。孟子三乐之“二乐”，是“仰不愧于天，俯不怍于人”（《孟子·尽心上》）。朱熹赞同“其可以自致者，惟不愧不怍而已”说（《四书章句集注》，第354页）。人性修养有得，自能俯仰无愧；便如俗云岂能尽如人意，但求无愧我心。人若俯仰无愧，自能心安理得，心宽体胖。

修养安心，重在安己，或属个人行为。如能和国家制度、政策结合，安心变成安民工程，便可以为更多的人达到安心境界提供现实基础。孔子德治、孟子仁政，皆立足于此。孔子言“里仁为美”，“里仁”即居仁；又有“修己以安人”“修己以安百姓”说，皆以“仁”为“安”的根据、基础。孟子赞成此说，又进一步发挥说，治国者应实行仁政，“与民同乐”，如周文王、周武王“一怒而安天下之民”，其实质是“乐民之乐者，民亦乐其乐；忧民之忧者，民亦忧其忧。乐以天下，忧以天下”（《孟子·梁惠王下》）。汉初贾谊总结秦王朝灭亡教训，提出“牧民之道，务在安之而已”（《史记·秦始皇本纪》），则可谓孟子“安宅”观的政治应用。

其二，“有恒心”，有理想信念，心理、言行活动有稳定性。孟子言：“无恒产而有恒心者，惟士为能。”（《孟子·梁惠王上》）又言：“民之为道也，有恒产者有恒心，无恒产者无恒心。苟无恒心，放僻邪侈，无不为已。”（《孟子·滕文公上》）朱熹注“恒心，人所常有之善心也。士尝学问，知义理，故虽无常产而有常心。”（《四书章句集注》，第211页）恒心，比较稳定的心理状态，包括认识、意志、欲望、情感等在内。作为精神特质，恒心乃人性修养的自然结果。因为“士”若修养有得，不管有无恒产，皆能有恒心；没有修养或修养不足，不论是不是“民”，都会没有恒心，心理状态随有无恒产而变化。有恒心的人，由于“知言”（《孟子·公孙丑上》），有学问，知义理，其精神状态便能改进其物质生活，安乐便成为心理特征。有恒心的精神状态，便可谓有“安宅”。无恒心的人，物质条件完全决定了其心理状态，他们也就只能生活在表象的、眼前的、功利的世界里，不安、烦躁、痛苦等，是其基本精神特征。无恒心，便可谓无“安宅”。

其三，有“大丈夫”气概。在孟子看来，有安宅的人，并非“以顺为正”，事事低眉顺眼，没有个性，恰恰相反，应该“居仁由义”（《孟子·尽心上》），有“平治天下”“舍我其谁”（《孟子·公孙丑下》）的高度自信。何谓“大”？“充实而有光辉之谓大。”（《孟子·尽心下》）具体内容是：“居天下之广居，立天下之正位，行天下之大道。得志与民由之，不得志独行其道。富贵不能淫，贫贱不能移，威武不能屈。此之谓大丈夫。”（《孟子·滕文公下》）大丈夫既乐天，又畏天。“浩然之气”有刚大、普遍特征，“配义与道”（《孟子·公孙丑上》），符合道义。浩然之气使人的自然生命升华为道德生命，所以有浩然之气的人始终充满生命活力和魅力。

三　“先知觉后知”的“安宅”感化论

在孟子那里，儒教传播根本上说是文明教化；从“安宅”角度说，儒教传播则可谓安宅感化。综观孟子的“安宅”观，可以发现，孟子已经有传承道统、文明教化意识，但传教意识不强；有尊经崇圣意识，有至大至刚的浩然正气，但没有唯我独尊意识。总的来看，孟子的安宅感化思想，包含先知觉后知、尽心行礼、施行仁政几个部分。其中，先知觉后知是安宅感化的传播路径，尽心行礼是安宅感化的实践方式，施行仁政则可谓安宅感化的政治方略。

1. 先知觉后知说

“安宅”感化只是表象，其实质是以先知觉后知，以先觉觉后觉。先知觉后知是孟子进行文明教化、“安宅”感化的基本路径。孟子借伊尹的口说：“‘天之生此民也，使先知觉后知，使先觉觉后觉也。予，天民之先觉者也，予将以斯道觉斯民也。非予觉之，而谁也?’思天下之民匹夫匹妇有不被尧舜之泽者，若己推而内之沟中。其自任以天下之重如此，故就汤而说之以伐夏救民。”（《孟子·万章上》）孟子记载，伊尹自认为是天民的先觉者；他所觉悟的内容就是“斯道”，即仁义道德；伊尹将“以斯道觉斯民”作为神圣使命；以斯道觉斯民，在伊尹那里就是“伐夏救民”，让匹夫匹妇“被尧舜之泽”。

推己及人可谓先知觉后知的基本原则。这一原则的逻辑实质就是“举斯心加诸彼”，展开来就是“老吾老，以及人之老；幼吾幼，以及人之幼”（《孟子·梁惠王上》）。孟子言：“亲亲而仁民，仁民而爱物。”（《孟子·尽心上》）又言：“中道而立，能者从之。”（《孟子·尽心上》）先知觉后知实际上是一种以理性认识为主要内容的文明传播活动；而此理性认识，正是儒家仁义道德知识，也叫德性之知，核心是“斯道”或“中道”的觉悟。

可见，孟子“安宅”感化的儒教传播模式，主要不是传，而是教；其教又主要不是宣传、灌输，而是启迪人们，令其反省觉悟。这是以民众为本的理性传播方式，没有唯我独尊的傲慢和霸凌。

2. 尽心行礼观

礼仪制度是安宅感化的基本规范，尽心行礼则可谓以理性实践为主要内容的文明传播活动。尽心行礼，从礼仪制度角度说，也可谓礼仪制度对人精神世界的渗透和升华；作为人文修养，经过此渗透、升华，礼乐制度由外在规范的束缚，进展为内在自觉的自然，主体欲望和礼仪规范实现更高层次的统一，即孔子所谓“从心所欲不逾矩”。

荀子认为礼仪制度本于天地、先祖、君师，其实，它也本于人情，用心学的话说，就是发于本心。孟子认为，在认识和遵循礼仪制度中，人们也应“尽于人心”。孟子曰：“古者棺椁无度，中古棺七寸，椁称之。自天子达于庶人，非直为观美也；然后尽于人心。”（《孟子·公孙丑下》）行使礼仪，不只在仪式美观，更要“尽于人心”，表达后人对前人的思念、缅怀之情，令人心安。孔子将“礼”建立在“仁”的基础上，并强调“仁”意义中的“安”（心安）内容。孟子沿着孔子开创的礼仪人文化、理性化道路，进一步突出了“仁”意义的精神性和主体性（“心”）因素；这些因素都是人文的基本要因素。礼仪的功能在情感的慰藉，使“人子之心，快然无所恨。”（《四书章句集注》，第 245 页）

孟子的“尽心行礼”观完全不是让人迷信教条，遵守清规戒律，亦步亦趋，如履薄冰，而是仁爱传递，礼法规范的自由遵守，是人性张扬，主体挺立。

3. 实行仁政

实行仁政是“为善”思想的运用，是主体仁爱情感的政治实践应用和社会广泛传播，也是“安宅”感化的政治主渠道。

孟子劝勉滕文公“为善”（《孟子·梁惠王下》），如何为善？自然表现自己的“不忍人之心”。孟子说：“人皆有不忍人之心。……先王有不忍人之心，斯有不忍人之政矣。以不忍人之心，行不忍人之政，治天下可运之掌上。”（《孟子·公孙丑上》）运用爱心以治国理政，自然爱民如子，有民饥己饥、民溺己溺之心。

具体言，要保障民众基本生活，食物、财用不尽，“使民养生丧死无憾”，这正是安民心的第一步。在孟子看来，仁政的底线是“保民”，在“保民”基础上施行王道政治，“莫之能御”，天下无敌。此外，还要有相应的政治经济措施配套。生产上“深耕易耨”，政治上“省刑法，薄赋敛”（《孟子·梁惠王上》），不误农时，不因政治等活动而耽误生产活动，以解决温饱问题，应让民众有恒产，确保他们“仰足以事父母，俯足以畜妻子，乐岁终身饱，凶年免于死亡”，然后办学校，进行教化。大家“出入相友，守望相助，疾病相扶持，则百姓亲睦”（《孟子·滕文公上》），形成社会和美安宁的民俗风尚，进而实现“人人亲其亲、长其长而天下平”（《孟子·离娄上》）的社会理想。

孔子有人口增加基础上“富之”而后“教之”之说，孟子继承之，并将“富之”解释为有恒产，能自己解决温饱问题。孟子这一解释，针对当时民众“仰不足以事父母，俯不足以畜妻子。乐岁终身苦，凶年不免于死亡”的困苦状况，他们“救死而恐不赡，奚暇治礼义哉?”（《孟子·梁惠王上》）这体现出孟子文明教化观有很强的现实针对性，也有因时制宜的灵活性，并非蹈空虚论。

从“安宅”角度看，仁政的高线是使民众“心服”。孟子猛批霸道政治以力服人，“非心服也，力不赡也”。他提倡王道政治，要求治国者进行道德修养，施行仁政，“以德行仁”，达到“以德服人”效果；其社会心理状态是，民众“中心悦而诚服也，如七十子之服孔子也”（《孟子·公孙丑上》）。治国者诚有人性修养，然后表现于外，爱民如子。民众“中心悦而诚服”，精神上愉悦，内心真实信服。“以力假仁”与此不同。治国者“本无是心”（《四书章句集注》，第235页），并无内在人性修养基础，只凭借表象体力、武力、财力、魅力等外在因素，假借“仁”的美好口号，有意识、有计划地追求眼前功利。

作为我国古代精神家园样本，孟子“中心悦而诚服”的“心服”说不仅有政治心理意义，而且也有“安宅”心理意义。和“中心悦而诚服”相类似的描述还有：“得道者多助，失道者寡助”（《孟子·公孙丑下》），“如七十子之服孔子”“莫之能御”（《孟子·公孙丑上》），“民之悦之，犹解倒悬”（《孟子·公孙丑上》），“箪食壶浆以迎”（《孟子·梁惠王下》），“民之望之，犹大旱之望云霓也。归市者不止，耕者不变”（《孟子·梁惠王下》），“民归之，由水之就下，沛然谁能御之”（《孟子·梁惠王上》）等。概括地看，孟子提供的“安宅”有几个特点：

一是儒家精神家园有普遍性。精神家园针对的对象，不是个人，其中的“精神”，不只是个人的心理活动或个人的精神家园，尤其关涉全体国民的民心或民意，涉及“自西自东，自南自北”（《孟子·公孙丑上》）的全体国民共有精神家园的建设问题。这意味着，经过孟子提倡，儒家个人修养以建设精神家园，可以扩展为全民修养以建设全民共有精神家园。精神家园建设从此有了全民性或民族性烙印，孟子“安宅”观也由此成为先秦华夏民族精神家园的理论代表。

二是儒家精神家园有抽象性。它主要是“心”的，非身的，是精神的，非物质的。孟子“安宅”观提供了中华民族精神家园建设的样板。它虽然属于宗教文化范围，但在学术上则主要由哲学、历史、文学、艺术等精神科学或人文学科承担。这是孔子开启的宗教学术化、信仰理性化道路的强力延续。

三是儒家精神家园是愉悦的、安乐的，而不是悲观、悲壮、悲剧，这就和悲观主义者划清了界限；是有恒心的，有稳定性，不是摇摆不定的，这就和日常观念、迷信有区别；是有大丈夫气概的，不是小我当家，心胸狭窄，和自私自利的迷信活动有根本不同。

四是儒家精神家园是由“诚”（笃实、虔诚）的信服构成的信念和言行活动。它主要不是指人对神的虔诚信仰，而是指人对道的认识和实践，尤其包括民众对符合道义的政策、政府、官员的虔诚信服，是属于政治信念的一部分，政治性强；也是人对道或良知的人生信念在现实政治活动中的表现，人文色彩浓郁。

《孟子》与尧舜之道

陈战峰

（西北大学中国思想文化研究所）

摘要：《孟子》含藏有丰富的尧舜文化信息，值得后人借鉴。其中，有些是有历史渊源的，比如《孟子》引用《尚书》记载舜父子的故事，有些是历史学的重新建构，有些是虚拟的辩论议题，但舜文化在《孟子》中的地位十分重要，则毋庸讳言。舜已经是孟子完美人格与政治理想的代名词。特别是其中涉及情理法的关系问题，在今天如何处理法律审判与道德伦理的关系和其衍生影响，依然有积极意义。同时，它们也是实现尧舜之道、企及尧舜之德的重要途径。

关键词：《孟子》　舜文化　尧舜之道　情法　理法

关于舜的事迹，先秦典籍文献多有记载，如《尚书·尧典》《墨子·尚贤中》《管子·治国》《吕氏春秋·慎大览》《韩非子·难一》等，而比较详尽的则是《史记·五帝本纪》。2002 年 12 月上海古籍出版社出版的《上海博物馆藏战国楚竹书（二）》中的《子羔》《容成氏》等也涉及舜的问题。[①] 特别是《容成氏》说舜“孝养父母，以善其新（亲），乃及邦子”，对舜文化孝亲内涵有所突出。当然，古史传承有一定的累积效应，其中蕴藏着丰富的历史文化意义。在舜的形象建构和文化塑造中，《孟子》一书占有重要的位置，舜几乎是孟子理想的先王典型和人格楷模，所传达的伦理困境与解决途径，对于今天反思情

---

① 马承源主编：《上海博物馆藏战国楚竹书（二）》，上海古籍出版社 2002 年版。

法、理法关系大有裨益。

北宋欧阳修在著名的翻案论文《纵囚论》中曾大力呼吁："尧、舜、三王之治，必本于人情，不立异以为高，不逆情以干誉。"[①] 重视人情，在欧阳修的经解思想与解经方法中占有重要地位，同时也是他衡量和评鉴古今政治得失的重要标准之一。关于舜，欧阳修认为，植根人情，不违背人情事理是其主要特色。这个方面，早在先秦著作《孟子》中已得到充分重视和不断弘扬。

根据杨伯峻先生《孟子译注》附录《孟子词典》的统计，在《孟子》中，"舜"一词出现 97 次，尧 58 次，禹 30 次，仲尼 6 次，后稷 1 次，先王 10 次（《尧典》1 次）[②]，通过这些简略的比较，可以发现，舜文化在《孟子》中占据有重要的地位，相对尧与禹而言，舜更加集中地反映了孟子的政治理想和思想学说。

历史的价值在于不断地给研究者提供历史构图的可能和机会。舜文化在《孟子》中的凸显，凝聚了孟子关于人性、仁义以及君臣父子关系等问题的深刻理解，这些在舜形象中都有集中的反映。

一　尧舜之道

《孟子》中，理想的成人为政之道，便是尧舜之道。在孟子看来，非"尧舜之道"，便没有陈述的价值（《孟子·公孙丑下》）。滕文公见孟子，"孟子道性善，言必称尧舜"（《孟子·滕文公上》），尧舜之治是他心目中的理想社会。尧舜所行的圣人之道，在孟子那里，具体就是仁政，"尧舜之道，不以仁政，不能平治天下"（《孟子·离娄上》），渴盼"乐尧舜之道""被尧舜之泽"（《孟子·万章上》）。孟子认为，"尧舜既没，圣人之道衰"（《孟子·滕文公下》），周文王孝法尧舜之道，虽然时代地域相差甚远，但精神却是一致的，"得志行乎中国，若合符节。先圣后圣，其揆一也"（《孟子·离娄下》），"道一而已。"（《孟子·滕

① （宋）欧阳永叔：《居士集》卷十八《经旨》，《欧阳修全集》，中国书店 1986 年版（据世界书局 1936 年影印版）。

② 杨伯峻译注：《孟子译注》，中华书局 1960 年版，第 346—483 页。

文公上》）

孟子主张人们的行为都要合乎“道”，即“由其道”（《孟子·滕文公下》），确切地说，是恪守礼义之道。孟子说“非其道，则一箪食不可受于人；如其道，则舜受尧之天下，不以为泰”（《孟子·滕文公下》），行为无论宏细，关键在于是否合乎大道，即使是琐碎小事，如果不合道的原则，也不可苟且应对；关乎天下的大举，只要合乎道，也可当仁不让。这显示了道在人们社会生活中的价值和意义。

孟子曰：“规矩，方员之至也；圣人，人伦之至也。欲为君尽君道，欲为臣尽臣道，二者皆法尧舜而已矣。不以舜之所以事尧事君，不敬其君者也；不以尧之所以治民治民，贼其民者也。孔子曰：‘道二：仁与不仁而已矣。’”（《孟子·离娄上》）孟子所引孔子“道二：仁与不仁”也见于上博简《武王践阼》《孔子见季桓子》等，君臣伦理在尧舜那里已经体现得很充分了，之所以孟子强调用舜事奉尧的行为方式（“所以事尧事君”）处理君臣关系，在于舜恪守孝亲，推而可事奉尊长。全句互文来看，尧舜之道蕴含着敬君爱民的道理。

尧舜均具有仁德，即“为天下得人者”的品德。“尧以不得舜为己忧，舜以不得禹、皋陶为己忧。夫以百亩之不易为己忧者，农夫也。分人以财谓之惠，教人以善谓之忠，为天下得人者谓之仁。是故以天下与人易，为天下得人难。孔子曰：‘大哉尧之为君！惟天为大，惟尧则之，荡荡乎民无能名焉！君哉舜也！巍巍乎有天下而不与焉！’尧舜之治天下，岂无所用其心哉？”（《孟子·滕文公上》）百亩之不易，“易”训为“治”。就像农夫整顿耕种田地一样，尧舜为治理天下物色合适的人选，也是一样在完成自己的职分和工作；而且“为天下得人难”，治天下更是不容易的事。这些论述，与孟子“劳心者治人，劳力者治于人”（《孟子·滕文公上》），虽然还有等级制的差异，但毕竟已经含有社会分工的因素。孟子将尧舜并称，但他更加倾向于舜，因为就《孟子》所记载的舜的历史事迹和传说故事，显示舜在得人治天下方面面临的困难。“有天下而不与”，拥有天下但是却不以私心去占有、享用它，显示了可贵的人格与道德境界，当然，这也是《孟子》的政治理想的形象化表达，其中的历史学意义更加丰富和重要。

二　舜的美德

舜具有常人难以企及的美德，即舍己从人，善与人同。在孟子看来，舜善于吸取他人的长处和优点，以成就事业，并用以改善民生，服务社会。“大舜有大焉，善与人同。舍己从人，乐取于人以为善。耕、稼、陶、渔以至为帝，无非取于人者。取诸人以为善，是与人为善者也。故君子莫大乎与人为善。”（《孟子·公孙丑上》）孟子称颂“舜明于庶物，察于人伦，由仁义行，非行仁义也”（《孟子·离娄上》），褒扬舜在人伦上的努力和贡献。

孟子赞扬舜的地方很多，最主要的是表彰他的“大孝”，“大孝终身慕父母。五十而慕者，予于大舜见之矣”（《孟子·万章上》）。因为舜遭受父亲不公正待遇，却能“得亲”“顺亲”“事亲”，便尤为难能可贵。“天下大悦而将归己。视天下悦而归己，犹草芥也。惟舜为然。不得乎亲，不可以为人；不顺乎亲，不可以为子。舜尽事亲之道而瞽瞍厎豫，瞽瞍厎豫而天下化，瞽瞍厎豫而天下之为父子者定，此之谓大孝。”（《孟子·离娄上》）厎豫，也作“底豫”。东汉赵岐注：“厎，致也。豫，乐也。”清焦循正义：“致乐者，由不乐而至于乐也。”[①] 瞽瞍百般刁难陷害舜，而舜能恪尽事亲之道，完美地统一和实现“为人”“为子”“为君”的职分和责任，被孟子誉为“大孝”。

《孟子》中记载舜的父亲与弟弟谋害舜的性命、夺取其家产妻室，细腻生动。万章曰：“父母使舜完廪，捐阶，瞽瞍焚廪。使浚井，出，从而揜之。象曰：‘谟盖都君咸我绩。牛羊父母，仓廪父母，干戈朕，琴朕，弤朕，二嫂使治朕栖。’象往入舜宫，舜在床琴。象曰：‘郁陶思君尔。’忸怩。舜曰：‘惟兹臣庶，汝其于予治。’不识舜不知象之将杀己与（欤）？”曰：“奚而不知也？象忧亦忧，象喜亦喜。”（《孟子·万章上》）其中，关于象狂妄贪婪的语言与变化及“忸怩”神态，惟妙惟肖，也给舜如何对待自己的亲人提出了挑战。面对父亲瞽瞍的不慈与弟弟象的无礼，舜能以德报怨，推己及人，这是一种“仁”的精神，恰与“不仁”

---

① （清）焦循撰，沈文倬点校：《孟子正义》，中华书局1987年版，第535页。

相对，正所谓“仁者以其所爱及其所不爱，不仁者以其所不爱及其所爱”（《孟子·尽心下》）。当万章进一步追问舜的欢喜是否是“伪喜”，孟子引用子产使校人舍鱼的例子说明，“君子可欺以其方，难罔以非其道。彼以爱兄之道来，故诚信而喜之”（《孟子·万章上》），强调舜对象的情感是发自内心的，诚实无欺的，这更加显示了舜的德行和修养。

历史不能假设，但对历史偶然性与必然性、现实性和可能性的探讨却可以给人思索和启发。在人生矛盾和社会纠纷问题上，一任于法，追求公平、公正、正义，都无可厚非，但是法律的公平公正最终也是维护社会正义、调节社会秩序（包括道德伦理秩序）的途径。也许在某种意义上，法律维护了人们的道德底线，对提升人的道德境界却显得隔靴搔痒。当然，现实生活中也接连有法律审判遗留的道德危机问题，已经引起有识之士的忧虑和努力。舜貌似迂腐的举动处处显示了宽厚和善之心，有助于从根本上感化、改变一个有道德缺陷的人。

三 理法与情法

在中国思想文化史以及法律思想史上，理法、情法、礼法问题一直是其中重要的问题，刑罚倒是这个问题的衍生物。

《孟子》中不少篇章涉及对这个问题的讨论，不少内容依然有现代意义。

孟子重视情实，要求形式与内容应当统一，反对“非礼之礼，非义之义”，“言无实，不祥”，称“声闻过情，君子耻之”（《孟子·离娄下》）。但是，孟子也强调，只要合乎“义”，有时不必局限于表面或细节的真信可靠，“大人者，言不必信，行不必果，惟义所在”，当然，他所说的“大人”是“不失其赤子之心”的人（《孟子·离娄下》），这是对他的情实论的补充。

孟子对舜不告而娶的看法就没有停留在表面现象上，“不孝有三，无后为大。舜不告而娶，为无后也，君子以为犹告也”（《孟子·离娄上》），舜不告父母而娶妻，虽然不合常行的礼法，但是因为担心子孙不继，私自作主张，这种“不告”被君子视为“犹告”。万章也曾就此问题与孟子讨论，孟子说：“告则不得娶。男女居室，人之大伦也。如告，则废人之大伦，以怼父母，是以不告也。”（《孟子·万章上》）在孟子看来，与其拘泥形式的礼法，毋庸更加尊重礼法所制定的根本即情理。这种观念较孔子对礼仪内在的礼的精神的唤醒和恢复无疑是有一定进步意义的。

前文舜不仅没有责罚象，而且要象分担自己治国的责任，“惟兹臣庶，汝其于予治”（《孟子·万章上》）。当然，孟子说，历史上也有一种说法是舜在登天子位后流放了象，但孟子相信的是舜封赏了象。如果这是历史事实，舜有没有任人唯亲的嫌疑，特别是在象的德行还达不到贤者的情况下。的确，在《孟子》中，称颂尧舜的一个重要方面，就是他们能够“为天下得人”（《孟子·滕文公上》），沿着这个思路，象是否是“得人”呢？这里有没有礼法、情法的冲突呢？

万章指出舜“流共工于幽州，放驩兜于崇山，杀三苗于三危，殛鲧于羽山”是“诛不仁”的举动，受到了人们的欢迎，而“日以杀舜为事”的象是“至不仁”的人，却被封于“有庳”，对于有庳的人明显不公，难道因为血缘的远近而有变化。孟子回答道：“仁人之于弟也，不藏怒焉，不宿怨焉，亲爱之而已矣。亲之欲其贵也，爱之欲其富也。封之有庳，富贵之也。身为天子，弟为匹夫，可谓亲爱之乎？”“象不得有为于其国，天子使吏治其国，而纳其贡税焉，故谓之放，岂得暴彼民哉？虽然，欲常常而见之，故源源而来。‘不及贡，以政接于有庳’，此之谓也。”（《孟子·万章上》）孟子论述侧重两点：其一是封象是兄亲爱其弟的真情的自然流露；其一是封象区别于一般的分封，有其特殊性。关于分封的特殊性，孟子的回答是有些矛盾的，他将“放”和“封”两种说法最终调和起来，认为象虽然有“封”之名而无“封”之实，只是享有该地的贡赋而已，而政治治理则有赖于贤臣能吏，也就是说象不可能因自己的不贤而祸害有庳的百姓。因此，在关于舜如何处理与象的关系上，从《孟子》来看，自然是做了性善论和仁政说的改造，并不是历史的求真，而是历史学的建构和阐释。

《孟子》不能现成地为我们提供历史的明确答案，因为从整体上来看，其中还存有一些逻辑的缺环和漏洞，也为当时的学者（如万章等）所觉察。如同后来有人提出瞽瞍犯法的刁钻问题时，孟子提供的舜的做法也只能是逃避归隐以保全“大孝”的唯一途径了，而未必能在现实中落实。

桃应问对是《孟子》中一个很典型的辩论和案例，当然是一种假设。"桃应问曰：'舜为天子，皋陶为士，瞽瞍杀人，则如之何?'孟子曰：'执之而已矣。''然则舜不禁与（欤)?'曰：'夫舜恶得而禁之？夫有所受之也。''然则舜如之何?'曰：'舜视弃天下，犹弃敝屣也。窃负而逃，遵海滨而处，终身欣然，乐而忘天下。'"（《孟子·尽心上》）舜做天子，皋陶做法官，如果舜的父亲瞽瞍杀了人，怎么来处理。孟子的回答，前后也是有出入的。先是依照刑律逮捕，"夫有所受之"，不仅在法律上有根据，而且在事实上也有根据，连舜也没有办法，这是从法的角度说的，有种"一任于法"的旨趣；后者则是舜的办法，窃负而逃，隐居海滨，"乐而忘天下"，也就是弃天下而不顾，这是从情的角度说的。在公私、名实、情法、个人与天下之间，孟子拟设的舜窃负而逃，是最终顺从亲情，完成"大孝"，在形式上解决了情法之间的冲突。之所以说是一种形式解决，是因为这是一种理论假设，虽然"形色，天性也；惟圣人然后可以践形"（《孟子·尽心上》），作为圣人的舜的做法可以有很大的自由度，但是，如果天子弃天下的百姓而不顾还能不能称得上是尽职的天子，自然也是其中内蕴的一个并未解决的问题。

舜做了天子，如何处理与父亲的关系，涉及君臣、父子关系的重叠和位次（或优先性)。《孟子》书中，有对夫妇、父子、君臣关系的探讨，如同郭店简《六位》(或作《六德》）等一样，都是以夫妇、父子先于君臣，这是从人情、事实出发的一个明证。在父子与君臣关系上，《孟子》中的父子是优于君臣的。咸丘蒙向孟子请教瞽瞍北面朝见舜，而"舜见瞽瞍，其容有蹙"（《孟子·万章上》），舜如何处理与瞽瞍的父子君臣关系。孟子回答也是有选择和避舍的，他引用诗句，强调对《诗经》解释不能拘泥文字，以免以文害辞，以辞害志，而是要运用"以意逆志"的方法，通过个人的体会去把握典籍的本意，并引用《诗经·下武》和《尚书》的语句，说明孝道是治国的法则，以及舜以谨敬的态度对待瞽瞍而使瞽瞍变得顺理而行。通过这些曲折的论证，可以发现，在《孟子》中，舜处理父子君臣关系，还是通过父子而使其君臣关系变得自然顺畅，是通过"孝"而达致上下的和睦的。当然，后世在思想文化与艺术作品中出现"忠孝"难以两全的冲突局面，则是这两种伦理道德各自发展以及优先性倒置所出现的必然结果。

四　人皆可以为尧舜

在中国人性思想史上，无论是强调人性本善，还是人性本恶，都是一种先验预设，而根本则是通过“养”或“教”的方式使人的道德境界不断提升，最终达到圣贤的境地。所以，“人皆可以为尧舜”（《孟子·告子下》），“涂（途）之人可以为禹”①，尧舜禹的道德境界，是现实的人都可以通过自己的努力达到的，但并不意味着每一个人天然地自始至终都一定是圣贤，这种可能性要变为现实性，需要“求其放心”（《孟子·告子上》）与“化性起伪”（《荀子·性恶》）的工夫。

尧舜的榜样是可以达到的。《孟子》说，那些努力向善的，就是和舜一样的人，“鸡鸣而起，孳孳为善者，舜之徒也”（《孟子·尽心上》），“为善”相对于“为利”，也是舜和跖的根本区别。孟子说：“舜之居深山之中，与木石居，与鹿豕游，其所以异于深山之野人者几希。及其闻一善言，见一善行，若决江河，沛然莫之能御也。”（《孟子·尽心上》）能够闻善言见善行而自觉地效法学习，没有什么外在的力量能够阻止，这也就距离为善不远了。尧舜在知和仁两个方面与常人有近似之处，“尧舜之知而不遍物，急先务也；尧舜之仁不遍爱人，急亲贤也”（《孟子·尽心上》），尧舜的智慧不能完全知道一切事物，仁德也不能普遍爱一切人，这些和常人并无两样，但是，尧舜知道首要的任务与爱亲敬贤的重要，这却正是常人应该效法和学习的。

孟子教导人们见贤思齐，不断反省自己，“终身之忧”就是指对自己道德人格的关注和省视。“君子有终身之忧，无一朝之患也。乃若所忧则有之：舜人也，我亦人也。舜为法于天下，可传于后世，我由未免为乡人也，是则可忧也。忧之如何？如舜而已矣。”（《孟子·离娄下》）其中，“舜为法于天下”的“为法”实际指法式，专指道德人格的规范和力量，与法律还不是一个概念。所以，以舜作为效法和学习的榜样，便就会成为和舜一样有道德的圣贤之人。这也是孟子强调“尧舜与人同耳”（《孟

① （清）王先谦撰，沈啸寰、王星贤点校：《性恶》，《荀子集解》卷十七，中华书局 1988 年版。

子·离娄下》）的道理。

总之，《孟子》称颂尧舜，对“尧舜之道”阐发良多，含藏有丰富的舜文化信息，值得后人借鉴。其中，有些是有历史渊源的，比如《孟子》引用《尚书》记载舜父子的故事，有些是历史学的重新建构，有些是虚拟的辩论议题，但舜文化在《孟子》中的地位十分重要，则是毋庸讳言的。舜已经是孟子完美人格与政治理想的代名词。特别是其中涉及情理法的关系问题，如何处理法律审判与道德伦理的关系与其衍生影响，在今天依然有着积极的意义。同时，它们也是实现尧舜之道、企及尧舜之德的重要途径。

庄子“四是”与实事求是

宋玉波

（西北大学中国思想文化研究所）

摘要：从形而上学的视角出发，对庄子哲学加以诠释，或可在一定程度上展示出中国哲学的特质。在此思路的指导下，以“四是”为线索的探讨，是对庄子哲学的框架进行整体性把握的一种尝试，也是对古代天人之学的新解说。“四是”各有侧重，也成一有机整体。“因是”注重观化的无垠视野之打开，“移是”表明主体性的危机，“公是”澄明于天人之际的内外之合，“问是”彰显礼乐文明的厚重。对庄子哲学的此种解读，有助于实事求是精神的深化与落实，具有现实指导意义。

关键词：因是　见独　公是　知止

庄子（前369—前286）是战国时代伟大的思想家，在带有总结意义的《天下》篇中，他这样自序道，“判天地之美，析万物之理，察古人之全，寡能备于天地之美，称神明之容，是故内圣外王之道，暗而不明，郁而不发，天下之人，各为其所欲焉，以自为方……道术将为天下裂”。所谓“判”者，即分裂也，“析”者，即离析也，“察”者，即离散也。也就是说，非但不能达成思想的会通，更不能为社会的团结带来希望与方案。由此可见，思想与社会的议题，是庄子所密切关注的，这也是本文所要关注的重点。

笔者认为，庄子哲学思想可以从三个较为关键的概念入手，即见独①、

① 禅宗有“见性”之说，儒家有“知性”之说，可与庄子的“见独”说参照理解。

观化、神化[①]。通过这三个核心概念的交错，或许就既能阐发出庄子思想的会通精神，又能彰显其社会理想之所在。笔者注意到，《庄子》书中除了众人皆知的“因是”说之外，还存在“移是”“公是”“问是”等诸种有趣而深刻的提法。这些语词在意义上相互缠绕渗透，虽然也可以分别作出解说，但实际上相互间具有此起彼伏的相应关系。在这样的认识基础上，笔者尝试从“是”的问题意识出发，采纳一种综合的视角，围绕“是”进行拓展性解读，或许对于庄子哲学的刻画具有一定程度的学术趣味性。回顾新中国近百年历史，“实事求是”[②] 的精神乃新中国事业取得进展与成功的关键。深度拓展庄子对于“是”问题的探讨与思考，相信有助于我们对“求是”精神的深度理解和把握。

一　因是：观化

“因是”是庄子两行观念的体现者之一，《齐物论》中言“因是因非”，“亦因是也”，是这一概念的来源。通常认为，庄子的两行观念就是“是非两行”，但这种解释易于陷入“模棱两可”甚至相对主义的境地，与人们的常识都不甚相符，有时让人觉得模糊甚至神秘。哲学思考陷入模糊甚至神秘化的处境，自然是哲人所不满足的。当然，按照张祥龙的现象学阐发，“‘模棱两可’实际上就是还没有对象化，你一充分对象化就不会模棱两可了，你就可以说出这个东西是什么了”[③]，反而对这种模棱两可的姿态持有高度的评价。这是张祥龙在解读法国哲学家梅洛·庞蒂（Maurice Merleau-Ponty）的“害羞”现象学时所指出的，意思是说，真正的害羞或者羞耻就是要模棱两可才行。笔者也注意到，在对海德格尔的相关阐释中，张祥龙也指出了其思想的特色，“真理总

① 笔者认为，这三个概念或许能够形成对庄子哲学的总体观照，但也是姑妄言之姑听之吧，岂曰必然。

② “实事求是”一词最早出现于《汉书·河间献王传》，班固赞美汉景帝的儿子刘德“好学修古，实事求是”，毛泽东用“实事求是”一词来概括党的思想路线，后来简称为“求是”。

③ 张祥龙：《现象学导论七讲——从原著阐发原意（修订新版）》，中国人民大学出版社2011年版，第311页。

是和遮蔽内在相关”[1]。庄子也说过，“可乎可”“然于然”，“无物不然，无物不可”（《齐物论》）。事情是不是就这样在模糊与神秘上合拍了？

似有不然。对于庄子哲学，我们想要说的是，是非两行只是具有药引子的功能，是触发疑情之物。因是因非的真正目的，是要引申出道枢的意象，进而明了“环中”的意义。[2] 当我们领悟到道枢与环中的深意时，我们自然也就理解了两行的意义，反之亦然。钟泰曾这样说，“曰‘移是’者，犹《齐物论》言‘因是’。《齐物论》由是非而论及生死，此则由生死而论及是非，明乎生死之不一而一，则亦可知是非之不齐而齐也”[3]。也就是说，“移是”[4] 本该与因是等同看待，是非与生死的理解是相呼应的。“因是”的意趣所在，在于阐发并凸显“化”的意义，“因”的意思更主要是“因任”之义。就“化”而言，譬如“臭腐复化为神奇”（《知北游》），“鲲化为鹏”（《逍遥游》），“以女为鼠肝乎，以女为虫臂乎”（《大宗师》），或者如《至乐》篇末段的演化诸说[5]，在《庄子》一书中可谓连篇累牍地出现。

“因是因非”的目的在于说明，所谓的“是”是“化”，“非”也是“化”[6]。《齐物论》最后讲到庄周梦蝶的美好故事，有所谓“不知周也”，“不知周之梦为胡蝶与？”在某种意义上可以说，庄周与蝴蝶是两不相知的，两不相知即“化境”，即所谓“物化”[7]，故事的寓意重心或许就在

① 张祥龙：《现象学导论七讲——从原著阐发原意（修订新版）》，中国人民大学出版社 2011 年版，第 274 页。

② 如果我们继续参考张祥龙的解读，这似乎就可以称作“回旋”的意识。有的学者对于是非两行这一问题，强调“是”或者“此”的权重性高，可参见杨立华《庄子哲学研究》。但是我们认为，问题似乎不是如此简单。

③ 钟泰著，骆驼标点：《庄子发微》，上海古籍出版社 2002 年版，第 540—541 页。

④ “移是”是接下来要讨论的一个小主题。

⑤ 通常学者往往从生物进化或演化的角度进行解读，但这里主要是从“化”的角度展开思考。

⑥ 这就如同人们对于一个正命题与其负命题之地位的看待一样。有的时候我们可以从一个正命题出发作出说明，有的时候，负命题反而具备更为有力的阐释力量，尤其是在约束的意义上，本文后面谈论“知止”时就有这种意图。熊十力指出，“遮表二种意义，判若天渊”，见其《新唯识论》，中华书局 1985 年版，第 417 页。

⑦ “化”似乎意味着“变”，《徐无鬼》中说，“知士无思虑之变则不乐……势物之徒乐变”，变有变诈之义，非囿于物则牵于势，是势物之徒。可见，变也是对“化”的某种刻画，不过容易走向“异化”尔。所以钟泰指出，“变者，一之反，定之贼也”。

于“化”。庄子与惠施在濠梁之辩中盛谈的“知”与“不知”，也是对“化境”的显示。在某种意义上说，庄子哲学中此种“化”的境界，如同德国哲学家海德格尔（Martin Heidegger）所说的“上手”概念一样，当人们手中执持某个工具（如锤子）的时候，这一工具就如同我们身体整体固有的一部分一样，工具本身的对象性存在好像消失于“无”中。也正是在这种状态下，化境的意味才浓重地显现出来。

《齐物论》中讲，“因是因非，因非因是，是以圣人不由，而照之于天，亦因是也”，所谓圣人，包括《庄子》一书中的神人，都不是什么神仙，而是明了且实践与化邀游的境界体现者。而从另一个并非很体面的方面讲，“名实未亏，而喜怒为用，亦因是也”，朝三暮四者也是如此，也是“化”的体现，万事万物皆逃离不出“化”境。显然，我们能够觉察到，虽然皆是一“化”的体现，但“境”却大不一样。圣人所实现者乃一片化境，此化境接近于《周易》所言的神化[①]之境。而朝三暮四者之“化”，则因不明“物化”而走向“异化”[②]。

庄子深知战国时代的逃“化”者境况，《徐无鬼》中说，“子不闻夫越之流人乎？去国数日，见其所知而喜；去国旬月，见所尝见于国中者喜；及期年也，见似人者而喜矣。不亦去人滋久，思人滋深乎？夫逃虚空者，藜藋柱乎鼪鼬之径，踉位其空，闻人足音跫然而喜矣，而况乎昆弟亲戚之謦欬其侧者乎！”为了躲避战乱与灾荒，人们置身于荒无人烟之地，在满目孤寂的桃花源中，人们似乎并没有感受到多么的快乐，更多的是孤独。逃世者的动机也许是好的，或许是为了保持自身的贞洁。正如庄子所言，逃世的目的是为了使自己的“真性”不受伤害，“旧国旧都，望之畅然；虽使丘陵草木之缗，入之者十九犹之畅然”（《则阳》），这是人通常具有的本性。宣颖说，这里是比喻事物连累人心之处虽多，但偶见本性，犹能使人欣快。但不能因为动机的美好，就拥护甚至鼓吹此种作风。“化”是不可逃的，无处可逃。换句话说，能够躲藏到哪里去？无处可藏。

逃避的姿态既然不可取，庄子却认为，藏身的态度却可以反思。《大

① “神—化”的概念我们在下面会有小主题。

② 异化之至者，如“儒以诗礼发冢”者，见《外物》篇。

宗师》中提到，“藏小大有宜，犹有所遁。若夫藏天下于天下，而不得所遁，是恒物之大情也”，钟泰指出，“藏天下于天下”，“喻善生者委其身于造化”[①]，所以下文就有，“圣人将游于物之所不得遁而皆存”。也就是说，不管是藏身于某一具体的穷乡僻壤，还是藏身于某种意识形态或者大神之中，都避免不了弊端，都会留有马脚，漏出隙缝。真正的所谓藏，应该是既不显眼，又不沉沦，但是这又谈何容易。《天运》篇说，“以敬孝易，以爱孝难；以爱孝易，而忘亲难；忘亲易，使亲忘我难；使亲忘我易，兼忘天下难；兼忘天下易，使天下兼忘我难”。步步递进，环环剥落。林疑独说，“在我者忘之则易，在彼者化之使忘则难”，褚伯秀说，“兼忘天下，则与之俱化；天下忘我，则化亦冥矣”。最后的所谓“使天下兼忘我难”，意思是说，“有迹者终有限，不能如天之生万物而物不感，死万物而物不怨也”[②]。由此可见，“藏”要做到极致，也是极不容易。《大宗师》篇后半部分对于诸位同道中人的描述，就是对这一义理的实践者的描述。真正的藏，或许应如《逍遥游》中所言的“无何有之乡”，或者如《徐无鬼》中的“六合之外”，藏在这个“地方”是最佳之选。但是，这又是个什么样的地方呢？钟泰说，这个地方就是“无已之境地”。

种种困境或困惑在于表明，“因是”所具有的“观化”义，向人们揭示出其中的溯源论或还原论难题，某种还原论的追溯意识会令人们处于尴尬的处境，容易走向虚无。因此，“观化”需要与“以明”所提示的“见独”义辩证结合起来方可，否则的话，即便能够逃入一处桃花源的孤岛，也难逃内心的孤寂与落寞，最终可能就是虚无主义的升起。在无可逃避的“化”的世界里，必定要提升至“见独”[③] 的意识，方能“揉碎虚空”[④]。

《齐物论》将“因是”与“以明”联系在一起来讲，实际上就是凸显“观化”与“见独”的统一。笔者认为，这或许才是庄子哲学中两行观念的基本思路与解决策略。那么，这个“见独”或者“独见”，是不是就是当前我们通常所认为的，不管是表层还是深层的“自我意识”

① 钟泰著，骆驼标点：《庄子发微》，上海古籍出版社 2002 年版，第 143 页。

② 钟泰著，骆驼标点：《庄子发微》，上海古籍出版社 2002 年版，第 313 页。

③ 熊十力云，“见独，证见本体也”，见其《新唯识论》，中华书局 1985 年版，第 573 页。

④ 如熊十力所言，“不曾证体，即亦不识用”，见其《新唯识论》，中华书局 1985 年版，第 487 页。

或者“自我中心主义”呢?[1] 不见得如此。“因是”所具有的强烈“观化”意味，要求我们要注意到，这一概念与“化”的相关思考密切相关，如“教化”“物化”“异化”“观化”“造化”[2] 等。钟泰认为：“‘物化’者，丧我之功之所致也。以无我为枢，而以物化为环，应之所以能无穷也。无我，故不拒物。物化，故不失我。”[3]“物化”与“无我”形成了一种解释的循环，一而二，二而一，缺一不可。刘凤苞说，“彼此相对，而圣人两顺之，故无心者与物冥，而未尝有对于天下。此居其枢要，而会其玄极，以应夫无方者也”[4]。“见独”与“观化”，我们在此或可借用郭象“独化”说所拓展而来的“独—化”说来进行理解，其中“独”与“化”的解释与理解，正是我们理解“道枢”与“环中”的关键，“独”与“化”虽然可以分开单独讲，但却应该做到辩证地整体地把握。[5]

见独的意识，在《庄子》文本中亦有从始至终的贯彻。相对于“观化”这一线索，“见独”是会通理解《庄子》文本整体意蕴的另一线索。[6]《大宗师》中说，“朝彻，而后能见独；见独，而后能无古今”，钟泰认为，“独即道也，天也。谓之独者，无与为对也”。[7] 是非有对，而独则无对。刘凤苞的看法是，“朝彻乃知之彻上彻下，见独乃知之独往独来，无古今乃知之无始无终，由是以入于不死不生，万化而未始有极，虽与天地并存可也。”[8] 此亦如《知北游》中所言，古之人“外化

---

① 庚桑子不欲为“杓之人”，即不愿成为箭垛人物。

② 今日人们熟知的“中国化”也是如此。

③ 钟泰著，骆驼标点：《庄子发微》，上海古籍出版社2002年版，第62—63页。

④ （清）刘凤苞撰，方勇点校：《南华雪心编》，中华书局2013年版，第36页。

⑤ 谢阳举撰文指出，“魏晋时期的某些玄学家们曾试图将礼教和自然重新结合起来，没有取得成功。但他们的努力昭示了一个事实，即中国文化结构中儒道互补、自然与文化不离的原则不可打破”，《道家对文化和自然相互异化问题的诊治》，《暨南学报》2012年第10期。

⑥ 需要说明的是，见独与内圣外王之内圣层面联系紧密，通常人们可能会将此做出唯心化的解读。但应该要注意到的是，两行观念是庄子哲学的起点，但不是终点，我们还需要理解源于《周易》的“神—化”概念，就不至于做出纯粹唯心化或精神自由层面的解读了。这一点在笔者看来，是至关重要的。

⑦ 钟泰著，骆驼标点：《庄子发微》，上海古籍出版社2002年版，第147页。

⑧ （清）刘凤苞撰，方勇点校：《南华雪心编》，中华书局2013年版，第161页。

而内不化”，今之人则“内化而外不化”，钟泰解释说，“外化所以顺物，内不化者，灵明以为之主也”[①]，陈景元认为“全真曰内不化，持胜曰外不化”，义理的理解上是彼此相通的。如果我们就“知”而言的话，这里或许就具有《周易》之“乾知大始”的“知”之意味。吕惠卿认为，“不知大本大宗未尝有物，而为死生古今之妄计，以至不能见独朝彻，认其生以为我有也”[②]。在吕惠卿的笔下，“独”可被归结为“未始有物”[③] 这一看法，其意在指出，若以自我为中心，固会有天下围我而转之感觉，但扰乱亦因之而不绝也。然而“撄宁”则是在补充说明，“未经扰乱之安定，非真安定”[④]。其实也正如宣颖的看法，“不从世相中透炼出来，不是第一种学问”。不能见独，极易流于异化之境地，不能观化，亦不能见独也。能够见独的人，具有别样的光辉，“宇泰定者，发乎天光”（《庚桑楚》），按照钟泰的解读，这就是孟子所说的“充实之谓美”，也如同荀子所讲的“不诚则不独”，具有相通性。

我们最后以庄子本人的案例来稍作解释。《山木》篇开始处言，“周将处夫材与不材之间。材与不材之间，似之而非也，故未免乎累。若夫乘道德而浮游则不然。无誉无訾，一龙一蛇，与时俱化，而无肯专为；一下一上，以和为量，浮游乎万物之祖；物物而不物于物，则胡可得而累邪!”这里所讲的“万物之祖”，类似于吕惠卿特别言说的“未始有物”，意思就是，“见独方能真观化”。刘凤苞说，“化则两面俱不粘著，而材与不材之间，亦不必求一善处之方，致落边际”[⑤]，褚伯秀的解释是，“材与不材，俱为著迹，中间一路，犹涉淆讹，以其似之而非，故未免于累”，陆长庚则说，“无心则无累也”。实际上我们可以这样去看，材固如“秀木先折”，非真见独也；不材之沉沦，非真观化者也。庄子乃真正将“见独”与“观化”体贴到位的哲人。

---

① 钟泰著，骆驼标点：《庄子发微》，上海古籍出版社 2002 年版，第 511 页。

② （宋）吕惠卿撰，汤君集校：《庄子义集校》，中华书局 2009 年版，第 132 页。

③ 吕惠卿可谓思之深矣，若“无言”“无知”等话语，其韵味似不如“未始（有物）”为悠长。

④ 钟泰著，骆驼标点：《庄子发微》，上海古籍出版社 2002 年版，第 147 页。

⑤ （清）刘凤苞撰，方勇点校：《南华雪心编》，中华书局 2013 年版，第 447 页。

二　移是：见独

正如前文所言，“移是”本与“因是”相通，然而，庄子文意所意欲凸显者，乃“移是”之双刃剑的两方面意义。从负面来说，移是揭示出教条主义的惰怠思维，如《人间世》中仲尼对其弟子之教条思维严重后果之警告那样；亦如《天下》篇中庄子对惠施等名辩学者的批判所揭示者那样。正面的意义，则在于对“因是”的助解之功。

《庄子·庚桑楚》中说，

> 有乎生有乎死，有乎出有乎入，出入而无见其形，是谓天门。天门者，无有也，万物出乎无有。有不能以有为有，必出乎无有，而无有一无有。圣人藏乎是。古之人，其知有所至矣。……是三者虽异，公族也，昭、景也，著戴也，甲氏也，著封也，非一也？有生，黬也，披然。曰移是。尝言移是，非所言也。虽然，不可知者也。腊者之有膍胲，可散而不可散也；观室者周于寝庙，又适其偃焉，为是举移是。请尝言移是。是以生为本，以知为师，因以乘是非；果有名实，因以己为质；使人以为己节，因以死偿节。若然者，以用为知，以不用为愚，以彻为名，以穷为辱。移是今之人也，是蜩与学鸠同于同也。

此段极精彩，其用意在于告诫人们，要警惕从“本具的天真”[①] 偏转而走向异化的人生。此段文字中的“天门”，与“天光”“天钧”义相通，是从出入的视角做出的解说。“有”与“无有”则带有一定的悖谬性，而这一悖谬性恰是启发人们两行思维的视域转换点。褚伯秀说，“黬者，釜底结墨，似形非形而生于形者也。人寄形而有生，亦犹贼耳。俄而披散，则所谓我者又移而之他”。移的意思，是移此而至彼，如《大宗师》中的“伟哉造化”所然。此段后面部分的意思在于说明，一个人是如何从“化境”走

① 所谓“本具的天真”，即是通过婴孩等比喻所揭示出的带有无待特征的有待现象。

向“放心”[①] 之地，“放心”者于大是大非，似已然不在乎也。

“移是”的积极意义，在于对“化”的阐发，就此点而言，与“因是”义相通。正如王夫之所言，“苟能知移者之无彼是，则笼天下于大圜之中，任其所旋转，而无彼是之辨，以同乎天和，则我即人也，我即天也”[②]。正如本文已论及的濠梁之辩那样，在庄子看来，惠施的问题主要在于“不知化”。有学者认为，濠梁之辩中的惠施之所以失败，是因为他本身违背了矛盾律这一基本的逻辑规律，前后矛盾，即惠施前面讲“知”，后面却又讲“不知”，因而是矛盾的。这种看法有一定的道理，但仍有肤浅之嫌疑。濠梁之辩的问题，实际上也可说是“移是”的问题。不明白“移是”问题之“因是”的一面，说白了，就是不知“化”之意趣。钟泰指出，“濠上濠下，同是一片天机。鱼乐人亦乐，岂有间哉!”[③] 钟泰要读者细细品味濠梁之辩中“从容”之意，认为“得之天者，必不迫切”，而且他也认为，此处所体现的思想与程朱所阐发的“化育流行，上下昭著”并无二致。郭象的解释更为直白，“凡相知者，果可以此知彼，不待是鱼然后知鱼也”，此一看法也可辅助参考。

而且我们也注意到，刘凤苞在解读《齐物论》最后的庄周梦蝶时，也有类似的见解。他说：“虚空粉碎，合来融成一片化机……此与濠梁观鱼一段文心同为超妙，但彼是一片机锋，全身解数，此是浑沦元气，参透化机，虽同一语妙，而其洩天地之奥，则《齐物论》末段独臻上乘也。”（《南华雪心编》，第 66 页）从这里可以令我们深深地体味到，庄子固是神奇，古人评价亦能点睛。在庄子的视域下，“化”机大概也是与“无知”“不知”，甚至是“无何有之乡”所提示我们的意趣紧密相关的。[④]

---

① 此处取孟子“放心”之意。

② （明）王夫之：《庄子解》，《船山全书》第 13 册，岳麓书社 1996 年版，第 349 页。

③ 钟泰著，骆驼标点：《庄子发微》，上海古籍出版社 2002 年版，第 393 页。

④ 西方哲学对此也有思考，我们或许能够注意到康德对于“关联性”问题的重视，贝克在《实践理性批判》的相关解读中，就将这一问题意识提炼出来，令人印象深刻。在柏拉图的哲学中，《巴曼尼德斯篇》的译者陈康教授对于“性质团结与分离”问题的探讨，似乎也与此相关。当代欧美分析哲学中，对于“化”相关的思考也很深入，比如对于“随附性”（supervenience）的探讨，也值得参考借鉴。在庄子哲学中，有时这一问题也经由“物际”的观念加以阐发，如《知北游》中所言，“物物者，与物无际，而物有际者，所谓物际者也；不际之际，际之不际者也”，褚伯秀说，“不际之际，道散而为物也；际之不际，物全而归道也”，思之即可。

“移是”的负面效应，在置身战国时代的庄子眼中，随处都是可举的案例。这一负面效应之现象，在《人间世》中尤为可观。如此之多的困境，问题究竟出自哪里？怨天尤人吗？没有意义。从庄子哲学的整体来看，其根源就在于不能“见独”。因为不能“见独”，所以视角就只能环绕私我展开，私我主宰下的特征，就是不能观化，反之亦然。可以说，《人间世》的特征，简单来说就是“难难难”。有趣的是，庄子接续以《德充符》篇，来说明“易易易”[①]。这种对比真的是非常鲜明。《人间世》中，仲尼告诫颜回说，“所存于己者未定，何暇至于暴人之所行!”吕惠卿注解说，“盖道未至于得一而无心者，皆为未定”。笔者认为，吕惠卿对于庄子的注释，甚至可与郭象媲美，极为深刻。在其庄子注解中，最为重要的术语当为对“未始有物”的强调，我们相信，他对于此术语的采纳与诠解是符合庄子两行观念的，尤其是就“见独”这一点而言。吕惠卿认为，世间的是非纷杂，起因于“移是”。他指出，批然分辩的看法主要在于两个方面，“一以为有物矣，而以生为丧；一以为始于无有，俄而有生”，问题就来了，“是以夫未始有物之全体，而移于是有生之黬也”[②]，把“独”也移来移去，当然荒唐透顶。钟泰认为，“夫‘移’者，本以求其通也，今则愈移而愈分，且反以离其本”，因而意味着时人就跟蜩鸠一样，“知同之为同，而不知集异以为同之大也”。[③]

当然，即便“移是”到了纯然异化的地步，也并非不可修复。南荣趎准备了很多干粮，经过七日七夜到了老子那里。老子首先给他一个下马威，“子何与人皆来之众也?”（《庚桑楚》）南荣趎吓了一跳，转回头去却是空空如也。庄子在这里所描绘的，乃是“失独”者的“移是”境况[④]，一片闹哄哄的模样。老子形容南荣趎为“若规规然若丧父母，揭竿而求诸海也。女亡人哉!”令人可怜又可恨。虽然南荣趎努力想从或内或外的各个方向出发，像个医生一样想去治病，但殷勤备至的结果，或许不过是“千世之后，其必有人与人相食者也”，由此可见，其后果不堪设想，非常严重。然而转机还是到来了：“愿闻卫生之经。”老子一闻南荣

① 后世关于庞居士一家人的禅宗公案，估计有取于庄子。
② （宋）吕惠卿撰，汤君集校：《庄子义集校》，中华书局2009年版，第439页。
③ 钟泰著，骆驼标点：《庄子发微》，上海古籍出版社2002年版，第542页。
④ 《列御寇》中言及的“郑人缓”，可谓“失独”者也。

趑此言，态度立刻缓和。“行不知所之，居不知所为，与物委蛇而同其波，是卫生之经已”（《庚桑楚》）。在《庄子》的文本中，这种“卫生之经”的话语转换处很多，看来就是为了治愈人类在“移是”上的异化倾向。卫生之经，是精神的修炼法，也是治疗哲学①上各种自恋狂的良药，更是庄子对于各种虚伪之“独”的治疗策略。这并非否决“化”，而是要求“见独”与“观化”的统一。也就是说，“见独”可以治疗“观化”，因为“观化”有可能变异为墙头草；“观化”又是治疗“见独”的良药，因为“见独”有可能变异为如越鸡般的“小己”②。从某种意义上来说，道家的“自然”观念也就是这种“独”与“化”的统一体，“自”就意味着“独”，“然”就意味着“化”，如此一来，“自然”的观念就可以进一步阐释为“独—化”的观念了。以此思路去领略回味《庄子》全书，或许会自然顺适。

三　公是：神化③

大公调曰，“道者为之公”（《则阳》）。“因是”与“移是”之思，需要有“公是”作为司南。然而，如熊十力所言，“戏论既多，如何可得公是处耶?”④ 此非易事。

《则阳》篇里有所谓“丘里之言”，大公调认为，“合异以为同，散同以为异……大人合并而为公”，这就是丘里之言。针对其中同与异的问题，钟泰的阐述非常有趣，尤其是他对于《周易》的援引。他说，“《易》之‘同人’，说同之卦也，而象曰‘君子以类族辨物’。《易》之‘睽’，说异之卦也，而象曰‘君子以同而异’。是故无同不足以见异，而无异亦不足以

① 包括生活哲学。

② 庄子也提及如何检验“独”的方法，这就是借孔子之口所说的“九征”。如《列御寇》中所言，“远使之而观其忠，近使之而观其敬，烦使之而观其能，卒然问而观其智，急与期而观其信，委之材而观其仁，告之危而观其节，醉之酒而观其则，杂之处而观其色”，可谓详尽，并非空想。此移是之弊端，亦如熊十力所言，“运用皆从形骸上打算，即妄执有小己而计为内”，见其《新唯识论》，中华书局 1985 年版，第 591 页。

③ 熊十力云，“造化即神化”，见其《新唯识论》，中华书局 1985 年版，第 541 页。

④ 熊十力：《新唯识论》，中华书局 1985 年版，第 400 页。

为同也”①。笔者非常认同这一延拓性见解。以丘里之言为起点，庄子的批评对象，最为明显的就是指向名家的某些学者，如公孙龙子之类。正如刘凤苞所言，“百家各据其一体，从何见道？合异为同，则道系于前矣”②。诸子百家各据一体的学问，显然是做不到“见独”的，“观化”自然也不完善，更何谈“见独”与“观化”的辩证统一？也正如钟泰所言，“知之所知，今之所谓是也。若知之所不知，则与化日新。今之是，移时有见其为非者矣，故曰‘人皆尊其知之所知，而莫知恃其所不知而后知’。‘莫知恃其知之所不知而后知’，常人之所以滞于故而不能化也”③。这一阐述符合庄子对诸子的批判。丘里之言所具有的较弱意义的综合，颇类于协调正义的观念，对于“公是”议题的进一步引发，就是题中之义了。

《徐无鬼》篇中，庄子与惠施有这样一番对话，庄子曰，“天下非有公是也，而各是其所是，天下皆尧也，可乎？”钟泰指出，“是非之齐，正为是非之公而发，若曰公是而可以无也，则黑白混淆，而形名失其用，天下且大乱矣”④。齐物论的初衷，正是为了“公是”，为了追求正义的真相。针对惠施的自鸣得意，庄子指出，惠施就如同鲁遽的弟子一样，“以阳召阳，以阴召阴”，这样的“同”是令人刺眼的“同”，不过是围绕私“我”而展开的纳入与掌控意志的体现，远不能达致“无我”之化境，即符合天道公正之化境。⑤ 鲁遽“鼓之，二十五弦皆动，未始异于声，而音之君已”，此处正如曹础基所言，“这句是庄子问惠施，问他的学说是否和鲁遽的‘音之君’一样，能得到各家的响应”⑥。钟泰认为，“‘音之君’云者，以喻是非不齐，亦自有其宗主，即所谓公是者”⑦。曹础基与钟泰所言皆极是。这里尤其值得人们回味的，就是“未始”一词和“君”之一字。“未始”一词之韵味，要高于“兼是”与“超越”等术语，具有强大的包容性意义。而“君”之一字亦如大宗师之宗主义，或者如

---

① 钟泰著，骆驼标点：《庄子发微》，上海古籍出版社2002年版，第621页。
② （清）刘凤苞，方勇点校：《南华雪心编》，中华书局2013年版，第673页。
③ 钟泰著，骆驼标点：《庄子发微》，上海古籍出版社2002年版，第616页。
④ 钟泰著，骆驼标点：《庄子发微》，上海古籍出版社2002年版，第566页。
⑤ 《徐无鬼》中提到，“吾神者其战，不知孰善？”神与自私的交战也。
⑥ 曹础基：《庄子浅注》修订本，中华书局2000年版，第368页。
⑦ 钟泰著，骆驼标点：《庄子发微》，上海古籍出版社2002年版，第568页。

“独”之义也。由此，我们似乎能够这样说，庄子所言齐物论的目的，是“泯是非”而非“废是非”，最终目的乃在于“公是”。

对于“公是”的探索，顺理成章地使我们置身于战国时代的历史大背景之中，庄子的政治社会理想也扑面而来。人们知悉，庄子对诸侯国官僚不屑一顾，也许人们便认为庄子意欲采取某种公民不服从的不合作姿态，但“公是”意识在《庄子》中的出现，仍能够反映出庄子的政治社会理想，这就是某种带有大同社会色彩的理想。《天下》篇中，庄子对于彭蒙、田骈、慎道的积极评价中，就有“公而不党，易而无私”的赞美。刘凤苞说，庄子是“独立苍茫，百端交集，一种忧世之心，流于言外”。

但是话又说回来，“公是”一词就如“正义”一词一样，每一政治个体都会挂在嘴边，记在心中。但到底在何种意义上，才能将“公是”的意思大体不差地表达出来，却不是一件容易的事情。很显然，人们往往是“自殉殊面”者。刘凤苞说，“无公是而自是，是远乎大道以为是也”①。

在这一点上，庄子可能与“小国寡民”的老子有所不同，也就是说，似乎存在小型自治区域与大同理想社会的区别。当然，即便存在这种社会理想上的差异，也是与春秋与战国的政治格局之差异息息相关的，我们不能比拼老子和庄子谁更高明。庄子在《逍遥游》中提出的“神人”形象，当然不是后世道教的神仙。这里的神人，主要是凸显“神”的意义。笔者认为，庄子里面“神”的意义，主要与周易中“神”的意义相通。②《系辞》中曰，“圣人立象以尽意，设卦以尽情伪，系辞焉以尽其言。变而通之以尽利，鼓之舞之以尽神”③。对于这一点，方光华指出，“对于易象的诠释，由春秋时期单个或多个自然现象的联系走向对宇宙存在的整体联系的分析”④，这是知识与社会的相伴性造成的。而针对《周易》中对于“神”的理解，也可围绕“知”的问题展开。《逍遥游》中言，“小知

① （清）刘凤苞撰，方勇点校：《南华雪心编》，中华书局2013年版，第607页。

② 在王博看来，“神性的追求意味着选择过一种心灵的生活，意味着动物性的放弃，也就是形体的放弃”，参见王博《庄子哲学》，北京大学出版社2004年版，第124页。我们认为，这一解释立足于心身与人禽的辩论背景上，似乎与庄子的自然观念联系不够充分，《易·系辞传》的“神无方而易无体”可参。

③ 《外物》篇谈及神龟托梦宋元君，本图保命，却被杀而留其龟甲，历次占卜皆神算，“智有所不周，神有所不及”，此乃自以为神的下场。

④ 方光华：《中国古代本体思想史稿》，中国社会科学出版社2005年版，第80页。

不及大知，小年不及大年”，就“知”之一字与《周易》所言的“神”相关联加以理解的话，我们也可以“乾知”来对“知”加以表达，这就是《周易》中所讲的“乾知大始，坤作成物”。神就是乾知，乾知就是庄子里面所讲的“不知”或“无知”①。或许只有到了这种境地，或许借助于《周易》的襄助，我们才更能够体察到“天府”的意趣，“注焉而不满，酌焉而不竭，而不知其所由来”（《齐物论》）。《在宥》篇中提到，“尸居而龙见，渊默而雷声，神动而天随，从容无为，而万物炊累焉”②。钟泰在注释中，径直指出了这样一些言语与儒家学说的密切关系，尤其是与《周易》思想的关系，如“神动而天随”与《乾·文言》所谓“先天而天弗违也”意义相通，可见，儒道文化的深层处有密切的沟通。

如果仍旧从《周易》的视角来琢磨《庄子》，那么，我们似乎也可以认为，“环中”即“时中”。“环中”是庄子哲学特有且特别重要的概念，“时中”则是易经精神的核心体现。《则阳》中言，“冉相氏得其环中以随成，与物无终无始，无幾无时。日与物化者，一不化者也，阖尝舍之!”宣颖的解释是，“环中即时中”。“独一化”必走向“神一化”，这正是庄子哲学之“吾丧我”的用意所在。《应帝王》中提到，列子学于壶子，列子请神巫季咸为壶子相面。壶子先示之以“地文”，季咸难以理解“杜德机”，列子以为壶子几死；壶子再示之以“天壤”，季咸难理解“善者机”，列子为壶子生命又感到欢欣鼓舞；壶子再示之以“太冲莫胜”，季咸难理解“衡气机”，列子又开始担忧；壶子最后示之以“未始出吾宗”，季咸难理解“虚与委蛇”，难以企及于“至人不留行也”（《外物》）之境，故仓皇逃离。仅仅是如同摆弄一下卦的六爻次序，就能够造成天机的不同展示一样，壶子似乎深刻领会到易经这一“时中”的精神，当他以“环中”的姿态时隐时现时，相面者难以参透其“机”，更难以“听之以

---

① 钟泰曰，“‘神’者，不知之知也”，钟泰著，骆驼标点：《庄子发微》，上海古籍出版社2002年版，第508页。刘凤苞也说，“不知之知，道之真境也；知而不知，道之化境也。孰知不知之知，并道之真境化境而浑忘之也”，玄谈意味十足，（清）刘凤苞撰，方勇点校：《南华雪心编》，中华书局2013年版，第532页。

② 《庚桑楚》中言，“知者之所不知，犹睨也”，钟泰认为与《中庸》所云“执柯以伐柯，睨而视之”相通，“睨在取则，而不在观物，是正灵明之所寓，而不偏不倚，无有一丝思虑杂乎其间”。这也是郭象在注释中认为“所以为自然”的意趣所在。

气”，乃其不知虚实之辨的真谛也。

《盗跖》篇中说，“若枉若直，相而天极；面观四方，与时消息。若是若非，执而圆机。独成而意，与道徘徊”，钟泰认为，子张对满苟得的这一番议论，与《山木》篇中的“一龙一蛇，与时俱化，而无肯专为”意思一致。[①] 这里的意思，实则与《周易》所凸显的“时中”精神相吻合。“环中”意趣与“时中”精神，具有不谋而合之处。在这样的一些理解基础上，我们或许才能再进一步去把捉庄子哲学中的“公是”深意之所在。如果固执于“独”而成其“是”，那么，此“是”的理解与把握上，还是容易走向以个体主义视角为核心的自我实现之路，似乎在此基础上再加以笼统的总的综合，整体的实现就获得了落实。然而在庄子看来，这或许还是有限度的。从“神一化”[②] 的必然之路来看，“独”成其化还是有其局限性的。如同《周易》从统一整体的眼光出发一样，对于每一卦象的总体把握，使得每一卦爻的“中”不能离开整个卦象而获得意义。因此，“时中”与“环中”的相应，类似于“神一化”与“独一化”的呼应，其关键点在于无我或“吾丧我”的意识。[③] 熊十力认为，“汉人传来之五经，几乎完全是小康思想……《礼记》一书是汉人辑录六国以来小康派之说”[④]，并认为“孔子晚年思想专以大道为宗主，决不兼容小康也”[⑤]。他认为，“内圣外王”之道发自易经，“内圣外王，同于大通”。

庄子对于“公是”问题的强调，自然要立足于“因是”“移是”的批判思想基础之上，也就是说，立足于“见独”与“观化”的辩证统一思想之上。如果说“见独”与“观化”看上去带有很强烈的主观意味，那么，对于庄子哲学的理解来说，到此并未完结。设若我们借鉴郭象的“独化”说而改之为“独一化”说，那么，“独一化”势必要以“神一化”为终结。在“神一化”观念中所蕴藏的，就是庄子的政治社会理想：

---

① 钟泰著，骆驼标点：《庄子发微》，上海古籍出版社 2002 年版，第 703 页。

② 正如检验“独”有九征，如何体“神”也有套路。《寓言》篇中说，“一年而野，二年而从，三年而通，四年而物，五年而来，六年而鬼入，七年而天成，八年而不知死、不知生，九年而大妙”，至少九年才能成。为了自然，首先得不自然。

③ 这一认识如果能够成立的话，似乎也能够深刻反映出中西文化上的某种差异性。

④ 熊十力：《体用论》，中华书局 1994 年版，第 318 页。

⑤ 熊十力：《体用论》，中华书局 1994 年版，第 324 页。

大同社会理想，“天下平均”（《达生》）的社会理想。但是，如果我们从《礼记·礼运》篇中对大同之世的附带说明来看，庄子理想社会的展望与之也似有不同，甚至彼此间还有一定的隔阂。《礼记》中的大同社会理想，“独”的观念是有所否定的，“人不独亲其亲”，在庄子看来，反而是有些过火了，也就是说，与“独”义相关的“止”的思想不足，收敛不够，泛滥有余。正如丘里之言的探讨中可以看到的是，缺少“化”，或者缺少“止”，就如同“比如大宅，百材皆度；观乎大山，木石同坛”，其中的问题就是“有所拂者而有所宜……有所正者有所差”（《则阳》），容易陷入“自殉殊面”的境地，难以达到道的高度。也就是说，庄子似乎要在小康之私有的观念与儒家大同社会理想之间，寻求某种可以达至化境的理想社会形态。这个“之间”的问题，就比较难捉摸。想要摆脱这种困惑，就需要有更为迫切的“问是”精神。换句话说，哲学思考与政治社会的理想脱离不得。

四　问是：知止

“问是”就是“是”之追问，是哲学怀疑精神的体现，彰显出庄子对形而上学意识提升的重视。就此而言，这一点可能与西方哲学中对“是”与“是者”的追问与辩论有关，但思路上可能有不同。海德格尔在《存在与时间》中对“是”（即存在）的追问，值得我们参考借鉴。张汝伦指出，“在海德格尔看来，西方形而上学的实质就是虚无主义，二者其实是一回事”①，或许仁者见仁智者见智，但有其道理。反观中国，虚无主义不是中国哲学的特质，对道家哲学来说也是如此。海德格尔继承黑格尔那种“真理就是全体”的精神，“从整体上出发去搞哲学”，“把此在在死亡中的向终结存在和此在的整体存在纳入对可能的整体存在的讨论中”。②对于此在与时间性概念的把握，是整体意识的体现。③ 我们回过头来再看

① 张汝伦：《〈存在与时间〉释义》卷一，上海人民出版社2012年版，第17页。

② 张汝伦：《〈存在与时间〉释义》卷三，上海人民出版社2012年版，第741页。

③ 谢阳举认为，两行是治疗二元论的单极偏向思维以及各种极端思维病症的良药，进而逐渐“达到在道之道下的完整性、客观性、公正性”。参见谢阳举《老庄道家与环境哲学会通研究》，科学出版社2014年版，第92页。

庄子，这可能就意味着“见独”与“观化”的统一吧。如庄子所言，无物不可，无物不然。海德格尔对于“存在”的追问，或者说对“是”的追问，不同于“存在者”或“是者”的追问，对于庄子来说，也具斯义。“言之所尽，知之所至，极物而已”（《则阳》），而“睹道之人，不随其所废，不原其所起”，钟泰说，“不随其所废”即“知其无终也”，“不原其所起”即“知其无始也”，“此议之所止”。[①]“问是”的意义所在，就是“自反”，“反之于真，反之于天也”[②]。这一看法，奠定下我们对“问是”问题的探讨基调，统凡前所言之“因是”“公是”“移是”中诸问题，自然也与“问是”意识交织在一起。

比如说，“独”的问题有时也可与“是”的问题统一起来思考。我们前面提到“因是”，在“见独”的意义上，此“是”也就是“独”，此“是”也就是“神”，此“是”也就是“天”，或者说此“是”也就是“乾知”[③]。从《天地》篇可以看出，“天之所以为天者，得‘是’而已矣；地之所以为地者，得‘是’而已矣。人诚得‘是’而在我，则与天地通矣”[④]。“独”也意味着发现了一个问题，或者一个问题的呈现。正如谢阳举所言，“道的学术相当于哲学，庄子的方法事实上也维护了中国哲学自身的逻辑原则”[⑤]，“见独”是真正哲学性的彰显。这个问题如同老子所言的“恍兮惚兮”，亦如同孟子所言的“必有事焉”。按照庄子的叙述，这也是“真君”的问题。

“真君”亦如同“天钧”，宣颖提出，“均与钧同，乃陶家运转之枢也。言天地虽大，其化止在运旋之钧轴处”。《天道》篇言，“天道运而无所积，故万物成”，吕惠卿解释为，“运则千转万变而未始有穷，无所积则介然之有不留乎胸中也”。在这种探索中，“或使”与“莫为”的问题，也令人极为赞叹地被庄子提了出来。在我们看来，或使与莫为不仅是针对

① 钟泰著，骆驼标点：《庄子发微》，上海古籍出版社2002年版，第624页。

② 钟泰著，骆驼标点：《庄子发微》，上海古籍出版社2002年版，第591页。

③ “知”之一字，贯穿庄书之始终，从《逍遥游》的“小知”与“大知”之辩，到一问三“不知”，以及“无知”，等等，这些“知”因为是针对人类“不知止”的“知”识论，因而大多是从批判的方面着眼的。而真正具有正面意义的阐发，则是从《周易》的“神—化”说相关的“乾知”。

④ （宋）吕惠卿撰，汤君集校：《庄子义集校》，中华书局2009年版，第227页。

⑤ 谢阳举：《老庄道家与环境哲学会通研究》，科学出版社2014年版，第93页。

万物的探究模式，更是一种“问是”模式之反思的展示。但在庄子看来，这两种思路仍旧是“物论”的思路，尚未至于形而上学的尊严，故必有其不足与缺憾。《则阳》篇中，少知提问说，“季真之莫为，接子之或使，二家之议，孰正于其情？孰遍于其理？”大公调回答说，“或之使，莫之为，未免于物，而终以为过。或使则实，莫为则虚”。也就是说，这两种思路还是有些“过分”的，“过”可以理解为过错，但解释为过分似乎更合适一些。莫为思路的过分之处在于“知天而不知人”，或使思路的过分之处在于“知人而不知天”。当然，两者都是摸着石头过河者，也有其不可忽视的价值。此二者所代表的探索思路，或许恰是能够逗出“独一化”甚而“神一化”意识的桥梁。如钟泰所言，“盖执物以为道，道固不足言；而离物以为道，道更无可言也，故曰‘道物之极’。以见物之极即道，而道之极亦未始不在于物也”[①]。或使与莫为，如同有命、无命，有鬼、无鬼等诸论调一样，“执之必在物一曲，非合之不成其为融通也”[②]。

针对“道物之极”的思考，我们尚可提出这样一个疑问：《庄子·天下》篇[③]何以最后要提及惠施及名辩学派的诸相关议题？惠施的某些命题，如“至大无外，谓之大一；至小无内，谓之小一”等，所凸显者，乃针对庄子哲学之“化”而言及的命题。[④] 在《天下》篇中，庄子对惠施诸命题的“化”之偏颇给予曝光，钟泰认为惠施的核心命题是“泛爱万物，天地一体”，庄子可能认为，惠施的问题在于“泛滥化”的思维。这种泛滥化或者泛化的思维，在“道物之极”的意义上，只能说是摸着了点边边，说到底，只是一种物论而已，难以达到吕惠卿意义上的“未始有物”，或者说，它严重缺失的是庄子的“见独”精神。王夫之的评价是“止此然不然，可不可，有与无之两端，互相换而无穷”。可见，惠施对于“化”有一些认识，但因为不能真正“见独”，所以其所阐述的化之

① 钟泰著，骆驼标点：《庄子发微》，上海古籍出版社 2002 年版，第 627 页。庄子哲学继承老子有无观念的思考，在道物的问题上，首先提示人们边际的意识，作为一种形象化的引导，道乃物之边际处显，物亦道之边际处显，虽然如此，仍未免于物论的思维。

② 钟泰著，骆驼标点：《庄子发微》，上海古籍出版社 2002 年版，第 660 页。

③ 钟泰认为，此篇“为庄子自作，无可疑者……欲窥庄子之真，尤于此不可不潜心玩索也”。

④ 如果纯粹从知识论视角入手，可以称之为某种信念理论的展示。但缺少了哲学趣味性。

意义，终难以达致“化境”，即所谓“吾丧我”或者易经意义上的“穷神知化”。对于那些与惠施交相呼应的名辩学者的命题，诸如“狗非犬”，“白狗黑”等，大概庄子可能会说，这些命题反映出的是“见独”上的偏曲。吕惠卿这样叹息道，“施不知反本以自宁，以至散于万物而不厌，卒以善辩为名，是放荡而无所得，逐万物而不反者也。夫无声则响绝，处阴则影灭，犹之无我而天下莫能与之争矣。今施之才为至高矣，然不知出此，而徒从事言辞之末，以与万物竞，奚以异于穷响以声，而形与影竞走邪！其失性也，甚矣！”① 吕惠卿的叹息自有其深意，钟泰也是如此，他认为惠施这样的学派人员，乃是“散则丧其一，逐则离其本”，也就是说，不能将见独与观化辩证地结合起来去理解事物，更如何谈及庄子所常言的神人之“神—化”之境？

如何才能更佳地“问是”，而不陷落于惠施以及名辩学者那样的困境中呢？《徐无鬼》中说，“其问之也，不可以有崖，而不可以无崖”，钟泰解释说，“有涯则在物一曲，而非大方之道……无涯则漫无统纪，而非大一之道”②。在有涯与无涯之际，我们认为，庄子提出的某种重要途径，实际上就是“知止”。很自然的是，这个止不是时间停滞意义上的止，而是具有整体视野的约束意义与贞定意义③的止。《齐物论》中言，“知止其所不知，至矣”，《养生主》中的庖丁是“官止神行”，乃“得心应手”的实现。正如轮扁所言，“徐则甘而不固；疾则苦而不入；不徐不疾，得之于心而应于手，口不能言，有数存焉于其间”（《天道》），这就是说，“自有一定分寸”④，即所谓知止也。庄子亦借仲尼之口说，“无入而藏，无出而阳，柴立其中央”（《达生》），“入而藏”者，是“一意于退者也”，“出而阳”者，是“一意于进者也”，“柴立其中央”，“则无过不及而守中之谓也”。⑤ 在《德充符》中，“知止”的主题及其正面效应极为显明。正如我们前文所言，《人间世》篇读罢，给人以处处艰难之感，如颜回、叶公子高、颜阖，这样的一群人；就算是说到植物，如匠人不顾的

① （宋）吕惠卿撰，汤君集校：《庄子义集校》，中华书局 2009 年版，第 610 页。
② 钟泰著，骆驼标点：《庄子发微》，上海古籍出版社 2002 年版，第 594 页。
③ 贞定意义取自于乾卦的元亨利贞之贞定义。
④ 钟泰著，骆驼标点：《庄子发微》，上海古籍出版社 2002 年版，第 306 页。
⑤ 钟泰著，骆驼标点：《庄子发微》，上海古籍出版社 2002 年版，第 420 页。

栎社树，南伯子綦的不材之木，也是如此；即便是支离疏与楚狂接与，也是如此，在在呈现出一种艰难之状，钟泰便以易经的“困”卦来描述说明之。然而在接下来的《德充符》中，似乎是从悲观中见到了乐观，顺适之意在在皆是。原因何在？就在于“知止”。

庄子借仲尼之口说，“人莫鉴于流水，而鉴于止水。唯止能止众止”。《道德经》中言，“上善若水”，对于水有特别的阐发。在老子与庄子的思想中，水绝非镜式映照的一潭死水。如《应帝王》中的壶子所言，“鲵桓之审为渊，止水之审为渊，流水之审为渊”，这只是九渊之三名而已。钟泰认为，“鲵桓以喻太冲莫胜，止水以喻地文，流水以喻天壤”，“止所谓不震，流所谓机发也”[①]，在某种意义上可以说，知止与易经所言的“知幾”相类似，易经所谓“知幾其神乎”，在庄子大概也可以说“知止其化”乎。所谓“知幾”，乃是人们针对六十四卦之每一卦的卦象，针对每一卦中六爻间的细微变化，能够敏锐觉察并预知到其“错综复杂”的关系，由此而能将乾卦之自强不息与坤卦之厚德成物的精神把握得住。《大学》言“止于至善”，庄子言“知止其所不知”，《养生主》开篇即提出，“吾生也有涯，而知也无涯……为善无近名，为恶无近刑”，似皆与老子“知止不殆”的精神密切相关。[②]

中国哲学中对于“止”的精神的体认极为深刻，话说白了，“止”也是儒家“礼”的精神实质所在。在《仪礼》中可以看到，这种“止”的精神体现无处不在，这些如同乐谱中的休止符般的“止”，在俯仰迎送之间，塑造出了美好的旋律。《养生主》中的庖丁也深得此意趣。换句话说，“问是”的意识使得中国哲学的思考中先天具有了美感。问是的精神，成为带动思维活力的关键。一个人缺少问是的精神，固然有其局限，一个国家缺少问是的精神气氛，更是不知其可。《徐无鬼》言，“故有亡国戮民无已，不知问是也……阖不亦问是已，奚惑然为！”缺少“问是”的精神，就是缺少怀疑反思的精神，形而上的追求自然也就缺失。说得小一点，是缺少自知之明；说得大一点，就是可能祸国殃民。

---

① 钟泰著，骆驼标点：《庄子发微》，上海古籍出版社 2002 年版，第 176—177 页。

② 《渔夫》中所言的“畏影恶迹”者，“不知处阴以休影，处静以息迹，愚亦甚矣”，也是对不知止者的批评。

结语：求是

传统儒释道文化对于人生境界提出了很高的要求。古人认识到，人们对于周遭世界的认知，对于社会整体的理解，不是那么容易达成的一件事情。针对庄子“四是”的提出，我们能够感受到的是，这件事情的达成需要创造性的智慧。在中华文明五千余年绵延不绝的发展历程中，“实事求是”的精神是重要的路标。简而言之，即“求是”的精神。我们认为，求是精神不仅是中华优秀传统文化的概括性总结，更具有新时代的创造性表达。

习近平指出，“坚持实事求是，关键在于‘求是’，就是探求和掌握事物发展的规律”①。熊十力先生亦言，“学问之事，期于求理之是而已”②，也是求是的精神之体现。正如我们从庄子哲学中所看到的那样，人们对于实际的认识是容易存在分歧的，因此，如果在哲学意识上缺乏高度，也就容易缺少大局的观念，陷入“在物一曲”的管窥视野。也正是从这种问题意识出发，“求是”精神的深化需要我们更深入地了解包括庄子在内的中华优秀传统文化。

---

① 习近平：《坚持实事求是的思想路线》，《学习时报》2012 年 5 月。

② 熊十力：《新唯识论》，中华书局 1985 年版，第 319 页。

“天生人成”论视域下的荀子人性论及君子小人之判

李友广

（西北大学中国思想文化研究所）

摘要：“天生人成”是荀子建构思想体系的基本原则，也是当今学者研究荀子思想的重要理论视角。荀子建构的“天生人成”理论框架，包括“天生”与“人成”两个层面。“天生”层面，又分为生物过程的超越之天和生成以后的经验之天，荀子认为超越之天是不可知的，经验之天则是可知、可资运用的。“人成”层面，包括两个方面：知经验之天，遵循自然规律造福人类；运用理性能力创制礼义法度，进行师法教化和移风化俗。从“天生人成”论的视域来看，人性属于“天生”的过程与层面，这个阶段的天是自然的，决定了由其所生的性是朴的；在“人成”层面，处于性物之间的欲则呈现出趋恶的状态。性朴欲趋恶论是荀子“天生人成”理论对人之本质与价值的集中关注，从而最终为其确立起独树一帜的政治哲学理论奠定了坚实基础。

关键词：天生人成　性朴欲趋恶论　君子小人之判

在研究荀子人性论思想时，笔者曾撰有《性朴欲趋恶论——荀子人性论新说》（《现代哲学》2021 年第 2 期）一文，并在此文中提出了荀子人性论主要呈现为性朴欲趋恶论的观点。现在，我们将以《荀子·天论》中提出的“天生人成”论作为主要研究视角[①]，对荀子的人性论思想作进

① 新儒家学者牟宗三认为：“天生人成”思想是“荀子之基本原则”。牟宗三：《名家与荀子》，台北：学生书局 1979 年版，第 213 页。

一步的探索与研究。

一　荀子的“天生人成”论

荀子对“天生人成”的阐述除了出现于《荀子·王制》（“天地者，生之始也；礼义者，治之始也。”）、《荀子·礼论》（“天地合而万物生，阴阳接而变化起，性伪合而天下治。”）和《荀子·富国》《荀子·大略》（“天地生之，圣人成之。”）等篇章以外，主要集中于《荀子·天论》（凡引此书，以下只注篇名），为了便于后面的讨论，现将相关材料罗列如下：

首先来看荀子于《天论》中对天的理解与把握：

> 不为而成，不求而得，夫是之谓天职。
>
> 列星随旋，日月递炤，四时代御，阴阳大化，风雨博施，万物各得其和以生，各得其养以成，不见其事而见其功，夫是之谓神。
>
> 皆知其所以成，莫知其无形，夫是之谓天（功）。唯圣人为不求知天。

在荀子的眼中，天具有生成万物的能力，而这种能力又如孔子所言“天何言哉？四时行焉，百物生焉，天何言哉”（《论语·阳货》），是“不为而成，不求而得”的。所谓的“不为”和“不求”，荀子意在强调天所具有的自然性与非人格化特征，这样的天虽然“不为”和“不求”但依然实现了人们眼中的“成”和“得”，这就多少具有了一定的神秘化色彩。当然，由于受三代文化传统的影响，《荀子》文本中有时也会出现具有道德意志化的天，如：“天之生民，非为君也。天之立君，以为民也。”（《大略》）但当涉及天人关系、天生人成理论的时候，这种文献语境下的天则往往是自然的、非人格化的。在这里，荀子将天生万物的过程视为“神”，并言谓：“不见其事而见其功，夫是之谓神。”（《天论》）不过，此处所言的“神”，并非指传统意义上的人格神或宗教神秘性，而是强调人对于天的不可知性。

荀子认为天生成万物的过程虽然是自然的、非人格化的[①]，但这对于人而言却是不可知的，因为这个层面的天具有一定的超越性，已经超出了人们的认知范围与把握能力。这也与《礼记·中庸》中所谈到的天生万物，神妙不测的内容相一致："天地之道，可一言而尽也：其为物不贰，则其生物不测。天地之道：博也，厚也，高也，明也，悠也，久也。"可见，天地间所呈现出来的虽然是一幅"列星随旋，日月递炤，四时代御，阴阳大化，风雨博施"的景象，但这幅景象何以如此呈现就不是人们所能了解与把握的了，可谓"天道有常"。(王先谦注曰："天自有常行之道也。"[②]）正如在笔者组织的《荀子》读书会上，黄芳博士所说的："荀子的关注点并不在于万物产生的过程，而是关注万物已经形成后的一种状态。"[③] 这种说法有一定道理，看到了荀子在天生与人成之间有意作的区分，是其"天人相分"天人关系理论的一种具体表现形式。

虽然荀子在《天论》中谈及了"万物各得其和以生"，认为万物的生成离不开阴阳二气交互作用产生的和气，万物是由阴阳二气相互作用而形成的，但是荀子对此并没有产生进一步探索下去的理论兴趣，故而言谓："唯圣人为不求知天"（《天论》)，对此，王先谦注曰："既天道难测，故圣人但修人事，不务役虑于知天也。"（《荀子集解》，第309页）反过来也可以说，荀子对人类自身很有信心，人并不需要过多地去了解天，人只需要做好人应该做的那部分就可以了。从万物的角度而言，人也属于万物中的一种，是万物的组成部分，人也是天生的对象。既然天生万物的过程是自然的、非人格化的，那么人作为被天生成的对象，也应该是自然的。关于人的这种自然性，荀子在理论上主要关注的是人性这一部分，是故林

---

① 对此，郑炳硕也说："自然和人各有不同的职分。因为自然有自然的规则，所以不会根据人的好恶任意变化其规则。"诚是。[韩] 郑炳硕：《从天生到人成——荀子的天生人成与尊群体思想论析》，《孔子研究》2014年第1期。

② （清）王先谦，沈啸寰、王星贤点校：《荀子集解》，中华书局1988年版，第306页。

③ 在这方面，路德斌也曾有过进一步的阐述。他认为，荀子理论中的"天"有超越与经验两个层面："超越的层面是其'所以生'、'所以然'的层面，指的是天地万物未生有形之前的状态；经验的层面是其已然的层面，指的是天地万物已生有形之后的状态，自然界中的一切现象及其变化规律（理）皆包括在其中。前一层面上的'天'属于形上学的领域，荀子是不求知的，认为那是不可知且知之无益的；而对于后一层面上的'天'，荀子却是主张求知的，不仅要知，而且是必须知，因为这是人行其职——制天用天、裁成万物之不可或缺的前提。"笔者对此表示赞同。所引文见路德斌《荀子与儒家哲学》，齐鲁书社2010年版，第56页。

安梧也说："荀子以自然的生成说天，同样也以自然的生成说'性'，本没有善恶的意义。"① 所言甚是。荀子认为，性的形成过程实际上就是天生物的过程，这个过程由于天的"不为"和"不求"，人对于自己的性是无法参与的，更是难以左右的："不事而自然谓之性"（《正名》），"性者，本始材朴也"（《礼论》）。基于此种观念，梁启雄在解释"不事而自然谓之性"时也说："这性字指天赋的本能，心理学上的性。"（《荀子集解》，第 310 页）从天人关系的角度来看，梁启雄的这种解释是平实可信的。很显然，性所具有的不可学、不可事的特点正与天的"不为"和"不求"相对应，或者说，性的这种特点正是"不为""不求"的天所赋予的："凡性者，天之就也，不可学，不可事。"（《性恶》）从这个角度来看，清人顾千里认为《性恶》中的"不可学、不可事而在人者谓之性"应为"不可学、不可事而在天者谓之性"，与"可学而能、可事而成之在人者谓之伪"为对文，是非常有道理的。（《荀子集解》，第 436 页）在这种立场之下，荀子认为，一旦有人参与的行为与因素就不能称其为性了，而化性起伪则是人可以参与的，是故《荀子·儒效》有云："性也者，吾所不能为也，然而可化也。"就此而论，荀子对于天人职分所持的立场，总体上可以理解为天的职分是生，人的职分是成。在这方面，《天论》也有着相应的阐述：

> 天有其时，地有其财，人有其治，夫是之谓能参。舍其所以参而愿其所参，则惑矣。
>
> 心居中虚以治五官，夫是之谓天君。财非其类，以养其类，夫是之谓天养。
>
> 所志于天者，已其见象之可以期者矣；所志于地者，已其见宜之可以息者矣；所志于四时者，已其见数之可以事者矣；所志于阴阳者，已其见知（和）之可以治者矣。官人守天而自为守道也。

天有时，地有财，人则能治天时、地财以为己用，人何以能治天时、地财以用之呢？荀子认为，人可以思虑和把握天之象、地之宜、四时之

① 林安梧：《从"天生人成"到"化性起伪"》，《鹅湖月刊》1978 年第 5 期。

数、阴阳之和[①]，通过观测天象来遵循自然规律，进而辅助治道：“官人守天，而自为守道也。”（《天论》）诚然，此处所言的“道”确实有自然规律之意，但从荀子的立场和具体语境来看，这个“道”一定是要深蕴着治道之意的，与老子“推天道以明人事”的思维理路并不相悖。由此也可以看出，道家思想资源对荀子所产生的影响。

尽管第一条材料中的“参”有多种训释，但从具体语境来看，此处之“参”确实有并列和匹配之意，其意在强调天、人各自所具有的功能与职分。

在第二条材料中，荀子强调心的地位与作用。由于在他所建构的“天生人成”理论框架中[②]，心也属于天生成的对象，这样的心本身并不具备与生俱来的道德性质，不能与孟子所言的道德本心混为一谈，实际上荀子对心的理解与认知和郭店简《性自命出》所说的心更为接近，[③] 后者言谓：“心亡定志，待物而后作，待悦而后行，待习而后定。”（简1—2）“凡心有志也，无举不〔可。人之不可〕独行，犹口之不可独言也。”（简6—7）。从荀子所论可以看出，心虽然是天生之的，但如何以心宰治五官[④]、如何处理心与五官之间的关系则属于人成之的范围，也是人的能力的具体表现。可以说，在荀子这里，心最起码具有两层含义：第一层是天生之的层面，体现的是自然特点，并不具备与生俱来的道德性质；第二层是人成之的层面，通过圣人的制度创设和社会层面的移风化俗来培养人心的理性辨知能力与知善辨恶能力，这是人的能力的真正表现和人的

① 此处，王先谦本、梁启雄本皆写作“知”，今据王先谦（“知”或为“和”）和王念孙（作“和”者是也）意见改作“和”。见《荀子集解》，第311页。

② 作为一种理论框架与基本原理，路德斌认为“天生人成”“统摄了人类生活的两大层面：就外在的层面说，即是人与自然的关系，‘不与天争职’是基本的原则，‘制天命而用之’则是其最高的目标；就内在的层面看，便是‘性’与‘伪’的关系，‘性’属‘天’，‘伪’属‘人’，‘化性起伪’、以心治性是基本的理路，而‘性伪合’则是其所要达成的理想境界。”路德斌：《荀子哲学的两大原理——“天生人成”与“礼义之统”及疏解》，《陕西师范大学学报（哲学社会科学版）》2017年第4期。

③ 对此，张茂泽也强调郭店简《性自命出》篇所谈的心“无独立自在性质，实际上就是人的心理活动，即心理心”，“《性自命出》心性论，或许正是《荀子》心性论比较直接的学术思想渊源”。张茂泽：《〈性自命出〉篇心性论大不同于〈中庸〉说》，《人文杂志》2000年第3期。

④ 郭店简《五行》篇亦云：“耳目鼻口手足六者，心之役也。心曰唯，莫敢不唯；诺，莫敢不诺；进，莫敢不进；后，莫敢不后；深，莫敢不深；浅，莫敢不浅。”（简45—48）

本质性体现。

进而言之，荀子对于天人关系也包含着两个层面的理解：从天生之的层面来看，天人是合一的，这个阶段的心不具有道德性质；从人成之的层面来看，由于被天生成以后的人能群、能分，有义，能创制礼义法度，重视师法教化与移风易俗，这个阶段的心便逐渐具有了理性思维功能与道德辨知能力。(《正名》有云："情然而心为之择谓之虑。心虑而能为之动谓之伪。虑积焉、能习焉而后成谓之伪。")[①] 如果能真正做到解蔽工夫的话，便可全面认识事物发展、变化的规律，进而合理地把握客观世界："坐于室而见四海，处于今而论久远，疏观万物而知其情，参稽治乱而通其度，经纬天地而材官万物，制割大理，而宇宙理[②]矣。"（《解蔽》）

二　性何以是朴，而非恶的

尽管在《性恶》中有"人之性恶，其善者伪也"这样的语句，但不足以将荀子的人性论思想判定为性恶论。此处之"性"，郝懿行注曰："性，自然也。"这个解释还分别被王先谦和梁启雄的注本引用[③]，并被前者所认可，由此可见郝注具有一定的代表性。当然，在这句话中，性与伪是相对的，两者的区别主要在于是否有人的主体性参与，并以人的是否参与作为性伪二分的主要依据。也就是说，"荀子视域中的性，乃是天之就的，亦属于先验的范畴，并不包括后天的人为因素。荀子以人的主体性为界，将是否有人的主体性参与作为划分性和伪的边界。可以说，人的性与万物的性并无不同，都是天之就的，这并不能构成人与万物的区别；而人

---

① 梁涛在研究荀子"心"的特点时认为，荀子的"心"与春秋时期的"心"特点比较接近，"不是道德本心，它虽然有道德实践能力，但主要是实践客观、外在的道德规范，而不能表现为自主、自觉的道德行为。"诚是。(详见梁涛《郭店竹简与思孟学派》，中国人民大学出版社2008 年版，第 142 页）实际上，也可以说，"这种道德辨知能力与判断性并不是与生俱来和完满自足的，而是在与人们日常的社会习俗、实践活动及外在礼义规范相对应的条件下获得的，这应该是与孟子的道德本心最为不同的地方。"李友广：《性朴欲趋恶论：荀子人性论新说》，《现代哲学》2021 年第 2 期。

② 此处的"理"据王先谦意见改："'里'，当为'理'。"见《荀子集解》，第 397 页。

③ 分见王先谦《荀子集解》，第 434 页；梁启雄：《荀子简释》，中华书局 1983 年版，第327 页。

的主体性参与，也就是人的后天修为便成了人之所以为人的标志，成了荀子眼中人的本质内容之所在"①。于此可知，从"天生"的层面来看，人性由天所生，与万物之性并无本质差异，这样的性是朴的，而郝注所言"性，自然也"，是确当的；② 从"人成"的层面来看，人之为人就在于人并不满足于朴之性，由于人之性如物之性一样皆"不能自美"，需要人的后天努力与作为："性者，本始材朴也；伪者，文理隆盛也。无性则伪之无所加；无伪则性不能自美。"（《礼论》）这句话既点出了人与物的不同之处，暗含着荀子立场之下人禽之辩的同时，也是对其"天生人成"理论框架的一次有机填充。

从荀子的立场来看，这样的性"是后天人为的起点，是一种自然的材质"③，没有朴之性，人的后天作为就无所施加，也就是说，必须先有"天生"方能施展"人成"，前者是后者展开的前提与基础。另一方面，如果只有"天生"而无"人成"的话，这个世界所呈现出来的只不过是一幅素朴、毫无文理隆盛之美的图景，这样的图景便类似于《庄子·马蹄》所描述的至德之世那样："夫至德之世，同与禽兽居，族与万物并，恶乎知君子小人哉！同乎无知，其德不离；同乎无欲，是谓素朴。素朴而民性得矣。"是故，与倡导"损之又损"（《老子》第四十八章）、返朴的道家不同，荀子一派则选择"文朴"，让一些东西作用于朴之性，使之更完美。道家返朴回到初生之性，而荀学文朴则是让性朝前走。④ 朴性之所以不美，根据荀子的立场而言，就在于由于天生之以后缺失了人的主体性参与，而使性仅仅停留于天生万物的过程与层面，这样的性只能是"自然"（《正名》）的、"本始材朴"（《礼论》）的，既无法充分彰显人的价值与本质性特点，也不符合春秋晚期战国时期华夏文明发展的阶段性特点

① 李友广：《性朴欲趋恶论——荀子人性论新说》，《现代哲学》2021年第2期。

② 关于荀子的"性"，林安梧认为："荀子的人性论强调的是自然之气性"，"天生而人成，人为天所生，天生的性子，即所谓自然之气性"，"单就'自然气性'来说的话，我们可以说荀子就是'性朴论'"。林先生此论与我们从"天生人成"的理论视角作出的理论分析相一致，对于他的观点我们也深表认同。所引文见林安梧《关于先秦儒学"人性论"的一些讨论——以孟子和荀子为核心的展开》，《齐鲁学刊》2022年第1期。

③ 廖名春：《〈荀子〉新探》，中国人民大学出版社2014年版，第77页。

④ 详见周炽成《性朴论：〈荀子〉与〈庄子〉之比较》，《商丘师范学院学报》2015年第8期。

与走向。

据上所论，我们可以说，如果从《荀子》文本所建构的“天生人成”理论框架和文献实证的角度来看，是无法充分推导出荀子是主张性恶论的。反过来说，如果荀子主张性恶论，那么恶从何来？无论是从天而来，从性而来，还是从心而来都是讲不通的。关于这方面的分析与论证，可参见拙文《性朴欲趋恶论——荀子人性论新说》[①]，为免于拖沓重复，此处不再铺陈赘叙。

从荀子自身建构的“天生人成”理论框架来看，人之性与物之性皆为天生之的对象，属于“天生”的层面。这样的层面，在道家人物老子那里则接近于“道生一”（《老子》第四十二章云：“道生一，一生二，二生三，三生万物。”）所蕴含的内容。这里的“一”，实际上是指从无到有的事物创生阶段。而这样的生物过程，在《老子》第五十一章则有着进一步的展开：“道生之，德畜之，物形之，势成之。是以万物莫不尊道而贵德。道之尊，德之贵，夫莫之命而常自然。”曹峰认为，这段文字体现的是老子对生成论的描述，而第五十一章“这种‘弱’的、有克制性的、不张扬的生成论”[②]，想必对荀子的生成论思想也产生了一定影响。与倡导返朴的老子相比，守持文朴立场的荀子虽然也如前者那样认为生物的过程是自然而然的，但由于后者更为关注人的后天努力与作为，故而荀子的生成论更多地呈现出了一种理性化、客观性的特点：

> 星坠、木鸣，国人皆恐。曰：是何也？曰：无何也，是天地之变，阴阳之化，物之罕至者也，怪之可也，而畏之非也。夫日月之有蚀，风雨之不时，怪星之党见，是无世而不常有之。上明而政平，则是虽并世起，无伤也；上暗而政险，则是虽无一至者，无益也。夫星之队，木之鸣，是天地之变，阴阳之化，物之罕至者也，怪之可也；而畏之非也。（《天论》）

从“天生”的角度出发，荀子认为人们如果对星坠、木鸣等罕见现

① 李友广：《性朴欲趋恶论——荀子人性论新说》，《现代哲学》2021年第2期。

② 曹峰：《老子永远不老：〈老子〉研究新解》，中国人民大学出版社2018年版，第88页。

象害怕，产生恐惧心理的话，就很容易陷入宗教神秘主义，他在此对三代时期盛行的龟卜筮占之风也不无省思与批判。对此，梁涛也说：“否定神学天，批判宗教迷信”，是荀子天论的主题之一。① 与此相对，荀子进一步指出，人们对于这些现象只有不畏惧，然后才可以发挥自身治理的才能与能力。只要政治清明，怪异现象的出现也没有什么大的影响；政治如果得不到很好的治理，即便没有出现怪异现象，也不能说明这个社会就是好的。《天论》接着说明了可畏的不是物之罕至者，而是人袄的道理：“物之已至者，人袄则可畏也。楛耕伤稼，耘耨失岁，政险失民，田秽稼恶，籴贵民饥，道路有死人，夫是之谓人袄。政令不明，举错不时，本事不理，夫是之谓人袄。礼义不修，内外无别，男女淫乱，则父子相疑，上下乖离，寇难并至，夫是之谓人袄。”“袄”②，通“妖”，邪恶不正之义。梁启雄按：“古书多以‘妖’代‘袄’。人妖、指人为的怪现象。”③ 所谓的人袄，即是指人为的祸乱，包括对农事、政事和伦理秩序等方面进行破坏的一系列行为，这样的行为自然与荀子所言的“人成”相悖，是人欲不加节制与规范以后所导致的结果，正与笔者提出的荀子性朴欲趋恶的人性论相应。

从这里可以看出，荀子主张的是人们不能过度解读自然界的怪异现象与社会治乱之间的关系，这就在引出“人成”价值的同时，也为人的本质性特点的进一步彰显提供了前提与基础。是故，荀子在谈完性伪关系以后，接着又说：“天地合而万物生，阴阳接而变化起，性伪合而天下治。天能生物，不能辨物也；地能载人，不能治人也；宇中万物、生人之属，待圣人然后分也。”（《礼论》）于此，荀子将天下大治归结于“天生”与“人成”的有机结合，而人之伪既成为两者联结的重要枢纽，也是化性的主要途径与方式。

诚如上文所言，在荀子的“天生人成”理论框架下，性、心皆为天生之物，性为朴之性，心则具有“天生”和“人成”两个层面的义涵，都是非恶的，恶也不可能由性、心而来。那么，恶从何来呢？从荀子

① 见梁涛《“天生人成”与政治形上学——荀子天论发微》，《中国哲学史》2021 年第 5 期。

② 王先谦本写作“袄”，为误。见《荀子集解》，第 314 页。

③ 梁启雄：《荀子简释》，第 226 页。

“天人相分”的思维理路和“天生人成”的理论框架来看，恶绝非产生于“天生”这一层面和天生万物这一过程。恶的产生，与人的生命化生（《周易·咸·彖辞》即云：“天地感而万物化生。”）以后的存在状态及过程息息相关。对此，林安梧认为，荀子所说的性有一个从“自然之气性”进到“社会之习性”的过程，在这个过程中如果没有经过充分的师法教化与礼仪法度规制的话，那么人就容易从自然气性进到社会习性的俗化、异化、外化而有往下堕落的倾向。所以，荀子所讲的性恶，实际上是指人落实在生存的过程里面，深受现实社会的影响而易变得残贼、淫乱、争夺、好利等。[①] 于此可见，林安梧所讲的性恶内容也就是涂之人的“欲”因放逸、失范而易受外在环境和诸种因素的诱惑而偏离朴之性以后的表现与结果。

关于恶的产生及相关问题，拙文《性朴欲趋恶论——荀子人性论新说》曾作过专门研究，此处仅择要阐述。首先，荀子所言的“性恶”并非指性即恶，实际上是针对性的倾向、可能性走向来说的。[②] 其次，荀子言性之所以屡屡提及情、欲，与其已经意识到种种不良社会现象的出现与人之情、欲有恶的倾向，易流于恶的境地密切相关。当然，荀子所说的情、欲本身并不是恶的，只不过由于涂之人的原因而使其有流于恶的倾向：涂之人常常“以所欲为可得而求之”（《正名》），但由于“心之所可失理”（《正名》），而使自身和社会容易陷于失礼和混乱当中。再次，既然性于荀子乃为朴之性，且情、欲乃为性的子概念，那么从逻辑上讲，情、欲亦当是朴的，这在《正名》中阐述得非常清楚：“欲不待可得，所受乎天也”；“性者，天之就也；情者，性之质也；欲者，情之应也。”但从性的实际发用过程看，由于情、欲处于性物之间，作为纽带和桥梁的它们不仅为性所生，而且与外在之物的刺激、诱惑相关联，因而具有显著的倾向性。也就是说，情、欲本身不是恶的，而不受内在节制与外在规范的情、欲因失去朴的状态而会走向恶，这是由于物对情、欲诱引所导致的结

① 详见林安梧《关于先秦儒学“人性论”的一些讨论——以孟子和荀子为核心的展开》，《齐鲁学刊》2022 年第 1 期。

② 与此相类，佐藤将之亦认为：“荀子所说的‘性恶’其实并不是‘性’本身的‘本质恶’或‘本源恶’，而是指放纵‘性’所会产生的‘乱’之‘结果恶’。”所引文见佐藤将之：《荀学与荀子思想研究：评析·前景·构想》，万卷楼图书（股）公司 2015 年版，第 21 页。

果，故而情和欲是趋向于恶的。关于这一点，王邦雄也说："欲求亦非恶，恶实来自欲求之'无定量分界'。就因为欲求非恶，故制礼旨在'养人之欲，给人之求'；也因为恶在欲求之'无定量分界'，而'辨莫于分，分莫大于礼'（《荀子·非相》），故以礼之定分，即足以止争息乱。"[①] 此论很有道理。最后，需要指出的是，欲是性的内容和子概念，也是性由内而外发用过程中的主要显现形式。由于性朴且"无伪"，它并不能与物直接发生联系，从性的实际发用过程来看需要中间环节与桥梁来加以联结，这个环节在荀子这里主要是欲。而与欲相比，在《荀子》文本中对情在这方面的讨论则显得弱一些。故而，我们将荀子人性论所体现的整体性特点称之为性朴欲趋恶论。[②]

当然，荀子所言的朴之性并不意味着绝无善恶之可能，亦不必然排斥道德，故而这样的性应该既有恶端亦有善端，而其所蕴含的恶端或善端由可能性到实然性的呈现则主要取决于人如何对待和把握处于性物之间的欲。

三 "天生人成"论视域下的君子小人之判

关于对"天生人成"理论的理解与认知问题，荀子曾于《天论》专门举了一个例子：

> 楚王后车千乘，非知也；君子啜菽饮水，非愚也；是节然也。若夫心（志）意修，德行厚，知虑明，生于今而志乎古，则是其在我者也。

"节"，王先谦注曰："谓所遇之时命也"（《荀子集解》，第312页），实际上这里强调的是命运的偶然性。荀子认为，楚王生来尊贵，这是天生的，偶然的，与个人品行高低、努力与否并没有必然联系。同样，君子以豆为食、生活贫苦也是偶然的。这些都是由天定的，并不是个人所能决定

① 王邦雄：《韩非子的哲学》，东大图书股份有限公司1977年版，第273页。
② 李友广：《性朴欲趋恶论——荀子人性论新说》，《现代哲学》2021年第2期。

的，对此人们“可怪之，不可畏之”（《天论》）。正因为天生的过程是自然而客观的，并不受人的主观意志支配，所以才会出现楚王、君子境遇大相径庭的现象，是故荀子在《成相》中也说：“穷贤良，暴人刍豢仁人糟糠。”对于此类现象的出现，荀子将其原因归结于偶然性，并认为人们不应在这些方面纠缠，而是在我者要“志意修，德行厚，知虑明，生于今而志乎古”（《天论》），即是《天论》所进一步分析的：“故君子敬其在己者，而不慕其在天者；小人错其在己者，而慕其在天者。君子敬其在己者而不慕其在天者，是以日进也；小人错其在己者而慕其在天者，是以日退也。故君子之所以日进与小人之所以日退，一也。君子小人之所以相县（悬）者在此耳。”依此来看，人们对于天、人所持的不同立场与态度，在导致人们的具体行为有着实际差异的同时，也由此使君子、小人之判有了理论依据。

既然君子敬己不慕天，小人措己而慕天，那么前者的立场显然是荀子所认可与接受的。那么如何敬己呢？按照孔孟的立场，“为仁由己”（《论语・颜渊》），“修己以敬”（《论语・宪问》），“推己及人”（《论语・卫灵公》）和“先立乎其大”（《孟子・告子上》），“求其放心”（《孟子・告子上》），“扩而充之”（《孟子・公孙丑上》），等等，都是以道德的进路来成就自身的君子人格的，所以荀子在坚持人性可教可化的立场之下并没有排斥孔孟的这样一种进路：“若夫心（志）意修，德行厚，知虑明，生于今而志乎古，则是其在我者也。”（《天论》）但是，荀子并未满足于仅仅止步于此，针对其时社会人欲横流、战乱不休和圣贤少涂人众的现实境遇，他并没有如孔孟那样从道德根源、道德本心上来寻求治世依据，而是依托“融合了道德权威与政治权威（权力）于一体”[①] 的圣人（有时也称之为先王、圣王）来创制礼义法度与进行师法教化，如《荣辱》云：“夫贵为天子，富有天下，是人情之所同欲也。然则从人之欲则势不能容，物不能赡也。故先王案为之制礼义以分之，使有贵贱之等，长幼之差，知愚、能不能之分，皆使人载其事而各得其宜，然后使谷禄多少厚薄之称，是夫群居和一之道也。”《性恶》又云：“礼义者，圣人之所生也”，“凡礼义者，是生于圣人之伪，非故生于人之性也。”“故圣人化性而起

① 东方朔：《权威与秩序的实现——荀子的“圣王”观念》，《周易研究》2019 年第 1 期。

伪，伪起而生礼义，礼义生而制法度。然则礼义法度者，是圣人之所生也。”从所征引材料来看，荀子已经洞悉到“从人之欲”（《荣辱》）对于其时社会治理所带来的消极影响与困境。性朴，虽预示着人性可善可恶，可伪可化，但人欲有趋恶的一面，易受环境与外物的影响，说明涂之人化性难为。在这种情况下，荀子认为要通过人的治理能力来加以扭转这种困境，实际上后世先后推行与实践的诸种制度，诸如传统社会的征辟、举孝廉、科举制，现代社会的选举制、政党制、人民代表大会制度等都是对这一思维理路的延伸，可以说荀子的治世愿景在后世正逐渐被实现。

从以上分析可以发现，由于受儒家传统君子观的影响，《荀子》文本中的君子虽没有完全脱离孔孟的道德化立场（如《劝学》强调：“古之学者为己，今之学者为人。君子之学也以美其身，小人之学也以为禽犊。”《不苟》明言：“君子养心莫善于诚，致诚则无它事矣，唯仁之为守，唯义之为行。”等等），但其政治化意蕴无疑更为显著，[①] 这在《王制》中有着比较集中的体现：“天地者，生之始也；礼义者，治之始也；君子者，礼义之始也。为之，贯之，积重之，致好之者，君子之始也。故天地生君子，君子理天地。君子者，天地之参也，万物之揔也，民之父母也。”在这段话中，荀子将君子视为“礼义之始”（《君道》则将君子视为律法的本原：“法者，治之端也；君子者，法之原也。故有君子则法虽省，足以遍矣；无君子则法虽具，失先后之施，不能应事之变，足以乱矣。”），进而将其提升到“理天地”的高度。与孔孟所论君子有所不同，荀子此言体现出了一定的政治意蕴与理性化特征。由此可以说，天地所生的君子不仅有着自然性的一面，而且还具有鲜明的人文化特征。关于君子的这种自然性，实际上是承袭天地的自然性而来，而其人文性则属于化性起伪、人成之的部分与内容。针对天地与人的关系，林安梧归纳说：“荀子以为天地与人的关系只在其‘生’的关系上而已，而既生之后则天地

① 关于荀子所言君子特点的这种复杂性，东方朔也分析道：“在荀子思想中，作为政治之理想人格的君子既是道德的楷模，也是理想的社会秩序和公道世界的设计者、承担者和完成者；同时，荀子的君子观念也将儒家的精英政治思想发展到了一个新的高度。”所言有理。所引文见东方朔《“无君子则天地不理”——荀子思想中作为政治之理想人格的君子》，《邯郸学院学报》2015年第4期。

已无其他主宰权力。”[①] 从天生万物过程的自然性、非人格化特征而言，这种观点是能够成立的。就此而论，“‘人成’的不只是自然的世界，同时还是人文的世界，是在自然世界之上建构起人文世界”[②]，正因如此，所以“‘君子理天地’，不仅指君子可以认识、利用自然规律，开发自然为我所用，同时还指君子制作礼义使人类社会得到治理”，[③] 在君子这里集自然性与人文化于一身，是荀子对先秦儒家君子观集大成式的认知与把握，从而体现出了一定的综合性特点。是故，郑炳硕所言：“荀子所谓君子不是成就道德人格者，而是具有理智能力之政治家”[④]；张茂泽所论：“荀子认为，君子的本质特征，在于学习礼义、遵行礼义、治理礼义，君子可谓礼义的社会主体”[⑤]，都是能够立得住脚的。

至此，我们可以说，荀子建构“天生人成”理论的旨归在于：为“天生”的素朴、自然（笔者注：指不受外力干预的、自得其然的样态）世界赋予价值理性与人文之美，将天生之的世界加以人文化雕饰——“无性则伪之无所加；无伪则性不能自美”（《礼论》），从而为人于天地间的存在寻求最为合理的方式，以便充分实现人存在的价值与意义，有力地彰显了荀子的人文关怀与人文理性精神。

结语

在本文，笔者在自己既有研究成果《性朴欲趋恶论——荀子人性论新说》的基础上，从“天生人成”论的视角对荀子人性理论作了进一步的分析与探讨。

通过上文的研究，我们可以看到，作为春秋晚期战国时期诸子群体当中的一员，荀子和其他思想家一样也非常关注个人存在的价值与合理性，天下的前途与未来命运这两大问题。对于这两大问题，荀子通过“天生

① 林安梧：《从“天生人成”到“化性起伪”》，《鹅湖月刊》1978 年第 5 期。

② 梁涛：《“天生人成”与政治形上学——荀子天论发微》，《中国哲学史》2021 年第 5 期。

③ 梁涛：《“天生人成”与政治形上学——荀子天论发微》，《中国哲学史》2021 年第 5 期。

④ ［韩］郑炳硕：《从天生到人成——荀子的天生人成与尊群体思想论析》，《孔子研究》2014 年第 1 期。

⑤ 张茂泽：《论荀子的“君子之学”》，《人文杂志》2019 年第 7 期。

人成”的理路框架作出相应的探索与回应。荀子认为，天生万物的过程超越了人成之的层面，这对于人来说是神妙莫测的，具有不可知性，对此人们也是无法参与其中的。而天生万物以后，这个阶段的天便呈现为经验之天，与超越之天不同，经验层面的天是已然的，“是天地万物已生有形之后的状态，自然界中的一切现象及其变化规律（理）皆包括在其中”[①]，对于这一层面的天“荀子却是主张求知的，不仅要知，而且是必须知，因为这是人行其职——制天用天、裁成万物之不可或缺的前提”[②]。是故，荀子言谓：“所志于天者，已其见象之可以期者矣；所志于地者，已其见宜之可以息者矣；所志于四时者，已其见数之可以事者矣；所志于阴阳者，已其见知（和）之可以治者矣。”（《天论》）这段话即已表明，人是可以思虑和把握天之象、地之宜、四时之数、阴阳之和的，可以通过观测天象来遵循和运用自然规律以达到“制天命而用之”（《天论》）的现实目的。

由此来看，人成之的内容最起码应包括两个方面：第一个方面，与可以被人所认知的经验之天密切相关，人可以知天，在顺应自然规律的基础上，合理利用自然资源造福人类，诚如王先谦所言：“制裁天之所命而我用之”，“物之生虽在天，成之则在人也”（《荀子集解》，第 317 页）。第二个方面，则是人具有显著的理性辨知能力，能够创制礼义法度，进行师法教化和移风化俗，为国家治理与社会发展提供制度性保障。可以说，这第二个方面的内容既是对法家思想资源积极吸收的结果，同时反过来又深切影响了其后的韩非对于法家思想理论的创建工作。

最后，需要指出的是，荀子创建的“天生人成”理论框架对其人性论特点的形成具有决定性意义，这是学者们在研究荀子人性论思想时需要加以注意的。言而总之，人性属于天生万物的过程与层面，这个阶段的天是自然的、非人格化的，决定了由其所生的性是朴的；“化性起伪”（《性恶》），“导欲”“节欲”（《正名》）则是天生万物以后人成之的过程与层面，在“人成”的层面，性可教可化，欲可导可节。具体而言，因受外

---

① 路德斌：《荀子“天生人成”原理之逻辑理路及人文义蕴》，《齐鲁文化研究》（总第三辑）2004 年 12 月，第 105 页。

② 路德斌：《荀子“天生人成”原理之逻辑理路及人文义蕴》，《齐鲁文化研究》（总第三辑）2004 年 12 月，第 105 页。

物的影响，性跃动起来以后常常便以欲的形式与外界发生联系进而呈现于外。与朴之性中隐含着善、恶之端不同，处于性物之间的欲则往往呈现出趋恶的状态，因而与社会层面上恶的现象与事实关系更为密切的则是欲。

可以说，性朴欲趋恶论是荀子“天生人成”理论对人之本质与价值关注的集中体现，从而最终为其确立起独树一帜的政治哲学理论奠定了坚实基础。

《尚书·皋陶谟》“九德”疑义考辨*

——以“宽而栗”“愿而恭”“乱而敬”为核心

白立超

（西北大学历史学院）

摘要：《尚书·皋陶谟》“九德”将行之于事作为任官的重要考察内容，即“知人”的标准。“宽而栗”实为“宽而秩”，治理者考察“宽”德者主要着眼于检验其是否能够明辨秩序，如此才能成为治理公德。“愿而恭”，仁厚诚实者，只有恭肃处事才能成为政事处理的公德。“乱而敬”本作“𤔲而敬”，自在和悦者又能敬慎行事，才是政治美德。扩而言之，九德中的“宽”“柔”“愿”“乱”“扰”“直”“简”“刚”“强”均为与政事相关的个人善德、私德，是一种适于任官的可能性。在具体政务处理中，具备这些私德者，又能够以“礼”的精神处理政事才可以实现私德向政治美德的提升，即“宽而栗，柔而立，愿而恭，乱而敬，扰而毅，直而温，简而廉，刚而塞，强而义”。

关键词： 知人任官　宽而栗　愿而恭　乱而敬

由于时代久远，《尚书》文本流传颇为复杂，蒋善国曾概括《尚书》文本至少经历了九次变动[①]，涉及今古文异文、两汉今文著作散佚、隶古定、卫包改字等文字变迁以及上古音韵、假借等问题。尤其是假借，正如

---

* 基金资助：国家社会科学基金后期资助一般项目“《尚书》新诠：以近年新出土文献为中心”（20FZSB012）阶段性成果。

① 蒋善国：《尚书综述》，上海古籍出版社1988年版，第1页。

王引之所言，“至于经典古字声近而通，则有不限于无字之假借者，往往本字见存，而古本则不用本字用同声之字，学者改本字读之则怡然理顺，依借字解之则以文害辞”①。近代以来，由于甲骨文和金文的发现与释读，学者对《尚书》的研究有了重大突破。总体而言，《尚书》很多问题至今并未得到实质性解决，如曾对《尚书》有专门研究的王国维也不得不对某些文句以“不解”“实不能解”“不能解释”“不能知道”的阙疑方式②加以处理，并自认为“与《书》所不能解者殆十之五”③。杨筠如集清代考据与近代甲金文成果著《尚书覈诂》，自序中亦仅言“然而自信可通者，尚不过十之四五”④。

《皋陶谟》是《尚书》的重要篇章，《尚书》今古文皆存，无真伪争议。《皋陶谟》文本与成书年代是近现代《尚书》研究的核心议题，存在大量学术争议。⑤ 笔者认为，近代以来科学化、实证化的方法为《尚书》研究提供了新视角，也切实解决了《尚书》文本中长期存在的问题；但近现代学者多将《尚书》作为史料或外在化的对象，忽视了《尚书》作为经学典籍的价值。《皋陶谟》在中国思想史上影响较大的正是“九德”。在传统社会，“九德”具体所指经学家争议颇多，近代以来学者并未对此

---

① 王引之：《经义述闻》，上海古籍出版社 2016 年版，第 1910 页。

② 李学勤：《王国维的“阙疑”精神》，《中华读书报》2005 年 6 月 2 日。

③ 王国维：《观堂集林》（附别集），中华书局 1959 年版，第 75 页。

④ 杨筠如：《尚书覈诂》，陕西人民出版社 2005 年版，第 2 页。

⑤ 近代以来，文本考释方面以王国维、于省吾、曾运乾、周秉钧等学者为代表。王国维关于《尚书》训释方面的成果主要集中在刘盼遂《观堂学书记》和吴其昌《静安先生尚书讲授记》的笔记中。于省吾《尚书》研究代表作是《双剑誃尚书新证》（中华书局 2009 年版）《书简诂》（稿本藏于中国科学院图书馆）。杨树达《尚书》研究成果集中在《积微居读书记》（上海古籍出版社 2007 年版）的《尚书说》部分，虽篇幅不大，但集中解决了《尚书》中一些晦涩难懂的文句。杨筠如有《尚书覈诂》（陕西人民出版社 2005 年版），王国维称赞：“博采诸家，文约义尽，亦时出己见，不愧作者。其于近三百年之说，亦如汉魏诸家之有《孔传》，宋人之有《蔡传》，其优于《蔡传》，亦犹《蔡传》之优于《孔传》，皆时为之说也。”曾运乾撰有《尚书正读》（中华书局 1964 年版），受到杨树达、徐复观等学者的肯定。屈万里的《尚书释义》（中国文化大学出版社 1980 年版），周秉钧的《尚书易解》（华东师范大学出版社 2010 年版），臧克和的《尚书文字校诂》（上海教育出版社 1999 年版），其中均亦不乏卓见。《皋陶谟》成书年代争议很大，兹不细论，详见蒋善国《尚书综述》，上海古籍出版社 1988 年版，第 169—192 页；顾颉刚、刘起釪：《尚书校释译论》，中华书局 2005 年版，第 392—520 页。以上内容的相关梳理可参见白立超《近现代以来〈尚书〉研究综述与新展望》，陈峰主编《周秦汉唐文化研究》（第 11 辑），三秦出版社 2019 年版，第 213—231 页。

进行专门系统的研究。笔者认为，“九德”的文义考辨、内涵厘清、主旨发微，仍然具有非常重要的学术意义。

一　“九德”的提出：以事知人

就《皋陶谟》文本而言，“九德”的提出是围绕皋陶的为政纲领“允迪厥德，谟明弼谐”而展开。皋陶提出为政者当“慎厥身修，思永，惇叙九族，庶明励翼，迩可远在兹”，大禹赞同。但当皋陶提出“在知人，在安民”的具体途径时，遭到了禹的质疑。禹认为即使帝尧也无法通过“知人”而“安民”的方式实现天下治理，并列举尧治理时的状况：“咸若时，惟帝其难之。知人则哲，能官人。安民则惠，黎民怀之。能哲而惠，何忧乎欢兜？何迁乎有苗？何畏乎巧言令色孔壬？”[①] 正是针对禹的质疑，皋陶提出了一套如何“知人”的方式，即“九德”：

> 皋陶曰：“都！亦行有九德，亦言其人有德，乃言曰载采采。”禹曰：“何？”皋陶曰：“宽而栗，柔而立，愿而恭，乱而敬，扰而毅，直而温，简而廉，刚而塞，强而义，彰厥有常，吉哉。”[②]

“九德”的提出实为“知人”方法的系统阐述，核心是“知人”任官，进而“安民”。“言其人有德”即舆论对“宽”等某德的考察，治理者在此基础上如何进一步核实舆论考察，并了解去能否任官，从事公共事务。如何考察？笔者认为，我们可先对“亦行有九德，亦言其人有德，乃言曰载采采”考释，为“九德”的释读提供一个基本思路。

（一）释“亦”

“亦”，大部分传统注家均训为虚词，无实义。梁陈之际的顾野王认为“亦”为实词，并释“亦”为“掖扶”，主要根据《说文》释“亦”为人的手臂，释“掖”为人之臂下。《诗经·陈风·衡门》小序曰：“以

---

① 阮元校刻：《十三经注疏》（清嘉庆刊本），中华书局2009年版，第289—290页。
② 阮元校刻：《十三经注疏》（清嘉庆刊本），第290—291页。

诱掖其君也。”郑笺：“掖，扶持也。”[①] 清代《尚书》研究者多从此说。[②] 周秉钧在此思路上继续提出新解：“亦当读为迹，动词，犹检验也。”[③] 主要证据是《墨子》“圣人听其言，迹其行”[④] 和《楚辞》“言与行其可迹兮”[⑤]，并据此钩沉典籍中“迹言”“迹行”连言之证[⑥]。

（二）释“乃言”

“乃言”，孔传认为是“必言”义，并释“言”为“言说”。皮锡瑞曾据王充《论衡·答佞》中“唯圣贤之人，以九德检其行，以事效考其言”[⑦] 推断此处“乃”当为“考”之误，由于“丂”“㇌”形近，并疑今文《尚书》传本可能有作“考”[⑧]。笔者认为，王充间接引用《皋陶谟》，或与“乃”的释读无关。孔传“载行其事也，称其人有德，必言其所行某事某事以为验”，与王充所言一致，但并未出现“考”。“乃言”在今文《尚书》中出现5次，其中《尧典》一处，《皋陶谟》《洪范》各两处。曾运乾曾对《尧典》的“乃言”讨论，或受王国维影响，他认为“乃言底可绩”是成语，“乃言”不能作一般解释；蔡沉《洪范》对“乃言”亦有讨论，并认为在《洪范》中，前“乃言”，“重其问也”；后“乃言”，“重其答也”[⑨]。“乃言”至今仍无定论。笔者认为，前人讨论“乃言”或认为是强调之义，或是通过其他考释将其与以事考察相关联。结合上下文讨论，强调之义亦强调以事知人的重要性，其他考释亦是强调以事知人的重要性，二者从文义理解来讲无本质区分，在资料有限、文义相对清晰的情况下，可暂作阙疑处理。

---

① 阮元校刻：《十三经注疏》（清嘉庆刊本），第801—802页。

② 孙星衍：《尚书今古文注疏》，中华书局2004年版，第79—80页；江声：《尚书集注音疏》卷二，皇清经解本。

③ 周秉钧：《尚书易读》，华东师范大学出版社2010年版，第29页。

④ 孙诒让：《墨子间诂》，中华书局2001年版，第50页。

⑤ 洪兴祖：《楚辞补注》，中华书局1983年版，第122页。

⑥ 周秉钧：《尚书易解》，第29—30页；钱宗武、杜纯梓：《尚书新笺与上古文明》，北京大学出版社2004年版，第49页。

⑦ 黄晖：《论衡校释》，中华书局1990年版，第518页。

⑧ 皮锡瑞：《今文尚书考证》，中华书局1989年版，第97页。

⑨ 蔡沉：《书集传》，中华书局2018年版，第162页。

（三）释"载"

"载"的释读分歧较大。《史记·夏本纪》释"载"为"始"[①]。先秦典籍有大量训"载"为"始"的用例。《诗经·周颂·载见》："载见辟王。"毛传释："载，始也。"[②]《皇矣》《閟宫》"载"郑笺均释"始"。近现代注家多倾向以严格的主谓宾结构研究"载采采"。周秉钧认为"载"是语首助词[③]，钱宗武以《词诠》为据继续论证此观点[④]；朱廷献认为"载"当释"在"[⑤]，是介词；曾运乾以"为"释"载"[⑥]，判定"载"为动词；金景芳也认为"载"是谓语动词，赞同曾运乾的提法[⑦]，杨筠如释"载"为"事"[⑧]。笔者认为，近代学者的释读众说纷纭，作为虚词并不影响文本文义；作为动词增强了"采采"之义。因此，笔者认为，据《史记·夏本纪》以及郑玄释"载"为"始"，在不影响文义的情况下，以"始"释"载"，即开始之义，不必强作他解。

（四）释"采采"

《史记·夏本纪》释"采采"为"事事"[⑨]。据《尔雅·释诂》："采，事也。"[⑩] 两个"采"即"事事"。孔传"称其人有德，必言其所行某事某事以为验"[⑪]，当与此有关。由于杨筠如释"载"为"事"，据此疑衍"采"，推断原为"载采"，训"事事"，并进而推测原因是"后人又以'载'可训始，附注其旁，误为正文"[⑫]。如上文所论，《史记》训"载"为"始"当为确论，但"采采"释为"事事"仍有研究空间。俞樾在

---

① 司马迁：《史记》，中华书局 1982 年版，第 77 页。
② 阮元校刻：《十三经注疏》（清嘉庆刊本），第 1285 页。
③ 周秉钧：《尚书易读》，第 30 页。
④ 钱宗武、杜纯梓：《尚书新笺与上古文明》，第 49 页。
⑤ 朱廷献：《尚书研究》，台湾商务印书馆 1987 年版，第 413 页。
⑥ 曾运乾：《尚书正读》，中华书局 1964 年版，第 32 页。
⑦ 金景芳、吕绍纲：《〈尚书·虞夏书〉新解》，辽宁古籍出版社 1996 年版，第 196 页。
⑧ 杨筠如：《尚书覈诂》，第 50 页。
⑨ 司马迁：《史记》，第 77 页。
⑩ 朱廷献：《尚书研究》，第 413 页。
⑪ 阮元校刻：《十三经注疏》（清嘉庆刊本），第 290 页。
⑫ 杨筠如：《尚书覈诂》，第 50 页。

《群经平议》讨论“百僚师师，百工惟时”就涉及此问题：“《尔雅·释诂》曰‘师，众也。’《广雅·释训》曰‘师师，众也。’犹之雍为和，雍雍亦为和；肃为敬，肃肃亦为敬，古人之词类然。”① 笔者认为，俞越为我们提供释读“采采”的新思路，笔者在《皋陶谟》中亦发现同样例证：“思曰赞赞襄哉”“予思日孜孜”，此应为古人的语言习惯，以重文加强语气，强调重文词的重要性，此用法在一些方言中依然存在。所以，“采采”为重文，目的在于强调“采”，当训为“事”，而非司马迁直接对译“事事”。虽然笔者释“载采采”为“始事”，但在理解中一定不能丢失以重文强调“采”的意向，即“事”的重要性。笔者认为，此处“始事”可与《尧典》“试可乃已”和“我其试哉”对应，表明治理者首先以实际事务考察被推荐者，并尤其强调实际事务的考察。

通过以上考释，笔者认为，就文本而言“九德”的提出与知人任官直接相关。“九德”是在众人皆“言其有德”时，更强调治理者对舆论推荐者首先必须试之以事，因人制宜，因德制宜，进行相关层面的考察，确认被推荐者是否有从事公共事务的美德，即“九德”。以下笔者在此基础上对“九德”进行具体考辨。

二　“宽而栗”“愿而恭”“乱而敬”疑义考辨

《皋陶谟》“九德”包括：“宽而栗，柔而立，愿而恭，乱而敬，扰而毅，直而温，简而廉，刚而塞，强而义。”那么“九德”的内涵是什么？学术界尚无定论，笔者拟以“宽而栗”“愿而恭”“乱而敬”示例，对其内涵进行详细考辨。

（一）宽而栗

“宽”释为“宽大”“宽宏”等，古今注家无争论。“宽而栗”的争议主要围绕“栗”。“栗”多释为“战栗”。据《论语·八佾》载：“哀公问社于宰我，宰我对曰：‘夏后氏以松，殷人以柏，周人以栗，使民战

① 俞樾：《群经平议》，《续修四库全书》（第 178 册），上海古籍出版社 2009 年版，第 44 页。

栗。’”就《论语》诠释史而言，何晏《集解》、朱熹《集注》都曾专门指出此为宰我的曲解、附会之说，但的确影响了《尚书》的释读。马融注“宽而栗”时明显此影响：“宽大而敬谨战栗也。”[①]孔传曰：“性宽宏而能庄栗。”俞樾在《群经平议》中指出：“然庄栗之义与下文无傲相近，传曰简失之傲，然则宽不失之傲也，此‘栗’字疑非战栗之谓。‘栗’犹‘秩’也。《诗·良耜》篇‘积之栗栗’，《说文》引作‘积之秩秩’；‘哀公二年’《公羊传》‘战于栗’《释文》曰：‘栗一本作秩。’是‘栗’与‘秩’古通用，宽而栗犹宽而秩也，言宽大而条理秩然也。《尔雅·释训》曰：‘条条、秩秩，智也’，是其义也。《礼记·表记》篇‘宽而有辨’郑注‘辨，别也，犹宽而栗也’。然则郑君以宽而栗为宽而有辨别，得其旨也。”[②] 金景芳在《〈尚书·虞夏书〉新解》中认同俞樾此判断。[③]

显然，马融“敬谨”的表达以及孔传改“战栗”为“庄栗”，笔者认为在释读“栗”的指向性方面，已经加入了礼的因素。俞樾指出“栗”或为“秩”，笔者认为确为卓见，但在引文论证以及意涵分析上仍然有补充。笔者认为，“秩”的释读当与《诗经·大雅·假乐》赞美周成王“威仪抑抑，德音秩秩”的“秩秩”有相通之处。据郑笺“德音秩秩”指周成王的教令清明，孔疏明确指出“秩秩然而有常也”[④]，“常”在当时语境之下，可能更多与礼相关。《诗经·小雅·宾之初筵》中的“左右秩秩”道出了“秩”的真实指向正是礼：“秩秩然，肃敬也。笺云：筵席也，左右谓折旋揖让也。秩秩，知也。先王将祭，必射以择士。大射之礼，宾初入门，登堂即席，其趋翔威仪甚审知，言不失礼也。”[⑤] 同时，俞樾也并未明确指出“栗”“秩”相通的原因，笔者认为，这可能涉及上古音韵，上古音中“栗”和“秩”同属质部[⑥]，符合音韵互借规则。

笔者认为“宽而栗”实则为“宽而秩”，作“宽而栗”可能是在隶古定时由于音近而造成的。那么，此德当为以“宽”为私德者，处事多

---

① 俞樾：《群经平议》，《续修四库全书》（第178册），第42页。
② 俞樾：《群经平议》，《续修四库全书》（第178册），第42页。
③ 金景芳、吕绍纲：《〈尚书·虞夏书〉新解》，辽宁古籍出版社1996年版，第197页。
④ 阮元校刻：《十三经注疏》（清嘉庆刊本），第1165—1166页。
⑤ 阮元校刻：《十三经注疏》（清嘉庆刊本），第1140页。
⑥ 郭锡良：《汉字古音手册》（增订本），商务印书馆2010年版，第83、133页。

以宽大为主，但宽大容易失去原则、丧失规则，所以治理者在考察“宽”德者时，主要应着眼于检验其是否能够明辨秩序。笔者认为秩序的标准正是合乎礼的精神。只有宽而有礼，不失秩序，才能构成政治美德。

（二）愿而恭

首先，我们先来考察“愿”。据《说文》：“愿，谨也。”“慤，谨也。”《广雅》曰：“愿，慤也。”郑玄曰：“愿谓容貌恭正。”孔传曰：“慤愿而恭恪。”孔疏曰：“愿者，慤谨良善之名。谨愿者失于迟钝，貌或不恭，故慤愿而能恭恪，乃为德。”① 蔡传：“谨愿而恭恪也。”② 但“愿”“谨”“慤”具体内涵注者语焉不详，有学者根据“九德”其他几德的关系，依照孔疏的思路将“恭”解为“恭敬”，如王天与《尚书纂传》引王安石云：“愿慤或失于朴陋，恭谓恭肃有礼。”③ 苏轼《书传》：“愿，慤也，慤者或不恭。”④ 林之奇《全解》：“愿则易失于朴野，则必成以恭。”⑤ 这些注疏均未深入探讨“愿”。笔者认为，“愿”的释读仍可深入。据《逸周书·谥法》：“思厚不爽曰愿。”“潘振云：思厚，存心厚也。”⑥所以“愿”有诚实、宅心仁厚之义。“愿”亦有“谨”之义，杨树达释“谨”为少，并有详细考证，他进而与《论语》“谨而信”结合讨论，认为“谨为寡言”⑦，寡言在某种程度上是作为诚的一个外在标志：“夫人不言，言必有中。”⑧ 据《逸周书》：“行见中外曰慤。”孔晁注：“言表里如一也。”潘振云注：“慤，愿也，诚也。”⑨ 因此，笔者认为，此处“愿”与谨慎无关，可释为仁厚诚实，外在表现兼有少言。在中国传统文化中，往往认为少言是美德，《皋陶谟》曰：“何畏乎巧言令色孔

---

① 阮元校刻：《十三经注疏》（清嘉庆刊本），第 291 页。
② 蔡沉：《书集传》，第 36 页。
③ 王天与：《尚书纂传》卷三中，文渊阁四库全书本。
④ 苏轼：《书传》卷三，文渊阁四库全书本。
⑤ 林之奇：《尚书全解》卷五，文渊阁四库全书本。
⑥ 黄怀信等：《逸周书汇校集注》（修订本），上海古籍出版社 2007 年版，第 702 页。
⑦ 杨树达：《积微居小学金石论丛》（增订本），科学出版社 1955 年版，第 14—16 页。
⑧ 阮元校刻：《十三经注疏》（清嘉庆刊本），第 5428 页。
⑨ 黄怀信等：《逸周书汇校集注》（修订本），第 689 页。

壬。"孔子也说："巧言令色鲜矣仁！"①

其次，"恭"的训释。《夏本纪》中"恭"作"共"，段玉裁《撰异》据《夏本纪》将"恭"作"共"，认为"共"非恭敬，而是供办②；杨筠如《覈诂》中认为"共与供通，言供职有才能，与谨愿之意相反"③；金景芳④、刘起釪⑤亦认同此判定。事实上，若将"愿"与学者据"恭"反推的"谨愿"之义剥离后，"恭"作"共"，进而作供办之义可能根据上的存在问题。笔者认为，此处"恭"即恭敬之意，与礼相关，即《论语》中孔子所言"恭近于礼，远耻辱也"⑥。

综上，"愿而恭"即在治理者考察诚实仁厚者，虽然诚实仁厚是重要的私德，但是在实际事务处理中，仁厚者往往容易陷入愚的境地，那就不适宜于从事相关政事处理，即任官安民。因此，宅心仁厚者必须能够依照礼恭肃处事，才能成为政事处理中的美德，即"愿而恭"。

（三）乱而敬

"乱而敬"的研究中，历代学者均集中于"乱"。"乱而敬"在《夏本纪》中作"治而敬"，释"乱"为"治"。此训释的重要根据有《说文》《尔雅·释诂》，均曰："乱，治也。"⑦ 由于两书的重要性，所以"乱"释"治"成为共识。如孔传"治而能谨敬"；孔疏"有能治者，谓才高于人也，堪拨烦理剧者也。负才轻物，人之常性，故有治而能谨敬，乃为德也"⑧；蔡传亦曰"有治才而敬畏也"⑨；清代孙星衍、皮锡瑞直到近代杨筠如等学者均持此说⑩。

清代段玉裁较早对"乱"释"治"的反训提出质疑。《说文》："乱，

---

① 阮元校刻：《十三经注疏》（清嘉庆刊本），第5336页。

② 段玉裁：《古文尚书撰异》卷二，皇清经解本。

③ 杨筠如：《尚书覈诂》，第51页。

④ 金景芳、吕绍纲：《〈尚书·虞夏书〉新解》，第199页。

⑤ 顾颉刚、刘起釪：《尚书校释译论》，中华书局2005年版，第403—404页。

⑥ 阮元校刻：《十三经注疏》（清嘉庆刊本），第5338页。

⑦ 阮元校刻：《十三经注疏》（清嘉庆刊本），第5604页。

⑧ 阮元校刻：《十三经注疏》（清嘉庆刊本），第291页。

⑨ 蔡沉：《书集传》，第36页。

⑩ 孙星衍：《尚书今古文注疏》，第81页；皮锡瑞：《今文尚书考证》，第97页；杨筠如：《尚书覈诂》，第51页。

治也，从乙。乙，治之也，从𤔔。”[①] 段玉裁在《说文解字注》中对“乱”反训“治”提出异议，直接改《说文》为：“乱，不治也。从乙𤔔，乙，治之也。”段注曰：“各本作治也。从乙，乙，治之也，从𤔔，文理不可通，今更正。乱，本训不治，不治则欲其治，故其字从乙，乙以治之。谓拙者达之也，转注之法乃训乱为治。”[②] 但段氏这一改训，现代学者多不从[③]，就《皋陶谟》而言，以“治而敬”释“乱而敬”仍为定论。笔者认为，段玉裁的质疑为我们深入探索“乱而敬”提供了契机。于省吾根据金文对《皋陶谟》“乱而敬”文本提出了不同意见：“治与敬词不相属，义不相反，说文、籀文从司，金文‘治’作‘𤔲’或‘𤔲’，与‘辭’通用，‘𤔲’与‘亂’形似而讹，旧说训乱为治，非的诂也。辞、怡声同相假。《史记 · 周本纪》：‘怡悦妇人’徐广曰：‘怡一作辭’……怡悦者，易于不恭，故曰怡而敬，亦《礼记 · 表记》所谓‘乐而毋荒’‘安而敬’之意也。”[④]杨向时同意于省吾的推断，并进一步指出：“盖辭、怡同声相假。乱而敬者，怡而敬也。”[⑤] 于省吾主要根据“乱而敬”的上下关系以及与其他八德不相称出发，跳出了训“治”的窠臼，也否定了段玉裁的“不治”的说法，从金文直接找到根据，认为“乱”是“治”讹误，“治”和“辞”相通，进而训“辞”为“怡”。由于此说太过迂曲，并未得到学术界的普遍认可。笔者认为，于省吾的训释为我们提供一个思路，可能此处“乱而敬”的“乱”字由于种种原因出现了讹误。

事实上，此处“乱而敬”的“乱”在古文《尚书》中作“乿”，贾昌朝认为，“𤔔”“𤔔”“𤔔”是“乱”的本字，而“乿”是“治”的本字，后因“乿”与“亂”字形相近，在隶古定和传抄的过程中合为一字[⑥]。笔者认为贾昌朝的提法仍可再做补充，的确“乿”“亂”易讹误，但一定要将“乿”释为“治”，可能并不准确。《皋陶谟》“乱而敬”的

---

① 许慎：《说文解字》，中华书局 1963 年版，第 308 页。

② 段玉裁：《说文解字注》，上海古籍出版社 1988 年版，第 740 页。

③ 郭锡良：《反训不可信》，见《汉语史论集》（增补本），商务印书馆 2005 年版，第 513 页。

④ 于省吾：《双剑誃群经新证 · 双剑誃诸子新证》，上海书店出版社 1999 年版，第 65 页。

⑤ 杨向时：《尚书句例摭述》，见刘德汉等《尚书研究论集》，黎明文化事业公司 1982 年版，第 270 页。

⑥ 贾昌朝：《群经音辨》卷七，四部丛刊续编本。

本字可能是“乿”，从“乙”从“系”，而“乙”在后来隶古定过程中拉直为“乚”，这从“乙”部字中的“孔”“乳”可以看出。而“乙”在《说文》的解释：“燕燕，乙鸟也。齐鲁谓之乙，取其鸣自呼，象形也。”① 因此，“乙”从字形上来说，是模仿燕子侧飞；从语音上说，是模仿燕子叫声。笔者据此推断“乿”可能是描述鸟儿一种自由自在的状态，后又引申为人在行动中自由自在、欢乐的状态。这种推论在《论语·乡党》中可以找到例证，具体描述孔子行礼：“君召使摈，色勃如也，足躩如也。揖所与立，左右手。衣前后，襜如也。趋进，翼如也。宾退，必复命曰：宾不顾矣。入公门，鞠躬如也，如不容。立不中门，行不履阈。过位，色勃如也，足躩如也，其言似不足者。摄齐升堂，鞠躬如也，屏气似不息者。出，降一等，逞颜色，怡怡如也。没阶趋，翼如也。复其位，踧踖如也。”② 《乡党》描述孔子行礼的过程，礼仪中有安然放松的状态，如“趋进，翼如也”“出，降一等，逞颜色，怡怡如也”“没阶趋，翼如也”；亦有恭敬有礼的表现，如“色勃如也，足躩如也”“鞠躬如也，如不容”“踧踖如也”。据此笔者认为在古代人们经常会用鸟形容人轻松、自由自在的状态，尤其是《乡党》两处提到孔子“翼如也”。

所以，此处“乱而敬”当作“乿而敬”。“乿”是一种自由自在、和悦健康的状态、举止，是私人善德，考察具备“乿”德者，核心正是关注其在具体政事处理中能否合于礼的举止，自在和悦又能敬慎行事，不流于淫乱，才是政治美德。

三 余论

在《尚书》学史上，郑玄曾以“人之性”释“九德”：“凡人之性有异，有其上者，不必有下；有其下者，不必有上。上下相协，乃成其德。”这一说法为孔疏所继承：“是言上下以相对，各令以相对兼而有之，乃为一德。此二者虽是本性，亦可以长短自矫。宽弘者失于缓慢，故性宽

① 段玉裁：《说文解字注》，第 584 页。

② 阮元校刻：《十三经注疏》（清嘉庆刊本），第 5416—5417 页。

弘而能矜庄严栗，乃成一德。九者皆然也。”[①] 直到元代学者金履祥才提出异议：“九德凡十八字，而合为九德者，上九字其资质，下九字则进修。”[②] 显然，金履祥认为上字是资质，即郑玄等所言“人之性”，下字是人的修习，是对资质的纠偏，可能受到了人性论和工夫论的影响。此说法在近现代译注作品中被大量引用、接受。[③] 笔者认为郑玄、孔疏、金履祥的讨论均准确把握上字与下字相协才能成为美德，但失误在于未与“九德”提出的具体语境结合，即“知人”任官。上文我们对“乃言曰载采采”进行细致考证，将“九德”定位在“知人”任官上，同时对“宽而栗”“愿而恭”“乱而敬”的疑义考辨，厘清了三德的具体内涵。大体而言，作为“知人”的重要方式，“九德”实则暗含了礼的因素。“九德”中“宽”“愿”“乱”等德都是自然流露的个人善德、品质或行为方式，事实上，每种德行都有其天然可能的弊端、局限性；作为私德对政治治理并不会形成影响，但是要作为任官的考察，只有以礼为标准、以礼规范，以礼升华才有可能成为任官的真正美德，即“上下相协，乃成其德”。需要特别指出的是，“九德”中“宽”“柔”“愿”“乱”“扰”“直”“简”“刚”“强”均为与政务相关的个人善德，只是一种可能性，只有在具体政务处理中以“礼”的精神去把握，才能实现个人善德向政治美德的提升，即“宽而栗，柔而立，愿而恭，乱而敬，扰而毅，直而温，简而廉，刚而塞，强而义”，才能任官，并实现“安民”。

---

① 阮元校刻：《十三经注疏》（清嘉庆刊本），第291页。

② 金履祥：《尚书表注》卷一，文渊阁四库全书本。

③ 可参见曾运乾《尚书正读》，第33页；周秉钧：《尚书易读》，第30页；金景芳、吕绍刚：《〈尚书·虞夏书〉新解》，第197页；等等。

秦汉思想研究

懿律与嘉量：钟律术数与刘歆《钟律书》的成立*

张俊杰

（西北大学艺术学院）

摘要：汉平帝时期，刘歆担任羲和，负责制礼作乐，并撰著《钟律书》。作为王莽改制的重要组成，该书企图从钟律术数的角度对度量衡的数度统一予以神学化的解释。孤立地看，此举颇显荒诞，但若回到历史现场，则会发现“术数”实乃汉代儒学在“以礼为治”与“以德化民”两种主张之外的一条重要的思想线索，该思想远承文明起源初期乐官群体的知识遗产，近受汉儒申天制君、法古改制等时代思潮的直接影响，此外“乐律”还是汉儒建构大一统政治合法性，融汇道、法、阴阳各家学说的重要媒介。因此，对于《钟律书》的成书与评价，须放置于上述背景中考察。在此基础之上，对于古代礼乐文化之“乐”文化的理解，也应跳出“审美”与“娱乐”等研究范式的窠臼。

关键词：《钟律书》　刘歆　度量衡　术数　乐律

乐律是构成乐音有序组合的基础，但它绝不仅仅属于自然科学的范畴，由于受到地域、民族、文化等方面不同的历史积淀，世界各地分别形成了各具特色的乐律体系，故乐律乃是世界各民族不同历史文化的重要载体。① 传统中国的乐律体系以宫、商、角、徵、羽为理论基础，此外受阴

* 本文系国家社科基金青年项目“郊祀音乐与汉代大一统理论研究”（18CZS011）及中国博士后科学基金第71批面上资助（2022M712581）阶段性研究成果。

① 《王光祈音乐论著选集》，人民音乐出版社2009年版，第128—135页。

阳五行学说的影响，五音体系多与五行、五方、五帝、五常、五事等思想相交涉，是故乐律成为理解古代礼乐文化的锁钥。汉平帝元始年间，大司马王莽秉政，并举刘歆为羲和，担纲礼乐改革、创制《钟律书》。作为王莽变法运动的重要组成，该书对战国以来的乐律理论作出系统总结，并企图以黄钟律为中介，对度量衡的数度统一予以神学化的解释，扬雄、班固均对该书及其所代表的礼乐改革予以高度评价。① 诚然从政治现实来看，包含《钟律书》在内的礼乐仪轨均无法挽救汉新之际的社会危机，但为何汉儒却对此举却乐此不疲，不仅没能延续早期人文主义的潮流，反而使得经学与数术出现会合的趋势，刘歆及其《钟律书》便是其中值得关注的重要个案，既有研究似有未尽之意。②

因此，在借鉴前贤相关研究的基础之上，笔者着力从钟律数术的视角出发，将刘歆《钟律书》置于西汉末年复古改制思潮的历史背景之下，梳理钟律数术的知识线索，探究黄钟乐律与度量衡基准之间的内在逻辑，以及剖析汉儒礼乐改革的内在理路。

一　去秦与复周：刘歆《钟律书》创制的历史背景

刘歆为西汉宗室、经学大师，历成帝、哀帝、平帝三朝，又担任新朝之国师。作为西汉晚期一位百科全书式的学者，他直接参与并推动了汉新之际的礼乐改革，《钟律书》即是其礼乐改革代表性成果。该书的形成源于三个条件：第一，汉代乐制的阙佚受到儒生士大夫的批评，构成西汉礼乐改制的舆论基调；第二，武帝时河间献王刘德纂集《乐记》，后经王禹

① 《剧秦美新》称："是以发秘府，览书林，遥集乎文雅之囿，翱翔乎礼乐之场，胤殷周之失业，绍唐虞之绝风。懿律嘉量，金科玉条，神卦灵兆，古文毕发，焕炳照耀，靡不宣臻。"《汉书·平帝纪赞》云："孝平之世，政自莽出，褒善显功，以自尊盛。观其文辞，方外百蛮，亡思不服；休征嘉应，颂声并作。"

② 详见孙机《汉代黄钟律管和量制的关系》，《考古》1991 年第 5 期；王艺《从实物材料看先秦至西汉时代"同律度量衡"的实践活动》，《形象史学研究》2011 年卷；章启群《〈汉书·律历志〉与秦汉天人思想的终极形态》，《安徽大学学报（哲社版）》2012 年第 3 期；戴念祖、王洪见《论乐律与历法、度量衡相和合的古代观念》，《自然科学史研究》2013 年第 2 期；曹晋《"累黍"与"指律"：中国古代度量衡思想略论》，《中国文化》2017 年第 2 期。

呈交成帝，奠定了乐制改革的理论基础；第三，平帝时王莽欲耀名誉，促成了改制作乐的历史机遇，并推举刘歆担任羲和、征民间熟习钟律之士，最终完成《钟律书》。（《汉书·律历志》，第955页）

如所周知，汉承秦制多以官僚体系、政治运作等方面为中心，其实西汉初年的礼乐仪轨亦多袭秦旧，又兼采各地俗乐而成。《汉书·礼乐志》载：

> 高祖时，叔孙通因秦人制宗庙乐。……高祖乐楚声，故《房中乐》楚声也。……至武帝定郊祀之礼……乃立乐府，采诗夜诵，有赵、代、秦、楚之讴。（《汉书·礼乐志》，第1043—1045页）

郊祀、宗庙、朝会乃是古代礼乐适用的核心场域，汉初的礼制建设多由高祖、武帝所立，但其礼乐仪轨并无经典依据，而是“大抵皆因秦旧事焉”，又或由赵、代、秦、楚之地的民间音乐改编。此一局面颇受汉儒诟病，他们认为礼乐乃是践行王道与德政的具体路径，故主张“王者未作乐之时，因先王之乐以教化百姓，说乐其俗，然后改作，以章功德”。然而《汉志》却称其礼乐“皆以郑声施于朝廷”（《汉书·礼乐志》，第1071页）。由此可知，承秦以来的礼乐仪轨表现出弃雅从俗的趋势，成为亟待改造的对象。

“文献不足征”乃是造成汉初乐制阙佚的重要原因，不过这一局面在武帝时期因河间献王刘德覲献雅乐得到改善。史载其“修礼乐，被服儒术，造次必于儒者”，加赐金帛以招各地旧书古籍。“武帝时，献王来朝，献雅乐，对三雍宫。”（《汉书·景十三王传》，第2411页）刘德所献雅乐包含乐仪与乐义两个方面：乐仪指八佾乐舞一类，颇似汉初制氏所传之乐；而乐义则关乎深层的音乐理论，且不为一般乐人、乐官、儒生所明习，遂使《汉书》对此表述也出现前后矛盾。《汉书·艺文志》称：

> 河间献王好儒，与毛生等共采《周官》及诸子言乐事者，以作《乐记》。
>
> 其（刘德）内史丞王定传之，以授常山王禹。禹，成帝时为谒者，数言其义，献二十四卷。刘向校书，得《乐记》二十三篇，与

禹不同。其道浸以益微。（《汉书·艺文志》，第 1712 页）

毛生所传《周官》乃汉文帝时乐人窦公所献《周官·大宗伯》之《大司乐》章。《大司乐》主要涉及乐官制度，并非“诸子言乐事”，且刘德所献乐书，经王定授王禹，又由王禹献成帝。这表明汉世流传两种不同版本的《乐记》：一种为 23 篇，即今本《礼记·乐记》；另一种为 24 卷，即刘德纂集、王禹所传，《汉志》录为《王禹记》。

今本《礼记·乐记》论乐实属“诸子言乐事者”，而《汉志》明言此《乐记》“与禹不同”，由此推论，刘德所献乐书应有其特殊内涵。《汉书·礼乐志》载，常山王禹受河间献王所传之乐，并“能说其义”。成帝时，王禹弟子宋毕上书，又交“下大夫博士平当等考试”，平当称“河间献王聘求幽隐，修兴雅乐以助教化。时，大儒公孙弘、董仲舒等皆以为音中雅正，立之大乐”（《汉书·礼乐志》，第 1071—1072 页）。所谓“音中雅正”说明《王禹记》并非言说礼乐的政教功能，而是专论乐律之制。《汉志》又称“事下公卿，以为久远难分明，（平）当议复寝”，由这说明，相较于乐歌、乐舞、乐器而言，乐律更涉乐制之本，由于其知识过于专门性，难以被一般儒生或乐师所掌握，因此才会在秦汉之际的传承中出现了阙环，此后虽经刘德等人的辑佚，弥补了相关理论，但终因“上方征讨四夷，锐志武功，不暇留意礼文之事”，只是下令由大乐官存肄，又由王禹等弟子接续香火、传承其“义”。

不过伴随着柔仁好儒的元帝即位，改制作乐的转机亦随之而来。《汉书·匡衡传》称“上（元帝）好儒术文辞，颇改宣帝之政”（《汉书·匡张孔马传》，第 3338 页）。自此“儒者浸当路”①，他们多以《经》说为依凭，希冀改革汉制。② 起初，汉宣帝“循武帝故事，招选名儒俊才置左右”，并召开石渠阁会议，旨在借经论宣示正统。上有好者，下必甚之。“五经诸儒杂论异同”营造了汉廷重儒的导向，不自觉地推动了经学理论的融合与完善。其间，刘向受诏学习《穀梁春秋》，成帝时又校定中秘

① 钱穆：《秦汉史》，九州出版社 2011 年版，第 189—190 页。

② 陈苏镇：《〈春秋〉与“汉道”：两汉政治与政治文化研究》，中华书局 2011 年版，第 330—358 页。

藏书，可惜校书未竟而卒。“哀帝复使向子侍中奉车都尉歆卒父业。歆于是总群书而奏其《七略》。”（《汉书·艺文志》，第1701页）

行至平帝时期，王莽欲仿行周公摄政，迁刘歆为羲和，开始大刀阔斧的礼乐改革，并最终完成《钟律书》。《汉书·平帝纪》：“元始五年春正月，征天下通知逸经、古记、天文、历算、钟律……遣诣京师。至者数千人。”（《汉书·平帝纪》，第359页）《汉书·律历志》称：“元始中王莽秉政，欲耀名誉，征天下通知钟律者百余人，使羲和刘歆等典领条奏，言之最详。故删其伪辞，取正义，著于篇。”（《汉书·律历志》，第955页）综上可知：第一，《钟律书》由刘歆于平帝元始五年（5）创制；第二，该书吸纳了民间通晓钟律的学者参与；第三，班固以《钟律书》为底本，“删其伪辞，取正义，著于篇”，即将《钟律书》的删节本收录至《汉书·律历志》。①

总之，钟律为乐律之制的核心内容，其知识内涵相对专门，仅为少数儒者及特殊民间学者所掌握。武帝时河间献王主持编撰涉乐文献，又经王禹献于成帝，是为《王禹记》。成哀二朝，刘向、刘歆父子整理中秘藏书，曾比照《王禹记》与《乐记》。平帝时刘歆担任羲和，吸纳民间学者，纂集而成《钟律书》，后经班固整理，录于《汉书·律历志》。《钟律书》成书的根本原因在于纠补承秦以来乐制的阙佚。

二　秩比黄钟与以律定准：《钟律书》的理论基础与知识线索

按照今日的科学眼光，钟律（乐律）与度量衡之间似乎风马牛不相及，然而汉儒奉《六经》为圭臬，同时又深受阴阳五行学说的浸润，遂使汉代经学呈现出与术数相交杂，《钟律书》亦着此特色。《汉书·律历志》称：

> 《虞书》曰“同律度量衡”，所以齐远近立民信也。自伏羲画八卦，由数起，至黄帝、尧、舜而大备。三代稽古，法度章焉。周衰官

① （南朝·宋）范晔：《后汉书》，中华书局1996年版，第3000页。

> 失，孔子陈后王之法，曰："谨权量，审法度，修废官，举逸民，四方之政行矣。"汉兴，北平侯张苍首律历事，孝武帝时乐官考正。至元始中王莽秉政，欲耀名誉，征天下通知钟律者百（余）人，使羲和刘歆等典领条奏，言之最详。故删其伪辞，取正义，著于篇。
>
> 一曰备数；二曰和声；三曰审度；四曰嘉量；五曰权衡。参五以变，错综其数，稽之于古今，效之于气物，和之于心耳，考之于经传，咸得其实，靡不协同。（《汉书·律历志》，第955—956页）

这段话粗看并无特异，然而仔细分辨则会发现它旨在调和经学与术数：前半段主要交代《钟律书》的写作背景及钟律术数的文化渊源，通过称引《尚书·虞书》强调协同度量是为了齐远近、立民信，又称"自伏羲画八卦，由数起，至黄帝、尧、舜而大备。三代稽古，法度章焉"，实际是将数度与同律度量衡视为圣王治世之遗法；后半段则是介绍《钟律书》的体例结构以及分述钟律术数的理论原则，作者将《钟律书》的体例概括为备数、和声、审度、嘉量权衡五部分，又称"参五以变，错综其数。稽之于古今，效之于气物，和之于心耳，考之于经传，咸得其实，靡不协同"。数度成为其中贯穿前后的重要主题，所谓"参五以变"本出《易传·系辞》，通"三五以变"，即以三、五之数相合改变；[①] 而"效于气物""和于心耳"则特指声律一类术数；[②] 至于"稽于古今""考于经传"则是对前文"三代稽古，法度章焉"的回应。由此可知，此篇序言是将《尚书·虞书》"乃同律度量衡"视为张本，又将《易经》所言"三五以变"作为理论中介，由此嫁接钟律术数，论证钟律与度量衡之间靡不协同的内在联系。

本来，度量衡乃是维护社会生产有序进行、保障物品公平交换的一组计量法则，其产生演变源于先民集约化的农业生产经验。如《大戴礼记·主言》称："布指治寸，布手知尺，舒肘知寻，十寻而索。"[③]《礼记·王制》载："古者以周尺八尺为步，今以周尺六尺四寸为步。"（《十三

① （清）阮元：《十三经注疏》，中华书局2009年版，第167页下。

② 如"听"（聽）字即从耳从心，表示心耳相通。

③ 王聘珍：《大戴礼记解诂》，中华书局1983年版，第5页。

经注疏》，第2917页上）这两条引文将尺寸的产生归于人的手指、臂展、步距，即以人体器官作为尺度的参考标准，可称为以身为度。此外，《周礼·考工记》载："璧羡度尺，好三寸以为度。"郑司农注："羡，径也；好，璧孔也。"贾公彦疏："以为度者，天子以为量物质度也。"（《十三经注疏》，第1995页下）《淮南子》称："秋分而禾蔚定，蔚定而禾熟。律数当为十二蔚而当一粟，一粟为一寸。"① 《说苑》称："度量权衡以粟生，一粟为一分。"② 后三条引文皆以农作物、贮粮器具作为尺度的标准，表明度量衡由以身为度转为璧羡起度、累粟为尺，反映出精耕细作化的农业生产促成了计量工具的稳定发展。行至战国时期，在编户齐民政策的持续推进下，广域化的商品交换与税赋核算促生了统一度量衡的社会需求。如《管子·国蓄》称"守之以准平"③；《汉书·食货志》载"凡轻重敛散以时，则准平。使万室之邑必有万钟之藏"④。此外，相关器物亦反映出战国、秦、西汉、新的度量衡规制取得了实质性的统一与延续。详见下表⑤：

表1　**部分出土战国、秦、西汉、新的度量衡器物数值**

度			量			衡		
傅洛阳金村铜尺	23.10	战国	左关鉌	20580	战国	五年司马成公禾石铜权	253+	战国
商鞅量尺	23.10	秦	秦隋斗	1900	秦	秦三十斤铜权	252.66	秦
傅洛阳骨尺	23.20	西汉	原氏壶	1979.58	秦、西汉	西汉铜块	263.46	西汉
新莽量尺	23.10	新	新放升	1940	新	新圜权	243.33	新

但是，在强调君权神授、天人相与的传统社会，关于度量衡的起源、

① 刘文典：《淮南鸿烈集解》，中华书局1989年版，第116页。

② 卢元骏：《说苑今注今译》，商务印书馆1979年版，第623页。

③ 黎翔凤：《管子校注》，中华书局2004年版，第1269页。

④ 王念孙：《读书杂志》，上海古籍出版社2014年版，第571页。

⑤ 参见杨宽《中国历代尺度考》，商务印书馆1955年版；陈梦家《战国度量衡略说》，《考古》1964年第6期；天石《西汉度量衡略说》，《文物》1975年第12期；吴承洛《中国度量衡史》，上海三联书店2014年版；邱光明《中国科学技术史·度量衡卷》，科学出版社2001年版。

发展及统一并没有局限于形而下的经验层面，而是同时被赋予了形而上的神学色彩。如《史记·夏本纪》称夏禹以“声为律，身为度，称以出”①。司马贞《索隐》称：“声与身为律度，则权衡亦出于身，故云‘称以出’。”泷川资言注云：“今巫犹称‘禹步’。”② 上述引文包含如下关键信息：一是将度量衡的衍生概括为以声为律与以身为度双重路径；二是将“度量衡”的创设寄名于三代圣贤之一的夏禹。虽然“以身为度”更符合农业生产促成尺度演变的客观情形，但“以声为律”并不仅仅是托古的虚言，而是源于早期巫史乐官借由声响规律实现对于宇宙万物的系统认知。清人钱塘《律吕古谊》云：“《志》载律法，虽本于（刘）歆，实为前古定法。歆笃信古，制作必依古法。”③ 钟律术数即是所谓前古定法，而“律吕之度，见于古书者，以《吕氏春秋》为最古”④。其《大乐》篇称“音乐所由来者远矣，生于度量，本于太一”⑤。即强调音乐与度量同出一源，皆本于太一。如所周知，太一在中国哲学的语境中乃是宇宙生成的逻辑起点，⑥ 此外作者还特别强调圣王作乐的历史传统。⑦ 从字源来看，圣、听、声之间具有紧密的逻辑关系。《说文》称“圣（聖），从耳呈声”。段玉裁注云：“按声、圣字古相假借。”⑧ 其言甚是。声字从耳从殸，听字从耳从口，圣字以耳型著于人首作听之状，“耳得感知为声；以耳知声为听；耳具敏锐之功效为圣”⑨。故《易》称“先王作乐以崇德，殷荐上帝，以配祖考”。（《十三经注疏》，第62 页上）对此，我们虽不能说圣王作乐乃实指黄帝、伶伦、夔、帝舜等先圣创制音乐为真实的历史事件，但至少能够反映出上古时期出现了一个以瞽矇为中心的乐官群体，他们依据大量的声音经验建立了一套内涵丰富的听觉知识系统。⑩

---

① （汉）司马迁：《史记·夏本纪》，中华书局 1959 年版，第 51 页。
② ［日］泷川资言：《史记会注考证》，上海古籍出版社 2015 年版，第 67 页。
③ 王先谦：《汉书补注》，上海古籍出版社 2008 年版，第 1136 页注 9。
④ 陈澧：《声律通考》，清咸丰十年殷保康广州刻本，第 33 页。
⑤ 许维遹：《吕氏春秋集释》，中华书局 2009 年版，第 108 页。
⑥ 张汝伦：《论“乐”》，《复旦学报（社科版）》2018 年第 1 期。
⑦ 罗艺峰：《国家宗教与圣王作乐》，《星海音乐学院学报》2011 年第 3 期。
⑧ 段玉裁：《说文解字注》，中华书局 2013 年版，第 598 页上。
⑨ 徐中舒：《甲骨文字典》，四川辞书出版社 1989 年版，第 1287 页。
⑩ 王小盾：《上古中国人的用耳之道》，《中国社会科学》2017 年第 4 期。

在古人看来，“形体有处，莫不有声”，而声有清有浊，唯“黄钟之宫，音之本也，清浊之衷也”。黄钟之所以被列为十二律之首，关键在于它乃是清浊之音的衷和，因此被视为音之本。前圣通过审声之衷和，得出和适的乐之准则。故《吕氏春秋·大乐》篇称：“声出于和，和出于适。和适，先王定乐，由此而生。”其《适音》篇又称：“何谓适？衷，音之适也。何谓衷？大不出钧，重不过石，小大轻重之衷也。”（《吕氏春秋集释》，第109、116页）即将声音的变化规律归结于发音物体的小大轻重，于是声音与度量之间建立了直接联系。[①]《国语·周语下》记载乐官伶州鸠论律，称：

> 律所以立均出度也。古之神瞽考中声而量之以制，度律均钟，百官轨仪，纪之以三，平之以六，成于十二，天之道也。[②]

此段引文实乃理解同律度量衡的关键，它主要包含如下重要信息：

第一，伶州鸠强调律的功能是“立均出度”。故韦昭注“均者，钧钟木，长七尺，有弦系之以均钟者，度钟之大小清浊也。汉大予乐官有之”。（《国语集解》，第113页）《乐·叶图徵》云：“圣人承天以立均。”宋均注：“均长八尺，施弦以调六律也。”清人桂馥案：“京房作準以定律。準以竹，均以丝。”[③] 北大藏秦简《鲁久次问数于陈起》载：“夫临官【04—150】立（莅）政，立庑（度）兴事【04—151】，数无不急者。……和均【04—152】五官，米粟髼（髹）桼（漆），升料斗甬（桶），非数无以命之。”[④] 该简文将“数度”与“和均”并举，视二者为临官莅政的基础。此外，上述引文所言均或均钟在古籍中又或被称为同。[⑤] 如《周礼·大师》载“太师执同、律以听军声，而诏吉凶”。（《十

---

① 《国语·周语下》：“物得其常曰乐极，极之所集曰声，声应相保曰和，细大不踰曰平。”

② 徐元诰：《国语集解》，中华书局2002年版，第113页。

③ 桂馥：《札朴·览古》，清嘉庆十八年李宏信小李山房刻本。《乐·叶图徵》：“震主春分，天地阴阳分均，故圣王法承天，以立五均。五均者，六律调五声之均也。”

④ 韩巍：《北大藏秦简〈鲁久次问数于陈起〉初读》，《北京大学学报》（哲社版）2015年第2期。

⑤ 黄翔鹏：《均钟考》，《黄钟》1989年第1、2期。

三经注疏》，第 1720 页上）《史记·律书》载武王伐纣“吹律听声，推孟春以至于季冬，杀气相并，而音尚宫”。这说明均、同为同一类器物，古人主要根据此类物体的震动频率来调制乐律、占卜吉凶。汉代乐官系统中明载大予乐司职均钟，[①] 钱大昭《汉书辨疑》云：“案《食货志》王莽诏曰：‘乐语有五均。’邓展曰：‘《乐语》，《乐元语》，河间献王所传。’”[②] 由此可知，此类知识在秦汉之际有所承续，并被纳入刘德所集《王禹记》。

第二，神瞽为此类活动的实施者，他们主要通过听声（考中声）实现量制。《文子·道德》称：“凡听者，将以达智也，将以成行也，将以致功名也，不精不明，不深不达。故上学以神听，中学以心听，下学以耳听。”[③]《文子》将听分为上、中、下三个层级，分别对应神、心、耳，反映出早期瞽矇听声之道的变化。故《管子·地员》称：“凡听徵，如负猪豕，觉而骇。凡听羽，如鸣马在野。凡听宫，如牛鸣窌中。凡听商，如离群羊。凡听角，如雉登木以鸣，音疾以清。”（《管子校注》，第 1080 页）《管子》将五声的认知追溯至上古神瞽聆听动物（五畜）鸣叫的分类活动。此外，《吕氏春秋》亦将十二律的发明归结于神瞽听凤凰之鸣，其《古乐篇》载黄帝时乐官伶伦的制律活动，称“伶伦自大夏之西乃之阮隃之阴，取竹于嶰谿之谷，以生空窍厚钧者，断两节间，其长三寸九分，而吹之以为黄钟之宫，吹曰‘舍少’。次制十二筒，以之阮隃之下，听凤皇之鸣，以别十二律。其雄鸣为六，雌鸣亦为六，以比黄钟之宫适合。黄钟之宫皆可以生之，故曰‘黄钟之宫，律吕之本’”（《吕氏春秋集释》，第 120—122 页）。此处的舍少与前文所称均、同类似，皆为调制音律的标准器，由此瞽矇的听声与制律产生直接关联。

第三，瞽矇乐官由听声制律的实践，衍生出数度化的理论思维，即伶州鸠所云“纪之以三，平之以六，成于十二”。其中“平之以六，成于十二”，亦即是前引《古乐》篇所谓“听凤凰之鸣”“其雄鸣为六，雌鸣亦为六”。《周礼·典同》称“典同掌六律、六同之和，以辨天地、四方、

---

① 《通典》卷 25“太乐署”：“令掌伎乐，凡国祭飨掌诸侯奏乐。”

② （清）钱大昭：《汉书辨疑》，清道光樵李沈氏铜熨斗斋刻本，第 482 页。

③ 王利器：《文子疏义》，中华书局 2000 年版，第 218 页。

阴阳之声，以为乐器。……凡为乐器，以十有有二律谓之数度，以十有二声为之齐量”①。典同以“六律、六同”调制音律，“以辨天地四方阴阳之声”②。听声制律由四方风衍生为八音与八风、十二律与十二月令等相关知识。③ 故《典同》所称“凡为乐器，以十有二律谓之数度，以十有二声为之齐量”，应是指瞽矇的听风传统推动了乐器制作的进步，实现了由十二律之数度与对应乐器的“齐量”之间的双向认知。此外，《后汉书·律历志上》注引蔡邕《月令章句》云：“古之为钟律者，以耳齐其声。后不能，则假数以正其度，度数正则音亦正矣。钟以斤两尺寸中所容受升斗之数为法，律亦以寸分大小长短为度。故曰黄钟之管长九寸，〔孔〕径三分，围九分，其余皆（補）〔渐〕短，（虽）〔惟〕大小围数无增减。以度量者可以文载口传，与众共知，然不如耳决之明也。”（《后汉书·律历志上》，第 2016 页注四）蔡邕所论道出了神瞽的听音制律活动经历了由耳神听向假于器物的转变，也就是说瞽矇乐官通过标准化的乐器制作发现了隐藏于声音现象背后的数度本质，并由此揭示出发声物体的质量与声音的频率之间存在比例化的对等关系。依此来看，《钟律书》所称“参五以变，错综其数”并非单指《易》数，其初义应是指以数度为中心的乐律计算方法，即古籍所载的三分损益、五度相生之法。《管子·地员篇》载：

> 凡将起五音，凡首，先主一而三之，四开以合九九，以是生黄钟小素之首以成宫。三分而益之以一，为百有八，为徵，不无有，三分而去其乘，适足以是生商。有三分而复于其所，以是成羽。有三分去其乘，适足以是成角。（《管子校注》，第 1080 页）

《管子》以黄钟小素之首为“宫”音（$1\times3^4=81$），通过“三分益一”与“三分损一”相继得出“徵”（$81\times\frac{4}{3}=108$）、“商”（$108\times\frac{2}{3}=$

① 孙怡让：《周礼正义》，中华书局 1987 年版，第 1873—1881 页。
② 付林鹏：《“耳听为圣”与先秦乐官的听风习俗》，《民俗研究》2013 年第 2 期。
③ 《周礼·瞽矇》注云“扬之以八音，乃可得而观之矣”。

72）、“羽”（$72\times\frac{4}{3}=96$）、“角”（$96\times\frac{3}{2}=64$），由此确立五声的生律顺序，其推衍过程亦可用今天的律学语言来解释，详见下表。

表 2　《管子·地员篇》所载“三分损益”（五度相生）及其音律关系①

<table>
<tr><td>生律顺序</td><td colspan="2">1</td><td colspan="2">3</td><td colspan="2">0</td><td colspan="2">2</td><td colspan="2">4</td></tr>
<tr><td>传统音阶名称</td><td colspan="2">徵</td><td colspan="2">羽</td><td colspan="2">宫</td><td colspan="2">商</td><td colspan="2">角</td></tr>
<tr><td>今日唱名</td><td colspan="2">So</td><td colspan="2">La</td><td colspan="2">Do</td><td colspan="2">Re</td><td colspan="2">Mi</td></tr>
<tr><td>律数</td><td colspan="2">108</td><td colspan="2">96</td><td colspan="2">81</td><td colspan="2">72</td><td colspan="2">64</td></tr>
<tr><td colspan="2">相对波长</td><td colspan="2">$\frac{9}{8}$</td><td colspan="2">$\frac{32}{27}$</td><td colspan="2">$\frac{9}{8}$</td><td colspan="3">$\frac{9}{8}$</td></tr>
<tr><td colspan="2">音程值</td><td colspan="2">大全音</td><td colspan="2">五度相生的小三度</td><td colspan="2">大全音</td><td colspan="3">大全音</td></tr>
</table>

所谓“黄钟小素之数”即是黄钟的大数，《汉书·律历志》“备数”称“本起于黄钟之数，始于一而三之，三三积之，历十二辰之数，十有七万七千一百四十七，而五数倍矣”（《汉书·律历志》，第 956 页）。即将“黄钟之数”定为“$2^0\cdot3^{11}=177147$”。《国语·周语下》单穆公称“先王之制钟也，大不出钧，小不过石”，即是强调钟律的制作以乐器的质量为依据，并由此得出“律度量衡于是乎生，小大器用于是乎出”的结论。（《国语集解》，第 108 页）既然钟律源于发声乐器的质量，而质量的背后乃是数度化的比例关系，那么由乐律的数度亦可反推度量衡的数值比例，是故《钟律书》将黄钟之数视为度量衡的基数：

> “和声”：五声之本，生于黄钟之律。
>
> “审度”：度者，分、寸、尺、丈、引也，所以度长短也。本起于黄钟之长。
>
> “嘉量”：量者，龠、合、升、斗、斛也，所以量多少也。本起于黄钟之龠。

① 李玫：《东西方乐律学研究及其发展历程》，中央音乐学院出版社 2006 年版，第 41—42 页。

"权衡"：权者，铢、两、斤、钧、石也，所以称物平施，知轻重也。本起于黄钟之重。（《汉书·律历志》，第958、966、967、969页）

概而言之，《钟律书》所言同律度量衡基于黄钟之数，该思想源于早期的瞽矇听声制律活动，其知识衍变经历了由耳神听向假于器物的转变。所谓秩比黄钟与以律定准乃是先贤在乐器制作中所发现了发音物体的质量与声音震动频率之间存在对应的数理关系，而同律度量衡正是在声音频率与物体质量相对应的理论基础上所作出的反向推理。

三　援术入经：西汉末年礼乐改革的内在理路

以上我们考察了乐律文献在西汉时期的流转变迁及《钟律书》的成书过程，并追踪了钟律术数的知识线索，得以确定《钟律书》乃是以刘歆为代表的汉儒依托经学、援引术数的产物。但是还有一个迷雾性的问题没有解决，即经过战国时期的哲学突破，以礼乐教化为内核的儒家学说业已呈现出高度理性化的样貌，但为何在入汉以后，该理论体系又能够允许其援引术入经？又或者说，在儒学体系中接纳术数的学理基础为何？对此，我们还须将《钟律书》的成书置于汉代礼乐文化演变的内在理路中予以探讨。

《钟律书》的核心乃是论证钟律与度量衡之间"靡不协同"的内在关系，而"同律度量衡"之语最早见于《尚书·尧典》，孔颖达《正义》云马融、郑玄、王肃、《别录》，题皆曰《虞夏书》。《说文》两引《尧典》之语，皆谓之《唐书》。伏生《尚书大传》于《唐传》《虞传》《夏传》之前，各题"虞夏传"三字。唯伪孔传题曰"虞书"。对此屈万里称："所述命羲和居四方观日事，与述舜四时巡守四方事，皆以四方配四时，凡此战国以来之习惯。可知本篇之著成，最早亦不能前于战国之世。而《孟子》既引述之，可知其著成时代，当在《孟子》之前也。"[①] 另《礼记·王制》亦称"天子五年一巡守……命典礼考时月定日，同律度量

① 屈万里：《尚书今注今译》，上海辞书出版社2015年版，第4页。

衡”（《十三经注疏》，第 2874—2875 页）。这说明“同律度量衡”虽托名虞舜，但其思想成型不会早于战国时期，它所追求的协同度量应与战国儒者谋求天下一统的政治文化诉求有关。如所周知，礼乐教化乃是先秦儒家政治学说的核心内涵，但是特定时期政治文化的形成，并不是对经典学说的照搬，而是思想与现实的不断调适。先秦儒学所提倡的礼乐教化暗含着礼乐与教化两方面的内容，又分别经由孟子、荀子发扬光大，入汉以后逐渐形成了“以德化民”和“以礼为治”两种思想路径。[①] 汉儒的政治学说建立在他们对于秦朝二世而亡深刻的历史教训的观察与反思之上，他们认为不论是“秦制”（专任法术），还是承秦以来稍作调适的“汉制”（儒法兼综），在社会治理的效果上都将“终无信笃之诚、无道德之教、仁义之化，以缀天下之心”[②]。虽然汉儒在具体的施政路径上存有“德化”和“礼治”的分歧，但他们都将“王道”视为政改革的目标。作为政治理想的蓝图，王道思想包括圣王、礼制与太平三个核心要素，即通过仿行古制、践行礼乐、实现太平。陆贾《新语·道基》称：[③]

> 传曰：天生万物，以地养之，圣人成之。……礼义不行，纲纪不立，后世衰废；于是后圣乃定《五经》，明《六艺》，承天统地，穷事察微，原情立本，以绪人伦……乃调之以管弦丝竹之音，设钟鼓歌舞之乐，以节奢侈，正风俗，通文雅。……莫不效力为用，尽情为器。故曰，圣人成之。所以能统物通变，治情性，显仁义也。

陆贾强调礼乐乃是圣人的治道之术，旨在化育苍生、导民成善。此后，贾谊在分析秦亡的历史教训时亦称“商君违礼义，弃伦理，并于进取，行之二岁，秦俗日败”，并强调其“不知守成之数，得之术也”。[④] 在

---

① 陈苏镇：《汉道、王道、天道——董仲舒〈春秋〉公羊说新探》，《国学研究》第二卷，北京大学出版社 1994 年版，第 313—338 页。

② （汉）刘向：《战国策叙录》，上海古籍出版社 1985 年版，第 1198 页“注六”。

③ 徐复观、王利器校注：《两汉思想史》第二卷，华东师范大学出版社 2001 年版，第 58—64 页。

④ （汉）陆贾、阎振益等校注：《新语校注》，中华书局 1986 年版，第 97—98 页。

贾谊看来，礼乐正是“固国家，定社稷”的关键之“术”。[①] 此外，贾谊还从“气感相应”的角度论述了礼乐之术的发生机理，《新书·六术》篇称：

> 声之术，律是而出，故谓之六律。六律和五声之调，以发阴阳、天地、人之清声，而内合六法之道。是故五声宫、商、角、徵、羽，唱和相应而调和，调和而成理谓之音。声五也，必六而备，故曰声与音六。夫律之者，象测之也，所测者六，故曰六律。（《新书校注》，第 317 页）

贾谊强调六术乃是天道的根本，六律正是声音对于六术的体现，即所谓“六律和五声之调，以发阴阳、天地、人之清浊，而内合六法之道”。他认为，五声之间“唱和相应而调和，调和而成理”，所循之理即是音律。董仲舒对此亦有类似的表述，《春秋繁露·楚庄王》篇称：

> 《春秋》之道，奉天而法古。是故虽有巧手，弗修规矩，不能正方员。虽有察耳，不吹六律，不能定五音。虽有知心，不览先王，不能平天下。然则先王之遗道，亦天下之规矩六律而已。[②]

从以上引文可知，陆贾、贾谊、董仲舒都将乐律视为圣王治世之遗法。其实该理论的原理并不复杂，乃是基于一种类比思维，且已成为当时的常识，如《庄子·徐无鬼》称：“鼓宫宫动，鼓角角动，音律同矣。”[③] 不同之处在于，汉儒在此类声音现象的物理属性之上糅进了儒家的政治理念，如《新语·术事》称：“事以类相从，声以音相应，道唱而德和，仁立而义兴。”（《新语校注》，第 47 页）此后，董仲舒又进一步强调乐律的数度本质。《春秋繁露·同类相动》篇云：“试调琴瑟而错之：鼓其宫，则他宫应之；鼓其商，而他商应之。五音比而自鸣，非有神，其数然

① （汉）贾谊、阎振益等校注：《新书校注》，中华书局 2000 年版，第 214—217 页。
② 苏舆：《春秋繁露义证》，中华书局 1992 年版，第 14 页。
③ 郭庆藩：《庄子集释》，中华书局 2012 年版，第 832 页。

也。”（《春秋繁露义证》第358页）虽然董子在此将数视为声音之道的根本，但其政治学说的核心在于论证“《春秋》应天作新王之事”（《春秋繁露义证》，第187页），并通过以自然现象附会天意的手段，排除了天道与天命的矛盾，由此提出新的神学天道观。班固称：“景、武之世，董仲舒治《公羊春秋》，始推阴阳，为儒者宗。”（《汉书·五行志上》，第1317页）董仲舒开创了以儒家学说为基础改造阴阳学说的传统。[①] 此后的儒家学者基于《五经》纷纷整合相关术数思想资源，阐发和建构相关理论，不断丰富当时的政治文化，如：宣帝时魏相“数表采《易阴阳》及《明堂月令》奏之”，欲行“明堂礼”以“和阴阳”“却灾异”（《汉书·魏相丙吉传》，第3139页）；元帝时翼奉“好律历阴阳之占”“治《齐诗》”，欲以《诗》学调治情性（《汉书·眭两夏侯京翼李传》，第3167—3170页）；京房则借由《易传》，欲行考功课吏法。[②]

由此可见，基于儒家经说，并援引术数思维，借以阐发天道，成为西汉中后期以董仲舒、魏相、翼奉、眭孟、京房等鸿儒普遍的知识旨趣，他们希冀通过树立经学的权威地位来践行儒家王道。[③] 厕身其中的刘向、刘歆父子，自然亦难摆脱时代思潮的影响。其本传载，成帝时诏刘向领校中秘藏书，“向见《尚书洪范》，箕子为武王陈五行阴阳休咎之应。向乃集合上古以来历春秋六国至秦汉符瑞灾异之记，推迹行事，连传祸福，著其占验，比类相从，各有条目，凡十一篇，号曰《洪范五行传论》，奏之。天子心知向忠精，故为凤兄弟起此论也，然终不能夺王氏权”。所谓“故为凤兄弟起此论”，说明刘向试图通过《洪范五行传》建构儒家的灾异理论，排抑以王凤为代表的外戚势力，由此实现得君行道的政治理想。哀帝即位后，在王莽举荐下，刘歆得以出仕，“为侍中太中大夫，迁骑都尉、奉车光禄大夫，贵幸。复领《五经》，卒父前业。歆乃集六艺群书，种别为《七略》”（《汉书·楚元王传》，第1950、1963页）。

前文已述，造成汉代乐制阙佚的一个重要原因是由于相关文献的散

---

① 陈侃理：《董仲舒的〈春秋〉灾异论》，《文史》2010年第2辑，第65—90页。

② 卢央：《京房评传》，南京大学出版社1998年版，第400—411页。

③ 此外，在《汉书·艺文志》596种书籍中，“术数”类文献有190种，约占全部书籍的三分之一，是以说明术数文化在当时的流行程度。参见刘乐贤《简帛术数文献探论》，中国人民大学出版社2012年版，第2—3页。

佚。由于长期跟随父亲校订中秘藏书，使得刘歆“讲六艺经传、诸子、诗赋、术数、方技，无所不究”，成为一位百科全书式的学者，这也为他日后撰著《钟律书》打下了坚实的基础。《汉书·艺文志》收录“钟律”一类的文献有：[①]

《钟律灾异》二十六卷；
《钟律丛辰日苑》二十三卷；
《钟律消息》二十九卷；
《黄钟》七卷；
《五音奇胲用兵》二十三卷；
《五音奇胲刑德》二十一卷；
《五音定名》十五卷。

从五音、钟律等题名可知，此类文献主要依托五音及钟律进行占卜（《汉书辨疑》，第499页），其性质可归于《汉书·艺文志·数术略》之五行大类，其小序称：

五行者，五常之行气也。《书》云“初一曰五行，次二曰羞用五事”，言进用五事以顺五行也。貌、言、视、听、思心失，而五行之序乱，五星之变作，皆出于律历之数而分为一者也。其法亦起五德终始，推其极则无不至。而小数家因此以为吉凶，而行于世，浸（渐）以相乱。（《汉书·艺文志》，第1769—1770页）

刘歆的此段小序主要通过《尚书·洪范》解释五行、五常、五事、五星之间的关联，所谓“五行之序乱，五星之变作”“五行者，五常之行气也”及“进用五事以顺五行”，旨在强调天道（五星）、人事（五常、五事）的运作原理皆本于五行。又称“皆出于律历之数而分为一者”，则是将乐律、历法的推衍法则视为天道与人事的根本。以此对参《风俗通义·声音》所引《钟律书》佚文：

① 赵益：《古典数术文献述论稿》，中华书局2005年版，第19—26页。

商者，章也，物成熟，可章度也。五行为金，五常为义，五事为言，凡归为臣。

角者，触也，物触地而出，戴芒角也。五行为木，五常为仁，五事为貌，凡归为民。

宫者，中央也，畅四方，倡始施生，为四声纲也。五行为土，五常为思，凡归为君。

徵者，祉也，物盛大而繁祉也。五行为火，五常为礼，五事为视，凡归为事。

羽者，宇也，物聚藏，宇覆之也。五行为水，五常为智，五事为听，凡归为物。①

上述佚文以五音（乐律）对举五行、五常、五事，恰与五行之小序所论相合。不过五行小序又称："其法亦起五德终始，推其极则无不至。而小数家因此以为吉凶，而行于世，浸（渐）以相乱。"这说明刘歆并非钟情于小数家将钟律用于占卜的小术，他要做的则是依据钟律建构儒家之道。《汉书·楚元王传》载："歆及向始皆治《易》，宣帝时，诏向受《穀梁春秋》，十余年，大明习。及歆校秘书，见古文《春秋左氏传》，歆大好之。"刘歆认为《左氏》书中包含诸多古礼、古制，"歆数以难向，向不能非间也，然犹自持其《穀梁》义"。此外，哀帝时，刘歆建议将《左氏春秋》《毛诗》《逸礼》《古文尚书》"皆列于学官"，但遭到今文家的集体敌对，是故刘歆移书责让太常博士，称"往者缀学之士，不思废绝之阙，苟因陋就寡，分文析字，烦言碎辞，学者罢老且不能究其一艺。信口说而背传记，是末师而非往古，至于国家将有大事，若立辟雍、封禅、巡狩之仪，则幽冥而莫知其原"。刘歆此论道出了今文学阙于礼制的弊端，但他也因此为众儒所讪，遂外出为郡守。"会哀帝崩，王莽持政，莽少与歆俱为黄门郎，重之，白太后。太后留歆为右曹太中大夫，迁中垒校尉，羲和，京兆尹，使治明堂辟雍，封红休侯。典儒林史卜之官，考定律历，著《三统历谱》。"（《汉书·楚元王传》，第 1970、1967 页）通观

① （汉）应劭撰、王利器校注：《风俗通义校注》，中华书局 2010 年版，第 275—278 页。

《汉书·律历志》之《钟律书》《三统历》及《三统历谱》，可知刘歆欲借由“钟律”建构一个统摄天、地、人于一体的庞杂的思想体系，而“钟律”恰是其架构宇宙图示、天文历法、人类社会的一个重要的理论媒介，其目的是建构儒家之道，[①] 阐发“进用五事以顺五行”，“推其极则无不至”。

由以上所述可知，汉代儒者援术入经一方面是由于术数文化的广泛流布；另一方面则源于他们建构新的天道论的理论诉求。刘歆由于长期校订中秘藏书，因此得以窥见诸多散佚的乐类文献，在他的努力下，之前汉儒零碎的钟律论说得到汇聚，并使其缀合于五行一类的术数理论之中，最终凝结成《钟律书》，其本意旨在丰富儒家的王道理论，并以此作为改革汉政的理论基础。

四 结语

如所周知，自汉元帝起，儒生与外戚、宦官之间政争不断，儒生希冀依据王道来改革汉政，以致太平，这也是他们援术入经的直接原因。但是儒家经学（尤其是乐学）之所以能够接引术数，与文明初期的乐文化传统有直接的关系，正是瞽矇乐官的听声制律活动奠定了“同律度量衡”的学理基础。由于刘歆有深厚的家学功底，加之长期校书中秘，因此得以窥见河间献王刘德所献之乐类书籍，这说明早在哀帝时期刘歆已具备了写作《钟律书》的相关文献与知识，但由于缺乏礼制改革的现实基础，此项活动直至成帝时王莽秉政后方得落实。刘歆之所以能以宗室、大儒等身份助其篡汉，与王莽兴礼乐、改汉政的举措不无关系，而这也正是战国以来儒生的一致呼声。故吕思勉称“新莽之所行，盖先秦以来志士仁人之公意”[②]。钱穆亦称：“盖晚汉学风，一言礼制，渊源鲁学，重恤民生；一言灾异，本自齐学，好测天意。王莽论证源自王（吉）、贡（禹），亦鲁学礼制之遗风；后更缘饰以五德符瑞之谶，以齐学为助澜。二流通汇，又济之以外戚之权藉，遂移汉祚。期间因果至复杂，固非尽王莽一人之奸诈

① 姜光辉：《中国经学思想史》，中国社会科学出版社 2003 年版，第 313—325 页。
② 吕思勉：《秦汉史》，上海古籍出版社 1983 年版，第 197 页。

所得以成事也。”① 这不仅从侧面说明术数乃是汉代礼乐文化在德化与礼治之外的一条重要线索，更是在强调先秦儒学自身所蕴含的人文主义与神文主义之间始终存在着难以弥合的张力。西汉后期政治形势的发展促发了儒学与政治现实的调适，通过阴阳五行学说的中介的作用，使得大量术数文化融入儒学自身，虽然满足了现实政争及礼制建设的需要，但也正因此激活了孔、孟儒学业已扬弃的那些巫史传统中神秘主义的思想基因，遂使儒学由人文倒回了神文。本文所论的《钟律书》及其“懿律嘉量”的礼乐思想，正是当时政治文化、礼乐文化摆荡于神文与人文之间的真实写照。以上种种情况说明，对于古代音乐文化的研究应跳出审美、娱乐等范式的窠臼，唯有回到历史现场，还原历史真实，才能真正理解古人立论的苦心孤诣。

① 钱穆：《秦汉史》，九州出版社2011年版，第289页。

《汉志》本《文子》文本初探*

裴健智

（西北大学中国思想文化研究所）

摘要：目前能看到多种传世、出土《文子》文本，但由于各种原因《汉志》本《文子》并未流传下来。作为《文子》文本演变的重要环节，《汉志》本《文子》在研究《文子》文本中具有不可取代的过渡作用。本文试图从文本流传的角度出发，结合班固《汉志》的记载、刘向佚文等内容，分析《汉志》本《文子》的文本特征，包括文本来源、分篇、文体三个方面。厘清《汉志》本《文子》的文本特征，对了解简本《文子》到今本《文子》的发展历程、今本《文子》的真伪及其与《淮南子》的关系等问题，具有重要意义。

关键词：语录体　问答体　分篇　文本流动

导言

除《老子》《论语》等普遍流行的作品外，先秦两汉的诸子著作大都以单篇流传，处于流动变化之中，可能并无固定不变的文本。余嘉锡指出，“古人著书，本无专集，往往随作数篇，即以行世。传其学者各以所得，为题书名。及刘向校定编入全书，题以其人之姓名，而其原书不复分著，后世所传，多是单行之本，其为自刘向校本内析出，抑或民间自有古

* 本文为国家社科青年基金项目“战国时期黄老道家的两种倾向研究”（22CZX029）、第72批中国博士后基金面上资助（2022M722582）阶段性成果。

本流传，不尽用中秘定著之本，皆不可知”①。随着出土文献的发掘，余嘉锡的结论越发被证实。古人著书大都以“章”为单位，以单篇的形式著书、流传，再加上中国古代的书籍珍贵、抄写困难、流传艰难，文本自身的聚合也不固定。向歆父子通过校书，将相类似的文献编在一起，并加以分篇和命名。

与先秦两汉大多诸子文本类似，在先秦两汉至唐代时期《文子》存在多种不同的文本，并经历了巨大变动。但由于各种原因，很多《文子》文本都消散在历史的尘埃之中，由于材料的不足、文本的失传，这些文本究竟如何传抄、整理、流传已相当模糊。目前所见的先秦两汉至唐时期的《文子》文本大体包括：简本《文子》、《汉志》本《文子》、李暹注《文子》、张湛注《文子》、徐灵府注《文子》、敦煌本《文子》等。《汉志》本《文子》是刘向校订的文本，是《文子》文本流传过程中的重要一环，然而，《汉志》本《文子》早已不见于世，班固记载的《文子》部分仅寥寥数语，以此理解《汉志》本《文子》文本颇为困难。幸运的是，我们可以通过刘向佚文、《汉志》的体例、简本《文子》的情况，进一步推测《汉志》本《文子》文本的源流、分篇、文体等内容。

以往已有一些学者开始讨论《汉志》本《文子》的状况②，涉及《汉志》本《文子》文本的文体、篇章等特征，及其与简本《文子》、今本《文子》的关系，这些研究从不同角度对研究《汉志》本《文子》的特征及其他《文子》文本的关系具有重要作用。目前我们可以通过残缺的材料，从整体上分析把握《汉志》本《文子》的文本来源、篇章结构、

---

① 余嘉锡：《目录学发微、古书通例》，中华书局 2016 年版，第 265 页。李零根据出土简帛，重新归纳了余嘉锡先生的观点，共有八点。一、古书不提撰人。二、古书多无大题，而以种类名、氏名及篇数、字数称之。三、古书多以单篇流行，篇题本身就是书题。四、篇数较多的古书多带有丛编性质。五、古书往往分合无定。六、古书多经后人整理。七、古书多经后人附益和增饰。八、古人著书之义强调“意”胜于“言”，“言”胜于“笔”。李零：《出土发现与古书年代的再认识》，收录于氏著《李零自选集》，广西师范大学出版社 1998 年版，第 27—31 页。

② 李若晖：《由〈汉书·艺文志〉推测古本〈文子〉之面貌》，收录于谢维扬、朱源清主编《新出土文献与古代文明研究》，上海大学出版社 2004 年版，第 397—400 页。王三峡：《文子探索》，湖北人民出版社 2003 年版，第 106—162 页。

文体特征。因此，本文将从三个方面分析《汉志》本《文子》的文本特征：第一，《汉志》本《文子》文本的可能源流；第二，《汉志》本《文子》的分篇；第三，《汉志》本《文子》的文体。

一 《汉志》本《文子》文本的可能源流

如上文所言，先秦两汉的诸子著作大都只有分章而很少有分篇，文本单篇流传的基本单位是“章”，加上当时书籍的珍贵，文本流传没有固定的形式。这是文本流传的一般性规律，但具体在某一文本上，各文本间的流传也有具体的差异。根据邓骏捷、徐建委等人的观点[①]，刘向校订的古书大概有三类：第一，书题、篇章、编次相对定型的文本，如《易》《书》《诗》等六经文献。第二，处于定型中的文本，以“篇”或几篇为一组的情况流传，但有些篇章、内容可能还是处于“章”分散状态。第三，单独流传的“章”。从当时文献未明确称引《文子》，以及刘向对《文子》文本的整理看，《文子》只是单篇流传，可能尚未定型。

以刘向为代表的学术团队搜集众多不同文本，分篇章、定篇名，校勘出最优文本。校定完文本后，刘向“条其篇目，撮其旨意”（《汉书·艺文志》），呈给皇帝每一书的《书录》，《书录》的集合体就是《别录》。由于《别录》的佚失，刘向校勘《文子》的情况已不得而知，再加上刘向前的文本并未直接引用《文子》其人其书，“《文子》伪书说”因此而生。我们知道，《汉志》本《文子》源于刘向的《别录》，通过刘向佚文、《汉志》的记载，以及简本《文子》、今本《文子》的内容，可以推测刘向校勘《文子》的文本来源，可能包括简本《文子》、其他《文子》类文本、“计然曰”语录、古代谚语等。

1. 简本《文子》、其他《文子》类文本

刘向校书之前的《文子》文本可能包括，简本《文子》、其他《文

① 邓骏捷：《刘向校书考论》，人民出版社2012年版，第229—248页。徐建委：《文本革命：刘向、〈汉书·艺文志〉与早期文本研究》，中国社会科学出版社2017年版，第10—11页。

子》类文本（包括当时流传的《文子》、中秘所藏《文子》），但这三者的关系并不确定。叶波（Paul van Els）认为，“定州墓葬出土中的不过是汉代流传的各种《文子》抄本中的一部。另一部收藏在秘府中，根据《汉书·艺文志》‘文子’条的记载，应该还有别的《文子》版本流传。我们不知道究竟有多少个版本，也不知道它们有多大差别”①。李若晖指出，“定县简本《文子》或与之相类似的文本，即使为向歆父子所见，那也只是其所见众多副本中的一种而已”②。简本《文子》（下限为公元前 55 年），早于刘向校书（前 26 年），是现存最早的《文子》文本，我们既无法确定此书为当时流行的《文子》③，也无法确定此本为中秘所藏《文子》。

刘向的《文子书录》早已散佚，但根据刘向校勘他书的情况，可知《文子》的校勘方法也大体类似。刘向校勘《文子》时，应以中书为底本校勘。笔者曾考证，简本《文子》的底本是文景帝时期的立经本④，中秘当有收藏著录，但随着武帝的“罢黜百家，表彰六经”以及王莽动乱，书籍很可能如《列子》一样散佚，“孝景皇帝时贵黄老术，此书颇行于世。及后遗落，散在民间，未有传者”⑤。《书录》记载《列子》仅有“中书五篇”，可见散佚严重，刘向根据民间的《列子》部分重新加以调整篇章、篇目，校定为《列子》八篇。《文子》可能也是类似的情况，最后校订为《文子》九篇。

2. 文子与计然的关系、“计然曰”的语录

关于文子其人，学界早有“文子为计然”的说法，最早的证据是《史记·货殖列传》“计然”的记载，以及孟康、徐广等人的旧注中。然

---

① ［荷］叶波著，孔锐译：《释义以游说——古本〈文子〉的论说特点》，《分析哲学与中西哲学》第 9 辑，华东师范大学出版社 2009 年版，第 181—203 页。

② 李若晖：《由〈汉书·艺文志〉推测古本〈文子〉之面貌》，谢维扬、朱源清主编：《新出土文献与古代文明研究》，上海大学出版社 2004 年版，第 397—400 页。

③ 笔者用“当时流行的《文子》”说明当时所有《文子》的文本，并不意味着当时的《文子》是一部书，而是指所有单篇本《文子》的集合。

④ 拙文：《简本〈文子〉是否有立经、分篇意识——基于简 2465 的讨论》，《国学学刊》2019 年第 1 期。

⑤ 杨伯峻撰：《列子集释》，中华书局 1979 年版，第 278 页。

而，其中的“计然”是书名还是人名，学界仍然存在争议[①]，文子与计然的关系更是错综复杂。幸运的是，熊良智在《唐抄文选集注汇存》卷七三《抄》注文中发现有刘向《别录》的佚文：“刘向《别录》云：‘文子，老子弟子。鲁哀、定时人，姓辛，名计然，著《文子》书’”，为“文子为计然”说提供了新的根据。唐朝《别录》尚存，《别录》佚文具有一定的真实性，“文子为计然”[②]说可以追溯到刘向。班固在《汉志》中省去此句，且在《古今人表》中将文子与计然分为二人，表明他很有可能不认可这种观点。[③]无论“文子为计然”是刘向的个人观点，还是当时普遍流行的观点，都会影响刘向将众多单篇本、不同版本的《文子》类的著作整合在一起，重新分篇、厘定篇名。

事实上，从《汉书·艺文志》的书籍看，存在一书两载、两书合一书的情形。[④]“汉兴，闾里书师合《苍颉》《爰历》《博学》三篇，断六十字以为一章，凡五十五章，并为《苍颉篇》”（《汉书·艺文志》），将《苍颉》《爰历》《博学》三篇不同的内容合为《仓颉篇》。无论《史记·货殖列传》的“计然”为书名还是人名，当时或有《计然》书或有“计然曰”语录的存在[⑤]，而《汉志》却无记载“计然”的著作。作为校书总主编的刘向很有可能认为，文子与计然为同一人，将文子类的书籍与计然类的语录、著作合二为一，整合到《汉志》本《文

① 《史记集解》《索隐》都肯定“计然”为人名，同时为范蠡之师的说法。蔡谟、钱穆、赵逵夫等人指出，“计然”当为书名，并非人名。参见司马迁《史记》（四），中华书局2012年版，第2282页。钱穆：《先秦诸子系年》，商务印书馆2015年版，第119—124页。赵逵夫：《关于文子其人其书的探索》，《图书与情报》2006年第6期。熊良智、白奚等人重新肯定“计然”当为人名的说法。参见熊良智《文子作者考论》，《文史》2009年第3辑。白奚：《早期道家人物计然考》，《哲学动态》2018年第8期。

② “文子为计然”说仅是刘向的个人意见，还是当时流行的观点，还需更多的材料证明。

③ 李锐指出，“考此处刘向《别录》和上文《别录》佚文，估计是刘向《文子书录》的佚文，当是刘向杂引诸说二考察文子之为谁，然而最终为班固所取者，只不过结论是‘文子，老子弟子’。因此《唐钞文选集注汇存》之‘鲁哀、定时人，姓辛，名计然，著《文子》书’，有可能是或曰之文，而后人误合于‘文子，老子弟子’之后。即便此为刘向之原文，也只能表明刘向倾向于认为文子即计然，而班固不取此说，且在《汉书·古今人表》中也分为二人。”李锐：《同文与族本——新出简帛与古书形成研究》，中西书局2017年版，第105页。

④ 于凯：《出土文献与〈汉书·艺文志〉“一书两载”现象》，谢维扬、朱源清主编：《新出土文献与古代文明研究》，上海大学出版社2004年版，第391—396页。

⑤ 后世却流传有《范子计然》一书，二书可能并非同一书。

子》中。

3. 古代谚语、公共话语资源

刘向前的古书存在这样的情形，“有一些单独流传的章或章组，虽具备单篇或数章为一篇的形式，各章内容上亦大体相近，有的也有篇或章的题名……它们不是一部或几部书籍，而是一种无固定归属的材料类文献。刘向父子将这些材料以类相从，重编为一种全新的书籍”[①]。今本《文子》与大多先秦两汉文献存在重合的内容[②]，大多学者认定《文子》是抄自《淮南子》等文献的伪书[③]。原因在于，现存刘向校订《文子》前的文献中尚未发现引用《文子》的内容。也有学者持反对意见，王应麟[④]、王利器、李定生等学者指出，有诸多文献暗自称引《文子》。随着出土文献的发掘，先秦两汉文献存在很多“同文”的现象，很多内容或是故事，或是“似格言或谚语”[⑤]，很可能是早已流行的民间共同的资源，不一定是《文子》最先提出的。李锐指出，“战国、秦汉时期有与今存本《文子》相近之语流传，可当论定。这些相近之语，不必出于文子本人，在当前没有必要也不可能证实它们先出自某人某书，其他为抄袭”[⑥]。《文子》与先秦两汉文本中一些段落的类似只能说明当时的公共话题资源，以及刘向文献整理时的结果，并不确定《文子》与其他文献谁抄谁的问题。这些内容可能来源很早，后面作为公共资源纳入诸多文献之中，当然也有可能纳入《文子》中，成为《文子》的一部分，因而，谚语也是《汉志》本

① 徐建委：《文本革命：刘向、〈汉书・艺文志〉与早期文本研究》，中国社会科学出版社 2017 年版，第 24 页。

② 据丁原植统计，今本《文子》共 39228 字，见于《淮南子》文本的共 30671 字，约占全文的 78.1%。参见丁原植《文子新论》，万卷楼出版有限公司 1999 年版，第 9 页。据张丰乾统计，“传世本《文子》为 39231 字（未加句读的白文），与《淮南子》重合的内容有 30800 字，约占全文的 78.5% 左右”。张丰乾：《出土文献与〈文子〉公案》，社会科学文献出版社 2007 年版，第 52 页。

③ 除《淮南子》外，和《文子》重合的文献还有很多。苏晓威指出“《文子》与《老子》65 章内容上有交叉，与《庄子》有 147 处交叉，与《淮南子》有 187 处交叉，与《吕氏春秋》72 处交叉”等。苏晓威：《〈文子〉与〈淮南子〉关系的再认识》，南开大学，博士后出站报告，2011 年。

④ （宋）王应麟撰，栾保群、田松青校点：《困学纪闻》，上海古籍出版社 2015 年版，第 227—228 页。

⑤ 丁原植：《文子新论》，万卷楼出版有限公司 1999 年版，第 16 页。

⑥ 李锐：《同文与族本——新出简帛与古书形成研究》，中西书局 2017 年版，第 84 页。

《文子》的来源之一。

综上所述，刘向校订的《文子》文本，早期只是作为单篇本存在，《汉志》本《文子》的形成综合了各种文本，可能有三种来源，分别是：简本《文子》、其他《文子》类文本；“计然曰”的语录；古代谚语、公共话语资源。

二 《汉志》本《文子》的分篇

上文分析了《汉志》本《文子》文本的可能来源情况，经刘向的重合整合、编辑、校订，形成《汉志》本《文子》九篇，体现了文本的复杂演变过程。《汉志》指出，《文子》九篇，但并未指出是哪九篇，这就引发了学者广泛的猜想。以往研究者推测《汉志》本《文子》篇章的方式有两种：第一种是从简本《文子》出发；第二种是从今本《文子》出发，推测《汉志》本《文子》的九篇的篇名，但都存在一些问题。

1. 从《汉志》本《文子》推测简本《文子》的篇章

《文子》文本颇为复杂，在考察《汉志》本《文子》与简本《文子》、今本《文子》的篇章前，有必要讨论《汉志》本《文子》与简本《文子》、今本《文子》的关系。李学勤指出，中山怀王卒于宣帝五凤三年（公元前55年），比刘向校书（前26年）早29年，因而，向歆父子校定的《文子》与简本基本一致或相似。[①] 以此为前提，张固也将2465简断句为“《文子》上：《经》、《圣［知］》、《明王》”，“‘文子’是书名，‘上’指卷次，‘经、圣知、明王’是三个篇名。竹简本还有卷中、卷下，其卷首也应该各有一枚格式相同的标题简，可惜没有保存下来。根据这一新的解读，可以复原出一个相当完整的竹简本，凡3卷9篇36章7000余字，显然就是《汉书·艺文志》著录的九篇本”。[②] 张固也进一步推测《文子》的篇章，《文子》中：《守道》《用兵》《为政》，《文子》下：《道德》《仁义》《教化》。再加上《文子》上三篇，正好是《汉志》

① 李学勤：《古文献丛论》，中国人民大学出版社2010年版，第114页。

② 张固也：《竹简〈文子〉2465号简新释》，《社会科学战线》2015年第11期。

所载的九篇[①]。

在笔者看来，这种观点值得商榷。第一，这种论断预设了刘向校书前《文子》存在定本，无论将简本《文子》视作节本、单篇本还是全本，都暗含了《文子》文本的定型。李锐认为，“民间藏书乃自先秦流传而来，未经校订，若非转抄自中秘，篇数当然不会与《汉书·艺文志》相符，更何况是入葬在刘向校书前的《文子》呢？……八角廊简《文子》不必同于刘向校订的《文子》，今存本《文子》也未必是《汉书·艺文志》所述的九篇《文子》”[②]。早期文本多以单篇流传，简本《文子》是刘向校订前的单篇本，其底本可能是文帝景帝时期的立经本，不同于《汉志》所载的文本。[③] 第二，简 2465 的“上经”当连读。汉景帝时道家子书被称为“经”，北大简《老子》抄写于汉武帝时期，很可能即是景帝立经本的复抄本。北大汉简《老子》第 2 简背“《老子》上经”，第 124 简背“《老子》下经”，存在子书加“上经”“下经”的经子连称用法。

简本《文子》是否存在篇章的划分呢？简 2465 的“《文子》上经”是总篇名，“《圣知》、《明王》”是分篇名。[④] 简本《文子》至少存在《圣知》《明王》两篇，考虑到简 0696 有“百一十八字”的尾题，此篇可能是《黄帝四经》四篇中的每一小篇，包含一章或几章内容，类似于现在的章。考虑到《汉志》本《文子》共九篇，倘若一篇内容百余字，九篇内容大概千字的篇幅远小于残缺的简本《文子》2700 多字，因而，简本《文子》的分篇极有可能不同于《汉志》本《文子》。

2. 从今本《文子》推测《汉志》本《文子》的篇章

陈丽桂比较简本《文子》与今本《文子》时发现，“今本《文子·道

---

① 由于简本《文子》残缺严重，简本《文子》的实际面貌并不清晰，文本的复原也非常艰难，各家有各家的意见。简本《文子》的复原并非全部建立在简本《文子》与《汉志》本《文子》等同的基础上，张固也复原出了完整的简本《文子》。张固也：《定州汉简〈文子〉复原》，武汉大学简帛网，http：//www. sohu. com/a/207252897_ 786044。除张固也的复原意见外，还有晁福林的《定州汉简〈文子·道德〉篇臆测》（《中国历史博物馆馆刊》2000 年第 2 期）、赵雅丽的《文子思想及竹简〈文子〉复原研究》（燕山出版社 2005 年版）等复原工作。

② 李锐：《同文与族本——新出简帛与古书形成研究》，中西书局 2017 年版，第 80 页。

③ 拙文：《简本〈文子〉是否有立经、分篇意识？——基于简 2465 的讨论》，《国学学刊》2019 年第 1 期。

④ 拙文：《简本〈文子〉的文本特征——以书题、分篇、分章为中心》，即将刊于《道家文化研究》第 35 辑。

德》凡相应于残简的文字内容均不见于《淮南子》，凡相应于《淮南子》的文字内容均不见于残简”①。她进一步推论，“古本《文子》与《淮南子》的内容，基本上是不相重的；今本《文子》的形成，是在简本一系古本《文子》的基础上，增窜入许多《淮南子》的内容？剔除这些增窜进去的内容，会不会比较接近古本《文子》的原貌？……原十二篇竟只剩了九篇，与班固所见古本篇数正相合，依次是：《道原》、《精诚》、《十守》、《符言》、《道德》、《上德》、《微明》、《自然》、《上仁》”②。陈丽桂也意识到此研究存在的问题，“这九篇即使是班固所见的那九篇，篇名是否就是这样，也仍需进一步考察”③。作者在《定州竹简〈文子〉及其相关问题》中同样指出“此九篇与班固所载九篇是否一致，仍然无法遽下定论”④。

这种研究仍然存在问题：第一，上文指出，简本《文子》不等同于刘向编定后的九篇本《文子》，刘向通过校勘《文子》的各个单篇本，最后形成九篇本《文子》，简本《文子》可能只是刘向校勘《文子》中的一种，是早期流传的文本。第二，陈丽桂认为简本《文子》部分与不见于《淮南子》的《文子》部分的思想倾向大体相似，但二者的内容与思想倾向存在一定的差距。按陈丽桂所说，不见于《淮南子》的《文子》部分更接近于古本《文子》，且与《淮南子》思想差距较大的话，那么，今本《文子》的整理者为何后世会拿思想和内容差异比较大《淮南子》的部分增益到今本《文子》中呢？这是一个问题。

无论是从简本《文子》还是从今本《文子》出发，推测《汉志》本《文子》的篇章，有一定的积极作用，但都存在问题。我们认为，《汉志》本《文子》篇章的厘定还需要从简本《文子》、今本《文子》与《汉志》本《文子》的异同出发，加上更多的文献材料，才能得出可靠的结论，否则只能沦为臆断。

三　《汉志》本《文子》的文体

由于简本与今本《文子》文体的差异，简本《文子》出土后，《文

① 陈丽桂：《近四十年出土简帛文献思想研究》，中华书局 2015 年版，第 60 页。
② 陈丽桂：《近四十年出土简帛文献思想研究》，中华书局 2015 年版，第 106—122 页。
③ 陈丽桂：《近四十年出土简帛文献思想研究》，中华书局 2015 年版，第 71 页。
④ 陈丽桂：《近四十年出土简帛文献思想研究》，中华书局 2015 年版，第 113 页。

子》文体的讨论开始增多。简本《文子》全为平王与文子的问答体，而今本《文子》大部分为“老子曰”的语录体，只有少量的问答体内容，问答体中与简本对应的今本《文子》部分被改为老子与文子的问答体。[①]在此基础上，一些学者开始推测《汉志》本《文子》的文体，由于《汉志》本《文子》是介于简本《文子》与今本《文子》之间的文本，了解《汉志》本《文子》的文体，对厘清今本《文子》文本的真伪、与《淮南子》的关系具有重要意义。以下分两点论述：第一讨论平王与文子的问答体；第二讨论“老子曰”的语录体。

1. 平王与文子的问答体

简本《文子》全为平王与文子的问答体，从残缺的简文看，简本《文子》全为问答体。据向井哲夫统计，简本《文子》涉及的“文子曰”大概有 53 处，“平王曰”有 45 处。[②] 据张丰乾统计，简本《文子》对的话主体仅为平王与文子二者，存在 80 多处对话体，没有发现其他对话者的痕迹。[③] 今本《文子》仅有 15 章的问答体，除《道原》第 5 章“孔子问道，老子曰”、《道德》第 20 章“平王问文子曰”外，其余章节都以“文子问老子曰”为对话主体。从简本与今本对应的部分看，除《道德》第 20 章外，简本作“平王问，文子曰”的部分，今本都为“文子问，老子曰”的问答体。《汉志》本《文子》是否存在对话体，是平王与文子的对话体，还是老子与文子的对话体呢？《汉志》载“《文子》九篇”，班固自注“而称周平王问，似依托者也”。由于简本全为问答体，结合班固自注有“周平王问”，可以推测，《汉志》本《文子》存在“平王问文子答”的问答体。

值得注意的是，简本《文子》与今本《文子》在问答方式上存在一定的差异性。简本《文子》的问答体是逐步推进的，很多问题经过多次问答才能结束，而到今本《文子》则转变为固定化、模式化的一问一答，应该是故意为之，或是经过严格化的处理。简本与今本是文本的早期形态

---

① 定县汉墓竹简整理组等：《定县 40 号汉墓出土竹简简介》，《文物》1981 年第 8 期。

② ［日］向井哲夫著，牟晓春译：《有关竹简〈文子〉问题研究》，《简帛研究》（2001 年下），广西人民出版社 2001 年版，第 754—775 页。

③ 张丰乾：《出土文献与文子公案》，社会科学文献出版社 2007 年版，第 28 页。

到定型的转变过程，类似的情况也出现在《论语》文本的演化中。[①] 由此看出，《文子》中问答体的部分包括了问答主体的变化、问答内容也有增益。《汉志》本《文子》作为简本《文子》到今本《文子》的过渡环节，当存在平王与文子的问答体，但是究竟问答体占有多少比重，我们现有的材料恐怕难以进一步推断吧！

2. “老子曰”的独语体

《汉志》本《文子》存在平王与文子的问答体，但不确定是否全为问答体，因而，有必要考虑《汉志》本《文子》是否存在“老子曰”的语录体。王三峡指出，《汉志》本《文子》包括“平王问，文子曰”的问答体与“老子曰”的语录体，二者来源都早于《汉志》本《文子》。其中，问答体部分来源于竹简《文子》，而“经说体或独立论述部分应该来源于‘传本’《文子》”。“‘传本’《文子》”是王三峡的讲法，她根据简本《文子》的四处“传曰”提出，并认为“‘传本’《文子》”成书于战国中期左右，并在汉代广泛流行。[②] 事实上，先秦时期的“《传》曰”应当属于一种文体，是作者引用先王之道、古代谚语等社会的公共性知识，论证自己理论的正确性。这些内容可能不具有强烈的学派性质，不能简单地依据《文子》与其他文本的相同内容就判定此内容引自《文子》[③]，更无法说明《汉志》本《文子》存在“老子曰”的文体。

如何判断《汉志》本《文子》是否存在“老子曰”文体呢？李若晖提出，可以考察《汉志》的体例，“班固之所以得出某人先另一人的结论，正是因为他所见到的另一人书中提到了该人。……向歆父子据以推定文子为老子弟子的资料，正是他们所见到的古本《文子》。至若《汉志》又言文子‘与孔子并时’，则当系由‘老子弟子’推断而来。……向歆父

① 徐建委曾指出《论语》的形成也是一个历时性的过程，这可从“孔子曰”语录中看出。……在《孟子》中，问答的内容是逐步推进，有“子贡问孔子曰”“孔子曰”“子贡曰”，而在《论语》《吕氏春秋》中则变成一问一答的形式。《论语》《吕氏春秋》具体的问答也有不同，《论语》取消了问者，而《吕氏春秋》则取消了“子曰”后弟子的进一步回答。《孟子》与其他文献中还有很多的孔子言行，与今本《论语》的部分存在很大差距，本文不一一列举。徐建委认为恰恰“显示了早期《论语》材料的特点”。见其《文本革命：刘向、〈汉书·艺文志〉与早期文本研究》，中国社会科学出版社 2017 年版，第 49 页。

② 王三峡：《文子探索》，湖北人民出版社 2003 年版，第 11—129 页。

③ 拙文：《〈文子〉文本及其思想研究》，中国人民大学博士学位论文，2021 年。

子与班固所见到的《文子》是同时有着文子与周平王、老子问答的内容的。……杂糅了文子与平王、老子问答的《文子》可能在向歆父子校书前就已出现，但这种糅杂文本成为官方定本，则当始于向歆校书”①。我们认为，很多“老子曰”内容，经过刘向的编辑，已经出现在《汉志》本《文子》中。“老子曰”部分的来源可能比较多元，是老子后学和黄老道家学说的思想集合，《盐铁论》②、高诱注《吕氏春秋》③ 中的“老子曰”就体现了这点。虽然我们无法完全断定今本《文子》的“老子曰”都已形成，且纳入《汉志》本《文子》文本中，但可以确定的是，这些段落、思想可能很早就已归入“老子”名下了。

那么，为什么很多家喻户晓的对话、谚语，会转变为以“老子曰”为开头的语类文献呢？先秦两汉思想史中，冠名“黄帝”“孔子”名号的内容非常多，可见当时有依托的风气，“世俗之人，多尊古而贱今，故为道者必托之于神农、黄帝而后能入说”（《淮南子·修务》）。如“黄帝”，《史记》称“百家言皇帝”，《汉志》记载的黄帝书，有 12 类 26 中之多④，以“黄帝”“黄帝臣”“黄帝相”“黄帝之史”为书名或作者的典籍，共有 31 家，589 篇（卷）。⑤ 再如孔子，现存的“子曰”“夫子曰”

① 李若晖：《由〈汉书·艺文志〉推测古本〈文子〉之面貌》，谢维扬、朱源清主编：《新出土文献与古代文明研究》，上海大学出版社 2004 年版，第 397—400 页。

② 昭帝元始六年（前 81 年），召开盐铁会议。王利器曾指出，今本《老子》并无，《盐铁论·本议》引用“老子”之内容，“老子曰：贫国若有余，非多财也，嗜欲众而民躁也。”当袭自《文子·自然》“故乱国若盛，治国若虚，亡国若不足，存国若有余。……有余者非多财也，欲节事寡也。”参见王利器《文子疏义·序》，中华书局 2000 年版，第 4 页。笔者经过检索发现，《盐铁论》中还有一例“老子曰”的内容见于今本《文子》。《盐铁论·周秦》老子曰：“上无欲而民朴，上无事而民自富。”虽然源自《老子》第 57 章，“故圣人云：我无为而民自化；我好静而民自正；我无事而民自富；我无欲而民自朴”。《文子·道原》也有此句内容，“故曰：我无为而民自化，我无事而民自富，我好静而民自正，我无欲而民自朴”。《盐铁论》“老子曰”的表达句式，与《文子·自然》故曰“上无事而民自富，上无为而民自化”。似乎更加吻合。而《文子·自然》与《文子·道原》似乎有不同的来源基础，这也可以从侧面反映出，至少今本《文子》的某些内容，已经在当时冠以“老子曰”的名号。

③ 《吕氏春秋·勿躬》云：“圣王之所不能也、所以能之也，所不知也、所以知之也。”高诱注：“老子曰：不知乃知之，此之谓。”可能引自《文子·微明》。《吕氏春秋·本生》高诱注：“老子曰：五声乱耳，使耳不聪；五色乱目，使目不明；五味实口，使口爽伤也。”“烂肠之食”高诱注：老子曰：五味实口，使口爽伤。故谓之烂肠之食也。可能引自《文子·九守》。

④ 丁原明：《黄老学论纲》，山东大学出版社 1997 年版，第 24 页。

⑤ 田旭东：《从〈汉志〉著录及出土文献看战国秦汉间的黄帝之学》，《西部考古》第 3 辑。

“孔子曰”非常多，郭沂编著了《子曰全集》一书，共984页，采自春秋至明代的二百三十多种典籍，可见“子曰”内容的丰富程度。[①]“老子”也一样，王利器有“两个老子”的说法，“自古在昔，分明有两个老子之存在，一者为道原，一者绪余，从可知矣”[②]。后一个“老子”就是指对《老子》思想的解释和发挥，而“老子曰”的形成，恰恰就是这个时期的产物。[③]

综上所述，《文子》文本并非固定不变的定本，而是不断变化甚至被改造被创作的文本，因此，不能从线性化、简单化的角度看待文本，不要在证据不足的情况下，直接判定《文子》为伪书，为后世的研究造成障碍。我们可以从文本流传的角度分析，尤其考虑到《汉志》本《文子》在《文子》流传过程中的重要性。笔者通过分析《汉志》本《文子》的可能来源、分篇、问题等特征，试图从动态的角度分析《文子》文本，对《文子》文本形成问题做出一种可能的解释。这种研究能使我们不会轻易否定《文子》文本的真实性，也会对先秦两汉《文子》文本的流动变化，提供一些可能的建议。

① 郭沂：《子曰全集》，中华书局2017年版。

② 王利器：《文子疏义·序》，中华书局2000年版，第6页。

③ 王利器指出，“予尝谓黄老之学，萌芽于战国，特至汉初，始有治黄老之学者而最录而笔之于书，是为《文子》”。虽然今本《文子》不一定在当时成书，但“老子曰”体例的形成，与当时的黄老思潮密不可分。参见王利器《文子疏义·序》，中华书局2000年版，第6页。

宋明理学研究

二程“‘孝弟’为‘行仁之本’”释义

郑　熊

（西北大学中国思想文化研究所）

摘要：通过对二程“孝弟”为“行仁之本”观点的探讨，有利于凸显二程思想的特质。二程认为作为具体道德规范的仁来自于人性，人性又是同天理紧密联系在一起的，仁与义、礼、智、信之间存在整体与部分的关系；此外，仁还是本体。“孝弟”为“行仁之本”一方面指作为道德规范仁的实施应该从“孝弟”开始，“孝弟”就是把仁付诸实践且具体落实到对父母兄弟的爱上；另一方面则是指仁体最终要外化为具体的“孝弟”德行。二程“孝弟”为“行仁之本”的观点来源于对前人思想的发挥，体现出二程把“孝弟”以及“仁”都看成具体的实践活动，同时这也凸显出二程在认为天地万物都是实有的基础上对现实的重视。

关键词：二程　孝弟　行仁之本

围绕着对“孝弟也者，其为仁之本与”（《论语·学而》）的理解，从汉代以来，儒者们形成了诸多看法。这些看法主要是围绕着人与仁、“孝弟”与仁的关系在讨论。① 宋代二程将其理解为“孝弟”为“行仁之

---

① 注：儒者对“孝弟也者，其为仁之本与”的理解涉及的问题，有学者研究指出：“（1）应当将‘为仁之本’读如‘为仁之本’还是读如‘为人之本’，或者读如‘为仁/人之本’？（2）应当将‘为仁之本’解作‘为（是）仁之本’还是解作‘为（行）仁之本’，或者解作‘为（是）/为（行）仁之本’？前一个问题涉及对仁、人关系的理解，后一个问题涉及对仁、行仁关系的理解，而这两个问题又都涉及对儒家之道的理解。”（陈洪杏：《“孝弟也者，其为仁之本与”义趣辨正——以近代以来〈论语〉注疏为中心》，《哲学动态》2012 年第 8 期）还有学者（转下页）

本”。如何来理解和评价二程的这种看法，这是值得探讨的问题。因为只有通过对其的阐发，才能凸显二程思想的特质。

一 知仁

“孝弟”为“行仁之本”，体现的是二程对“孝弟”与“仁”关系的探讨。要解析这种观点，必然首先要知仁，即知道二程“仁”的相关内容。对于二程的“仁”，学界存在一些看法。①不过，这些研究涉及的内容比较宽泛，并没有真正抓住二程“仁”的主旨。实际上，二程对仁有总的概述：“学者须先识仁。仁者，浑然与物同体。义、礼、知、信皆仁也。识得此理，以诚敬存之而已，不须防检，不须穷索。”② 在这段话中，二程首先指出学者必须要识仁，其次从“仁者，浑然与物同体”“义、礼、知、信皆仁也”两个层次来界定仁，最后指出涵养仁的诚敬修养方法。就对仁的界定来说，可以进一步从人性与仁、天理与性、仁与义、仁体等方面来阐述。

“义、礼、知、信皆仁也”，这是把仁作为具体的道德品质，它是人性的表现之一。二程说：“自性而行，皆善也。圣人因其善也，则为仁义礼智信以名之；以其施之不同也，故为五者以别之。合而言之皆道，别而言之亦皆道也。舍此而行，是悖其性也，是悖其道也。”（《河南程氏遗

（接上页）研究指出：“《论语》中‘孝弟也者，其为仁之本与’中的‘为仁之本’有两种不同的断句：‘为/仁之本’，即作为仁之根本；‘为仁/之本’，即实行仁的根本。‘为’的这两种用法在《论语》中都有，字面意思都通，关键在于其思想理路。前一种断句认为，这句话是从本体层面讲孝悌是仁之为（‘作为’）仁的根本；后一种断句则认为，这句话是从经验层面、从方法层面讲孝悌是‘为仁’（‘行仁’）的根本。”（蔡祥元：《亲—亲之爱：为仁之本与人之为人》，《文史哲》2015 年第 4 期）

① 注：学界对二程“仁”含义的研究，主要在探讨二程仁说时有所体现，这包含有：（1）把二程分开，分别指出程颢、程颐的仁说。如，陈来认为：“程颢的仁说思想主要有三：以一体论仁；以知觉论仁；以生意论仁”，而程颐的仁说则为“惟公近仁；爱人非仁；仁性爱情。”（《程门仁说略论》，载陈义初《二程与宋学：首届宋学暨程颢程颐国际学术研讨会论文集》，华东师范大学出版社 2013 年版，第 19、21 页）（2）把仁与其他道德范畴等联系起来考察。如，强昱在讨论程颐的仁学时，就从仁与公、仁与爱、仁与心、仁之体、仁与圣以及为仁之方等几个方面展开论述。（《程颐论仁》，《孔子研究》2007 年第 2 期）

② 程颢、程颐著，王孝鱼点校：《二程集·河南程氏遗书》卷第二上，中华书局 2004 年版，第 16—17 页。

书》卷第二十五，第318页）按照人性运行必然会体现出善行，善行蕴含着仁、义、礼、智、信五种道德规范，它们之所以会产生不同的名称就是由于它们针对的对象不同。此外，仁义等五种道德规范都是道的具体体现，人们不遵守仁义等道德规范，就是违背了人性、违背了道。对于仁义等道德规范与人性的关系，二程还针对有人问“四端不及信，何也”，回答说：“性中只有四端，却无信。为有不信，故有信字。且如今东者自东，西者自西，何用信字？只为有不信，故有信字。”（《河南程氏遗书》卷第十八，第184页）这是对信与人性、四端关系的探讨，认为人性中虽然只有仁、义、礼、智四端而没有信，但是在诚心应用四端的过程就蕴含着“信”。此外，二程还说：“智出于人之性。人之为智，或入于巧伪，而老、庄之徒遂欲弃智，是岂性之罪也哉？善乎孟子之言：‘所恶于智者，为其凿也。’”（《河南程氏遗书》卷第二十一下，第275页）在二程看来，老、庄之徒的弃智是由于他们把智同“巧伪”等同起来，而没有认识到来源于人性的智与“巧伪”的区别，这正如孟子所说人们之所以讨厌智者，应该讨厌的是他穿凿附会、歪曲事实，而非讨厌智者本身。

仁义等道德规范来自人性，人性又是同天理紧密联系在一起的。二程认为：

> 理则天下只是一个理，故推至四海而准，须是质诸天地，考诸三王不易之理。（《河南程氏遗书》卷第二上，第38页）
>
> 天之付与之谓命，禀之在我之谓性，见于事业之谓理。（《河南程氏遗书》卷第六，第91页）
>
> 上天之载，无声无臭之可闻。其体则谓之易，其理则谓之道，其命在人则谓之性，其用无穷则谓之神，一而已矣。（《河南程氏粹言》卷第一《论道篇》，第1170页）

这几段话包含了两层意思：一是认为理具有唯一性，天下只有一个理，天地万物都是以理为标准；二是认为命、人性、事理三者之间没有根本区别，寻其原因就是因为命、人性、事理都是来源于天理本体，而且作为看不见摸不着的天理本体又可以称之为易、道、性、神。人性来源于天理本体，天理本体具有的特性一定程度上也影响到人性。比如，作为本体的天理，从价值判断上来说，必然是善的。由天理而来的人性，一定程度上来说也应该是善的。对于人性，二程说：“‘生之谓性’，与‘天命之谓性’，同乎？性字不可一概论。‘生之谓性’，止训所禀受也。‘天命之谓性’，此言性之理也。”（《河南程氏遗书》卷第二十四，第 313 页）这就认为人性有“生之谓性”和“天命之谓性”两种，二者之间有着明显的差别，前者是说人生来就有的自然属性，后者则是说由天理转化而来的道德属性。由天理而来的道德属性，在二程看来必然也是善的。“性无不善，而有不善者才也。性即是理，理则自尧、舜至于途人，一也。才禀于气，气有清浊。禀其清者为贤，禀其浊者为愚。”（《河南程氏遗书》卷第十八，第 204 页）这里所说的“性无不善”就是说由天理转化而来的人性必然是善的，而由气大化流行而形成的“才”，即人禀气而成的材质则会出现不善。由于人性来源于天理，仁又是人性的表现之一，因而仁必然也是来源于天理，作为道德属性的仁必然也是善的。

人性包含仁、义、礼、智、信等具体内容，那么它们之间存在着什么关系呢？二程说：

> 仁、义、礼、智、信五者，性也。仁者，全体；四者，四支。仁，体也。义，宜也。礼，别也。智，知也。信，实也。（《河南程氏遗书》卷第二上，第 14 页）
>
> 仁载此四事，由行而宜之谓义，履此之谓礼，知此之谓智，诚此之谓信。（《河南程氏外书》卷第一，第 352 页）

二程把仁与义、礼、智、信四者看成整体和部分的关系，作为整体的仁包含了义、礼等四者，在一定程度上可以说义、礼等四者分别是仁在不同情况下的体现。或者说仁是体，义、礼等四者是用，仁与义、礼等四者之间存在着体用关系。此外，二程还单独讨论了仁与义、礼的关系，“仲尼言仁，未尝兼义，独于《易》曰：‘立人之道曰仁与义。’而孟子言仁必以义配。盖仁者体也，义者用也，知义之为用而不外焉，可与语道矣”（《河南程氏遗书》卷第四，第 74 页），“视听言动一于礼，谓之仁”（《河南程氏粹言》卷第一《论道篇》，第 1178 页）。这就通过《易传》及孟子对仁、义关系的讨论来说明仁体义用，此外用来规范视听言动的礼也是仁的体现。

二程把仁与义等的关系看成整体与部分的关系，是从道德规范的含义去理解仁。二程的这种思路，实际上延续的是孔子对仁与恭、宽等道德规范关系的界定思维模式。在孔子那里，仁与恭、宽等道德规范之间也是整体与部分的关系，也是体用关系。二程对仁的界定，还把仁理解成本体。这是在仁为道德规范基础上的进一步抽象。前文所说的“仁者，浑然与物同体”，就是把仁看成本体。[①] 之所以这样说，就是因为仁体与万物是相即关系，或者说仁体是以万物为载体，仁体寄存在万物之中。此外，二程还说：“仁者以天地万物为一体，莫非我也。知其皆我，何所不尽！不能有诸己，则其与天地万物，岂特相去千万而已哉?”（《河南程氏粹言》卷第一《论道篇》，第 1179 页）天地万物之所以能“一体”，就是建立在“我”上，而“我”指的就是仁体，仁体既是本体，也是主体。也正是由于有仁体这个本体，才能认知万物；假如没有仁体这个主体，则不能与天地万物融为一体。对于二程把仁体看成本体与主体的统一，有学者评价说：“这种主体与本体相统一的‘仁体’概念深化了天人合一的内涵，也提高了中国哲学的理论思维水平。”[②] 这种看法是比较确切的。

总之，二程把仁确定为道德规范，且仁与义等道德规范之间存在着整体与部分的关系。此外，二程还在仁为道德规范的基础上，把仁也看成了本体。这都为行仁提供了基础。

---

① 注：对“仁者，浑然与物同体”的理解，学界一方面阐发了其蕴含的内涵，如有学者就研究指出：“可以从三个向度来理解：从仁之体的角度看，人与天地万物同禀一理、一气而生，因而能在‘身—心’一体的基础上识自身痛痒并将此知痛知痒的心推扩出去；从仁之用的角度看，一体之心感通无碍，人便自然而然地对此‘大身体’有着不可推卸的责任感，具体表现为博施济众，立人达人；从仁之乐的角度看，仁者与万物一体无碍，人便能从这一体和谐中感受到心体的和乐安宁。”（李青：《论程颢“仁者浑然与物同体”的三个向度》，《怀化学院学报》2017 年第 2 期）此外则是同生态哲学思想联系起来探讨，如有学者指出：“‘仁者浑然与物同体’的仁学无疑可以为反思当下的生态问题提供思想资源。……以仁为生的观点，是程颢对儒家生态哲学的新开掘。本体论的天道、天理观，是程颢生态哲学的根基。”（李韦：《“仁者浑然与物同体”——程颢的生态哲学面向》，《兰州学刊》2012 年第 1 期）在这些探讨中，蕴含着以仁为本体的内涵。

② 乔清举、朱舒然：《二程“仁者浑然与物同体”的生态哲学思想》，《福建论坛·人文社会科学版》2018 年第 9 期。

二 行仁

在知仁的基础上，就应该要行仁。二程对此提出了“孝弟”为“行仁之本”的观点，结合上文二程对仁的界定，必然会涉及对“孝弟”为“行仁（道德规范）之本”、“孝弟”为“行仁（体）之本”含义的讨论。需要指出的是，“行仁之本”的“本”是指“开始”，而不是指“核心”“中心”。相应地，“孝弟”为“行仁之本”就是指从“孝弟”开始来“行仁”。“孝弟”为什么是“行仁”的开始？这就必然要讨论“孝弟”与“仁”的关系。此外，讨论“孝弟”为“行仁之本”的含义，还应该知道“孝弟”的主体。对此，二程说：“义训宜，礼训别，智训知，仁当何训？说者谓训觉，训人，皆非也。当合孔、孟言仁处，大概研穷之，二三岁得之，未晚也。”（《河南程氏遗书》卷第二十四，第314 页）二程认为人们在解释仁时，将其理解为“觉”或者“人”都是错误的，应该通过对孔子、孟子有关仁之话语的研读，就能发现对仁的定义必须结合主体——人来讨论。为此，二程明确强调：“仁，理也。人，物也。以仁合在人身言之，乃是人之道也。”（《河南程氏外书》卷第六，第391 页）作为人道的仁，就是天理落实在人身上的体现。如果没有人作为载体，仁也就不能成为人之道。

“孝弟”为“行仁（道德规范）之本”，涉及的是“孝弟”与道德规范仁之间的关系。如何说仁、义、礼、智、信是德性，那么“孝弟”就是德行。仁与义、礼、智、信之间关系的探讨，就是对德性之间关系的探讨。仁与“孝弟”关系的探讨，则是对德性与德行之间关系的探讨，同时也是对仁内涵的进一步界定。对于仁的内涵，二程在讨论时除了涉及“孝弟”外，还涉及公、忠恕、爱等。对于仁与公的关系，二程说：“仁道难名，惟公近之，非以公便为仁。”（《河南程氏遗书》卷第三，第63 页）这句话一方面指出仁是很难说明白的，只有用“公”才能来解释仁；另一方面则是说不能认为“公”就是仁。之所以可以“公”来解释仁，就是因为“仁之道，要之只消道一公字。公只是仁之理”（《河南程氏遗书》卷第十五，第153 页），也就是说仁道的关键在“公”，“公”就是仁道的体现。何谓“公”呢？二程说：“‘唯仁者能好人，能恶人。’仁者用心以公，故能好恶人。”（《河南程氏外书》卷第四，第372页）“公”有公平、公正的含义，也正是如此，仁者才会“好人”和“恶人”。至于不能认为“公”就是仁，则是因为“公”只是仁体现出的一方面，因而不能以偏概全。二程认为：“公者仁之理，恕者仁之施，爱者仁之用。”（《河南程氏粹言》卷第一《论道篇》，第1172页）这就认为“公”体现的只是仁之理，此外还有仁的实施以及仁的发用。仁的实施就是恕，当然还包括忠。忠恕与公还是紧密联系在一起的，“只为公，则物我兼照”（《河南程氏遗书》卷第十五，第153页）、“公最近仁，人循私欲则不忠，公理则忠矣。以公理施于人，所以恕也”（《河南程氏外书》卷第四，第372页）。仁体现出的“公”涉及的范围为“物我”，结合仁的实施，在对我上体现的就是忠，在对物上体现的就是恕，也就是尽己为忠、尽物为恕。对于忠、恕之间的关系，二程在面对人们所认为的“多在恕上”的观点，认为“多在忠上。才忠便是一，恕即忠之用也”（《河南程氏遗书》卷第二十三，第306页）。这就认为仁的实施关键在“忠”上，“恕”不过忠的发用。至于仁与爱的关系，二程明确说：“后人遂以爱为仁。恻隐固是爱也。爱自是情，仁自是性，岂可专以爱为仁……仁者固博爱，然便以博爱为仁，则不可。”（《河南程氏遗书》卷第十八，第182页）仁是性，爱是情，仁固然会体现出爱，爱来自仁，然而不能认为爱就是仁，这是因为爱不能够囊括仁。

如果说仁蕴含的公、忠恕以及爱等内涵，指出了仁体现出的价值取向、实施对象以及外化表现，那么仁到底从哪里开始呢？当然，仁所体现出来的公、忠恕以及爱等内涵，必然也会在仁开始的起点上体现出来。二程说：

> 问：“‘孝弟为仁之本’，此是由孝弟可以至仁否？”曰：“非也。谓行仁自孝弟始。盖孝弟是仁之一事，谓之行仁之本则可，谓之是仁之本则不可。盖仁是性也，孝弟是用也。性中只有仁、义、礼、智四者，几曾有孝弟来？仁主于爱，爱孰大于爱亲？故曰：‘孝弟也者，其为仁之本欤！’”（《河南程氏遗书》卷第十八，第183页）

在这段话中，二程针对有人把“孝弟为仁之本”解释为“由孝弟可以至仁”的观点提出了不同看法。之所以这样，就是因为二程认为把“孝弟为仁之本”解释为“由孝弟可以至仁”的观点实际上有把“仁”看成境界的趋向，而这并没有抓住仁含义的关键。有学者说：“在二程（程颢、程颐）看来，‘仁’作为儒家追求的道德理想，并非遥不可及，而是体现在日常人伦中的、通过行动可以实现的道德目标，而孝悌就是实现这一理想的初始阶梯。行孝悌本身就是在行仁，就是在朝着‘仁’的目标迈进。”① 这同样也是没有真正认识到二程仁的内涵。在二程看来，作为德性的仁如何具体实施出来，就应该从“孝弟”开始，“孝弟”就是把仁付诸实践且具体落实到对父母兄弟的爱上。此外，二程还进一步指出仁的实施之所以从“孝弟”开始，就是因为仁所蕴含的爱首先就应该从爱亲开始，而爱亲必然首先从爱父母兄弟开始。二程在面对有人问“为仁先从爱物上推来，如何”，就回答说：“不敬其亲而敬他人者，谓之悖礼，不爱其亲而爱他人者，谓之悖德……能亲亲，岂不仁民？能仁民，岂不爱物？若以爱物之心推而亲亲，却是墨子也。”（《河南程氏遗书》卷第二十三，第 310 页）这就指出“亲亲”应该是第一位，“亲亲”必然会带来“仁民”，最后也会带来“爱物”。既然“孝弟”是实施仁的开始，那么“孝弟”就为“行仁之本”。同时，“孝弟”不能作为“仁之本”，也就是说“孝弟”不能是仁的核心。之所以这样，实际上是二程看到了“孝弟”与仁内涵“公”“忠恕”“爱”的区别，“孝弟”虽然也是德行，但“孝弟”更凸显的是仁付诸实践的开始所在，并且仁落实在“孝弟”上也就是把“公”“忠恕”“爱”等在“孝弟”的事上体现出来。二程还指出仁与“孝弟”之间存在着体用关系，作为德行的“孝弟”必然是由德性的“仁”所决定的。“孝弟本其所以生，乃为仁之本。孝弟有不中理，或至于犯上，然亦鲜矣。”（《河南程氏外书》卷第六，第 378 页）“孝弟”作为行事仁的开始，必然会受到仁德的影响，在这种情况下，“孝弟”中就很少可能出现犯上作乱等事情。

对“孝弟”为“行仁之本”的释义，除了要阐释“孝弟”为“行仁（道德规范）之本”外，还要阐释“孝弟”为“行仁（体）之本”。对于

① 刘玉敏：《二程对“孝悌其为仁之本”的解读及其伦理意义》，《兰州学刊》2007 年第 4 期。

仁的功用，二程指出：“‘依于仁’者，凡所行必依著于仁，兼内外而言之也。”（《河南程氏遗书》卷第九，第107页）这就指出从内外两方面来行事，都必须以仁为准则。结合仁有道德规范以及本体的含义来说，外在行事按照仁来进行就是指上文所说的仁为体、“孝弟”为用，“孝弟”是仁德落实的表现；内在行事按照仁来进行则是指仁体最终要外化为具体的“孝弟”德行。对于仁体的外化，有学者就以程颢仁体的研究为例指出：“程颢虽然刻意拈出了仁之体的概念，但这仁体不论作为实体还是境界，均需要落实到日用常行之中。”[①]“孝弟”为“行仁（体）之本”就是指仁本体外化出来的道德规范中，“孝弟”就是首当其冲的。二程在回答刘安节所问“孝弟之行，何以能尽性至命也”的问题时说：“世之言道者，以性命为高远，孝弟为切近，而不知其一统。道无本末精粗之别，洒扫应对，形而上者在焉。世岂无孝弟之人？而不能尽心至命者，亦由之而弗知也。”（《河南程氏粹言》卷第二《心性篇》，第1257页）二程认为人们只看到了性命和“孝弟”的外在特点，没有注意到二者的统一性。在二程看来，性命就像道一样是形而上的，作为本体的仁同样也是形而上的，“孝弟”之人通过“尽心至命”最终是能够认知仁本体的。

“孝弟”为“行仁之本”指出来行仁的行动方向，要保证行仁的正常进行，还必须要存仁。对此，二程主要通过诚敬的修养方法来实现的。对于诚，在二程那里有多种含义。比如，“诚者实理也”（《河南程氏粹言》卷第一《论道篇》，第1169页）、“诚者合内外之道，不诚无物”（《河南程氏遗书》卷第一，第9页），就是把诚看成本体。作为修养方法的诚，二程说：

> 学者不可以不诚，不诚无以为善，不诚无以为君子。修学不以诚，则学杂；为事不以诚，则事败；自谋不以诚，则是欺其心而自弃其忠；与人不以诚，则是丧其德而增人之怨。今小道异端，亦必诚而后得，而况欲为君子者乎？故曰：学者不可以不诚。（《河南程氏遗书》卷第二十五，第326页）

① 向世陵：《二程论仁与博爱》，《孔子研究》2015年第2期。

在二程看来，学者必须有诚，否则就不会出现善行，也不会成为君子。具体来说，学者进行的“修学”“为事”“自谋”“与人”都必须要有诚，就连非君子的“小道异端”也必须通过诚才能够获得。诚，指专一。专一体现在人们的日常生活中，“舞射便见人诚”（《河南程氏遗书》卷第五，第 78 页）。人们通过诚就会“自然无累”，否则“不诚便有累”（《河南程氏遗书》卷第六，第 87 页）。二程还说：“诚然后能敬，未及诚时，却须敬而后能诚。”（《河南程氏遗书》卷第六，第 92 页）这就认为诚与敬的两种修养方法是紧密联系在一起的，诚必然会敬，诚还没达到时则先要敬。通过诚敬的修养方法，才能存仁。二程为此说：“知、仁、勇三者，天下之达德，所以行之者一。一则诚也。”（《河南程氏遗书》卷第二上，第 19 页）这就认为智、仁、勇三种美德必须要通过诚来存养。

总之，结合二程对仁的界定，“孝弟”为“行仁之本”可以分解成“孝弟”为“行仁（道德规范）之本”和“孝弟”为“行仁（体）之本”两个方面来理解。这两个方面都显现出“孝弟”是行仁的开始。此外，要行仁必须要存仁，而存仁则需要通过诚敬等修养方法来实现。

三　余论

二程与汉唐学者对“孝弟也者，其为仁之本与”理解有区别也有联系。何晏、皇侃对此的注、疏分别为“先能事父兄。然后仁道可大成”“此更以孝悌解本，以仁释道也，言孝是仁之本。若以孝为本，则仁乃生也。仁是五德之初，举仁则余可知也”。[①] 这都是把“孝弟”看成仁道的核心，认为由“孝弟”最终会形成仁道，并进一步指出仁是五德之始，由仁德必然会产生义、礼、智、信四德。需要说明的是，何晏等人的理解虽然把“孝弟”主要看成纯粹的道德规范，指出“孝弟”为“仁”的核心，但在一定程度上也注意到了“孝弟”的实践性，“先能事父兄”体现出“孝弟”不再是纯粹的观念。二程则在此基础上，进一步提出了“孝弟”为“行仁之本”的观点。对此，有学者评价说：“‘仁’作为孔门第

① 何晏集解、皇侃义疏：《论语集解义疏》卷一，《丛书集成初编》，商务印书馆 1937 年版。

一要义，不能仅仅停留在对它的含义的认知上，孝悌对于‘仁’的意义也不应仅仅停留在‘人之所以为人’的理论讨论上，而应落实到具体行动中。”① 这是非常确切的。

二程的“孝弟”为“行仁之本”观点认为“孝弟”是仁付诸实践的表现，且具体落实到对父母兄弟的爱上。这实际上就是把“孝弟”看成具体活动，看成要付诸实践的德行。二程思想对实践的重视，实际上是延续了儒学的一贯传统。对于儒学的这个特点，有学者就指出：“儒学学问重视实践，而不着重于知识理论的论证和概念的思辨。”② 在二程看来，不仅“孝弟”的实施要落实到具体事上，仁同样也要落实到具体事上。二程说：“‘敬以直内，义以方外’，仁也。若以敬直内，则便不直矣。行仁义岂有直乎？‘必有事焉而勿正’，则直也。夫能‘敬以直内，义以方外’，则与物同矣。”（《河南程氏遗书》卷第十一，第120页）这就是从仁与敬、义的关系上来说明的，认为“义以外方”能凸显出仁，因为“义以外方”把“义”落实到了外在事物上，而“敬以直内”则不能体现“直”，因为“敬”向内寻求则脱离了具体事物，使“直”没有了落实的载体。为了凸显仁的这个特点，二程还将其与“圣”相比较。针对有人问“仁圣何以相别”，二程认为：“惟圣人为能尽仁，然仁在事，不可以为圣。”（《河南程氏遗书》卷第十六，第173页）“盖仁可以通上下言之，圣则其极也。圣人，人伦之至。伦，理也。既通人理之极，更不可以有加。若今人或一事是仁，亦可谓之仁，至于尽仁道，亦谓之仁，此通上下言之也。”（《河南程氏遗书》卷第十八，第182页）二程一方面认为仁与圣存在尽道程度的不同，达到极致称之为圣，通上下皆可称之为仁；另一方面则认为尽仁的实施必须落实在事上，也就是说仁与事是紧密联系在一起的。

“孝弟”和“仁”的实施必须要落实到具体事情上，这凸显出二程重视现实的特点。二程之所以持这样的观点，在于认为天地万物都是实有的。二程明确指出：“天地之间，有者只是有。譬之人之知识闻见，经历

① 刘玉敏：《二程对“孝悌其为仁之本”的解读及其伦理意义》，《兰州学刊》2007年第4期。

② 蔡仁厚：《宋明理学·北宋篇·绪论》，吉林出版集团有限责任公司2009年版，第1页。

数十年，一日念之，了然胸中，这一个道理在那里放著来。”（《河南程氏遗书》卷第二上，第31页）在二程看来，天地万物都是实实在在存在的，就像知识闻见一旦形成就会在人们心中根深蒂固地存在。此外，二程还进一步指出：“有实则有名，名实一物也。若夫好名者，则徇名为虚矣。”（《河南程氏遗书》卷第十一，第129页）具体存在的事物，必然有与之相配套的名字，名与实应该相统一。二程对天地万物实有特性的重视，也影响到他们思想体系的其他方面。比如，二程就说：“今之学者，往往以游、夏为小，不足学。然游、夏一言一事，却总是实。如子路、公西赤言志如此，圣人许之，亦以此自是实事。后之学者好高，如人游心于千里之外，然自身却只在此。”（《河南程氏遗书》卷第十五，第145页）人们在学习中，应该要像子游、子路等一样，不管是事小还是事大，只要从实事做起就行，不要脱离现实。

程颢对玄学的继承与发展探析*

丁　涛

（南通大学文学院）

摘要：玄学确立了儒道会通的价值取向，并使“理”观念的哲学意义得到提升。王弼提出“至理”“理极”等观念，使“理”具有普遍意义而成为万物的本体。郭象提出“独化之理”说，使“理”成为万物生成的依据。但玄学还遗留了悬而未决的问题：在本体论方面存在缺陷以及没有将儒、道思想在理论上统一起来。程颢沿着儒、道会通的价值取向，首先，在玄学“理”观念的基础上提出“天理”作为万物的本体，并进一步吸收、改造《周易》生成论思维，将天理同时作为万物生成的根据，使本体论思想更加完善；其次，通过生、仁互训，将儒家的仁德观念与道家的自然观念融入到“天理”本体中，从而最终在理论上实现了儒、道会通。

关键词：玄学　理学　程颢　王弼　郭象

关于理学与玄学，冯友兰指出：“道学的主题是讲‘理’，这是接着玄学讲的。”① 又说：“由玄学一转语，便是道学。”② 金春峰也认为“理学在某种意义上是玄学的继续”③。冯友兰、金春峰等指出了玄学与理学

* 本文为江苏省社会科学基金项目“二程著述辨析及思想关系研究”（项目号：22ZXD001）阶段性研究成果。

① 冯友兰：《中国哲学史新编》（下），人民出版社1999年版，第25页。

② 冯友兰：《关于〈美的历程〉的一封信》，《三松堂全集》第13卷，河南人民出版社1994年版，第982页。

③ 金春峰：《从比较联系中考察玄学》，《文史哲》1985年第4期。

的联系，但没有对此深入探讨。程颢是宋明理学的重要开创者和奠基者，其思想与魏晋玄学有密切关联。本文以程颢的天理思想为切入点，探讨理学对玄学思想的继承与发展。

一　玄学的学术贡献及遗留问题

玄学是魏晋时期流行的社会思潮，以《老子》《庄子》《周易》为核心思想材料，以王弼、郭象等人为主要代表。玄学讨论的内容是社会现实问题与哲学问题的统一，所要解决的现实问题是名教与自然的矛盾，所探讨的哲学问题则是本体论问题。玄学的学术贡献以及未能解决的问题，对理学思想的形成具有重要意义。

（一）玄学的学术贡献

玄学的学术思路主要有两个方面。首先，确立了儒道会通的价值取向。名教与自然是玄学中的重要范畴，分别代表儒、道二家的价值观。名教，一般指儒家礼教和道德规范。自然，一般指自身本然、自性状态。儒家强调礼治教化，道家则主张自然无为。汉末魏晋时期，社会黑暗，经学衰落，儒家名教异化为追名逐利的工具，人们开始习惯于放纵行乐，违礼之举大量出现，名教信仰产生危机。玄学的出现正是为了解决现实中的名教危机，正如学者高晨阳所说："如何调整或调和自然与名教的关系，使双方获得协和与统一，成为玄学的中心课题。"① 何晏、王弼等人主张"名教出于自然"，认为名教必须建立在自然的基础之上。郭象主张"名教即自然"，认为现实中的名教礼法是合乎自然的。无论是王弼还是郭象，都主张会通儒家之名教与道家之自然。

其次，王弼、郭象等玄学家提高了"理"在哲学史上的地位。钱穆先生指出："此一理的观念之郑重提出，若谓于中国思想史上有大功绩，则王郭两家当为其元勋。"② 在先秦道家文献中，"理"只是事物的分殊之

---

① 高晨阳：《自然与名教关系的重建：玄学的主题及其路径》，《哲学研究》1994 年第 8 期。

② 钱穆：《庄老通辨》，生活・读书・新知三联书店 2002 年版，第 331 页。

理，并不具有普遍意义。《老子》中并无“理”字；《庄子》对“理”字有所运用，如“依乎天理，批大郤，导大窾，因其固然”（《庄子·养生主》），这是庖丁对解牛的描绘，此处“理”指牛体的生理结构；再如“其用于人理也，事亲则慈孝，事君则忠贞，饮酒则欢乐，处丧则悲哀”（《庄子·渔父》），此处“理”是指人的自然本性。《庄子》中的“理”是附属于“道”的观念，指个别事物的自然本性或规律，并不具有普遍意义。

王弼提出“至理”“理极”等观念，使“理”具有普遍意义，从而提升了“理”的哲学意义。王弼认为虽然具体事物各有其理，但是众理可以会归为一。他说：“夫事有归，理有会。故得其归，事虽殷大，可以一名举；总其会，理虽博，可以至约穷也。譬犹以君御民，执一统众之道也。”[①] 王弼所谓“理虽博，可以至约穷也”，是说可以把广博的事物之理会归为“执一统众”之理。“执一统众”之理，即王弼所谓“至理”或“理极”。他说：“我之教人，非强使人从之也，而用夫自然。举其至理，顺之必吉，违之必凶。”（《王弼集校释·老子道德经注·第42章》，第118页）又说：“能尽理极，则无物不统。极不可二，故谓之一也。”（《王弼集校释·论语释疑·里仁》，第622页）王弼强调“至理”“理极”的重要性，认为顺应“至理”、把握“理极”，就能统御一切事物。因此，“理极”“至理”已经不再是具体事物的分殊之理，而是天地间一切事物运行的普遍原则。

在郭象的思想中，“理”概念的哲学意义更加丰富。首先，郭象吸取了王弼的“至理”观念，使“理”具有普遍意义，如：“故理至则迹灭矣。今顺而不助，与至理为一，故无功。”[②]“是非死生，荡而为一，斯至理也。至理畅于无极，故寄之者不得有穷也。”（《南华真经注疏·内篇·齐物论注》，第56页）以上“至理”都具有普遍意义。其次，郭象使“理”成为万物生成的依据。郭象反驳“有生于无”的说法，提出了“独化论”，指出：“是以涉有物之域，虽复罔两，未有不独化于玄冥者也。

---

① 王弼著，楼宇烈校释：《王弼集校释·论语释疑·里仁》，中华书局1980年版，第622页。

② 郭象注，成玄英疏，曹础基、黄兰发点校：《南华真经注疏·内篇·逍遥游注》，中华书局1998年版，第9页。

故造物者无主，而物各自造，物各自造而无所待焉，此天地之正也。”（《南华真经注疏·内篇·齐物论注》，第57页）郭象认为万物皆“独化于玄冥”，而不是源于造物者，如陈荣捷先生所说：“郭象对造物者的否认是十分彻底的。”① 他进而提出“独化之理”作为万物生成的依据，他说：“推而极之，则今之所谓有待者，率至于无待，而独化之理彰矣。”（《南华真经注疏·杂篇·寓言》，第545页）又说：“卒至于无待，而独化之理明。”（《南华真经注疏·内篇·齐物论注》，第57页）郭象认为事物的生成不必依傍他物，只凭“独化之理”即可。“独化之理”即事物不依傍他物而独自生成的原理。郭象把“独化之理”作为万物生成的依据，从而使“理”概念的哲学意义得到进一步的提升。综上，王弼提出“至理”“理极”等概念，使“理”具有普遍意义。郭象提出“独化之理”说，使“理”成为万物生成的依据。玄学使“理”概念的哲学意义得到了很大提升，为理学“天理”概念的提出做了理论铺垫。

（二）玄学遗留的问题

玄学的理论体系并不完善，在以下两个方面较为突出：其一，玄学的本体论还有待发展。余敦康先生曾指出：“在中国的天人之学中，讲本体不能脱离生成，生成应该是本体的一个本质属性。”② 在中国传统哲学中，本体论与宇宙论往往是融合在一起的，但玄学于此还有不足。王弼将“无”作为万物的本体，但在解释万物生成时遇到了理论困难。王弼吸取《老子》“有生于无”的宇宙论，指出“凡有皆始于无，故未形无名之时，则为万物之始”（《王弼集校释·老子道德经注·第1章》，第1页）。在王弼的思想体系中，“无”和“有”既是体用关系，又是母子关系。然而，“有生于无”命题本身就是一个悖论。“无”究竟是什么？这是无法正面回答的。如果说出它是什么，它就不再是“无”而变成“有”，如果不对它进行解释，又难以将它作为宇宙万物的起点。将不可言说的“无”作为万物的起点，必然有诠释上的困难。王弼“有生于无”的宇宙论，遭到了诸多反对。裴頠《崇有论》就对王弼大肆攻击，指出“夫至无者

① 陈荣捷：《中国哲学文献选编》，江苏教育出版社2006年版，第305页。
② 余敦康：《魏晋玄学史》，北京大学出版社2004年版，第293页。

无以能生，故始生者自生也”[1]，裴頠认为绝对的“无”不能产生任何东西。在裴頠等人的理论攻击下，王弼的理论相形见绌。

郭象否定了“道”的万物本源意义，提出“独化论”的观点，认为万物不依傍于他物而自然化生。“独化论”即郭象的宇宙生成论。唐代时期，郭象的“独化论”遭到了佛教信徒的批评。宗密云：“又言万物皆是自然化生，非因缘者，则一切无因缘处悉应生化，谓石应生草，草或生人，人生畜等。”[2] 宗密指出如果万物都是自然化生的，而不是因缘和合而成的，那么在一切不存在因缘关系的地方，都应该有生成化育现象，比如石头中长草，草生出人等，可事实并不是如此。佛教对郭象生成论的批评是有见地的，郭象的“独化论”忽视了事物之间的联系，没有注意自然中固有的生成规律。此外，郭象的“独化论”也没有解释世界的源头，世界从何而来仍然是神秘不可知的。与佛教以现实世界为虚幻有所不同，中国儒、道二家都承认现实世界的真实性，因此，他们必须为现实世界的来源做出说明。

其二，虽然玄学主张统一名教与自然，但他们并没有在理论上将二者统一起来。王弼以自然为本，以名教为末，主张“崇本息末”，显然是将自然置于名教之上。郭象的“名教即自然”也有不足，他认为现实中的一切名教都是符合自然的，呼吁人们安时处顺，思想走向消极。在郭象的思想中，即使是“吃人”的礼教，也是符合自然的。对于解决现实中的名教异化问题，郭象的理论意义不大。因此，虽然玄学家提出了统一自然与名教的主张，但并没有在理论上将二者贯通起来。玄学的理论缺陷对于理学思想的产生具有重要意义，因为这正是理学的理论出发点。以程颢为代表的理学家们，将继续探讨玄学悬而未决的问题。

二　程颢对玄学本体论的发展

鉴于玄学在本体论方面存在的不足，程颢在玄学“理”观念的基础

---

① （晋）裴頠：《崇有论》，《晋书》卷三十五《裴頠传》，中华书局 1974 年版，第 1046 页。

② 董群译注：《原人论全译》，巴蜀书社 2008 年版，第 89 页。

上提出“天理”作为万物的本体，并吸取《周易》的生成论，将“天理”作为万物生成的依据。通过这样的改造，“天理”既是万物的本体，又是万物生成的依据，从而成为最高的哲学范畴，使本体论思想更加完善。

首先，程颢继承并发展了玄学的“至理”概念，提出“天理”作为万物的本体。程颢说：“天理云者，这一个道理更有甚穷已？不为尧存，不为桀亡。人得之者，故大行不加，穷居不损。这上头来，更怎生说得存亡加减？是他元无少欠，百理具备。”① 程颢在此指出天理具有“百理具备”的特点，不是指具体事物之理，而是包含了万事万物之理。程颢的“天理”与王弼所谓“夫事有归，理有会”的会归之理一致，都是可以“执一统众”的普遍原则，是万事万物所共同遵循的原理。

其次，程颢论“天理”不仅统摄事物，也统摄人性。玄学家所谓“理”多指事物之理，而没有指向人的本性，如王弼所谓“物无妄然，必由其理”（《王弼集校释·周易略例·明象》，第 591 页），郭象所谓“物物有理，事事有宜”（《南华真经注疏·内篇·齐物论注》，第 44 页），等等。程颢“天理”则统摄了人的本性。他说：“‘万物皆备于我’，不独人尔，物皆然。都自这里出去，只是物不能推，人则能推之。虽能推之，几时添得一分？不能推之，几时减得一分？百理具在，平铺放着。”（《二程集》，第 34 页）此处“万物”与“百理具在”相对应，指天理而言。程颢指出“‘万物皆备于我’，不独人尔，物皆然”，意谓人和自然万物皆是天理本体的呈现，因此，人的本性和万物的本性皆源于天理这一根据。和玄学相较，程颢认为人的本性也是“天理”的呈现，从而使“天理”的本体意义进一步丰富。

再者，程颢所谓“天理”不仅是万物的本体，而且是万物生成的依据。在郭象的思想中，就有把“独化之理”作为万物生成依据的观点，使“理”统摄生成意义，但程颢并未继承玄学的宇宙论，而是吸收了《周易》的宇宙论。《周易》是玄学的重要经典，被列为“三玄”之一，但《周易》的宇宙论并没能引起玄学家们的重视。王弼“有生于无”的宇宙论和郭象的“独化论”都遭到了当时或后来学者的批评。程颢吸收

① （宋）程颢、程颐著，王孝鱼点校：《二程集》，中华书局 1981 年版，第 31 页。

《周易》的宇宙论，认为包含人类在内的宇宙万物皆是天地阴阳二气变化而来的。他说："天地阴阳之变，便如二扇磨，升降盈亏刚柔，初未尝停息，阳常盈，阴常亏，故便不齐。譬如磨既行，齿都不齐，既不齐，便生出万变。故物之不齐，物之情也。"（《二程集》，第32—33页）程颢认为万物皆出于天地阴阳二气之变，由于阳常盈、阴常亏，所以才生出不同的自然万物。又说："人在天地之间，与万物同流，天几时分别出是人是物?"（《二程集》，第30页）程颢认为天并未有意区分人和自然万物。人和自然万物一样皆源于天地阴阳二气，皆是阴阳二气大化流行的产物。以《周易》解释万物化生是北宋理学家的共同特点，不仅程颢如此，周敦颐、邵雍、张载等人也是如此。但程颢不像邵雍、周敦颐那样以"有""无"解释《周易》，也不像张载那样以"清虚一大"言说《周易》，而是以"天理"解释《周易》，将"天理"作为万物生成的依据。

关于天理是阴阳二气变化的依据，程颢还说："易是个甚？易又不只是这一部书，是易之道也。不要将易又是一个事，即事尽天理，便是易也。"（《二程集》，第31页）程颢指出"易"不只是一部书，而且是"易之道"，"易之道"即事物运动变化所遵循的原理。在《周易》中，"易"本指阴阳二气的变易，程颢所谓"易之道"，即阴阳二气变易所遵循的依据。他还说："夫天之生物也，有长有短，有大有小。君子得其大矣，安可使小者亦大乎？天理如此，岂可逆哉?"（《二程集》，第125页）程颢认为万物存在长、短、大、小等参差不齐的现象，都是依据"天理"而生成的。长、短、大、小等是万物存在的形式，形式决定于"天理"，因此，"天理"就是"易之道"，即万物生成的根据。

和玄学相较，程颢提出"天理"作为万物生成的根据具有进步意义。首先，他改良了王弼"有生于无"的宇宙论。在"有生于无"的理论下，"无"和"有"既是体用关系，又是母子关系。可是，在母子关系中，"无"如何产生"有"这是难以回答的。程颢"天理论"则吸收道家的体用关系而摒弃其母子关系，"天理"是"气"的运行依据，而非"气"之母。其次，程颢回应了宗密等佛教信徒对郭象"独化论"的批评。郭象"独化论"认为万物独自生化，否认事物之间的因缘联系，事物从何而来成为"不可知论"，招致佛教信徒提出"草或生人，人生畜"的质疑。程颢将"天理"作为万物生成的根据，认为万物的生成是由天理决定的，万物的长、短、大、小等参差不齐的现象也取决于“天理”。郭象“独化论”的理论缺陷在于缺乏支配万物生成的根据，程颢将天理作为万物生成的根据恰恰解决了郭象的理论不足。

综上，程颢继承并发展了王弼、郭象的“理”概念，提出“天理”作为万物的本体，并以“天理”统摄人性，丰富了本体论意义。他还抛弃了玄学的生成论，吸收《周易》的生生之论，认为宇宙万物以阴阳二气作为物质基础，以“天理”作为生成依据。通过以上构建，“天理”成为最高的哲学范畴，是宇宙论与本体论的圆融结合。程颢对“天理”本体的构建，是对玄学的进一步发展，其实质是改造了玄学的“理”观念，并与《周易》的生成论融合。

三　程颢对儒、道会通理论的建构

玄学确立了儒道会通的价值取向，但王弼、郭象等人并未真正在理论上实现二者的会通。程颢沿着玄学的会通精神，建构了较为完善的儒、道会通理论体系。理学最重要的“天理”观念就体现了儒家精神与道家精神的会通。程颢的天理论是在玄学“理”观念的基础上发展而来，因此，鲜明地继承了玄学的自然价值观。譬如，程颢说：“天地万物之理，无独必有对，皆自然而然，非有安排也。”（《二程集》，第 121 页）此处说明了“理”的自然意义。程颢还说：“言天之自然者，谓之天道。”（《二程集》，第 125 页）程颢在此明确肯定了天道的自然特征。在程颢的思想体系中，“理”和“道”互通，此处“天道”即“天理”。程颢又说：“圣人循理，故平直而易行。异端造作，大小大费力，非自然也。”（《二程集》，第 142 页）这段材料是程颢对佛教的批评，他认为佛教造作而不自然，圣人循理而自然，再次肯定了“理”的自然意义。玄学的“理”观念是程颢“天理”观念的基础，因此，自然观念是程颢“天理”观的基本内容。程颢理论创新的关键，在于把儒家的价值观融入到天理观念中，从而在理论上实现了儒、道价值观念的统一。程颢作了如下理论建构：

首先，与玄学将“名教”作为儒家的基本价值有所不同，程颢将“仁”作为儒家的基本价值。程颢对“仁”非常重视，著有《识仁篇》，曰：“学者须先识仁。仁者，浑然与物同体。义、礼、知、信皆仁也。”

（《二程集》，第 16 页）程颢将“识仁”作为学者修身之要旨，把“仁”当作全德，认为义、礼、智、信等都属于仁的内容。和玄学相比，程颢对儒家精神有更深刻的理解，因为“仁”比“名教”更能体现儒家的基本精神。“仁”与“名教”的关系，即《论语》中“仁”和“礼”的关系。在孔子的思想中，“仁”是比“礼”更加重要的概念。孔子生活在礼崩乐坏的春秋时期，礼仪制度遭到了践踏，譬如“八佾舞于庭”“三家者以《雍》彻”“季氏旅于泰山”（《论语·八佾》）[①] 等，孔子对此发出感慨：“人而不仁，如礼何？人而不仁，如乐何？”（《论语·八佾》）孔子认为假如没有仁，礼和乐是没法运用的。由此可见，孔子认为“仁”比“礼”更加重要，正如钱穆先生所说：“孔子言礼，重在礼之本，礼之本即仁。”[②] 程颢重视“仁”而非“名教”，是对玄学理论的发展，因为“仁”比“名教”更符合儒家的基本精神。

其次，程颢将“仁”与“生”互训，使“生”具有仁德意义。在《周易》中就有将“生”解释为“德”的先例，譬如“天地之大德曰生”“日新之谓盛德”（《周易·系辞》）等。程颢将“生”“仁”互训，是对《周易》思想的继承和发展。他说：“万物之生意最可观，此元者善之长也，斯所谓仁也。”（《二程集》，第 120 页）在程颢看来，万物的生机最可观，这就是首要的善，也就是所谓仁。万物的生机就是“仁”，于是“生”就有了仁德意义。程颢又说：“医书言手足痿痹为不仁，此言最善名状。仁者，以天地万物为一体，莫非己也。认得为己，何所不至？若不有诸己，自不与己相干。如手足不仁，气已不贯，皆不属己。”（《二程集》，第 15 页）在这段材料中，程颢没有明确将“仁”释为生机，但却有这层寓意在其中。他赞同医书所说手足痿痹为不仁，又说“手足不仁，气已不贯，皆不属己”，“不属己”便是失去知觉，缺乏生机；与此相反，“仁”则可解释为有知觉，有生机。他又说：“切脉最可体仁。”（《二程集》，第 59 页）这依然体现出了“仁”的生意，因为切脉时能真切地感受到脉搏的跳动，此乃生命的体征、生机的体现。他还说：“观鸡雏，此

---

① 八佾是六十四人之舞，只有天子才能用，而季氏只是大夫，只能用四佾，因而僭礼。《雍》是天子之礼，季氏作为大夫不该擅用。只有天子和诸侯才有资格祭祀名山大川，季氏作为大夫没有资格祭祀泰山。以上皆是僭礼行为。

② 钱穆：《论语新解》，生活·读书·新知三联书店 2002 年版，第 54 页。

可观仁。”（《二程集》，第 59 页）这同样表达了“仁”的生机之意，“鸡雏”即刚破壳而出的小鸡，生意盎然，朝气蓬勃，程颢认为“此可观仁”，也体现出了“仁”的生生之意。总之，通过“生”“仁”互训，“仁”有了生生不息之意，“生”则具有了仁德意义。

最后，以“生”为桥梁，沟通“天理”与“仁”。“生”除了具有仁德意义外，还是“天理”本体的特征。“天理”是程颢思想中的最高范畴。程颢以阴阳二气作为万物的物质基础，以“天理”作为万物的生成依据，而“天理”的特征就在于生生不已。程颢说：“‘成性存存，道义之门’，亦是万物各有成性存存，亦是生生不已之意。天只是以生为道。”（《二程集》，第 30 页）这是程颢对《周易》“成性存存，道义之门”的解释，认为生生不息是万物的本性，并指出天道的特征就在于生生不已。程颢又说：“‘生生之谓易’，是天之所以为道也。天只是以生为道，继此生理者，即是善也。”（《二程集》，第 29 页）程颢再次指出生生不息就是天道，天道只在于生生不息，因为能够继承此生生之理就是“善”。此处“生理”即“天理”。综上，天理即生生不息之理，“生”是天理本体的特征，而“生”又具有仁德意义，于是，天理本体也就有了仁德意义。

程颢通过“生”建立仁德与天理本体之间的联系，为仁德和天理之间架构起一座桥梁，于是，仁德就成了天理本体的特征。通过这样的构建，天理本体不仅含有道家的自然意义，还兼具儒家的仁德意义。程颢在本体层面实现了自然与仁德的统一，解决了玄学没能完成的儒、道会通问题。程颢会通儒道二家所依据的重要典籍是《周易》。《周易》虽为“三玄”之一，但《周易》的宇宙论、“天地之大德曰生”“日新之谓盛德”等理论，都没能引起王弼等人的足够重视。程颢则沿着玄学的辙迹，进一步吸取《周易》思想，最终完成了儒、道会通。

四　结语

理学与玄学是具有内在联系的。二者的时代背景有所不同，但思想主旨一致，都是要会通儒、道二家学说。玄学面对的是儒家名教异化的问题，因而援引道家以救治儒家之弊。理学面对的是佛教文化的冲击，因而援引道家共同对抗佛教。殊途同归，不同的时代问题使玄学和理学拥有共同的思想主旨。

理学思想在形成中解决了玄学悬而未决的问题。王弼和郭象的本体论还有所不足，程颢以“天理”统摄王、郭的“道”“至理”“独化之理”等范畴，使“天理”成为内涵丰富的最高哲学范畴。实现儒、道会通，是程颢对玄学的又一重要发展。儒、道二家在先秦时就有思想交锋，儒家指责道家“蔽于天而不知人”（《荀子·解蔽》），若以道家的视角看儒家，则是“蔽于人而不知天”。玄学欲去两短而取两长，确立了儒、道会通的价值取向，但并没有完成二者的统一。程颢沿着玄学指出的方向，将儒家的仁德观念和道家的自然观念融入“天理”观念中，在理论上完成了儒、道会通，奠定了宋明理学的发展基础。

在经典诠释和观念使用方面，理学和玄学也有延续性。玄学与理学均重视对《周易》的研究与诠释，并表现出前后相继的学术理路。《周易》是“三玄”之一，程颢在建构宇宙生成论、赋予天理仁德意义时，较多地借鉴了《周易》的思想。此外，玄学与理学都注重对“理”观念的运用，从先秦道家到魏晋玄学，再到宋明理学，“理”观念一脉相承，其哲学意义层层递进，最终成为最高的哲学范畴。玄学为理学的产生做了很多理论准备工作，如果没有玄学的理论铺垫，理学的产生将不会如此顺利。

儒士、理学与元杂剧：理学影响下的元杂剧创作

朱　军

（西北大学中国思想文化研究所）

摘要：元代前期科举废止，部分儒士地位转变，沦落市井并投身戏曲创作。书会才人群体的多样化不仅使元杂剧创作日益成熟，还使其蕴含丰富的思想内涵。受到理学思想影响的杂剧作者既想维护儒家的纲常伦理，教化大众；又因接触现实而与封建传统思想离心离德、渐行渐远。其双重身份、双重心态使他们创作的杂剧作品具有两面性：既有宣扬伦常道德、内圣外王的理学观念，也有抨击黑暗现实、痛斥传统道德的反理学因素。

关键词：儒士　理学　元杂剧　伦常道德

元杂剧是中国古典戏曲艺术的代表，它与元散曲一并合称“元曲”，代表元代文学史上的最高成就。理学在元代逐渐渗透到基层社会，使得理学伦理思想日益成为社会的行为准则，这也对元杂剧的创作产生了深远影响。以往元杂剧研究一方面集中于元杂剧史、杂剧总体状况以及作者、作品艺术分析、戏剧作品艺术表现形式、文学内涵以及其产生的原因等；另一方面则集中在杂剧的体制研究、艺术成就上。在对元杂剧与理学的关系研究上，仅将理学视为影响杂剧兴衰的外在因素①，将杂剧作品视作思想

① 陈谷嘉：《元代理学伦理思想研究》（湖南大学出版社2010年版）、邓黛：《儒家伦理观与元杂剧中的慈孝风俗画》（《戏曲艺术》2014年第2期）皆从一方面剖析了部分元杂剧作品中的伦理思想；佟德真：《理学流变与元杂剧兴衰》（《学术论坛》1995年第4期）、赫广霖：《论宋元理学对杂剧发展的影响》（《杭州电子科技大学学报》2009年第1期）论述了宋元之际理学（转下页）

史的史料，系统研究元杂剧的思想内涵及其成因则鲜有论及。因此有必要在前人研究的基础上，进一步梳理元代儒生地位转变对元杂剧创作群体构成的影响，剖析理学在元代正式成为官方哲学，悬为令甲后，官方思想与世俗文学的互动关系，以期从思想史的角度揭示理学世俗化对杂剧创作的影响及杂剧作品中凸显的理学与反理学双重因素。

一 元代儒士地位的变化与儒士化的书会才人

相较前代而言，儒士在元代并非一个受到重视的身份。“修齐治平”的儒家立身之道在元代统治者的眼中并不是任用他们的主要依据。早在成吉思汗统治的蒙古王朝时期，成吉思汗便在征伐中看到更多的优秀文明，以全真道为代表的道家文化和以耶律楚材为代表的儒家文化都受到了他的重视。然而从实用的角度看，道家文化被用来安抚民众，儒家文化则被看作巫术卜筮。[①]窝阔台虽继承其志，继续吸收汉文化，其间也有兴建书院、祭祀孔子、开展戊戌选试等有利于儒学发展的举措，但是仍未改变儒士的境遇。陶宗仪的《南村辍耕录》记载“国朝儒者，自戊戌选试后，所在不务存恤，往往混为编氓”[②]，由此则材料可以看出，即便是评价颇高的戊戌选试也仅使寥寥数人得以入仕为官。

“儒学大宗师”忽必烈在建元以后为巩固其统治地位，听取刘秉忠“以马上取天下，不可马上治”（《元史》卷一五七《刘秉忠传》，第3688页）的建议，广招贤才。忽必烈虽对儒家核心的理论观念并不感兴趣，但因其深谙“能行中国之道，则中国之主也”[③]的道理，将维护统治、富

（接上页）地位变化对杂剧兴衰的关系，认为理学的兴盛、思想的禁锢是造成杂剧衰落的原因，但忽略了在杂剧发展中对理学思想内涵的吸收；范冬梅《试析元杂剧的反传统道德倾向》（《赤峰学院学报》2007年第3期）认为元代游牧民族对汉文化的冲击使杂剧作品中出现反传统的倾向。

① 元宪宗蒙哥谈论儒家时仍问“儒家何如巫医？”可以看出蒙哥将儒者与巫相等同。（宋濂等撰：《元史》卷一二五《高智耀传》）这一观点即便在忽必烈建元之后仍然盛行，忽必烈重视刘秉忠在巩固政权中的作用，其中重要原因就是“其阴阳术数之精，占事知来，若合符契”。（明）宋濂等撰：《元史》卷一五七《刘秉忠传》，中华书局1976年版，第3694页。

② （元）陶宗仪：《南村辍耕录》卷二《高学士》，中华书局1959年版，第24页。

③ （元）郝经撰：《陵川集》卷三七《与宋国两淮制置使书》，文渊阁四库全书第1192册，台湾商务印书馆1986年影印本，第432页下。（以下文渊阁四库全书皆使用此版本，不再标注。）

国强兵看作统治策略的重中之重，利用儒士的身份、言论来维护统治，可见塑造其政权合法性才是第一要务。① 这也是李璮之乱爆发后忽必烈与儒士迅速产生嫌隙，并任用阿合马理财的重要原因。故而即便忽必烈支持汉法政治，许衡仍然认为“万世国俗，累朝勋旧，一旦驱之下从臣仆之谋，改就亡国之俗，其势有甚难者”（《元史》卷一五八《许衡传》，第 3719 页）。

即便如此，仍然有部分儒士通过各种路径，如窝阔台的戊戌选试、知名官员的举荐等进入仕途之中。苏天爵记载“世祖之在潜藩也，尽收亡金诸儒学士及一时豪杰知经术者而顾问焉”②，“帝在潜邸，思大有为于天下，延藩府旧臣及四方文学之士，问以治道”（《元史》卷四《世祖一》，第 57 页）。面对统治者务实的需求，姚枢、许衡等人在阐发性命之学同时，更多的是将务实作为首要之举。正如许衡“明人伦”“为国用”的教育理念，以建学校教化大众为己任。他将经典口语化，通过《中庸直解》《大学直解》之类书籍，将程朱理学思想向基层社会传播。

元代前期科举废止致使更多的儒士流落民间。元朝重视根脚，元初帝王并不急于恢复科举考试，自金亡（1234 年）至元仁宗延祐二年（1315），被士人奉为入仕之门的科举考试废止八十年之久（北方地区在金亡后便不再有科举，南方地区南宋继续科举考试，从 1279 年南宋灭亡至延祐二年为 39 年）。科举废止，知识分子晋身仕途、获得荣誉的道路也随之变得狭窄。虽然儒士可以通过名士举荐或者充任吏员等途径出仕为官③，但是相较唐宋科举兴盛之时，此时的儒士已经丧失了四民之首的地位。一些生活在元初思想较为激进的宋遗民因亡国之故，将元代儒士的地位之低无限夸大，正如谢枋得、郑思肖等，他们认为：

我大元制典，人有十等，一官、二吏，先之者，贵之也，贵之

---

① 无论是郝经的“天下有定理而无定势”，还是许衡的“华夷千载亦皆人”，这些理论宣传少数民族是中华民族的一分子，批判了狭义的民族主义正统论。这些正是忽必烈在政权初建之时所急需的理论。参见朱军《元代理学影响下的正统论》，《西北大学学报》（哲学社会科学版）2016 年第 3 期。

② （元）苏天爵编：《元文类》卷四一《进讲》，商务印书馆 1936 年版，第 547—548 页。

③ 参见许凡《元代吏制研究》，劳动人事出版社 1987 年版。

者，谓有益于国也。七匠、八娼、九儒、十丐，后之者，贱之也，贱之者，谓无益于国也。嗟乎卑哉！介乎娼之下，丐之上者，今之儒也。[①]

像谢、郑二氏之激进言论在元初不乏少数。他们将儒者地位介于“娼”“丐”之间，以此来论证元代儒士社会地位急剧下降的状态。这也影响了后世很多学者对此的看法。[②] 但是纵观元代并未有此立法，在耶律楚材的极力推动下，自窝阔台朝起，元代户计制度中“儒户”[③] 享有与释、道相等的优免赋役的特权，正如萧启庆所述“儒户的地位和各种宗教教士相似，享有不少优待，而唯一的义务是每户必须有一人入学读书。儒户制度遂成为宋代科第官宦世家家学家风延续之保障，当时流传的‘九儒十丐’的说法，并不反应实情”[④]。在元朝的“族群等级制度”下，蒙古人和色目人拥有相对较高的权力和地位，汉族儒士在户计制度的庇护下，他们的经济待遇不一定低下，但是政治地位却十分低。

“根脚”制度是根据家世晋用官员，若干皇室的家臣家族被认为是“大根脚”，世享荫袭特权。伴随着科举的废止，儒士社会政治地位下降，不能再像宋代文人那样“学成文武艺，货与帝王家”“一举成名天下知”，正如元散曲家张可久所言：“谈文章不到紫薇郎，小根脚难登白玉堂。”[⑤] 如果说生活在宋代是文人的幸事，那么元初则是文人不幸的时代。一代代知识分子心怀天下，却只能在动荡的年代苟延残喘，故而心理出现极大落差。即便是窝阔台朝的戊戌选试，也仅是昙花一现，在失去了耶律楚材等

① （元）谢枋得：《叠山集》卷二《送方伯载归三山序》，文渊阁四库全书第 1184 册，第 870 页下。

② 参见钱穆《国史大纲》，商务印书馆 2013 年版，第 658 页；蒙思明：《元代社会等级制度》，中华书局 1980 年版，第 174 页。

③ “元代户计分别是军、民、匠、站、盐、医、僧、道、儒等数十种。各色户计皆需世守其业，不能更改。”参见黄清连《元代户计制度》，台湾大学文学院 1997 年版；高树林：《元代赋役制度研究》，河北大学出版社 1997 年版，第 221 页。

④ 参见萧启庆《元代的儒户：儒士地位演进史上的一章》，载《内北国而外中国：蒙元史研究》，中华书局 2007 年版，第 371—414 页。

⑤ （元）张可久：《水仙子·归兴》，载杨朝英编《朝野新声太平乐府》，中华书局 1958 年版，第 64 页。

庇护后，儒户优免政策也未能持续贯彻。《南村辍耕录》言“国朝儒者自戊戌选试后，所在不务存恤，往往混为编氓”（《南村辍耕录》卷二《高学士》，第 24 页）。儒士们为了出仕和生计的需要，开始探索其他的途径，《元史·选举志》记载：“贡举法废，士无入仕之阶，或习刀笔以为吏胥，或执仆役以事官僚，或作技巧贩鬻以为工匠商贾。”① 即便随着恢复科举，士人有了参加科考的途径，但区别蒙汉特殊科考制度的本质是不公平的。如萧启庆所言：“元代官员的登庸，武官端赖世袭，文职则以荫补为主，制举、保举为辅。世袭和荫补乃是以家庭背景——也就是所谓的‘根脚’——为主要评准，和学问全无关系。凡在蒙古建国、伐金、灭宋过程中立下功勋的蒙古、色目、汉人家庭，便是‘大根脚’之家，世享荫袭特权，垄断了绝大部分五品以上的职位。”② 根深蒂固的等级制度以及取士数量的稀少③，使那些勉强中举的知识分子“每每抑沉下僚，志不获展”“盖当时台省元臣，郡邑正官及雄要之职，中州人多不得为之”④，“其得为者，不过州县卑秩，盖亦仅有而绝无者也”⑤。故而“朝为田舍郎，暮登天子堂”“状元试三场，一生吃著不尽”⑥ 的美好局面在元代被彻底打破。

---

① （明）宋濂：《元史》卷八一《选举一》，第 2017 页。元朝“仕进有多歧，铨衡无定制”（《元史》卷八一《选举一》，第 2016 页），正如许凡《元代吏制研究》中指出由吏员进入仕途是众多儒士的选择。因此，多数没落书生也寄希望于吏进，陆文圭有言：“科场既罢，士各散去。经师老宿，槁死山林。后生晚进，靡所矜式，贸然进取者，又阔远于事情类为操刀笔者。”（《墙东类稿·中大夫江东肃正廉访使公墓志铭》），“科举未行之前，儒皆为吏”（许有壬：《至正集》卷七五《吏员》，第 530 页下）。这一点也影响到了元杂剧创作，在剧作品中常出现“儒吏合一”的人物，如《鲁斋郎》中的张珪“幼习儒业，后进身为吏”；《还牢末》中的李荣“幼年颇看诗书，今在东平府作着个把笔六案都孔目”等。儒者通过委身吏员来进入政治圈，以期得到晋升官道的机会，但是机会并非如理想，多数儒吏终身为吏。

② 萧启庆：《元代的儒户：儒士地位演进史上的一章》，第 399 页。

③ 姚燧《牧庵集·送李茂卿序》中总结元朝入仕为官途径中，儒者为官仅“十分一之半”，叶子奇《草木子》中更言“科目取士，只是万分之一耳，殆不过粉饰太平之具”。

④ （明）胡侍：《真珠船》卷四《元曲》，《四库存目丛书》子部第 102 册，齐鲁书社 1995 年版，第 334 页。

⑤ （明）叶子奇：《草木子》卷三《克谨篇》，中华书局 1957 年版，第 49 页。《元史·选举志》：“试蒙古生之法宜从宽，色目生宜稍加密，汉人生则全。”在这样的背景下，即便恢复科举，对于汉族士人的仕途之路也仅是杯水车薪。

⑥ （宋）魏泰著，燕永成整理：《东轩笔录》卷十四，朱易安、傅璇宗等主编：《全宋笔记》第二编第八册，大象出版社 2017 年版，第 109 页。

儒生们所要面对的不仅有心理上的落差，还有生活质量的变化。他们原本试图通过中举获得功名、官职以换取优渥生活的愿望因科举废止而被打破，形成“士失其业”[①] 的局面。这些失落的儒生手无缚鸡之力且缺少理财经商的才能，谋生手段日趋狭窄，常被时人所耻笑：“小夫贱隶，亦皆以儒为嗤诋。”[②] 正因如此，儒生“时艰士失业，十家九寒饥”[③]。就是在这样的背景下，一部分理学化的儒士融入书会才人群体，开始以撰写杂剧作为谋生手段，他们的经济状况本就不甚乐观，迫于养家糊口的压力，他们越过耻于言利的儒家义利观，将知识转化为资本来谋取利益，成为卖文活命的落魄书生。原本以“齐家治国平天下”为务的风雅儒士，至此时则境遇大变。成为专门编撰剧本的“书会才人”成为儒士谋生的一种重要选择。

“书会才人”是元杂剧的创作主体，也是赋予作品内涵的重要因素。“书会”一词内涵多样，据《都城纪胜·三教外地》记载：“都城内外，自有文武两学，宗学、京学、县学之外，其余乡校、家塾、舍馆、书会，每一里巷须一二所，弦诵之声，往往相闻”[④]，此处书会与乡校、家塾并列，类似于私塾。随后“书会”之内涵扩大，加入了撰写杂剧的士人，《武林旧事》“书会”条目增加了“作赚绝伦”的李霜涯以及“谭词”的李大官人等。如御京书会、武林书会等遍及各地。故而在一定程度上说明，书会慢慢成为杂剧作者的集合点，或是元代戏曲作家所结合的团体。聚集于书会之中、编撰杂剧的作者则称之为“才人”。原指有才华、才能的“才人”到了宋元间被冠之于进行剧本以及话本创作的群体。在宋代文人地位较高的情况下，市井间创作戏曲剧本的“才人”之称便未有褒奖之意；元代因文人地位转变，故而从事杂剧、话本创作之人地位则更为低下。钟嗣成记录杂剧、话本作者的《录鬼簿》称“人之生斯世也，但以已死者为鬼，而不知未死者亦鬼也，酒罂饭囊，或醉或梦，块然泥土

---

① （元）揭傒斯：《文安集》卷十《富州重修学记》，文渊阁四库全书第1208册，第232页。

② （元）余阙：《青阳集》卷二《贡泰父文集序》，文渊阁四库全书第1214册，第381页。

③ （元）仇远：《金渊集》卷一《寄钱塘亲旧》，文渊阁四库全书第1198册，第14页。

④ （宋）耐得翁：《都城纪胜·三教外地》，文渊阁四库全书第590册，第12页。

者，则其人与已死之鬼何异？”[①] 钟氏以“鬼”称剧作者，便可见其地位低下之状。根据《录鬼簿》《录鬼簿续》《南村辍耕录》等书的记载，可看到宋元之际，戏曲、话本的创作呈现出增长的趋势，这得益于大量儒士融入书会才人群体之中，其中就有很多具有理学素养的文人。[②] 这一变动致使书会才人群体数量增加、人员构成多样化。在不被重视的情况下此群体的数量仍然增加，这与宋元之际较“开放”的社会风气不无关系，但更深层次的原因是宋元之际社会的动荡与儒士地位的变化。

书会才人地位低下，撰写剧本、话本亦非一件值得别人艳羡的工作。故而元代文人投身戏剧创作也并非心甘情愿。根据《录鬼簿》及《录鬼簿续编》中记载的228位杂剧作者[③]中，既有像关汉卿、马致远和白朴等旧家子弟，他们或家族世代为官（官阶不一），或家境殷实，自幼接受传统的儒家教育，在士大夫阶层的文化氛围中长大。[④] 按照原本的轨迹，他们修习学业、科举中第，属于准“士大夫阶层”。在元代特殊的社会背景下，他们因仕途前景渺茫而忘情于勾栏瓦肆之间，排解心中的情怀。还有另一类人，则是原本寄希望于考取功名，却因科举无望，将知识转化为资本来谋取利益，成为卖文活命的落魄书生。

在“文翰晦盲”的时代，这些知识分子可谓生不逢时。社会动荡、

① （元）钟嗣成：《录鬼簿·自序》，上海古籍出版社1978年版，第2页。钟嗣成编撰《录鬼簿》并非讽刺挖苦元杂剧作者，相反钟氏本身也是儒士，而在元朝仕途之路举步维艰的情况下，委身于杂剧创作中，他在自序中有言“缅怀古人，门第卑微，职位不振，高才博艺，具有可录”（《录鬼簿·自序》），所以，正如朱凯序中所言“故其胸中耿耿者，借此为喻，实为己而发之”（《录鬼簿·朱凯序》）。钟嗣成既是在为元杂剧作者留名，也是在感慨自身的境遇。

② 元杂剧作者中融入了大量具有理学素养的儒士，他们虽然不一定都是纯粹的理学名士，但是在程朱理学被奉为圭臬的教育体制下，这其中尤以恢复科举之后，他们受到理学影响是毋庸置疑的。参见张维娟《元杂剧作家的女性意识》，中华书局2007年版，第173页。

③ 《录鬼簿》《录鬼簿续编》中记载元杂剧作者中有47位被称为“前辈名公有乐章传于世者”，他们被钟嗣成认为是元杂剧的先驱，这其中除了“董解元”无官衔以外，其他诸如太保刘秉忠、学士阎仲章、参政姚燧等，皆有较高的政治身份地位。他们现存著作中与此相关的多为散曲，并未有完整的杂剧作品存世，他们列于《录鬼簿》之卷首，亦可说明钟嗣成有借此抬高中下层戏曲创作群体地位的目的。此外在元代杂剧作家的队伍中，存在较多儒士，且为“儒吏”，根据《录鬼簿》和其他书补录，有近百位较为出名的杂剧作家，或是儒士出身，或以吏为业，兼做杂剧作家，或先后从事吏职和杂剧作家。

④ 根据《录鬼簿》《录鬼簿续编》《延祐四明志》等诸多文献记载，元杂剧作家中亦有一些通过不同途径进入仕途的人，诸如马致远官至江浙儒学提举、杨梓官至浙东宣慰副史、赵天赐官至镇江府判等，这些人虽然也有官位不低之辈，但不能否认他们儒士的身份。

科举废止阻塞了他们仕途的晋升道路，理想的破灭使他们走进勾栏瓦肆，与下层民众、倡优杂伎艺人为伍，这样的境遇使他们比前朝的士大夫更了解社会底层的生活。生活境遇使这些知识分子型的才人不同于那些完全混迹社会的世俗作者，他们虽不能出将入相，但是仍然区别于市井小民。他们具有双重的身份和心态：一方面，他们有传统的教育经历，拥有儒家文化的根底，故而他们内心仍保留着儒家的“安身立命、修齐治平”的政治渴望；另一方面，迫于生活的压力，他们又沉沦于下层社会，委身于勾栏瓦肆之间从事世俗文学的创作来满足生活的基本需求，所以他们内心中充满了“骂世、叹世、怨世”的愁苦情绪。正因如此，在市井小民的心中，这些杂剧作者仍然是儒雅文士，并非纯粹意义上的世俗才人。这种双重身份和矛盾的心态，使他们的杂剧作品中具有了独特的内涵，他们既有着传统儒家知识分子的情怀，也体会过世间疾苦，“人间多少不平声”敲打着他们的心灵，他们将书写剧本看作表达情怀的重要途径。比如白朴的《唐明皇秋夜梧桐雨》与《裴少俊墙头马上》，前者塑造失路文人气质中的儒家风骨，后者泼辣李千金则体现市井小民的民间色彩，展现出对封建道德的批判，这便是这种两重身份在作品中的体现。故而黄宗羲认为：“王实甫、关汉卿之院本，皆其一生之精神所寓也。”①

政治身份及其待遇的转变，仕途无望的沮丧以及生活的压力促使理学化的儒士自觉降低自身精英的身份，转投元杂剧创作群体。他们的加入促使文化传播下移，也直接抬升了书会才人群体的出身和文化修养。虽身居市井之中，但他们的内心仍然具有传统儒士“兼济和独善”的处世情怀，虽不能成为辅佐君王的股肱之臣，但可将理想寄托在杂剧描绘中的人物身上，正如荀子所言：“儒者在本朝则美政，在下位则美俗。”（《荀子集解·儒效》）市井生活的磨砺又使他们有别于传统儒士，社会底层悲欢离合促使他们更清晰地看到人间百态，对下层社会观念的阐扬中包涵对传统伦常的反抗。故而这些非传统意义上的“理学家”所创作元杂剧作品中，就呈现出理学思想影响下的伦常观念和内圣外王的救世情怀以及民间世俗思想影响下讽刺社会、呼吁公平的反传统思想。

---

① （清）黄宗羲著，沈善洪主编，吴光执行主编：《靳熊封诗序》，《黄宗羲全集》第10册，浙江古籍出版社2005年版，第62页。

二　元杂剧中理学伦理思想的体现

古代戏剧发展经历数个阶段，元之前的戏剧故事性较弱，如王国维所言：“古剧者，非尽纯正之剧，而兼有竞技游戏在其中，既如前两章所述矣。盖古人杂剧，非瓦舍所演，则于宴集用之。瓦舍所演者，技艺甚多，不止杂剧一种；而宴集时所以娱耳目者，杂剧之外，亦尚有种种技艺。观《宋史·乐志》《东京梦华录》《梦粱录》《武林旧事》，所载天子大宴礼节可知。即以杂剧言，其种类亦不一。正杂剧之前，有艳段，其后散段谓之杂扮，二者皆较正杂剧为简易。此种简易之剧，当以滑稽戏竞技游戏充之，故此等亦时冒杂剧之名，此在后世犹然。”① 宋金时期“杂剧院本者，其中有滑稽戏，有正杂剧，有艳段，有杂班，又有种种技艺游戏”②。从唐代的歌舞剧到宋金的滑稽戏，随着宋元小说文本的发展，杂剧的故事内容和教化功能也不断增加，③ 故而有了“而论真正之戏曲，不能不从元杂剧始”④ 的评价。

但是宋代理学家重道轻文。程、朱就反复强调“作文害道”，将诗歌创作称之为“闲言语”，诗词尚且如此，市井文学的代表就更难入理学家之眼，即便到了明清时期也被弃于正统文学之外，王国维先生曾言：“凡一代有一代之文学：楚之骚、汉之赋、六代之骈语、唐之诗、宋之词、元之曲，皆所谓一代之文学，而后世莫能继焉者也。独元人之曲，为时既近，托体稍卑，故两朝史志与《四库》集部，均不著于录；后世硕儒，皆鄙弃不复道。”⑤

在宋元文道关系融合以及杂剧故事性增强的双重作用下，杂剧被儒士所鄙弃的状态在元代稍有转变。这其中重要的因素正是前文所述儒士地位转变。少量儒士墨守书斋将经典通俗化，更多的儒士流落民间，广泛搜集

① 王国维：《宋元戏曲史》，中华书局 2015 年版，第 67 页。

② 王国维：《宋元戏曲史》，第 71 页。

③ 王国维有言：“宋之滑稽戏，虽托故事以讽时势，然不以演事实为主，而以所含之意义为主。虽其变为演事实之戏剧，则当时之小说，实有力焉。”（《宋元戏曲史》，第 31 页）

④ 王国维：《宋元戏曲史》，第 70 页。

⑤ 王国维：《宋元戏曲史·自序》，第 1 页。

民间孝行故事、英雄传说。通过他们巧妙的笔法，生动地刻画了众多阐扬儒家伦理道德、修身齐家治国平天下的人物形象，呈现给世人大量的宣传儒家伦理道德和社会道德的元杂剧伦理剧。[①] 这些被历代儒士斥为难登大雅之堂、不被“性理之学”所重视的民间戏曲作品也逐渐成为阐发理学思想的媒介之一。其中，理学化的伦常观念和内圣外王的救世思想表现尤为突出。

（一）忠君、孝悌观念

孔孟的伦理观念至宋元得到强化，封建礼仪秩序被融进了程朱的“理”学概念，封建伦理道德因此成为不可逾越的道德秩序。元杂剧产生的时代是封建道德伦常最为兴盛的年代，自然也受其影响。以备受推崇的“孝悌”观念为例，孔子有言：“其为人也孝悌，而好犯上者鲜矣。不好犯上而好作乱者，未之有也。君子务本，本立而道生。孝悌也者，其为仁之本与?”（《论语·学而》）可见在中国封建社会“孝”为仁之本，既是理学伦理思想的基础，更是儒家思想的根基。元朝标榜孝道，至元年间有大臣进言“钦惟国家四海乂安，百有余年，列圣相承，典礼具备，莫不以孝治天下”（《元史》卷七七《祭祀·至正亲祀太庙》，第1912页）。世祖忽必烈认可此事便是实证。因此，元杂剧中对孝悌观念的描述最为普遍。

元杂剧中树立了众多具有孝悌观念的孝子贤母形象。作为“总编修

① 本文所选取元杂剧如有元刊本则选用《新校元刊杂剧三十种》（中华书局1980年版）；未有元刊本的则选用王季思主编《全元戏曲》收录的整理本。元杂剧因未进入正统文学的殿堂，故而历来戏剧作品散佚严重，就元杂剧作品来说，除《元刊杂剧三十种》所保存的以外，多为明人改动的明代版本，其中明代赵琦美编订《脉望馆钞校本古今杂剧》、臧懋循《元曲选》较为重要，王季思整理的底本也多从中选取。戏曲文学作品流传演变有其自身特点，不像诗文那样有固定的版本不容改动。戏文创作实质是集体成果，通过作者撰写脚本，演员再创作，舞台演出后的修订而成，所以元明对杂剧的改动是不可避免的。但是就现存元明杂剧的修订来看，明代对元戏曲主要起到校订和润饰功能，使文句通畅、声律和谐，内容充实，这也正是臧懋循所谓“参伍修订”“删抹繁芜”的内容。法国戏剧学者安娜·于贝斯菲尔德（Anne Ubersfeld）把剧本叫作“有空隙的文本”，是充实剧情的“还原”作品。以《脉望馆钞校本古今杂剧》中内府本考察，修订后的杂剧作品亦是文笔朴拙，时见粗陋，可见改动不大。所以不能以现存杂剧作品多为明代改编本来否定元杂剧作品在研究元代思想文化中的价值。亦可参见孔杰斌《元杂剧的明代改编本研究》，广西师范大学出版社2018年版。

帅首”的关汉卿这方面的作品尤多，《感天动地窦娥冤》便是其中最具代表性的作品。《窦娥冤》出自《汉书·于定国传》《列女传》中的“东海孝妇”传说，关汉卿将“孝妇”形象中的“孝”观念无限放大，我们从作品中看到的是一个将儒家传统伦常中的孝道发挥到极致的女性形象。窦娥丈夫死后，生活艰辛不易，但在与蔡婆相依为命之时，窦娥心中唯有两个念头“我将这婆侍养，我将这服孝守，我言词须应口”[①] 支撑她生活。“将这婆侍养”“将这服孝守”是她此生应尽的义务。而在蔡婆被主审官用刑之时，窦娥却说道“休打我婆婆，情愿我招了罢”[②]，以死保全婆婆性命。直至被斩之时，仍不忘嘱咐父亲：“俺婆婆年纪高大，无人侍养，你可收恤家中，替你孩儿尽养生送死之礼。我便九泉之下，可也瞑目。”[③]其父窦天章也感慨“好孝顺的儿”。关汉卿塑造的窦娥形象，把恪守孝道发挥到了极致。

刘唐卿的《降桑椹蔡顺奉母》同样塑造了一个极孝顺的形象。《降桑椹》源自“二十四孝”，刘唐卿在杂剧作品中将此故事重塑。蔡顺严守孝道，认为“想人子立身，莫大于孝。孝乃百行之源，万善之本也”[④]，在其母患病时至隆冬有意吃桑椹，却无法获取。蔡顺便对天发誓，“则愿的母病安妥，父命延长，子寿愿夭”[⑤]，愿意以自己的生命换取母亲的安康，天地为之动容，最终的结果虽有神话色彩，仍然表达了作者对孝感动天的认同感。

兄友弟恭也是儒家伦理道德的重要方面，在元杂剧中也有许多描述。如秦简夫的《宜秋山赵礼让肥》用《汉书·赵孝传》作为原型，讲述赵礼、赵孝兄弟间的情谊，弟弟为了母亲与哥哥能充饥，让自己饿肚子，却“赔着个笑脸儿百般的喜恰”[⑥]；兄长听闻弟弟赴死则哭喊“他是我一父母

① （元）关汉卿：《感天动地窦娥冤》第一折《天下乐》，王季思主编：《全元戏曲》（第 1 卷），人民文学出版社 1999 年版，第 186 页。

② （元）关汉卿：《感天动地窦娥冤》第二折《采茶歌》，第 196 页。

③ （元）关汉卿：《感天动地窦娥冤》第四折《鸳鸯煞尾》，第 210 页。

④ （元）刘唐卿：《降桑椹蔡顺奉母》第一折首语，王季思主编：《全元戏曲》（第 2 卷），第 564 页。

⑤ （元）刘唐卿：《降桑椹蔡顺奉母》第二折《逍遥乐》，第 576 页。

⑥ （元）秦简夫：《宜秋山赵礼让肥》第一折《醉扶归》，王季思主编：《全元戏曲》（第 5 卷），第 5 页。

的亲兄弟，兄弟有难，要我做甚么？可不道兄弟如手足，手足断了难续"[1]。他们共同谱写一部兄友弟恭的伦理感情剧。秦氏的《贤达妇杀狗劝夫》则是从反面说明兄弟间如不相亲相爱，就会受到坏人挑拨，后果不堪设想。

封建纲常观念在理学盛行的时代被理学家们抬升到至高的地位，杂剧作品中歌颂"三纲五常"的作品也愈发盛行，从南戏《琵琶记》中描绘的既有有贞有烈的赵贞女，又有全忠全孝的蔡伯喈，描绘出一幅"子孝与妻贤"[2] 的美好画面开始，至关汉卿《窦娥冤》被进一步抬升，此后诸如秦简夫《东堂老劝破家子弟》里浪子回头的扬州奴、《宜秋山赵礼让肥》里兄友弟恭的赵氏兄弟、《晋陶母剪发待宾》里母慈子孝的陶侃母子皆可为固守封建伦常的典范之作。

理学将封建纲常与天地本原的"理"相联系，封建伦理便具有了先天道德的背景，无条件地遵从成为准则。理学所宣扬的"三纲五常"等封建条例被融入其中，成为传播理学道统思想的工具，亦为封建统治者的利益服务。这就造成一些士人在创作杂剧时，一味宣扬没有底线的遵守忠孝仁义。这是元杂剧伦理思想中理学因素的另一种表现。

"君为臣纲，父为子纲，夫为妇纲"的所谓"三纲"观念是封建统治得以生存发展的精神支柱。在理学家们看来，君臣、父子、夫妇严格的等级从属关系是不可僭越的，从而有了"君要臣死，臣不得不死，父让子亡，子不得不亡""天下无不是的父母""饿死事小，失节事大"等极端的愚忠、愚孝的伦常道德观念。

古代社会父母认为子女的孝是天经地义，要求子女对父母的绝对服从。司马光曾言："凡诸卑幼事无大小，必咨禀于家长……安有父母在上而其下敢恣行不顾者乎?"[3] 他认为子女的权利、自由受到父母的约束。这一观点在元杂剧描述的父子关系中多有表现。如在《张公艺九世同居》中，张公艺子嗣的生活已被其安排妥当，"大的个治家，第二个习文，第

---

① （元）秦简夫：《宜秋山赵礼让肥》第二折《随煞尾》，第 12 页。

② （元）高明：《蔡伯喈琵琶记》第一折《水调歌头》，王季思主编：《全元戏曲》（第 10 卷），第 133 页。

③ （宋）司马光：《书仪》卷四《居家杂仪》，文渊阁四库全书第 142 册，第 479 页。

三个习武”[①]。子女的生活、未来的规划皆由父母定夺，子女所能做的就是“为男的孝于父母，做女的善待公姑”[②]，不能产生异议。同时子女的婚配也遵从“父母之命，媒妁之言”的封建规制。《竹坞听琴》的郑彩鸾，她无法在没有父母之命的情况下去寻求一个如意郎君，在面对官府政令的逼迫下，委身于道观。正如其言“师父但放心，你着我如今嫁那个人去？不如出家倒也干净”[③]。出家并非郑彩鸾看破红尘，而是在抗议父权家长社会中对父母主婚的推崇，也是对传统礼教的盲目因循。而在这样的前提下，加之政治、经济等利益的驱使，父母为其子女所做的就是按照自己的利益需求，安排子女的婚配。《闺怨佳人拜月亭》中王尚书就为了自家光耀门楣，强行为女儿和养女各自选取文武状元为婿，此事惹得女儿王瑞兰叹息：

> 他则图今生贵，岂问咱夙世缘。违着孩儿心，只要遂他家愿。则怕他夫妻百年，招了这文武两员，他家里要将相双权。不顾自家嫌，则要旁人羡。[④]

此外《朱太守风雪渔樵记》中刘父嫌弃女婿“偎妻靠妇，不肯进取功名”，不顾女儿夫妻情义，强逼玉天仙索取休书，并言：“孩儿也，你若讨了休书，我拣着那官员士户财主人家，我别替你招了一个；你若是不讨休书呵，五十黄桑棍，决不饶你！”[⑤] 尽管也有描述反抗父母对子女婚姻问题独断专权的作品，而且杂剧作品的很多婚恋戏最终以所谓的“美满婚姻”收场。这恰恰反映了父权、夫权社会，“三从四德”对女性的压迫，而且不论是否反抗父母对于婚姻问题的宰制，元杂剧中所反映的女性

---

① （元）无名氏：《张公艺九世同居》第一折首语，王季思主编：《全元戏曲》（第 7 卷），第 159 页。

② （元）无名氏：《张公艺九世同居》第一折《混江龙》，第 160 页。

③ （元）石子章：《秦修然竹坞听琴》楔子，王季思主编：《全元戏曲》（第 3 卷），第 235 页。

④ （元）关汉卿：《闺怨佳人拜月亭》第四折《庆东原》，载徐沁君校点《新校元刊杂剧三十种》，第 52 页。

⑤ （元）无名氏：《朱太守风雪渔樵记》第二折首语，王季思主编：《全元戏曲》（第 6 卷），第 391 页。

“及时成婚”，其实在一定程度上也是为了完成政令中对婚龄的要求①，并非完全出自个人意识表现，也不能等同于现代意义的男女爱情，这样建立的家庭也多数是为了满足男性权利的要求。

《窦娥冤》中的窦娥、《看钱奴》中的周长寿皆因为父卖身，生活悲惨，这些无一不是“父为子纲”牺牲品。更有甚者，在无名氏的杂剧《小张屠焚儿救母》中，作者描绘的是一个为母治病不惜一切代价的孝子形象，但是做法却是将亲生孩子投入香炉祈求以一缕青烟换母病得愈，这与《二十四孝》中的“郭巨埋儿”、《元典章》中的“刘信投子”一样骇人听闻，虽然最终感动东岳神灵，为彰显其孝子之行，其母病痊愈，孩儿亦未死去，但是这样的愚孝观念仍然代表理学强化后，伦常观念的极端化。②

愚忠愚孝、三从四德这些观念在元杂剧尤其是后期的作品中体现尤多，正如《元宫词》中评价《尸谏灵公》这部杂剧作品中称：“尸谏灵公演传奇，一朝传到九重知。奉宣赍与中书省，诸路都教唱此词。”③ 这些作品受到统治者的喜爱，与理学占据统治思想的主流有不可推卸的关系。④ 这些杂剧中的伦常观念虽然是极端化的表现，但是他们与前文所讲的合理的忠孝仁义观念一样，都代表了杂剧作品对理学化的伦常观念的吸收。

（二）内圣外王之道

除了孝悌观念之外，理学家们亦讲究内圣外王之道。宋代理学家重视

---

① 关于“及时成婚”观念，参见张维娟《元杂剧作家的女性意识》第一章（中华书局2007年版）。

② 《焚儿救母》所表现出来的孝悌观念是儒家伦常观念与民间迷信崇拜的结合，朝廷亦是反对的，称此“伤残骨肉，灭绝天理”（陈高华等校点：《元典章》卷五七《禁投醮舍身烧死赛愿》，中华书局、天津古籍出版社2011年版，第1949页）。故而《焚儿救母》此作品流传甚少。参见邓黛《儒家伦理观与元杂剧中的慈孝风俗画》，《戏曲艺术》2014年第2期。

③ 傅乐淑：《元宫词百章笺注》，书目文献出版社1995年版，第11页。

④ 参见赫广霖《宋元理学与杂剧兴衰》，《信阳师范学院学报》2003年第6期。根据王国维《宋元戏曲史》以及徐扶明《元代杂剧艺术》都对杂剧历史分期做了说明，前者根据《录鬼簿》人物年代分三期，后者则根据杂剧创作的优劣分为四个时期，两者在最后的时期都说明了元杂剧的衰败，其中主要原因就是杂剧内容平庸，少有佳作，更多的是像《赵礼让肥》之类的符合统治者需求的歌颂封建道德之作。

探讨心性伦理，侧重在“内圣”①。宋亡后，饱受学者诟病的理学家开始转向实务，加之元朝初期亟须巩固政权，统治者需要的是治理天下的方法，不仅是对天理人欲观念的深度分析，所以诸如元代理学家的代表许衡、姚枢等人在传承理学心性义理层面有贡献，更重要的是针对宋理学的流弊，提出经世致用的政治主张，增加理学中“外王”内涵。元杂剧作者作为没落的理学化的知识分子，无法晋身仕途亦无法实现治国平天下的夙愿，他们不能像许衡等少数精英一样真正辅佐于君王左右，实现“外王”理想，所以他们将人生理想寄托在杂剧作品的英雄人物的行为活动中。

诸多杂剧作品的人物原型来源古代王朝中辅佐郡王的股肱之臣。这其中有忠勇的武将，如关汉卿的《关大王独赴单刀会》、无名氏《关云长千里独行》（又称《灞陵桥曹操赐袍》）。这些杂剧中塑造的关云长集结了忠孝仁义、勇猛果敢等诸多特征。《单刀会》中描述关羽“想关云长但上阵处，凭着他坐下马、手中刀、鞍上将，有万夫不当之勇”②，树立勇猛无畏的形象；而《千里独行》则通过刘备的评价“想兄弟你为俺三房头家小，你不得已而降曹操。你虽身居重职，你不改其志，此为仁也；……不一时立斩蔡阳，此为智也；……据兄弟你仁义礼智信俱全。则今日敲牛宰马，做个庆喜的筵席”③，树立了仁义为先兼具礼智的形象。《尉迟恭单鞭夺槊》《尉迟恭三夺槊》等诸多剧目皆以唐代名将尉迟恭为原型，展现出一个忠勇护国的将军形象。

元杂剧对忠君直谏的文官形象刻画也较为丰富。如郑光祖《伊尹耕莘》（又称《耕莘野伊尹扶汤》）中塑造的伊尹忠君爱国形象，誓为“辅佐的中华社稷安，揩磨的乾坤日月辉。展经纶补完天地，尽忠诚心若金石”④。同

---

① 参见［美］刘子健《中国转向内在——两宋之际的文化内向》，赵冬梅译，江苏人民出版社 2012 年版。

② （元）关汉卿：《关大王独赴单刀会》第一折《寄生草》，王季思主编：《全元戏曲》（第 1 卷），第 55 页。

③ （元）无名氏：《关云长千里独行》第四折《挂玉钩》，王季思主编：《全元戏曲》（第 6 卷），第 734 页。

④ （元）郑光祖：《立成汤伊尹耕莘》第三折《滚绣球》，王季思主编：《全元戏曲》（第 4 卷），第 478 页。

时在剧中明确指出“大丈夫生于天地之间，济世安民，忠君报国”① 才是男儿所为，为男儿立志报国提供了榜样。而杨梓《忠义士豫让吞炭》中豫让忠勇直谏，即便在“若有苦谏，定行斩首”的威胁下，仍然有言：“古者天子有诤臣七人，虽无道不失其天下。诸侯有诤臣五人，虽无道不失其国。大夫有诤臣三人，虽无道不失其家。父有诤子，则身不陷于不义。今我主人陷于不义，岂可自取安逸？当力谏则个。”②

除以上所述之外，还有众多作品中都出现正直、勇敢的英雄形象，诸如《周公摄政》中为国为民的周公旦，《荣归故里》中的薛仁贵，《包待制三勘蝴蝶梦》《包待制智斩鲁斋郎》《包待制断烟花鬼》中阴阳两界皆断案如神、还天下以清白的包拯。书会才人们通过树立这些箭垛式的人物，将同一类型的情节安置在同一个人物上，形成一个兼具凝聚力和包容性的人物，诸如胡适评价杂剧中的包拯，“包龙图—包拯，也是一个箭垛式的人物。古来有许多精巧的折狱故事，或载在史书，或流传民间，一般人不知道他们的来历，这些故事遂容易堆在一两个人的身上。在这些侦探式的清官之中，民间的传说不知怎样选出了宋朝的包拯来做一个箭垛，把许多折狱的奇案都射在他身上。包龙图遂成了中国的歇洛克·福尔摩斯了”③。无论是忠孝的慈母孝子，还是兼济天下的英雄谏臣，他们无不表现出作者对建功立业的渴望，以及对现实的无奈，借作品宣泄其“兼济天下”的情怀。

理学在元代无法全然地按照之前的发展轨迹运行，理学家开始调整状态，对理学进行改造以期适应社会的需要，促进中原文化的发展。这其中一部分具有理学素养的知识分子沉沦于市井生活，原本于书斋中畅谈学术的学子们饱受人间疾苦，原本研习经典的他们被迫从事文艺创作。元代理学的世俗和伦理化深刻影响到士人的行为，强化他们的纲常意识和君臣观念。作为儒家思想维护者，社会责任感和道统传承的责任使他们在创作之时，将理学思想和儒家情怀付诸作品之中。④ 忠孝仁义、君臣父子等观念都蕴含在元杂剧丰富的创作实践中。理学与元杂剧创作的这种结合方式也

① （元）郑光祖：《立成汤伊尹耕莘》第二折《幺篇》，第475页。

② （元）杨梓：《忠义士豫让吞炭》第一折《醉扶归》，王季思主编：《全元戏曲》（第4卷），第746页。

③ 胡适：《三侠五义序》，海南出版社1992年版，第1页。

④ 参见唐朝晖《元代理学与元遗民文人群心态》，《文学评论》2010年第3期。

体现了元代理学发展的方向，就是向基层社会传布，通过通俗易懂的方式将理学的教化内涵变为一种社会准则，从精英思想变成影响社会生活的价值准则。这些杂剧作者与许衡、刘因等理学名家在理想上并无差别，只是在途径上有所差异。仕途栓塞无法满足所有士人的抱负，借助杂剧使沉沦市井的他们，心灵得到一定慰藉。但是由于杂剧作品通俗性的本质决定了他无法全面地展现理学道心性情等哲理内涵，更多的是体现理学的伦理因素，这是受杂剧作品自身表现形式的局限性决定的，但是这并不妨碍元杂剧承载“厚人伦、美风化”的理学教化功能。①

三　儒士的困境与元杂剧反理学因素的呈现

元杂剧作为市井文化的代表，并未完全反映上层统治者的意志。一方面，杂剧作家虽然是儒士出身，但是地位低下。窘迫的生活处境，使他们深刻认识到社会的不公。另一方面，理学在元朝建立初期，并非封建统治者的绝对选择，故而思想对社会的约束力有衰弱之势。加之这些知识分子远离中央政治中心，在元代相对宽容的文化政策刺激下，他们的思想中与封建正统思想离心倾向愈发明显，淡化理学天理人欲之辩的思想桎梏。这正反映了杂剧作者儒士与市井小民的双重身份，促使他们在作品中反映理学伦常观念的同时，往往也体现很多反抗社会不公正的内涵，这也曲折地体现了其中反理学与讽刺现实的思想内涵。② 有学者更是认为“自元代开始，中国文学走上与封建社会背离的道路”③。

在中国古代道德的发展中道德的双向性往往被忽略，更强调各司其职。成中英将儒家这样的道德规范称为“对应德行”，在每个家庭、社会关系中按照自己所处的位置行使自己所应具有的责任，故成氏说“此项

---

① 元代夏庭芝“（杂剧）可以厚人伦、美风化。又非汉唐之传奇，宋之戏文，金之院本，所可以同日语矣”。参见（元）夏庭芝《青楼集志》，俞为民、孙蓉蓉主编：《历代曲话汇编：新编中国古典论著集成》（唐宋元编），黄山书社 2006 年版，第 469 页。

② 这里用反理学和讽刺现实，可以看到儒士化的书会才人在社会磨难的洗礼下，看到社会的不公、政治的黑暗、理学理欲之辨对人性的钳制等问题，他们通过杂剧创作呼吁道德的回归和社会平等和政治清明，并非要推翻封建的政治制度另立新的制度。亦可参见查洪德《元杂剧的淑世精神与社会重建意识》，《南开大学学报》（哲学社会科学版）2019 年第 5 期。

③ 扎拉嘎：《北方少数民族对中国文学的贡献》，《社会科学战线》2003 年第 3 期。

‘对应德行’并非现代社会基于理性德则与意志同意规范出来的‘交互权责’（reciprocal rights/duties）”[①]。如成中英以“慈孝”为例，指出儒家的父慈子孝观念的界定并非规定权利和义务的对等关系。这就意味着父母不需要用“慈”才能换取子女的“孝”，所以在这种情况下父母对子女的要求愈发强烈，从而出现我们可以看到中国古代传统家庭代际伦理中的不平等，尤其是父子间的代际关系不平等。

男女间的道德也是单向、双重标准。石子章撰写《竹坞听琴》的过程中作品表现出的男子可以再娶，女子却不可再嫁的双重道德。元代虽规定订婚女性如男方无故五年不娶便可再嫁。[②] 但是作者并未遵循此令，而是以苛刻的封建道德要求郑彩鸾，只能以出家入道容身。而与其订婚的秦修然却并不在意此婚约，在求取功名之时心中满是“不知若个豪门女，亲把丝鞭递小生”[③] 的美梦。

对封建道德的理解与程朱理学一味强调道德的单向性不同，元杂剧作家更多是强调道德的对等和双向性。他们通过杂剧作品希望将理学所倡导的“三纲五常”恢复为原来的“君义臣忠、父慈子孝、夫义妻贤、兄友弟恭”双向道德。相对于传统的忠君思想，杨梓《承明殿霍光鬼谏》塑造的霍光形象打破这一常态。他以西汉霍光废帝事件为原型，一方面他坚守着对西汉王朝的“忠”，另一方面他保持清醒的认知，对“君贤臣忠”的诉求，在面对昏庸的昌邑王，霍光直言：“为君未及一月，造下罪一千一百二十七桩，殿下犹不知罪！”“陛下！道你污滥如宠西施吴王，好色如奸无祥楚王，乱宫如宠妲己纣王。”[④] 昌邑王无道而另立新君，这在严守君为臣纲的封建时代是很难出现的。《霍光鬼谏》讽刺了传统君臣道德中的愚忠思想，打破了君权天授的一贯观念。而针对代际关系不平等的极

① 成中英：《论儒家孝的伦理及其现代化》，《文化、伦理与管理——中国现代的哲学省思》，贵州人民出版社 1991 年版，第 151 页。

② 《通制条格》卷四《户令·嫁娶》记载：“为婚已定，若女年十五以上，无故五年不成，及夫逃亡五年不还，并听离，不还聘礼。”方龄贵：《通制条格校注》，中华书局 2001 年版，第 162 页。

③ （元）石子章：《秦修然竹坞听琴》第一折，王季思主编：《全元戏曲》（第 3 卷），第 236 页。

④ （元）杨梓：《霍光鬼谏》第一折《天下乐》《那吒令》，载徐沁君校点《新校元刊杂剧三十种》，第 564 页。

端发展，《李亚仙花酒曲江池》中的郑元和与李亚仙，在只讲孝道，忽视父母义务的社会，斥责其父母不慈、不仁。此外还有很多这样的例子，虽然他们依然是在封建道德的范畴下呼喊道德公平，但是他们对道德责任的重新认识，要求平等的履行道德责任，这无疑是对程朱理学固守的封建伦理的一种讽刺和反抗。[①]

另一种对理学和传统的反抗，集中表现在女性自我意识的萌芽。意识的觉醒伴随着抗争，而“觉醒意味着一种自我意识的抗争，在其文化上则表现为对于自身所处文化的实质内涵的抗争”[②]。封建社会中女性是作为男性的附属品出现[③]，“三从四德”观念使女性丧失自我，对于丈夫来说，妻子是随时可弃置的物品，如玩物般对待，或逼妻为娼、或典妻换金。《墙头马上》裴少俊初见李千金便言“这小姐有倾城之态，出世之才，可为囊箧宝玩”[④]，将李千金比作自己“囊箧”中的玩物。关汉卿《赵盼儿风月救风尘》中的妓女宋引章，她嫁与周舍后常遭虐打，面对赵盼儿的控诉，周舍却有恃无恐地说“丈夫打杀老婆，不该偿命”[⑤]。元代法令中也规定在一定原因下丈夫打杀妻妾可以免刑。[⑥] 这样的残酷现实冲击着杂剧作者的心灵。元杂剧作者在阐述对传统观念的反抗中，在杂剧作品中反映了许多鲜活的女性形象，来对不平等关系提出质疑和反抗。[⑦]

在元杂剧中女性形象里，妓女形象是书会才人们关注度较高的形象之

---

① 参见郭英德《元杂剧与元代社会》，北京师范大学出版社 1996 年版，第 224 页。

② 赵旭东：《文化的表达：人类学的视野》，中国人民大学出版社 2009 年版，第 58 页。

③ 恩格斯曾形容家庭女性地位：“丈夫占据一种无须任何特别的法律特权加以保证的统治地位。在家庭中，丈夫是资产者，妻子则相当于无产阶级。”（见恩格斯《家庭、私有制和国家的起源》，《马克思恩格斯选集》第 4 卷，人民出版社 2012 年版，第 85 页）

④ （元）白朴：《裴少俊墙头马上》第一折《幺篇》，王季思主编：《全元戏曲》（第 1 卷），第 519 页。

⑤ （元）关汉卿：《赵盼儿风月救风尘》第三折《幺篇》，王季思主编：《全元戏曲》（第 1 卷），第 102 页。

⑥ 《元史》记载：“诸妻悖慢，其舅姑、其夫殴之致死者，杖七十七。诸夫卧疾，妻不侍汤药，又诟詈其舅姑，以伤其夫之心，夫殴之，邂逅致死者，不坐。”参见《元史》卷一〇五《刑法志》四，第 2677 页。

⑦ 罗斯宁《在闺阁文学和青楼文学的交叉坐标上——元杂剧妇女形象新论》（《中山大学学报》2002 年第 1 期）将元杂剧中妇女形象分为三类，分别是“聪明美丽而泼辣大胆的歌妓形象”“既言情又言性的闺阁小姐形象”“勾栏戏剧中的妇女形象”，而这三类女性中都兼具传统儒学的教化和市井文化的浸染。

一，原因是杂剧作者沦落下层，与艺伎关系密切。如关汉卿就言“普天下君郎领袖，盖世界浪子班头”“占排场风月功名首”。[①] 杂剧作者同情她们的遭遇，更加关注她们对于自身自由的追求。在杂剧作品中我们可以看到，女性被母亲、养母、老鸨等当作“衣食饭碗”。如《灰阑记》中刘氏所言“俺家祖传七辈是科第人家，不幸轮到老身，家业凋零，无人济养。老身出于无奈，只得着女儿卖俏求食”[②]。沦落风尘的女性不堪老鸨压迫，开始对自由有所追求。《曲江池》中的李亚仙便痛斥老鸨的狠毒，“俺娘眼上带一对乖，心内隐着十分狠，脸上生那歹斗毛，手内有那握刀纹，狠得来世上绝伦，下死手无分寸，眼又尖手又紧”“俺娘呵则是个吃人脑的风流太岁，剥人皮的娘子丧门，油头粉面敲人棍”。[③] 毅然决然从良，甘愿跟从穷困书生郑元和。

普通家庭女性形象在元杂剧中自我意识也有所觉醒。尤其是在关汉卿的作品中，窦娥的反抗、杜蕊娘的泼辣、谢天香的博才、赵盼儿的侠义机智、谭记儿的典雅等，皆体现了女性意识的觉醒，这与元代妇女自理生计成风不无关系。[④]

女性意识觉醒在杂剧中体现得最为明显的是对爱情的追求。大量的爱情题材的杂剧作品“宣扬了爱情婚姻上自由结合的合理性，表现了一种要求婚姻自主的民主的思想倾向”[⑤]。封建社会女性的婚姻正如前文所说“父母之命，媒妁之言”，而在杂剧作品中，女性开始追求自由恋爱，通过自身的努力来决定婚姻的发展。[⑥]《拜月亭》中的王瑞兰敢于追求爱情，

---

① （元）关汉卿：《南吕·一枝花·不伏老》，隋树森编：《全元散曲》，中华书局 1964 年版，第 172 页。

② （元）李行道：《包待制智勘灰阑记》楔子，王季思主编：《全元戏曲》（第 3 卷），第 566 页。

③ （元）石君宝：《李亚仙花酒曲江池》第二折《南吕·一枝花》《梁州第七》，王季思主编：《全元戏曲》（第 3 卷），第 510 页。

④ 郭英德：《元杂剧与元代社会》，第 224 页。

⑤ 邓绍基：《元代文学史》，人民文学出版社 1991 年版，第 140 页。

⑥ 幺书仪曾认为“在婚姻方面，蒙古族的乱混习俗冲击了程朱理学束缚妇女的链条，纲常观念在一定程度受到削弱，从这个意义上说，元代女子可以说得到一种暂时的、有限的‘解放’，元人爱情剧中的女子常常带着‘野性’，富有胆识、敢作敢为，少有封建伦理道德观念的负担，应是这一时代社会现状的真实反映”。如此可见，元代理学虽被统治者认可，但是元代蒙古统治者自身的民族特质却冲击着理学的思想禁锢，促使杂剧作品中呈现反理学因素。（参见幺书仪《元人杂剧与元代社会》，北京大学出版社 1997 年版，第 46 页）

她与书生蒋世隆相恋，其父因世隆出身低微，强行将其拆散，王瑞兰便怨恨其父，痛斥世间父亲“都不似俺那狠爹爹”①。虽然王瑞兰仅仅是对封建门第观念的怒斥，但已然是一种意识的觉醒。《东墙记》中的董秀英、《破窑记》中的刘月娥不顾父母反对和门第观念，分别嫁给自己选择的马文辅和吕蒙正。《西厢记》中的崔莺莺也为了追求自己的幸福，抛弃封建的传统婚姻而自许终身，虽过程波折，但也终得以圆满。更为直接的是以私奔、幽会等方式寻求爱情、对抗封建礼教，这些女性形象在元杂剧中更是不胜枚举。《墙头马上》的李千金待字闺中时便言：“我若还招得个风流女婿，怎肯教费工夫学画远山眉。宁可教银缸高照，锦帐低垂；菡萏花深鸳并宿，梧桐枝隐凤双栖”②，表现出对爱情的渴望。当她与裴少俊一见钟情，便与之相会于花园，暗许芳心，虽被嬷嬷撞见也并未放弃，坦言自己的爱情主张后便与裴少俊私奔而去。而《倩女离魂》中的张倩女更是大胆冲破枷锁，与王生私会。与胆小怕事，被封建所束缚的王生相比，她在面对封建礼教时豪言：“你振色怒增加，我凝睇不归家，我本真情，非为相唬，已主定心猿意马”③，张倩女的胆识是王生所不及的，高益荣称这种情况为“男女角色‘颠倒’”④，这些都是杂剧中女性意识提高的表现。他们试图冲破封建束缚的牢笼，改变自身的命运，这是对封建制度的讽刺，也是对理学禁锢女性的一种反击。故而学界对于女性意识的觉醒有评价：“元代爱情婚姻剧或者宣扬私奔，或是歌颂未婚同居等……具有思想解放的特点”，是一曲曲“歌颂婚姻自由的颂歌”⑤。

书会才人们身处下层社会，由于他们与市民融于一体，故作品也就更平民化。理学化的儒士迫于形势而委身于下层社会，这样的生活使他们感触到人间疾苦、社会不平等。理学的纲常伦理观念与身处底层的痛苦现实感受在这些儒士的内心不断地斗争，他们对现实生活的抱怨和无奈会战胜

① （元）关汉卿：《闺怨佳人拜月亭》第三折《二煞》，徐沁君校点：《新校元刊杂剧三十种》，第48页。

② （元）白朴：《裴少俊墙头马上》第一折《混江龙》，王季思主编：《全元戏曲》（第1卷），第515页。

③ （元）郑光祖：《迷青琐倩女离魂》第二折《雪里梅》，王季思主编：《全元戏曲》（第4卷），第591页。

④ 高益荣：《元杂剧的文化精神阐释》，中国社会科学出版社2005年版，第106页。

⑤ 袁行霈：《中国文学史》（三），高等教育出版社1999年版，第293页。

他们内心的作为儒士的防线，对伦常道德也产生了一定的反抗情绪。元朝相对开放的社会环境，思想控制较弱，如蒙思明所言“由于元代统治的粗疏，特别是在意识形态方面的控制没有过去那样的严格，人们有机会摆脱旧意识形态的某些束缚”①。这些因素就使那些因科举废止被排除于统治中心的理学士人们心中与封建正统观念的裂痕和离心倾向愈发明显，杂剧作品中的反理学、讽刺现实倾向就成为他们宣泄心中压抑的重要手段。

四　余论

元杂剧是社会生活的体现，也是社会众多矛盾冲突的结果。正如普列汉诺夫所言“在革命时期也和在以前的一切时代一样，戏剧也是社会生活同它的矛盾和被这些矛盾所引起的阶级斗争的真实的反映”②。元杂剧的创作也是社会诸多矛盾的体现，士人“兼济天下”的政治抱负与科举废止、晋升无门的矛盾，奉行理学纲常伦理的信念与市井文化浸染的矛盾，耻于言利的儒家“义利观”与落魄到卖文谋生境遇的矛盾，儒雅士人与世俗才人的矛盾等，这些矛盾促使理学化的儒士融入书会才人群体中，赋予了元杂剧丰富的思想内涵。

元代对于儒士来说是一个不幸的时代，仕途栓塞使儒士沦落市井，为果腹而放弃原本自命清高的态度，混迹于勾栏瓦肆之间。这些儒士与原本的社会精英不同，他们将目光投向更广阔的市民阶层，切身的生活体会使他们能够写实地反映原本他们不曾关注的那个世界。他们曾研习经典，精通儒家文化；又迫于无奈，流于市井，深谙民间疾苦。正如前人评价关汉卿“他既有‘博学能文’的才学，‘不屑仕进’的经历，又有‘混迹勾栏’的生涯和‘面傅粉墨’的体验”③。别样的经历使这些儒士既有儒家士人的情怀，也有市井小民的认知，双重的身份使他们的作品在关注元代理学所倡导的伦常道德的同时，又不失下层社会的悲欢离合。

元代特殊的社会背景使元杂剧在理学盛行的时代实现了雅俗的融合，

① 蒙思明：《元代社会阶级制度》，第 12 页。

② ［俄］普列汉诺夫（Georgi Valentinovich Plekhanov）：《从社会学观点论 18 世纪法国戏剧文学和法国绘画》，《普列汉诺夫美学论文集》，曹保华译，人民出版社 1983 年版，第 494 页。

③ 幺书仪：《元人杂剧与元代社会》，第 114 页。

它兼具传统儒学的教化功能和通俗艺术的娱乐性质，既有对理学传统道德的阐发褒奖，又有对封建伦常不公观念的反抗冲击。这种融合并非完美结合，也时常呈现出矛盾的表征，但是不可否认的是理学借助杂剧这一载体实现了自身的社会化、世俗化，将理学的价值观和伦理思想进一步转化为大众的行为准则、道德准则，以杂剧“厚人伦、美风化”的手段实现了思想下移、教化大众的目的；而杂剧则通过对理学和反理学思想的渗入，增加了其理性和深邃的内涵。这一融合在理学以及杂剧艺术的发展史上都具有不可小觑的地位。

纵观整个中国思想史的发展，理学借助新的载体实现思想下移并广泛传播这一方式并非单一存在。思想产生于特定的社会群体，一成不变的发展并不能使思想发扬光大，面对不同的社会环境、广大的受众群体，思想理论必须具有会通精神。只有根据实际的社会需要以及受众群体的知识结构和素养，对思想理论的内涵再思考，通过不同的阐述方式、融合不同的承载媒介，实现思想理论的创新发展，这样既保证思想的活力，也促进了思想理论的广泛传播。

良知为体，身心为用

——明代虞淳熙《孝经》学探析

唐媛媛

（西北大学中国思想文化研究所）

摘要： 明末阳明学陷入发展困境之时，实学的兴起为学术界注入了新鲜血液。以虞淳熙为代表的一众学人将阳明学与实学结合，借助经典，阐发他们自己的思想学说。虞淳熙认为天地万物皆为太虚之“遗体”，太虚为“孝”提供了物质依托；良知是“孝”的精神来源，而“孝”则是良知的一种外在表现形式。同时，虞氏将“孝”与太虚、良知观念相联系，并与诵读《孝经》、斋戒等实践活动相结合，构成了他的“孝”思想体系。虞氏对明末理学、实学发展境遇的阐释，体现了明末《孝经》学发展的特色，也影响了明末清初《孝经》学的发展趋势，成为后人学习的重要范例。

关键词： 虞淳熙　良知　太虚　斋戒

虞淳熙（1553—1621），字长孺，浙江钱塘人，明万历十一年（1583）进士，历任兵部职方主事、主客员外等职。后因党争被罢官，归乡三十余年，“值天启之初，群公皆自谪籍起，而长儒卒于家，年六十有九”[①]。曾自言：“吾三岁闻唯识，五岁闻良知，见彭山翁以旅寓，见龙溪翁以年家，若近溪、复所、我疆、泾阳皆以先施而后友之。”[②] 彼时，理

---

① （清）钱谦益：《列朝诗集小传》，上海古籍出版社 2008 年版，第 619 页。

② （明）虞淳熙撰：《虞德园先生集》卷五，《南询录序》，载四库禁毁书丛刊编纂委员会编《四库禁毁书丛刊》（第四三册），北京出版社 1997 年版，第 216 页。文中“彭山翁”即季本，“龙溪翁”即王畿，“近溪”即罗汝芳，“复所”即杨起元，“我疆”即孟秋，“泾阳”即顾宪成。

学发展渐有僵化趋势，但仍具一定社会影响力。虞淳熙与理学传人的交往也受其思想之影响，这为他日后以太虚、良知等阐发《孝经》奠定了基础。①

一　孝之物质依托与道德来源——太虚与良知

在中国传统思想学说中，无论是精神层面的道德意识，还是物质层面的器物形体，万事万物皆有其存在的依据，而这依据便是其产生的来源。“孝”作为一种道德价值，也自应有其存在的依据，虞淳熙认为是太虚与良知。

（一）太虚——“孝”的物质依托

古人对“太虚”问题的讨论由来已久。如《庄子·知北游》有“是以不过乎昆仑，不游乎太虚”一语；宋代张载提出了“太虚即气”② 的观点。而虞淳熙在阐发《孝经》时，受到了张载“太虚”说的影响，认为太虚是万物形体产生的依据。

张载重视太虚与气，认为：“太虚不能无气，气不能不聚为万物，万物不能不聚而为太虚。”③ 天地万物因气的聚散而生，而后归于太虚，太虚与气为一物。虞淳熙吸收张载的思想，他在解释“立身行道，扬名于后世，以显父母，孝之终也”（《孝经·开宗明义章》）时认为：“子既受

---

① 《孝经》学是指以《孝经》为主体而进行相关研究的学问。其研究范围，既包含对《孝经》自身的文本、思想研究，也包含历代学人对《孝经》所作的注解，以及他们在这些注解中所表现出的学术思想。虞淳熙的《孝经》学指虞淳熙对《孝经》进行的系列文字解释、思想阐发的总称，这主要集中在《孝经迩言》《孝经集灵》《全孝心法》等著作中。目前学界集中探讨虞淳熙的《孝经》学或“孝”论，主要有吕妙芬、刘增光等人。吕妙芬在《晚明〈孝经〉论述的宗教性意涵：虞淳熙的孝论及其文化脉络》（《中央研究院近代史研究所集刊》第 48 期，2005 年）及氏著《孝治天下：〈孝经〉于近世中国的政治与文化》（台北：联经出版事业股份有限公司 2011 年版）、刘增光在《晚明〈孝经〉学研究》（上海古籍出版社 2015 年版）皆认为虞淳熙的孝有宇宙论的含义，为万物存在提供依据。刘增光《虞淳熙〈斋戒之目〉与晚明儒释融汇新动向》（《宗教研究》2013 年第 00 期）认为虞淳熙的孝观念体现出虞氏儒释融合的思想特色。本文即在吕、刘等前人研究的基础上，从良知、斋戒等角度探讨虞淳熙的《孝经》学思想。

② （宋）张载著，林乐昌点校：《张子全书》，西北大学出版社 2015 年版，第 2 页。

③ 《张子全书》，第 1 页。

之父母，父母受之祖，祖受之曾祖，曾祖受之高祖，高祖受之始祖，始祖受之天地，天地受之太虚。谁为太虚？凡天地人物，无穷无尽，通来只是一个太虚全身。”① 他在《全孝心法》中亦言：“此身不但是父母的遗体，也是天地的遗体，又是太虚的遗体。”（《全孝心法》，《孝经总类》申集，第169页）在其看来，人出自父母，父母亦出自父母，追寻万物产生之源，皆出自太虚，因而天地万物是太虚衍生出来的形体，即“太虚即气”。万物是气聚散的产物，是气的不同形态所表现出来的实体。因而可以将虞氏这里的“太虚”看成万物之“父母”，这便从形体的来源上解决了何以产生人这一实体的问题，从而为“孝”提供了物质性的依托。

此外，虞氏作《全孝图》（《全孝图》，《孝经总类》申集，第168页）（如下图所示）以说明太虚与万物之关系，并著《全孝图说》对《全孝图》予以解说：

图1　《全孝图》

虞氏认为“规者太虚也，规中者其孕也，约以从‘老’从‘子’之象。太虚为老，能孳萌为子；太虚为老，三才万物为子”（《全孝图说》，《孝经总类》申集，第168页）。据图1所示，最外层的大圈代表太虚，大圈之中的内容则是太虚所孕育萌生出来的，其中既包含了五行八卦，也包

① （明）虞淳熙撰：《孝经迩言》，（明）朱鸿编：《孝经总类》申集，《续修四库全书》（第一五一册），上海古籍出版社2002年版，第172页。

含了日月草木，以及天子、诸侯等人类社会。太虚几乎生成了宇宙万物。此外，虞氏补充道："人言释老超出太虚，不拜父母。太虚无外，复何可超？即与同体，能不孳萌而为孝乎？"（《全孝图说》，第 168 页）有人说释老追求超脱自然之境，因而对父母可不尽孝，但于太虚而言，释老亦在其中，太虚就是最大的界限，因而无法超越太虚。既然万物皆由太虚而起，释老也应与其他人一样，以尽人之孝道，所以虞氏将其纳入《全孝图》中。

前文言太虚衍生出了人之形体，既然人人皆由太虚而出，那么人人便可行孝。在阐发"昔者明王之以孝治天下也，不敢遗小国之臣，而况于公侯伯子男乎？故得万国之欢心以事其先王"（《孝经·孝治章》）时，虞氏引用孔子的话："古来明哲的君王晓得'太虚'象'老'字，'三才'象'子'字，合来只成这一个'孝'字，就'孝'字分出支条理治天下，没有一人不是太虚、父母的遗体，却又从敬父母的遗体养起孝心。"（《孝经迩言》，《孝经总类》申集，第 176 页）人人于太虚而言，是"子"，具体到人类社会时，人人都由自己父母所生，自己也会孕育子女，周而往复，人类得以繁衍。因而人人都应孝顺自己的父母，这便符合太虚化生万物的体系。

（二）良知——孝的道德来源

明末王学弊端显现，朱学呈复兴之势，虽二者发展境遇不同，但"程朱陆王间的对立并不如一般学者所认为的那么严重……他们对于追究宋明儒是否'用心于内'，似乎远比辨析程朱陆王间的理学立场的歧义还要关心"①。虞淳熙与王阳明相隔数十年，当时王氏学说在明末仍有较大影响力，加上虞氏之友中王门后学的影响②，促使虞氏关于"孝"的解释

---

① 林聪舜：《明清之际儒家思想的变迁与发展》，台北：花木兰文化出版社 2009 年版，第 177 页。

② 如与之交好的孟秋（即前文提到的"我疆"），乃张后觉的弟子，而张后觉以王阳明"良知"说为宗，张氏"早岁，闻良知之说于县教谕颜钥，遂精思力践，偕同志讲习"[（清）张廷玉等撰：《明史》，中华书局 1974 年版，第 7287 页]，而孟秋则是其门下较为出色的弟子，他继承其师之说，认为"夫良知固未有不现成者"[（清）黄宗羲著，沈芝盈点校：《明儒学案》（修订本），中华书局 2008 年版，第 637 页]，王畿、罗汝芳更是王门之后学者，自不必说，由此可见，虞氏本人受王门学人影响较多，无疑有助于他对阳明学的理解，而这在他阐释《孝经》时表现得较为突出。

对“王学”多有吸收。虞淳熙对良知的阐发在一定程度上即受到王阳明思想的影响。王阳明主张：“天地万物俱在我良知的发用流行中，何尝又有一物超乎良知之外能作得障碍！”①“夫惟有道之士，真有以见其良知之昭明灵觉，廓然与太虚同体。太虚之中，何物不有？而无一物能为太虚之障碍”（《王阳明全集》卷六，第235页）。天地万物皆在良知的发用流行中，无一物可以超乎良知而存在。良知不会消亡，因此孝也不会消亡。虞淳熙正是在不会消亡的良知理论的前提下，论证孝的永恒性，从而为他孝思想的阐述提供丰富的可能。这种可能是人人不可避免的，且会一直存在。

“宇宙一人也，名天，字性，号以良知。”（《孝经集灵序》，载《孝经总类》亥集，第274页）虞氏认为，天、性、良知如人之名、字、号一般，皆指代一物，而这一物是固有的，人力无法改变。天、性为先天所有，因而在此处，良知即为先天先有，这显然继承了王阳明所说的“盖良知只是一个天理自然明觉发见处”（《王阳明全集》，第95页）的观点。而虞淳熙在解释何为“性”时说，“天地之性人为贵，人之行莫大于孝，孝莫大于严父”（《孝经·圣治章》）。他认为：“天地生生之心呼作性，天地之性就是人，人比天地一般，何等尊贵？真非万物可比。”（《孝经迩言》，第177页）这就认为虽然同是太虚所生，但万物也有贵贱之别，人为最贵，因而人获得的自是至善的性及良知。如王阳明所说：“盖吾良知之体，本自聪明睿知，本自宽裕温柔，本自发强刚毅。”（《王阳明全集》卷六，第235页）这些良好的道德，也应为人所有。

此外，虞淳熙在解释“夫孝，天之经也，地之义也，民之行也。天地之经而民是则之，则天之明，因地之利，以顺天下，是以其教不肃而成，其政不严而治”（《孝经·三才章》）一段话时言道：

夫子知道曾子还信不及一发，把前边的意思敷衍中说一番，便答他道：“古人解释这‘孝’字不同小可。他说孝在混沌之中生出天来，天就是这个道理；生出地来，地就是这个道理；生出人来，人就是这个道理。因他常明，唤做天经；因他常利，唤做地义；因他常

① （明）王守仁撰，吴光等编校：《王阳明全集》，上海古籍出版社2011年版，第121页。

顺，唤做民行。总来是天地经常不易、无始无终的大法。人人同禀的良知，这个良知，虽暂时昏蔽，本体之明，终未尝息，所以先王出来不费丝毫气力，但只法这天明，因这地利，把这众人本明本利、爱亲的良知顺着众人，既不是强教他，何必整肃，方才成就？既不是强正他，何必严切，方才平治？我前面说有至德要道，以顺天下，正为他根源是天地人之自然故也。”（《孝经迩言》，第175页）

虞氏上述包含两层意思：一是“孝”在天地出现之前已然存在，“孝在混沌之中生出天来”不是说“孝”如太虚般衍生出天地万物实体之“生”，“不是宇宙生成论上意义上的生，而是本体论或逻辑推演意义上的‘生’”①，即孝是一种价值层面的道德品性，是人人皆禀受的；二是良知乃人人先天自有，虽然有诸恶出现，但“良知”也只是暂时被遮蔽，其作为性之本体不曾改变。良知是人人禀受而自有，“孝”也是人人禀受而自有，因而这里的“孝”“就不再具有朱熹所谓‘天理’的那种外在性，而是更接近于‘良知’的意涵”②，但“孝”其实还是在“良知”的范围之内，是作为良知的一种道德性的具体体现，并未超脱“良知”而成为其自身的本体性依据。

孝既然作为良知在道德层面的一种具体化形式，自然也会体现在实际的生活中。例如，祭祀方面，虞淳熙阐释：“昔者明王事父孝，故事天明；事母孝，故事地察；长幼顺，故上下治。天地明察，神明彰矣……宗庙致敬，鬼神著矣！”（《孝经·感应章》）便说：

大凡祭祀，必交神明。这神明极灵极通，言语解说他不得，思虑揣摩他不得。人人自有神明，只因不肯反本，不肯斋严，一向迷失在幽暗处所。此时我的神明，他的神明，却似一川清水，中间被土来隔着。又似一片日光，中间被屋来隔着。你但除了这壅滞的，两水自然交通去了，这住着的两光自然交通。此是交神明之义也。（《孝经迩言》，第181—182页）

---

① 刘增光：《晚明〈孝经〉学研究》，上海古籍出版社2015年版，第345页。
② 刘增光：《晚明〈孝经〉学研究》，上海古籍出版社2015年版，第345页。

虞淳熙在这里解释了神明的重要性。其意人人自有神明，而这神明即良知，能在人迷惑时，帮助其屏除世间之障碍，使人达到一种光明的状态。但人不能直接与神明沟通，而是需要通过斋戒、祭祀的方式来实现，这也是虞淳熙强调在斋戒时需肃穆的原因，因为这直接关系到良知的发觉与孝的实现。如果未与神明相通，会如何？

> 为人君的只恐不明，不明则良知未致，孝非至孝，弟非至弟。所以神明勿彰，鬼神勿著，精气勿通也。昔者明哲的君王，其良知炯然不昧，事父事天，只此良知……此知即是神明。（《孝经迩言》，第182页）

虞氏认为，人君如果不明白祭祀宗庙的含义，不致敬，是因为他们尚未完全知晓神明的重要性，不知晓神明的重要性乃是因为他们的良知为事物所蒙蔽，未被完全激发出来。而“良知未致”的后果便是“孝非至孝，弟非至弟”，即不可能达到纯然至孝、至悌的道德境界。这里的“神明”与良知有着同样的功效，即都能帮助人达到至孝、至悌，所以良知为孝提供了一种道德层面的价值本源，使孝有了存在依据。

由上可见，在虞淳熙看来，“孝”需有实体性的物质作为依托，而太虚生成万物，从而为孝提供了物质，成为其物质性的依托，使“孝”得以在宇宙中具体体现出来。良知则作为一种道德本源，为孝的存在提供了价值依据，使孝在数千年中华文化中绵延不断。虞氏以太虚为物质依托，以良知为道德本体，从物质性与道德性两个层面为“孝”提供了存在依据，其关于太虚的阐发实则承袭了张载以来将太虚作为一种实有的观点，而其对良知的看法则是受阳明学影响较深。虞淳熙同时用太虚与良知阐释他有关《孝经》的思想，也是受到了王阳明关于太虚与良知关系论述的影响。

二 孝之践行——身行与心敬

太虚与良知构成了虞淳熙释“孝”的物质性依托和道德性来源。孝是良知的一种外化，即良知是“孝”存在的本体依据，这为他的《孝经》学研究提供了依据。“孝”与实际生活密切相关，所以孝的实践终究要落实到人的日用常行中。虞淳熙在阐发“孝”时，没有将其过多停留在复杂的社会伦理中，而是以身、心为用，将身、心与“孝”相结合，成为“孝”的一种表达方式，通过诵读《孝经》、身戒、心斋的方式体现体用合一的思想。其中诵读《孝经》和身戒体现出身体之行，而心斋则主要表现出人心之敬，从而以民众易于接受的多种方式体现出了对孝的践行。

（一）诵《孝经》

《孝经》是传统儒家经典中篇幅最短、语义较为浅显的作品。而在虞淳熙看来，《孝经》简略而不简单，甚至具有驱邪除魔、治疗疾病等诸多实际效用。他在《孝经集灵》中便收集了诸多民众诵读《孝经》及其益处的事例。如诵《孝经》有驱退追兵之效：“向诩张角作乱，诩上便宜颇多，讥刺左右，不欲国家兴兵，但追将兵于河上，北向读《孝经》，则贼当自消灭。盖以正治邪、去妖之法，非迂也”（《孝经集灵》，第 282 页）。战争之事，本与兵刃有关，但在这个事例中，将士并非通过使用器械打败敌人，而是以诵读《孝经》的方式，取得战争的胜利，即所谓的以正压邪，而这“正”便是《孝经》。再如诵《孝经》有驱邪除魔之用：“徐孝克通《孝经》，有讲疏六卷，至德中太子入学，命发《孝经》题，诏太子背面。尚书省第多鬼怪，孝克居之，经涉两载，妖变皆息。”（《孝经集灵》，第 296 页）更有诵《孝经》有治疗疾病之功：“顾欢传有病邪者，问欢，欢问家有何书？曰：‘有《孝经》’。欢令取‘仲尼居’置病者枕边，恭敬之，病者遂瘥。后人问其故，曰：‘善禳恶，正胜邪，所以瘥也。’”（《孝经集灵》，第 286 页），“王渐作《孝经义成》五十卷……后有病者，即请渐来诵书，寻亦得愈”（《孝经集灵》，第 296 页）。

虞淳熙记举的这些事例，虽然夸大了《孝经》的作用，但也可见《孝经》在当时的影响力，以及人们对它的重视。诵读《孝经》是民众践行“孝”的一种方式。通过将其作用扩大，体现的不仅是对君王、父母行忠孝之道，亦是民众的不同诉求，更反映出《孝经》在明清时期的新发展。

（二）身戒

中国古人较早便意识到日常生活中斋戒的重要性。《礼记·曲礼》云："斋戒以告鬼神。"《孟子·离娄》曰："斋戒沐浴，则可以祀上帝。"《周易·系辞》提到"是故圣人以此洗心，退藏于密，斋戒以神明其德夫"等。这些无不显示着人们对斋戒的关注。虞淳熙同样重视"斋戒"，强调斋戒沐浴、祭祀等具有仪式性的具体事项的作用。此外在他的思想中"斋"亦有心敬之意。他认为："不栉不翔，不哂不詈，不饮酒食肉，所谓斋也。"（《斋戒事亲之目》，载《孝经总类》申集，第184页）斋戒本是表达孝的一种方式，充满肃穆，所以不能肆意行事，因而对人的言行举止有严格要求。

斋、戒或有时间规定，如《礼记·坊记》中的"七日戒，三日斋"，但欲达到斋戒本身的效用，却不是一次就可以完成的。"大抵要顺着无改无移的天心，无声无臭的祖德，无始无终的'孝'字，防邪物、讫嗜欲、不妄思、不妄动，专致精明洗心，十日才唤做斋戒一番。"（《孝经迩言》，第182页）斋戒的工夫并非一蹴而就，孝之感应也非一日之功，若要成就这孝道，需坚持斋戒、祭祀。即使尊贵如天子，他们在祭祀天地时，"先立春三日，太史谒之，天子曰某日立春。盛德在木，天子乃斋"（《斋戒事天地之目》，第186页），在其他特定的时日都需举行仪式，"立夏、立秋、立冬亦如之"（《斋戒事天地之目》，第186页）。此外，在遇到旱涝等天灾时，君主也需以身作则，祭祀天地，以保民安。虞淳熙引用了《礼记·月令》中的部分内容，说明君主对天地的祭拜也并非只做一次、只行一时，一年四季都有斋戒的时日。虞氏在解释"圣人以此斋戒，以神明其德夫"（《周易·系辞》）时提道："阳升阴降，日往月来，易也，圣人以此易斋戒而神明。其所谓盛德者，五德之辉与天地齐光，与太虚合灵，非苟然矣。"（《斋戒事天地之目》，第186页）圣人、君王的斋戒行为其实是与神明沟通的过程，是回归太虚，与太虚合二为一，而这种和灵，则是人对良知的自我发觉，是对孝道的主动追求。

《斋戒事天地之目》主要讲述了君主祭祀天地的具体事物，体现出君主对天地的孝，而《斋戒事亲之目》则重点阐述人事亲方面的内容。如

“父母之丧，水浆不入于口者三日，既虞，卒哭，疏食水饮，不食菜果，期而小祥，食菜果，中月而禫始饮醴酒、食干肉”（《斋戒事天地之目》，第 184 页）。《礼记·间传》提道：“父母之丧，既虞卒哭，疏食水饮，不食菜果；期而小祥，食菜果；又期而大祥，有酰酱；中月而禫，禫而饮醴酒。始饮酒者先饮醴酒。始食肉者先食干肉。”这也就是说，父母去世后，不饮不食三日，是为其斋戒，三日之后，方可食粥饮水，但饮食也有具体要求。此外，还需沐浴，以自身之洁净来缅怀父母，这是在事亲方面对斋戒的具体规定。虞淳熙就丧葬、祭祀方面对斋戒的相关阐述多是依据《礼记》进行的，希望人通过规范自己的言行，不为外物所累，进而达到一种至善的境界，而嗜欲则会影响孝道的实现。所以在父母在世时，需“谨身节用，以养父母”（《孝经·庶人章》），父母逝世后，则需要通过斋戒的形式，体现自己的孝。如孔子在回答孟懿子问孝时说道：“生，事之以礼，死，葬之以礼，祭之以礼”（《论语·为政》），葬和祭所行的礼，其中便包含了斋戒之礼。

虞淳熙所作的《五刑章之目》实是对《孝经·五刑章》的进一步解说。当道德对民众的约束、教化作用渐趋衰弱时，刑法便体现出了它的有效性。虞氏的解说主要是针对不斋之人而言的：“不斋，则以其昏昏忘其兢兢，而滋不孝矣。故昭国法以警之。”（《五刑章之目》，载《孝经总类》申集，第 187 页）这里没有直接说不孝之人应受何种刑罚，而是通过对不斋之人的惩罚来体现。因为当一个人不进行斋戒时，便可反映出他对天地、父母等的不敬、不孝，这是为人所不齿的。针对这种情况，虞氏借用了《大明律·礼律》中的内容，并对其稍作删减：“凡大祀庙享，若百官已受誓戒，而吊丧问疾，判署刑杀文书，及预筵宴者，皆罚俸钱一月。”① 通过罚俸等惩戒措施让人们对斋戒之事加以重视，从而形成一种

① （明）虞淳熙撰：《五刑章之目》，载（明）朱鸿编《孝经总类》申集，《续修四库全书》委员会编：《续修四库全书》（第一五一册），上海古籍出版社 2002 年版，第 187 页。《大明律·礼律》中原文为：“凡大祀庙享，所司不将祭祀日期预先告示诸衙门者，笞五十。因而失误行事者，杖一百。其已承告示，而失误者，罪坐失误之人。若百官已受誓戒，而吊丧问疾、判署刑杀文书，及预筵宴者，皆罚俸钱一月。其知有缌麻以上丧，或曾经杖罪，遣充执事，及令陪祀者，罪同，不知者不坐。若有丧有过，不自言者，罪亦如之。其已受誓戒人员，散斋不宿净室，罚俸钱半月。致斋不宿本司者，罚俸钱一月。”（怀效锋点校：《大明律》，法律出版社 1998 年版，第 87 页）。

充满敬意、孝道的社会风气，这里的孝已不仅仅指对父母而言，而是囊括了天地宇宙。

（三）心斋

与身戒不同，虞淳熙所阐发的心斋主要强调人心的“敬”，这显然是承袭了理学家的“主敬”说。

虞淳熙认为，无论是在斋戒还是祭祀时，除了仪式之外，重要的是人内心对亲族、君主、天地表现出来的敬意。“后人止要明白礼义。岂宜僭用礼仪。觉悟得此义思透彻，人人可以事父配天，不必周家父子；时时可以事天事亲，不必冬至季秋”（《孝经迩言》，第177页）。虽然因尊卑贵贱等身份的差异，祭祀等礼仪形式有所区别，但人通过礼仪所体现出来的礼义却是一致的，都是表达出一种“敬”。这种“敬”是上自天子、下至庶人皆可付诸实践的，如此，便使孝成为一种推之四海而皆可以实行的行为准则与道德规范。孔子在解释为何是“三年”丧期时，认为恐毁坏人的形体，从而违背了“身体发肤，受之父母，不敢毁伤”。但是为了表达对父母的敬意，所以守丧三年。在虞氏看来，斋戒是为了教化民众对亲族、君主等应秉持一种“敬”心。他认为“前面既说爱敬之治，民用和睦，还觉是泛说，如今又把敬字申明，自天子以至庶人，上下无怨的意思，见爱之极为敬，敬之极无所不通，便一步深一步去”（《孝经迩言》，第176页）。天子爱民，民忠于君，上下和睦、无怨，其实是天子至于庶人皆怀有爱敬之心，所以“这至德要道不过是孝，孝不过是爱敬这两件”（《孝经迩言》，第175页）。人有爱，便会孝顺父母、忠于君王；人有敬，便会对天地神明心怀敬畏。虞淳熙援引《礼记·祭统》“是故君子非有大事也，非有恭敬也，则不斋，不斋则于物无防也，嗜欲无止也”（《斋戒事亲之目》，第185页）一语，认为举行斋戒仪式的时候，也应表现出诚意，即“敬”。如果不能以一种敬畏之心进行斋戒，不如不斋，但是如果不斋戒，欲望就会无休止地增加，进而对自己的良知有所损害。所以人如果要达到至善的境界，仍需要秉持一种敬意看待斋戒等仪式。

此外，虞淳熙在阐释“敬”时，融合了万物一体的思想。他在解释“君子之教以孝也，非家至而日见之也，教以孝，所以敬天下之为人父者也，教以悌，所以敬天下之为人兄者也，教以臣，所以敬天下之为人君者也”（《孝经·广至德章》）时认为：“你且看我心由爱而敬，敬则通于民，民心由爱而敬，敬则通于我。我也敬，民也敬，岂不是居则致其敬？人我同敬，总来起个万物一体之身。”（《孝经迩言》，第 180 页）上文说道，万物都由太虚衍生而出，它们有一个共同的本源，即太虚。所以从一定程度上说，它们是“一体”的，如王阳明所说“天地万物，本吾一体者也”（《王阳明全集》卷二，第 89 页）。既然万物同体，那么人敬我，我也需敬人；我敬亲，亦需敬君、敬天地鬼神。我对自己的父母尽孝，对君王、天地也应尽孝，因为父母与君王、天地一体。如此，便将“孝”“敬”扩大至宇宙万物之中，即虞氏所说的“欲要立身，不从太虚渺茫处做起，今人一离腹中，便在膝下，此时承受父母的身子，思量不敢毁伤他的，唤作始于事亲，坚持这不敢的意思，才到一物不容的时节，便见得万物一体”（《孝经迩言》，第 172 页）。万物既同体，都为太虚之遗体，则对待父母、君主、天地等人事“不过驭气摄灵一事；驭气摄灵不过爱、敬而字”（《全孝心法》，第 169 页），而“驭气摄灵”主要是通过斋戒、祭祀来实现。如此，便将斋戒、敬、万物一体联系起来，形成了虞淳熙“孝”的具体实现路径。

虞淳熙通过心斋表达出人的“敬”意，又将“敬”与“万物一体”相融合，进而表达人人需敬对万物的观点，从而得出无论是对父母、君主，还是天地鬼神，人人都应尽孝的结论。所以对虞氏而言，“孝感的关键并不只在乎外在行为表现，更在乎人心；与神明相交不必然需要通过祭祀的仪式，人心才是关键。然而人心的神明并非时时清明完美，只有透过斋戒洗心的工夫才可能达到与宇宙神灵相会通”①。

综上可知，在虞淳熙看来，孝的践行主要体现在对《孝经》的诵读，以及斋戒方面。虞氏将事亲、事君与事天地看得同等重要。《大戴礼记·礼三本》有云：“礼有三本：天地者，性之本也；先祖者，类之本也；君师者，治之本也。无天地焉生，无先祖焉出，无君师焉治。三者偏亡，无安之人。”虞氏在撰写《斋戒事亲之目》《斋戒事君之目》《斋戒事天地

① 吕妙芬：《孝治天下：〈孝经〉于近世中国的政治与文化》，台北：联经出版事业股份有限公司 2011 年版，第 146 页。

之目》时，受到了礼的影响，《五刑章之目》则是在道德礼仪无法约束民众的情况下而施加的刑法，其中主要阐述了不斋戒的惩罚，与前面三种“斋戒”相辅相成。如刘增光所说：“（虞氏）一方面持佛教‘孝名为戒’的立场，另一方面钩稽儒家孝、礼结合的内容，欲以孝为媒介将儒家的礼和佛教的孝打并归一，达至孝、戒合一，孝、礼合一。”① 虽然刘氏将虞淳熙的“孝”表述为佛家的“孝戒”，从而忽视了儒家对斋戒的阐发，但虞氏在阐释《孝经》时，将孝与礼、法相结合却是毋庸置疑的。他在此基础上又将斋戒融入其中，“虞淳熙所强调的斋戒以交神明，并非一种偶然的心灵状态或神秘经验，更是一种透过教育学习和亲身实践所导致的心理常态，是一种日常生活的方式……他所强调的全孝心法最终还是回归在日常生活中讲究正心修身的工夫，并以此为常、为贵”②，而这也成为他论述《孝经》的一大特色。

结语

虞淳熙阐释《孝经》，既吸收了张载的太虚理论，也借鉴了王阳明的良知学说。虞氏认为太虚是人这一形体产生的物质来源，而孝是人所具备的，因此太虚便为孝提供了物质性依托。同时他认为孝这一德性是人禀受良知而得，所以良知即是孝的道德性本体。通过对太虚与良知的阐发，为“孝”思想提供了理论性依据。而通过诵读《孝经》、践行斋戒等手段使他自己所说的“孝”真正落实到百姓的实际生产生活中。物质与道德相结合，理论与实践相结合，从而构成了虞氏“孝”的思想体系。

虞氏关于“孝”的思想体系的产生与他身处的明末时期以及自身经历不无关系。理学在明代的起伏，使明末日益僵化的理学思想亟须新的诠释或新的思想注入，以延续其发展。理学强调的多是“天理”“命”等不可变动、不可更改的思想，因为只有不变，且与生俱来，才会稳

① 刘增光：《虞淳熙〈斋戒之目〉与晚明儒释融汇新动向》，方立天主编：《宗教研究（2013年卷）》，宗教文化出版社2013年版，第224页。

② 吕妙芬：《孝治天下：〈孝经〉于近世中国的政治与文化》，台北：联经出版事业股份有限公司2011年版，第149页。

定，才会为统治秩序的安定发挥作用。一旦有变数的存在或可能，则人人可以当君王，可统治天下，这是统治者不能接受、不愿看到的。明末清初的政权交替之际，在吸收和借鉴理学的基础上，将有变化的社会实践融入其中，成为当时的一种学风。虞淳熙便是在不变的本体基础上，将“孝”予以固定化，通过将斋戒等可以适时而变的仪式性行为纳入到他的“孝”的思想体系中，从而为百姓人人可行孝、可达到至善的境界提供一种实践的可能性。虞淳熙在阐发《孝经》时，将良知等“不变”性学说与具有变数的社会实践相结合而进行阐释，这恰恰符合处于历史更迭的晚明时期的需要。他身处明末，深晓社会的动荡给百姓生活带来的巨大影响，而自己也同样经历了父母的离世，最终选择归隐家乡。所以他深刻体会到“子欲养而亲不待”[①] 的遗憾与无奈，因而在他的著作中，有许多关于孝的实践性内容，这些实践也是常人可以做到的。因为容易做到，所以可以即时付诸实践，使父母在世时感受到自己的孝道，也尽到自己为人子的责任和义务，这在一定程度上也反映出他对百姓的关切。

虞氏吸收了理学中的太虚、良知思想，并将其与社会性的实践相结合，以阐发他关于“孝”的理论。这种结合方式，一方面体现出理学在明末的延续发展情况；另一方面也反映出明末之时，学人对社会、百姓的关照，凸显出对实学的重视。在他所重视的社会实践中，斋戒的方式也容易为人所接受。虽然儒、佛都对斋戒有过探讨，但儒家强调更多的是由斋戒这种形式引发出的对神明、祖先的崇敬，通过这种形式知晓宇宙生成的法则，即孔子所说的“下学而上达”（《论语·宪问》），而且斋戒大多是有重大祭祀仪式的情况下进行。佛教所说的斋戒更多的是一种修行方式，而且这种修行方式是持续性的，例如八关斋戒等。在虞淳熙的《孝经》学中，其斋戒既强调对神明、祖先的尊敬，强调对宇宙法则的追求，也强调在日常生活中的持续性作用。因为孝是持续性的，所以他希望人也可以一直以斋戒这种方式践行自己的孝道，使孝得以长久地持续下去。由此可以看出，虞淳熙在一定程度上是将儒、佛结合，这也是明末儒、释融合的

① （三国）王肃注，［日］太宰纯增注，宋立林校点：《孔子家语》，上海古籍出版社2019年版，第55页。

体现。虞氏以《孝经》为例，以礼作为行事准则，通过对《孝经》及孝的阐释，在一定程度上折射出晚明学术发展的整体趋向及其特点，即理学的延续和实学的兴起。他将儒、释中的斋戒加以融合，也体现出晚明佛教复兴在当时的影响。虞淳熙对《孝经》所作的阐释方式，也成为后人延续理学、发扬实学的一个范例。

王夫之与阳明学“主意”论思潮

赵　阳

（西北大学中国思想文化研究所）

摘要：伴随着阳明学的演化，意与知的关系问题逐渐凸显，由此产生了“主意”论思潮。意知关系的论述在思维方式上指向了对未发已发的关系问题的探讨。王夫之对阳明学主意思潮涉及的理论话题有着明确的认识，并且进行了回应。一方面，他通过区分意、志，在概念不同的情况下延续了阳明学主意论的思考，同时又没有陷入直接将意志归为意根的思路，以持志解决了主意论面临的念起念灭困境；另一方面，他虽然也注意对未发之中的讨论，吸收了阳明学体用合一的思维方式，但却进一步贯彻天人之辨，在天人关系的中道理解下批判了主意论思潮诉求的本体工夫的思路。王夫之对于主意论思潮的回应，凸显出他已经注意到道德践行与道德评价的复杂性，开始具体地研究道德践行的历程及其问题。王夫之对阳明学主意思潮的辨析，体现出他对整个阳明学思潮进行批判反省的基本特点。

关键词：意志之辨　持志　本体工夫　执中

关于王夫之思想与宋明理学的关系问题，学界多从张载与程朱的视角出发进行考察。晚近以来，伴随阳明及其后学思想研究的深入，尤其是阳明后学相关文献的整理出版，学界对于明代阳明学思潮的认识也越来越深入与丰富。这提示笔者，是否可以借助此类研究成果，从阳明及其后学思潮的理论视域出发，来审视王夫之思想与宋明理学的理论关系。这无疑会帮助我们深化对于王夫之思想的认识，也有助于进一步丰富对于明清之际理学思潮发展转型的整体认识。因此，本文从明代阳明学具有重要意义的

“主意”思潮[①]入手，考察王夫之思想与明代阳明学发展的联系与差异。

首先，概述明代阳明学“主意”思潮的基本内容，说明“主意”话语在阳明学内部的兴起有其必然性，并进一步说明“主意”话语背后涉及的基本理论预设及其问题；其次，具体考察王夫之对于“主意”涉及的相关问题采取了怎样的立场，先说明他对于“志意之辨”和“持志”等问题的讨论实质上参与了明代阳明学主意思潮的理论论辩，并且接续了阳明后学的问题意识；最后，考察王夫之对主意论学者主张本体工夫的理论预设的批判，说明王夫之与明代主意论思潮的主要差异所在。通过上述讨论，笔者试图说明王夫之的相关讨论及其主张，继承了阳明后学演变中产生的理论问题意识，王夫之通过批判、吸收主意论思潮的相关理论论述发展了王阳明的良知思想。

一 “主意”论思潮及其基本主张

所谓“主意”说指的是，在阳明后学中出现的，在工夫论的讨论中以“意”为首出概念的理论倾向。这一思路在阳明学流变中的凸显，实则指向了阳明学内部对于相关流弊的自我纠治。[②] 钱明便指出，明中期以后的“主意”学者皆是“卫道士”，也即试图用主意说及其带来的概念重

---

① 较早关注阳明学主意论思潮的是钱明，他梳理了主意论演变的基本线索，参见其《阳明学的形成与发展》（江苏古籍出版社2002年版）、《儒学“意”范畴与阳明学的“主意”话语》（《中国哲学史》2005年第2期）、《明儒学案中的“意”范畴与黄宗羲的“主意”说》（吴光主编《从民本走向民主》，江苏古籍出版社2006年版）等。晚近以来，学界开始正视“主意”论思潮，并从各个角度加以考察。如张学智《江右王门王塘南的哲学思想》（《中国文哲研究通讯》卷18第2期，2008年）、吴震《论王栋的诚意慎独之学》（《哲学门》第十七辑，2008年）、侯洁之《泰州学派的转折：王一庵的诚意思想及其意义》（《辅仁国文学报》2016年第43期）、周丰堇《〈石经大学略议〉与王时槐的“主意”思想》（《儒家典籍与思想研究》第十一辑，北京大学出版社2019年版）等。张锦枝则将意论放置在宋明理学全段进行考察，如《明儒“意”论分歧及其发展》（《安徽师范大学学报（人文社会科学版）》2014年第1期）、《朱子诚意论及其对明中晚期主意学者的影响》（《复旦学报（社会科学版）》2018年第2期）等。

② 例如被当作刘宗周主意说先驱的泰州学派传人王栋，钱穆指出他的贡献在于对“诚意”的新解释，他认为王栋对“意”的“定向而中涵”的解读，使得他所谓“意”实质上便是孟子所谓“性”，因此对于诚意之重视恰可以对治阳明后学之流弊，“使人回头认识心体，则不致做一段光景玩弄”。参见其《中国学术思想史论丛（七）》，九州出版社2011年版，第193页。

整纠治心学流弊。[①] 就目前学界的研究来看，黄绾对阳明思想的反思预示了这一转变的开始，经过王栋、王时槐等人强调以意为心所存、意重于知，最终在刘宗周那里明确以慎独诚意作为宗旨，使“主意”思潮获得了最为理论化的表述。[②]

关于这一思想动向，可以从经典诠释与理论结构两方面把握：从经典诠释来看，所谓“主意”源于宋明理学对《大学》文本中“格致诚正”条目的诠释与讨论，主要指的是以“诚意”作为《大学》格致诚正工夫中最根本的修身条目的理论倾向；从阳明学自身的理论结构来看，所谓主意论指的是在阳明学关于心知意物关系的讨论中，在知与意的关系上越来越倾向于肯定意对于知的优先性，并最终认为意先于知，强调修养工夫的重心从主知转向主意。近来的新研究，尤其是从阳明后学的研究出发并关照到刘宗周的思想，越来越凸显出明代阳明学主意论这一思潮的重要性。

尽管主意论在明代中晚期并非有明确师承的某个流派，或者源于有前后相互影响关系的思想史脉络[③]，但是，主意论思潮下相关论述的问题意识还是有其共同点。阳明后学诸人在实际的工夫实践中愈发觉察到，依凭“良知”对于意念的具体纠治，会出现所谓“念起念灭困境”[④]，也即对于在念虑之上（已发的层面）是否能建立有效的对治工夫产生了质疑。具体说来，这一点源于王阳明认为良知心体自足，因此在良知心体的层面并不能再进行什么进一步的操作（也即在心体自身层面不能再施加工夫），而是需要将良知扩充、贯彻于具体的事事物物之中的观点。根据王阳明关于“知行合一”的论述，这一点尤其指向了对“一念之不善”的及时纠治。这表现在王阳明对《大学》文本的理解上，便是认为“正心”没有工夫可做，“正心”的工夫需要落实在“诚意”之上。同样的思路，

---

① 钱明：《明代主意学说的展开与终结》，见吴光主编《黄宗羲与明清思想》，上海古籍出版社 2006 年版，第 233 页。

② 侯洁之突破了自黄宗羲以来将王栋作为阳明学主意论肇端人物的认识。通过对黄绾的研究，尤其是他对于杨简“不起意”说法的评论，侯洁之指出王学内部的修正运动一开始就瞩目于“意”的提升。见其《黄久菴论意及其于阳明后学的意义》，《文与哲》2016 年第 28 期。

③ 如黄宗羲所言，刘宗周生前并没有提及或者见到王栋或王时槐的相关论述。

④ 陈立胜对此进行了详细的列举与分析，见其《从“修身”到“工夫”：儒家“内圣学”的开显与转折》，台湾大学人文社会高等研究院东亚儒学研究中心 2021 年版，第 368—380 页。

王阳明主张未发已发、致中致和的体用合一，但进一步认为未发的工夫需要在已发上落实、致中的工夫需要在致和的层面落实。但恰恰正是这一思路，在阳明后学诸人的实际践行中出现了，要么对于纷杂念头顾此失彼，要么难以区分良知心体呈现与杂念欲望流行的问题。因此，如何克服这种局限在念起念灭的情况，使得道德践行获得更加稳定、根本的内在基础与动力来源，成为阳明学主意论提出的理论关怀所在。

与上述问题意识相对应，主意论持有者们主要提出了如下两点主张：

第一，在心意关系上，主张“意为心之所存”。他们为了更加有效地落实修身工夫，主张“意”是有其内容与定向的，甚至是更加内在深入的纯粹道德意识，主张由意来保证心的发用有定向。也即，在心意关系上反对朱子、阳明以来主张“意为心之所发”的观点，转而主张“意为心之所存”，王栋、王时槐和刘宗周皆明确提出了这一点。因此，在他们的论述中，“意”不再是阳明四句教中界定的有善有恶的、需要工夫去对治的对象，转而成为良知能够知善知恶的内在根据，并且对心体流行还起到了定向的作用。这一转变的理论意义在于：首先，强调意对良知的主宰、定向作用，试图由此规避良知自然流行可能出现的肆意倾向；其次，通过“意”的提升，试图为良知与一般情识提供区别标准；最后，在部分主意论者的思想中，意（或“独”）成为首出概念，将“意”概念与道体、天道论相结合，从而具备了宋明理学所谓“本体”的地位。①

第二，对本体工夫的强调。与心意关系的调整一致，主意论学者认为意念发作后的省察，无法从根本上断绝欲望情识的消极影响，因此主张在动念之前施加工夫，由内在道德意识的保任直接开出具体的道德践行。因此，王阳明主张本体之上着不得工夫、未发工夫需在已发上用的思路，被扭转为从未发入手的所谓“本体工夫”。由此，“意”概念开始与“慎独”结合起来。修养工夫的施展，从王阳明主张的依靠良知之明觉感应，转向了在动念之前养未发之中的诚意工夫，从良知的推广转变为了向主体

① 张学智便指出，尽管在刘宗周之前也有学者强调了“意”的独特地位，但是刘宗周关于“意”的论述与他们最大的区别便在于，他对于“意”的论述有其道体论的基础；另外，如王时槐所谓“意”主要指生意，有其具体内容，而刘宗周所谓“意”，主要指的是“意”有其固有的意向，也就是所谓“好善恶恶”。见其《明代哲学史（修订版）》，中国人民大学出版社 2012 年版，第 433—434 页。

意识内部层层收敛的思路。“本体上着不得工夫—致良知—念起念灭困境—未发之中/意根—本体上着工夫—慎独诚意”，这是阳明学内部主意论思潮逐渐突出的基本线索。需要指出的是，强调对未发之中的把握，并进一步引申出“本体工夫”乃是明末阳明学纠治的一条主线，“慎独诚意”则主要是主意论学者在此大的思想方向上得出的结论。①

结合起来看，首先，主意论对于阳明学流弊的反思，主要的诉求在于如何更好地安排我们的成德实践程序，从而让成德实践有下手处、更加实际有效。对“意”本身进行提高条件一样的论述，此一思路看起来似乎能更好地体察善恶之天机。根据《大学》《中庸》文本，“意”虽然可以被解释为好善恶恶的深微道德意识，但是，“意”在主流的解释中仍然难以脱离其感性层面的变动不居的形象。尤其是朱子、阳明将意定位在发用流行的层面，并且指出了“意”存在的阳善阴恶、照管不到层面，都必须予以理论上的正视与说明。否则，单纯地对于“意”的提升，并不断强调对其进行隐微的体验，仍然可能流于一种意识自己构造的幻象。

其次，就以往思想史的叙述来看，刘蕺山这样的主意论者乃是针对见在良知论持有者来进行立论。但是，无论是王畿还是刘蕺山，在似乎对反的表述下都表现出对于如何实现本体与工夫一体贯通的关注，而最终都内收到动静之间、似有似无的境地。无论是前者避免对于本体直接措意强调保任，还是后者鉴于对未发已发问题的纾解，从而转向了对未发工夫的强调，二者都试图要求对工夫历程的绝对引导，从而实现在现实层面的有善而无恶。② 这一点被当代的阳明学研究者总结为对于“第一义”工夫的追求③，背后的底层思路则是认为“道德实践的本质工夫，必以本体的呈露

---

① 关于明代理学工夫论述的转变，最新的研究参见张锦枝《本体上着工夫——从朱子到明末工夫论的一项转进》，《哲学分析》2020 年第 5 期。近来，陈畅关于东林学派“新心学”建构对于阳明学流弊的纠治、张锦枝与陈立胜关于阳明学意论、独体概念的研究，切入点虽然不同，但都关注到对未发之中的把握及其工夫这一问题，并且都引申到本体—工夫的结构问题中。应该说，对未发之中及其工夫证成的论述，是晚明时期阳明学流弊纠治的主要着力点。参见陈畅《东林学派的新心学建构》，《中山大学学报（社会科学版）》2020 年第 3 期。张、陈文章见上文所引文献。

② 正如耿宁所论，尽管刘宗周对于王畿多有批评，但二者实质上有更多的相似之处。［瑞士］耿宁：《人生第一等事》下册附录，商务图书馆 2014 年版，第 1124—1126 页。

③ 关于中晚明阳明学对于第一义工夫的追求，参见彭国翔《良知学的展开》第六章，生活 · 读书 · 新知三联书店 2016 年版，第 343—360 页。

觉悟与保任护持为优先，而非意念杂思的克除”[①]。因此，主意论者尽管把“意”赋予了王阳明所论“良知”拥有的绝对主导地位，但其试图通过强调单一的根据从而实现成德实践的思维方式，相对于早期良知学并没有发生根本的变化。

最后，探讨道德修养的对象、根据，以及道德成就的根本途径，是阳明后学工夫多元化的理论原因。尽管在晚明的具体演变中呈现出主意的面貌，但实质上焦点仍然在于对如何致良知的不同理解，这种不同理解进一步引出对于良知心体的不同定位。因此，阳明学主意论思潮的主题仍然是良知的具体化落实究竟应该如何实现的问题。

王夫之作为宋明理学的批判者，而且他明确认识到了阳明学主意说的问题意识，因此实质上也参与了纠治阳明学流弊及其背后良知具体化实现的思想史课题。那么他所采取的纠治路线与阳明学内部出现的主意论思路有何异同？这便是下文要论述的主要内容。

二　志意之辨

王夫之对于阳明学主意论思潮兴起的问题意识有着明确的认识，并成为他诠释相关理论问题的基本视域，例如阳明学主意论涉及的诚意与致知何者更加根本的问题、慎独如何理解的问题，王夫之皆明确提及。[②] 对于主意论者质疑念起后工夫有效性，从而区分心意关系，并瞩目于“意根”主宰的问题意识，王夫之通过意志之辨展现出类似的理论关怀。[③]

王夫之明确指出“不求之心，但求之意，后世学者之通病也”[④]，“夫

---

① 林月惠：《良知学的转折：聂双江与罗念庵思想之研究》，台湾大学出版中心 2005 年版，第 667 页。

② 比如：“无待纷纭争诚意之功在致知前、致知后矣”（《读四书大全说》卷一）；“可笑数十年来一帮吃没事饭人，争慎独在致知前、在致知后”（《四书笺解》）卷一等，见（明）王夫之《船山全书》第六册，岳麓书社 2011 年版，第 412、116 页。

③ 关于王夫之意、志问题和“持志”说的讨论，程旺近来对其进行了详细的梳理，本文受益良多。参见程旺《持志以定心——王船山的“正心教”及其定位》（《中国哲学史》2019 年第 4 期）、《“志是大纲趣向底主宰”——王船山“正心教”的展开》（《船山学刊》2020 年第 4 期）。

④ （明）王夫之：《思问录》，《船山全书》第十二册，岳麓书社 2011 年版，第 412 页。

意生于心之灵明，而不生于心之存主”[①]。如果单看此两段文献，似乎王夫之直接提出了与主意论者持有的以“意为心之所存”、修养工夫应以“意”为重点的论断完全对反的命题。但这其实仅是字面显示出的差异。如果结合他之所以如此说的问题意识，就会发现王夫之与主意论者的思路在大方向上乃是一致的：“求放心则全体立而大用行。若求放意，则迫束危殆，及其至也，逃于虚寂而已。”（《思问录》，第 412 页）王夫之理解的“意”乃是主意论者针对的心的具体的发用层面，他所谓心则是“志心”，与主意论者所论作为心之主宰的“意”相近。而且，王夫之批判“意”最主要的关注点，便是以“意”为中心的工夫实践存在“迫束危殆”的问题，他更进一步说明此点：“待意之已发，或趋于善而过奖之，或趋于恶而亟绝之”[②]，这便是认为不可在后天已发层面的“念起念灭”上为修养工夫立基，这与主意论者的立场是一致的。进一步看，王夫之所论“志”与“意”二者的区别：“志”乃是有定向、恒定、公共，“意”乃是方向不定、变动不居、个体化。（《读四书大全说》卷一，第 417 页）这种区分与主意论者对于心、意的区分也有相似性。因此，就王夫之提出志（心）意之辨的问题意识与具体分判来看，他明确继承了主意论者的问题意识。可以说，尽管王夫之与主意论者使用的核心概念不同，但其实质所指都是在道德实践中起主宰作用的道德意志。

但是，王夫之论“志”与主意论者论“意”仍然存在显著的差异。这种差异也体现出了王夫之对整体阳明学思潮批判反思的共性。具体来说：

第一，“志”“意”的概念背景导致了王夫之与主意论者在具体的正心诚意工夫论述中，差异很大。因为“意”概念的习惯用法主要为感性层面，而且主要是外在对象的出现来引起“意”（意识构造物其实也源于以往对外在事物的感应）。因此，主意论者对于“意”的提升策略，便是通过界定“意”的内涵，使其摆脱受制于外物的被动感应地位（不限制于具体的内容）；同时根据《学》《庸》文本，将“意”论述为不指向具

---

① （明）王夫之：《船山经义》，《船山全书》第十三册，岳麓书社 2011 年版，第 633 页。

② （明）王夫之：《张子正蒙注》卷六，《船山全书》第十二册，岳麓书社 2011 年版，第 258 页。

体对象，但却具有好善恶恶作用的纯粹的道德意志。由此，“正心诚意”工夫就被理解为以“意”本身好善恶恶的道德意识去主宰良知心体知善知恶的具体道德判断。“志”概念在习惯用法中虽然也属于感性层面，但一开始便是一种主动的抉择与指向。因此，王夫之以持志说明“正心”的具体内容，他所谓持志主要是树立大的方向，然后具体地在意念发作的层面进行好善恶恶的道德判断。在此基础上，“诚意”工夫便被理解为将主体执持的志心，在意念指向的形形色色事务上具体展开。这不同于主意论学者主要限定在自我道德意识的内部纠治，对意念本身进行善恶判定的思路。

第二，王夫之特别强调，必须要对“志”进行“执持”，如此才能体现出《大学》文本所谓“自慊”之“自”，也即道德践行无论如何乃是自我抉择、决断的。① 主意论者针对“意根”进行的工夫论述主要讲的是进行涵养、保任，并在此基础上依凭此好善恶恶的先天能力自然发动流行。这一点，体现出王夫之在天人关系上与阳明学者的不同。也即，主意论者通过“意”与天道的关联，完全将“意根”的能力不加区分地投射、类比于天道，而没有意识到人的能力虽然来源于天道，但却有其持权的具体范围，不能仅仅依凭天赋的道德意志。需要说明的是，也有学者把王夫之常用的“素志”，结合《张子正蒙注》对“素”与“豫”的界定，将“素志”解释为王夫之认为“志”乃是先天的道德意志，并试图以此凸显出“志心”区别于一般所论知觉层面的“觉了能知”之心。这一说法有一定的合理性，即强调志心区别于知觉灵明的作用。但是根据王夫之对“豫”的解释，“豫”指的是及早准备的意思，② 并不能直接推出“豫”就表示为先天本有。因此，“素志”之“素”虽然与“豫”互训，但却并非指的是把“志”作为先天的一种能力。③ 而且，如果结合王夫之对圣人“独知”的解释，也可以认识到王夫之反对把“素志”之心抽象固化，

① “‘志’者，素所欲正之心。心欲正而意不诚以欺其心，则心恶其意矣。故于此而知《大学》之言‘心’，程子之言‘持其志’，皆以静所存者言之，非异端之以觉了能知者为心也。”（明）王夫之《礼记章句》卷三十一，《船山全书》第四册，岳麓书社 2012 年版，第 1313 页。

② “豫，象之大者。……又借为先事早图之辞，与‘预’通”，见（明）王夫之《说文广义》，《船山全书》第九册，岳麓书社 2011 年版，第 273 页。

③ 程旺便有此种解读倾向，见其《“志是大纲趣的主宰”——王船山“正心教”的展开》，《船山学刊》2020 年第 4 期。

他反而主张要“无先立之成见”，应该以“中道”为指引在具体的时、位、物的情况中进行综合的判断。[①] 因此，王夫之所论“志”虽然也有其天道论背景，但却并非像主意论者主张的将“意”直接与天道相关联，从而避免了他所批判的阳明学以天代人的倾向。

第三，王夫之虽然强调了志与意的差异，但他认为意念既可以因为其纷杂无定向而获罪，也因其为持志最终发挥效用提供现实基础，因此可以有功。这也不同于主意论学者因为试图对“意”进行提升，从而导致的在论述中对具体动念的一味排斥，并由此导致流于“虚寂”的弊端。例如刘宗周把“意”归为更加深入、精微、纯净的道德意识后，就特别强调不可把“意”与“念”进行混淆。他所谓意、念之分，实则是把本属于意的不良倾向皆归给“念”，但此“念”的区分究竟有何学理和基本的心理基础则不清楚。他后来在《人谱》中，对人的私心杂念列举之细，改过之功用力之勤，一定程度上也源于对于意、念的过分区别。相比较来看，王夫之对于“志意”的区分则没有如此复杂。他虽然以“志”论“心”，强调志心乃是有本而持存，要对其进行正面的直接发扬。但他又提出所谓“意欺心”与“意谦心”的说法，前者说明了恶的产生源于意对于心之志向的陵夺（“意欺心”），但是一旦能够持志并实际地贯彻在所动之意上，这样的“意”恰恰实现、顺应了本心的内在要求（“意谦心”）（《读四书大全说》卷一，第 417 页）。因此，志心的实现并非脱离一般的意念，而是在意念之中具体展开的。

虽然王夫之关于意志的区分与主意论者关于心意的区分，在问题意识与理论结构上有相当深入的联系，但王夫之实则从相同的问题意识出发，反而是顺着朱熹、王阳明以来对于“意”的基本定位，进行了理论折中。而且，王夫之对“意”与“心”“知”关系的解释没有局限在经典文本的字面表述，他虽然也从《大学》文本出发解释三者的关系，但也指出“意”乃是心、身之交，并非要完全按照《大学》文本排列的顺序强行解释。对于《大学》所言各条目的前后关系，他也专门指出这种前后关系

① “有知者，挟所见以为是，而不知有其不知者在也。圣人无不知，故因时，因位，因物，无先立之成见，而动静、刚柔皆统乎中道。其曰‘吾道一以贯之’，岂圣人之独知者哉！”（《张子正蒙注》卷四，第 184 页）

并非必然的次序先后，而是工夫条目的缓急不同。

三 执一与执中

上一节从心意关系的问题意识出发，考察了王夫之在概念重整上与主意论思潮的承继与区别。本节则试图说明，王夫之对于主意论思潮诉求的“本体工夫”进行了更为深入的批判。应该说，这是王夫之与主意论思潮最根本的差异所在。

王夫之有言，“正心之学不讲久矣”。以往论者多将此归于理学发展脉络下，对于《大学》格致诚正条目的逐步深入关注，王夫之被当作以“正心”为首出条目的代表。[①] 但如果放置在阳明学主意论思潮的理论背景下，这实质上表现出，王夫之也明确关注到王阳明以来，由于主张良知心体的完满自足，因此不要求对于“心体”本身施加工夫的理论倾向。在此背景下，王夫之上述感慨恰是对主意论思潮追求本体工夫问题意识的侧面宣示。

但是，王夫之对于正心工夫的强调，并不等同于主意论思潮对于本体工夫的诉求。所谓本体工夫指的是，工夫的施用不在已发的具体的意识动念上，而是应该直接从未发的心性本体入手，从而试图为整个修养工夫奠定更为内在、稳定的基础。所谓诚意、慎独，便是对“意根”这种最内在、纯粹的道德意识进行存养与保任。但是，王夫之并不肯定这种把《大学》某一条目作为绝对主宰的倾向，进一步而言，他更强调的是在工夫的各个阶段与条目中，应该有其现实、具体的着手处，从而使得修养更加具备现实品格，而不仅仅局限在内在的意识纯化。因此，如果我们对应于主意论思潮关于本体工夫的理论诉求，也可以明确看出二者的区别何在。

具体来看：首先，对于“未发之中”的理解，在整体思路上便存在差异。第一，王夫之所论“持志”，乃是贯彻于已发与未发的，并非仅仅在未发时持志，而是需要贯彻在已发未发的全程之中。相对于主意论学者强调对于未发层面的慎独、诚意等，王夫之则指出慎独并非仅仅局限在所谓“人所不知己所独知”的阶段，即使是在与人交流的具体历程中，也

① 程旺对此思路进行了最为详细的说明，见上揭两篇论文。

还是需要对于主体内在意识的训练与克制，因此在他的论述中“持志”就不仅仅只是落在未发层面的工夫，而是贯穿于修养全程的，并且这是一种实际的、更加具体化的工夫操作，区别于主意论者对“意根”过于深微、玄妙的论述。第二，在王夫之的论述中，未发之中并非某种抽象的知善知恶的能力，而是从天人关系角度出发，定位为天所赋予、人所继承的本性。但这种本性一则是实有、固有的，这是说明人有实在的、为善去恶、成德践行的根据，同时这种所谓未发之中乃是蕴含了性体表现的各种可能性，需要在具体的践形中去展示出来。[①] 因此，王夫之与主意论学者关于未发之中的理解与把握，就其都承认需要存养此未发之中而言，乃是一致的；同时，王夫之没有把未发之中如同主意论学者那样仅仅理解为意识内部对于善恶进行直观判别的意向功能。

其次，王夫之对追求“本体工夫”思路进行了批判，他指出这种思路实质上是异端所犯的“执一”之病。王夫之并不否认主意论者支持的一念之善（或发自意根的道德直觉）的作用，他认为达到君子人格者最初一念（前几）乃是贤于仔细思量后的结果（后几），但是小人最初一念则可能出于苟且，但可以道德意识的辅助，在仔细思量后做出符合道德的判断。[②] 但是，王夫之认为，我们整体的道德践行并不能仅仅瞩目于或者依靠于此一念之善，人的道德践行与人格成就乃是综合的，并非仅仅局限在道德意志的坚定与纯粹。王夫之借助人禽之辩的论述指出，儒学所论人与动物的差别（“几希”）并非如传统理学家所论“能推”或“良知/心”这样的抽象论述，人与动物乃是“件件异，件件所异者几希。异便是存，不存异便是去。”因此，“若孤据一心，则既于心争异，而又于心言均，其不自谓能存而但存禽兽之心者鲜矣”（《读四书大全说》卷九，第 1025 页）。因此，把人物之区别（几希）仅仅归结在内在的道德意志（“心”），也是一种“执一”[③]。同时，王夫之指出，这种认为只要实现了

① 参见笔者《在中与时中：王夫之对程朱中和说的整合与反思》，《朱子学研究》第 37 辑，江西教育出版社 2021 年版，第 165—169 页。

② （明）王夫之：《周易内传》卷二下，《船山全书》第一册，岳麓书社 2012 年版，第 270—271 页。

③ “硬认着些子作命脉，便是执一。要执一，即是异端，异端则是禽兽。”（《读四书大全说》卷九，第 1026 页）

内在道德意志的纯粹，就能够为其他具体的工夫条目、为具体的道德践行程序完全奠定基础的思路，实际上是对儒学“一以贯之”原则的歪曲。这一点尤其涉及不能把圣人之“无不知”理解为圣人无所不知，乃至认为某些复杂的局面仅仅是圣人才能“独知”。道德践行与人格成就需要与现实生活的各方面打交道，并且促成人的能力的全面发展，“人自有性，人自有形，于性尽之，不尽禽性，于形践之，不践禽形，而创制显庸，仁义之大用立矣”（《读四书大全说》卷九，第1029页），并非仅仅“孤保其一念之善，而求助于推广之才”（《读四书大全说》卷九，第1027页），就能算作道德实践与人格成就的实现。

最后，王夫之强调了要在现实的道德生活中，通过抉择与历练在具体的时空与现实条件中来塑造道德人格，也即所谓“执中”：“仁义只是性上事，却未曾到元亨利贞、品物流行中拣出人禽异处。君子守先待后，为天地古今立人极，须随在体认，乃可以配天而治物，‘行仁义’者不足以当之也。孔子作《春秋》，何曾有仁义作影本！只权衡来便是仁义。若论其实，也不过人之异于禽兽者耳。”（《读四书大全说》卷九，第1029页）并且，他注意到了个体道德的最终成就有其历史性，把个体人格成就的实现放置在文明发展历程中来观察。王夫之指出，整体文明成就的创造有其历史过程，具体的个人置身其中，不能把人格成就的标准止步于个体道德意志的坚定：“古今此天下，许多大君子或如此作来，或如彼作来，或因之而加密，或创起而有作，岂有可传之心法，直指单传，与一物事教奉持保护哉!”（《读四书大全说》卷九，第1029页）主意论虽然也强调要在具体的道德实践中成就人格，但其追求第一义工夫的取向，使得实际的道德践行程序论述，还是走回了在内在意识圈子里搜刮病根、打转的老路。另外，树立了所谓“主宰”，就有可能出现对于非主宰条目的忽略，而这一点正是王夫之强调“正心”工夫的原因。①

总的来看，不能认为王夫之所论“持志”工夫乃是阳明学主意论者

① 王夫之也肯定《大学》所论格致诚正尤其是先后缓急之分，但他虽然也强调“格物”的基础作用，但却没有得出以格物为绝对主宰的结论，对此问题他一来指出《大学》所论先后指的是缓急不同，二来明确指出格致诚正四者皆始功的说法，强调四者的实现乃是互为因果的关系。后一点孙钦香论之甚详，参见《船山对“格物始教”问题的思考》，《东方论坛》2012年第5期。

所追求的“本体工夫”。与主意论者相比，王夫之虽然也关注对内在意识的训练与修正，但他突出了成德践行的外在性。王夫之坚持了王阳明主张的对于良知明觉的一体发用，但却不需要解决良知与意根之间关系的搅扰。例如，刘宗周从批判良知杂于情识出发，进而否定了可以“由情见善”，王夫之则通过道心人心交藏互发的关系，一方面说明了情欲缺失存在不可靠的问题，另一方面保住了正常情欲其实就是本性的流露这一思路。按照王夫之所论的中道思维，负面的工夫不等于正面的弘扬，主意论者强调的“本体工夫”，也即对于意根进行“慎”的工夫固然重要，但是仅仅“慎”并不等于事功修养的具体展开与真实成就。应该说，这种把道德意志的坚定和纯洁，与道德践行和人格真实成就进行抽象的一元性推论的思路，已经被王夫之的中道思维抛弃了。

四　余论

王夫之相对于阳明学主意论思潮的理论探索，仍然体现出他通过气学论述将良知的实现历程具体化的总体思路。本文从阳明学主意论思潮入手考察王夫之的相关论述，主要意图在于说明王夫之的相关思考乃是植根于明末阳明学的发展之中，试图在具体研究中不局限于王夫之对于王学简短的，甚至武断的评论，而是从具体的理论问题意识入手，考察王夫之对于阳明学发展中一系列理论成果的批判与改造。笔者并不是说王夫之对于相关的问题，进行了彻底的论证。而是强调王夫之区别于阳明后学的思路，可以为当代的理学研究提供借鉴。

尽管王夫之对于阳明学主意论的相关理论改造，的确提供了更为合理的道德践行说明，但是我们还可以对此进行进一步的思考。首先，道德评价需要兼顾不同个体的道德敏感性。同样的道德评价对于不同的个体，由于道德敏感性的差异会产生不同的影响。主意论者对于“意”“念”的绝对区分，很容易忽略了个体道德敏感的差异，因此在具体的实践中会出现内在道德权威对于个体真实生活的压制；其次，道德归责是否能产生足够的效应从而促使个体按照道德要求的方式去行动，也会受限于个体的认知视野是否能合理地接受相关理由，同时也与个体具体的心态、处境，尤其是心理系统的不同要素密切相关。主意论者几乎忽略了认知差异、心理差异对于道德动机形成、作用的影响。现实的道德践行绝非仅仅依靠道德意志的坚定与道德动机的充足便足以完成，道德理性主义一定程度上忽略了道德评价的复杂性。

应该说，在真实的道德实践中，我们的道德判断需要在具体的考察中，对具体的情况进行实践慎思，并且不断地将提供动机的认识背景进行丰富，在实践合理性与审慎合理性的基础上最终促成道德实践的规范与完成。同时，不局限在道德意志的坚定和道德动机的充足，而是在道德践行的过程中对主体的品格进行塑造和拓展。王夫之以中道的追求来统摄具体的成德实践，一定程度上既承诺了对于道德有稳定的、根本的原则，同时更加注重具体的道德践行有其语境特征，不能一概而论。

近现代以来，关于“诚意”问题并非毫无反响，现代新儒学的代表人物熊十力及其弟子牟宗三、唐君毅对此问题进行了数年的往返讨论。[①]如果把王夫之相对于主意论者的转向放置在现代新儒学的发展来看，后者对相关问题的讨论在一定程度上受到了王夫之的影响，但也存在直接继承宋明理学的思路而忽略了王夫之新思路的局限。因此，王夫之的相关讨论在今天仍然具有进一步讨论的意义。

① 参见郭齐勇《论熊十力与唐君毅在刘蕺山“意”与“诚意”观上的讨论与分歧》（《熊十力哲学研究》，人民出版社 2011 年版）；张锦枝《熊、牟、唐论“意”分梳》（《哲学门》第三十辑，北京大学出版社 2014 年版）。

宗教思想研究

《大乘起信论》如来藏思想对南禅宗之影响*

王早娟

（西北大学中国文化研究中心）

摘要：禅宗初期以《楞伽经》为主要付法经典，《大乘起信论》出现后，其流行程度大有取代《楞伽经》之势。《起信论》中的如来藏思想以魏译《楞伽经》为主要思想来源而又有所创新。《起信论》完成后，对中国禅宗、天台宗、华严宗各家思想均有重要影响。《起信论》如来藏思想中的“真如本觉”思想、“真如缘起”思想成为南禅宗理论和实践的重要思想来源。

关键词：大乘起信论　如来藏　南禅宗

《大乘起信论》一卷，传为古印度马鸣菩萨所造，南朝梁时由西天竺人真谛译为汉语，唐时又有于阗人实叉难陀译本两卷。相较而言，真谛译本更具影响力。由于两个译本在某些内容上稍有出入，因而本文探讨所涉及之内容均以真谛本为依据。

一　《大乘起信论》的撰著地及其对禅宗的影响

《大乘起信论》到底是出于印度还是出于中国的问题在学界争论已久，20 世纪以来，较早探讨这一问题的有日本学界舟桥水载、望月信亨、羽溪了谛、村上专精、常盘大定、松本文三郎、林屋友次郎、铃木忠友等

* 本文为陕西省教育厅科研计划项目（项目编号：21JY040）阶段成果。

学者。国内一批学者如章太炎、欧阳渐、欧阳竟无、梁启超、太虚、吕澂、王恩洋等都对这一问题有过相关论断并形成对立的两派意见。章太炎、太虚肯定马鸣造论，吕澂则通过对南北朝及隋唐时佛教发展历史的探究，对真谛译本与实叉难陀译本的对比研究之后认为，《大乘起信论》应为伪托之作。就近来讨论结果而言，“多数人已倾向于是中国人的撰述”[①]。《大乘起信论》撰述问题虽不是本文探讨重点，但因涉及哲学思想的源头与流变问题，因而本论立论基础以其出于中国为前提。

《大乘起信论》是中国化佛教如天台宗、华严宗、禅宗的重要思想来源。禅宗一脉与《大乘起信论》关系密切，“比之‘阿赖耶识’等心‘识’说，禅宗诸派更重视心‘性’说。而这种选择与《大乘起信论》的本觉思想或许有直接关系。在《起信论》‘一心二门’的体系中，‘一心’被理解为普遍性的、超越性的心性，而作为生灭门的妄心被视为需要离弃、需要否定的存在。不是《楞伽经》的如来藏与心识合流说，而是《起信论》的本觉思想构成中国禅宗的理论基石”[②]。

禅法早期形成过程即受到《起信论》的影响，吕澂、印顺、杜继文等都看到了《起信论》对弘忍、神秀等禅宗初期禅师的影响，禅宗发展流变过程中，受《起信论》的影响更加鲜明。“禅宗的其他禅师，从宋延寿（904—975）的《宗镜录》开始，以后所有禅师的著述，不汲取《起信论》思想的很少。”（《大乘起信论校释》（序言），第 16 页）

《起信论》的出现为佛教在中国的传播提供了有力的理论支持，尤其是禅宗，“可以说基本上摆脱了印度佛教思想的羁绊，走向了独立发展的道路。它大胆怀疑传统的印度佛学思想，甚至主张不要读经，不要修行，认为坐禅、念佛都不能使人获得解脱，它主张独立思考，提倡‘即心是佛’‘见性成佛’。可是谁也不能说禅宗的思想就不是佛学思想。我们只能说禅宗思想是中国特有的佛学思想”（《大乘起信论校释》（序言），第 24 页）。

禅宗经典尤其重视对《起信论》的引证，“《楞伽师资记》《法宝

---

① （梁）真谛译，高振农校释：《大乘起信论校释》（序言），中华书局 1992 年版，第 21 页。

② 张文良：《初期禅宗的如来藏思想》，《宗教研究 · 2009》，宗教文化出版社 2012 年版，第 66 页。

记》，文中引证经论都以《起信》放在重要的地位。”① 依吕澂所见，《大乘起信论》在禅宗思想发展史中具有举足轻重的作用，而这部经典也是在北朝时期由汉地学士伪托马鸣对周武灭法之后新禅法进行理论总结而制作出的止观教程。②

《起信论》中涉及的如来藏思想也称佛性、法身、如来性等，“如来藏，如来界——如来性，佛性——佛界等，这一类名词，在意义上虽有多少的差别，然作为成佛的可能性，众生与佛的本性不二来说，有着一致的意义”③。这一思想不仅是印度佛教理论的基础，也“是中国化佛教宗派构建自己教义体系的最主要的思想来源”④。

《大乘起信论》中的如来藏思想于禅宗而言具有立宗的意义，“禅宗是从‘如来藏’来的，所以阐扬这一法门的《楞严经》与《起信论》，虽有‘疑伪’的传说，却受到贤首宗与禅宗的尊重”⑤。《起信论》如来藏思想对禅宗南北宗皆产生过重要影响，“无论南宗还是北宗都受到了《大乘起信论》的影响”⑥。但目前学界更多地关注《起信论》对北禅宗的影响，较少论及《起信论》对南禅宗的影响，实际上，“禅宗的南宗创始人慧能，用《起信论》思想组织其理论体系，其门人集其言行而成的《坛经》，处处体现了《起信论》思想”（《大乘起信论校释》（序言），第16页）。以下将重点分析《起信论》如来藏思想对南宗禅慧能一系产生的重要影响。

二　《大乘起信论》“真心本觉”思想对南禅宗的影响

《起信论》中的“真心”即如来藏、众生心、佛性、阿赖耶识。“真

---

① 吕澂：《起信与禅——对于大乘起信论来历的探讨》，《学术月刊》1962年第4期。

② 吕澂：《起信与禅——对于大乘起信论来历的探讨》，《学术月刊》1962年第4期。

③ 释印顺：《印顺法师佛学著作全集》第18卷《如来藏之探究》，中华书局2009年版，第1页。

④ 杨维忠：《如来藏经典与中国佛教·导言》（上），江苏人民出版社2012年版，第1页。

⑤ 释印顺：《印顺法师佛学著作全集》第18卷《如来藏之探究》，中华书局2009年版，第2页。

⑥ 张文良：《初期禅宗的如来藏思想》，《宗教研究》2009年刊，第66页。

心本觉”思想是《起信论》如来藏思想对南禅宗影响最为显著的一个方面，也是《起信论》推动佛教思想发展的重要观点。

大乘佛教至《起信论》出现以来，关于如来藏的早期探讨有两个分歧，第一个分歧在于，是不是人人皆具如来藏，也就是说是不是人人都有成佛的可能。第二个分歧在于，如来藏是本来清净还是本有染着。到了《起信论》出现的时代，大乘佛教界有关第一个问题的分歧已经基本消除，人人皆具佛性成为更多人认可的观点，而《起信论》之前的般若类佛典探讨佛性，重在谈论众生成佛的“‘作用的’具足一切的存有，而未言‘存有论’的具足一切存有”①。也就是说，般若类经典重在说明众生成佛的途径和方法，而忽视了论证众生成佛的必然和可能，《起信论》首先给予了信仰者信心，其次，论证了可能性，而这个可能性是人人本自具足的，人人皆可达到的，即“真心”，这个概念的提出具有重要意义，它标志着“佛教的发展至一新阶段……《起信论》提出真心，成佛始有一超越的根据”②。

在讨论如来藏本性清净还是有染的问题时，在以追求宗教修行解脱为前提的情况下，多数宗教学者倾向于如来藏本染的说法，而《起信论》则在这一问题上提出创建性论点，认为如来藏本来清净，众生本具如来藏清净自性。在这一理论的基础上，《起信论》提出“真心本觉”的思想：“所言觉义者，离心体离念。离念相者，等虚空界，无所不遍，法界一相，即是如来平等法身。依此法身说明本觉，何以故？本觉义者，对始觉义说。”（《大乘起信论校释》（序言），第 27 页）这段论述中，“觉”就是自性清净心在远离妄念之后达到的不生不灭、无所不包的一种状态，众生在“觉”的状态上是没有差别的，都具有如来平等“法身”。达到这个状态就是“本觉”也就是“始觉”，不能达到这个状态就是“不觉”。从这一点可以看出，《起信论》认为，每个人都能达到如来本觉的状态。

《楞伽经》以来的如来藏论思想多将如来藏看作为凡尘蒙蔽，需要人不断去除凡尘，如来藏方能显露。《大乘起信论》则认为如来藏本来清

① 程恭让：《牟宗三〈大乘起信论〉“一心开二门”说辨正》，《哲学研究》1999 年第 12 期。

② 牟宗三：《佛性与般若》（上），《牟宗三先生全集》3，台北：联经出版事业公司 2003 年版，第 472 页。

静，“直接把真如、妄念或净法、染法熔于一炉，把这二者看作是一而二，二而一的东西”①。“依如来藏故有生灭心，所谓不生不灭与生灭和合，非一非异，名为阿赖耶（即藏识）。”（《大乘起信论校释》（序言），第25页）“还说此净心即是真心，本来智慧光明，所谓本觉，所有修为亦不待外求，只须息灭无明，智性自现。”② 《坛经》慧能偈：“菩提本无树，明镜亦非台。佛性常清净，何处有尘埃。又偈曰‘心是菩提树，身为明镜台。明镜本清净，何处染尘埃。’”③

《起信论》如来本觉思想并非横空出世，而是融合了之前印度哲学和中国哲学思想之后的创新。《大乘起信论》吸纳了《楞伽经》中的诸多思想而又有所创建。就如来藏思想来看，“《起信论》的内容已比《楞伽经》有了许多推进，它不仅把四卷本《楞伽经》中艰涩曲折的概念，如如来藏与藏识的关系讲得更为简练明白，在义理上也揉进了不少新思想，如心性本觉的流转与还灭；又如《楞伽经》以无我，空等遮诠或消极的方式来规定如来藏。而《起信论》则强调如来藏还有清净、实体和妙用的积极一面（《起信》谓如来藏有体、相、用三大功德）”④。

《起信论》这一思想无疑是佛教中国化过程中的一个极富意义的创举，这个创举的重要性在于，首先，它指出了一个阶级社会中生命本质的平等特征，其次，它为佛教在中国底层社会的信仰和传播提供了重要的理论支撑，赋予信仰者极大的宗教自信。慧能的时代，南方是处于佛教信仰的劣势的，五祖弘忍得知慧能是岭南人时说道：“汝是岭南人，又是獦獠，若为堪作佛。”慧能答道：“人即有南北，佛性即无南北。”（《坛经校释》，第31　32页）慧能与弘忍的对话不一定真有其事，但这段记载出现在《坛经》中，就充分显示了真如本觉的平等思想对南禅宗的深刻影响。

真如本觉思想对南禅宗的第二个影响体现在修行方面。南禅宗尽弃此

---

① 石义华：《“真如”的异质性——〈大乘起信论〉的本体思想探析》，《山东社会科学》2012年第11期。

② 吕澂：《起信与禅——对于大乘起信论来历的探讨》，《学术月刊》1962年第4期。

③ （唐）慧能著，郭朋校释：《坛经校释》，中华书局1982年版，第16页。

④ 龚隽：《曹溪禅学典据考释——从〈大乘起信论〉看曹溪禅学的形成与开展》，《中国哲学史》1998年第2期。

前佛教通过坐禅来获得解脱的方式，提倡不向外求，而向内求的修行方法，这在佛教实践方法上是具有革命性的。“慧能禅法之于佛教中国化的转折意义在于，以‘藉教悟宗’理路为代表，佛教修行开始从技术性的经学研究转向内在性的宗教体验。”① 而慧能这种理论的来源正是《起信论》。

南宗禅与北宗禅最大的分歧在于顿、渐之别，慧能《坛经》中对“本心”的关注正是《起信论》“真心本觉”思想的影响，《坛经》“不识本心，学法无益，识心见性，即悟大意”这段话正是阐明了个体应当向内寻求真心本觉而不是向外用功努力的修行路径。慧能认为，“觉”的方法是“顿悟”，正如《起信论》所述：“所言法者，谓众生心。是心则摄一切世间法出世间法，依于此心显示摩诃衍义。何以故？是心真如相，即示摩诃衍体故。是心生灭因缘相，能示摩诃衍自体相用故。”（《大乘起信论校释》，第 12 页）

寻求如来清净心成为南禅宗的主要特征，这些思想在深受南禅宗思想影响的圭峰宗密禅师的《禅源诸诠集都序》亦有涉及：“故三乘学人，欲求圣道，必须修禅……禅则有浅有深……若顿悟自心……是最上乘禅，亦名如来清净禅。”② 这里的“如来清净禅”即为《起信论》中的真心本觉状态。

五代末北宋初南禅宗永明延寿禅师《宗镜录》多次引用《起信论》中“真心本觉”言论以阐明禅宗思想境界，《宗镜录》卷 44：“如《起信论》云：‘一切诸法，皆由妄念而有差别。若离妄念，则无境界差别之相。’故知妄念空而根境谢，识想消而尘垢沉，则法眼应时清明，常光了然顿现。见闻本性既尔，诸根所现亦然。”③

《起信论》一心开二门思想成为理解如来藏真心本觉思想的一个关键，这并不矛盾，“自性清净与离诟清净这二种清净，在《起信论》中兼而有之。这两个看似矛盾的观点，在《起信论》的一心二门中得到了较好的调和，从真如门看，自性本来无染；从生灭门看，自性随缘起染，唯

① 谭苑芳：《林玮从经到禅：“慧能革命”之于佛教中国化的方法论意义》，《学术研究》2017 年第 7 期。

② 蓝吉富主编：《禅宗全书》第 31 册，北京图书馆出版社 2004 年版，第 5 页。

③ （宋）释延寿著，李利安主编：《宗镜录》（2），西北大学出版社 2006 年版，第 801 页。

有除妄离诟才能复归于清净”[①]。

南禅宗神会对《起信论》颇有领会，将《起信论》中的体、用思想进一步提升，运用到解释禅宗的修行方式上去，“在解释禅理论上，神会运用《起信论》的‘体、用’范畴说明‘定慧’关系，神化了它的思维层次，也提高了他的批判水平。……对此，他解释说：‘言定者，体不可得；所言慧者，能见不可得。体湛然常寂，有恒沙功用。’”“把学禅者从‘坐禅’中解脱出来，以适应社会生活的需要，因此反对坐禅是神会系的一项重要任务。神会说：‘了性即知当解脱，何劳端坐作功夫?’又说：‘念不起为坐，见本性为禅。’”[②] 由神会对解脱的论述可见，他的理论及做法都建立在真心本觉思想基础之上。

浙江永嘉玄觉曾拜谒六祖慧能，留宿一夜，问答顿悟，有“一宿觉”之美称，与南岳怀让、青原行思、菏泽神会、南阳慧忠共同发扬慧能顿悟法门，对南禅宗在当时江浙地区的流播起到极大的推动作用。玄觉《证道歌》中“以‘摩诃般若’为指导原则，是玄觉论著中唯一保持一贯的说法。《证道歌》以‘无生’为般若的核心范畴，将‘悟无生’作为成佛的根本标志，所以有‘是以禅门了却心，顿入无生知见力’，‘勇施犯重悟无生，早成佛子于今在’，‘自从顿悟了无生，于诸荣辱何忧喜’等语”[③]。玄觉以般若智慧烛照个体生命，顿悟真如的“无生”，从根本上讲就是对真如本觉的追索。“《大乘起信论》说，‘无生’即是‘不动’，僧肇称为‘不迁’，中国传统的儒道哲学名之曰‘静’，佛教则统称‘无分别’。这类主张普遍承认，处在‘无生’一类状态的心识具有最高的智慧，玄觉称之为‘灵觉’、‘灵知’。体认‘无生’，按‘无生’的观念考察，则所有事物无不处在生住异灭的变化中，无不存在差别和自性，因而也无不是‘空’。如果能本能地运用这种观念于一切现象，那就是‘灵觉’、‘灵知’。《证道歌》着重于说‘空’，就是这种灵觉、灵知的运用，诸如‘幻化空身即法身’，‘法身觉了无一物’，‘诸行无常一切空’，‘了了见，无一物，亦无人，亦无佛。’”[④]

---

① 吴言生：《禅宗思想渊源》，中华书局 2007 年版，第 36 页。
② 杜继文、魏道儒：《中国禅宗通史》，江苏人民出版社 2008 年版，第 177 页。
③ 杜继文、魏道儒：《中国禅宗通史》，江苏人民出版社 2008 年版，第 187 页。
④ 杜继文、魏道儒：《中国禅宗通史》，江苏人民出版社 2008 年版，第 187 页。

《起信论》如来藏真如本觉思想提供给禅宗崭新的哲学思想和生命追求，“作为一个宗教派别，禅宗不崇拜任何偶像，不信仰任何外在的神和天国，所以，在世界范围内几乎找不到一个与之相同的宗教；作为一个佛教派别，它自称‘教外别传’，否认佛教经典、佛祖权威，也否认佛菩萨以至净土的真实存在。禅宗唯一信仰的是‘自心’——迷在自心，苦乐在自心，解脱在自心；自心创造人生，自心创造宇宙，自心创造佛菩萨诸神。自心是自我的本质，是禅宗神化的唯一对象，是它全部信仰的基石”①。而于南禅宗而言，则更多了一层顿悟的影响在里面。

三 《大乘起信论》“真如缘起”思想对南禅宗的影响

缘起论是佛教解释宇宙生成及变化的重要理论，在佛教历史发展中形成的缘起论有业感缘起、中道缘起、阿赖耶识缘起、自性缘起以及《起信论》建立的真如缘起。

真如缘起是《起信论》的一个重要理论创建，真如缘起也称如来藏缘起，这一缘起论认为，世间一切皆源于众生心。《大乘起信论》：“如是众生自性清净心（即如来藏）因无明风动，心与无明俱无形相，不相舍离，而心非动相……若无明灭，相续则灭，智性不坏故。”［《大乘起信论校释》（序言），第 36 页］这就是《起信论》的一心开二门思想，一心为如来藏，二门即心真如门和心生灭门，二门之间相互联系、相互影响，相互依存，“一切邪执，皆依我见。若离于我，则无邪执”［《大乘起信论校释》（序言），第 119 页］。梁启超认为“《大乘起信论》所立诸义，学者名之为真如缘起说。盖彼以真如门说明万有之缘起。然以真如‘不可说不可念’故，论文十分之九，皆说生灭。而真如生灭二门既不相离，一切生灭法皆依真如起，以真如为本体。故谓之真如缘起法门”②。真如缘起理论的出现是中国佛教哲学的一大转变，“《起信论》以明确真性缘起

① 杜继文、魏道儒：《中国禅宗通史·导言》，江苏人民出版社 2008 年版，第 3 页。

② 梁启超：《大乘起信论考证》，张曼涛主编：《大乘起信论与楞严经考辨》，大乘文化出版社，第 41 页。

论的立场出现，标志中国禅宗由重实相论向唯真心论的转变”[①]。

真如缘起说是《大乘起信论》的主要理论基础［《大乘起信论校释》（序言），第10页］，也是南禅宗顿悟思想的理论基础，“禅宗南宗创始人慧能所提倡的‘直指人心，见性成佛’的顿悟理论，可能就是受到‘真如缘起’说的影响。现代有学者认为慧能的思想在世界观上是‘真如缘起’论者”（《大乘起信论校释》（序言），第14页）。《坛经》中的“真如”即为“自性”，《坛经》多处论述自性与万法之间的联系：“世人性本自净，万法在自性。”（《坛经校释》，第39页）“性含万法是大，万法尽是自性。”（《坛经校释》，第50页）真心自性为万物缘起，自性含藏万法，犹如虚空，无所不包，“性含万法是大，万法尽是自性。见一切人及非人，恶之与善，恶法善法，尽皆不舍，不可染着，由如虚空，名之为大”（《坛经校释》，第50页）。成佛也只能从真心自性中求，“佛是自性作，莫向身求。自性迷，佛即众生；自性悟，众生即是佛”（《坛经校释》，第66页）。“若无世人，一切万法，本元不有。故知万法，本因人兴……故知一切万法，尽在自身中，何不从于自心顿现真如本性。”（《坛经校释》，第58页）

从“真如缘起”理论出发，《起信论》提出止观修行的方法。止观修行是《起信论》五种修行法门：施门、戒门、忍门、进门、止观门中非常重要的一种：

> 若修止者，住于静处，端坐正意。不依气息；不依形色；不依于空，不依地水火风；乃至不依见闻觉知。一切诸想，随念皆除，亦遣除想。以一切法本来无相，念念不生，念念不灭。亦不得随心外念境界，后以心除心。心若驰散，即当摄来住于正念。是正念者，当知唯心无外境界。即复此心亦无自相，念念不可得。若从坐起，去来进止，有所施作，于一切时，常念方便，随顺观察。久习淳熟，其心得住。以心住故，渐渐猛利，随顺得入真如三昧。深伏烦恼，信心增长，速成不退。唯除疑惑、不信、诽谤、重罪业障、我慢、懈怠、如

---

① 龚隽：《曹溪禅学典据考释——从〈大乘起信论〉看曹溪禅学的形成与开展》，《中国哲学史》1998年第2期。

是等人所不能入。（《大乘起信论校释》，第167页）

《起信论》中又有“离念”“无念”“止念”等概念和提法，这些都是止观门修习方法：

所言觉意者，谓心体离念。（《大乘起信论校释》，第27页）

以远离微细念故，得见心性，心即常住，名究竟觉。（《大乘起信论校释》，第30页）

如人迷故，谓东为西，方实不转。众生亦尔，无明迷故。谓心为念，心实不动。若能观察知心无念，即得随顺入真如门故。（《大乘起信论校释》，第117页）

《起信论》认为，众生“因为受到无明的迷惑，所以以真如净心为妄念，实际上真如净心并没有起动。如果能够仔细观察，了知真如净心本来就无有妄念，不执着五蕴为实有，就能够从心生灭门进入心真如门”①。这一思想对南禅宗慧能产生重要影响，慧能同样提倡以无相、无念、无住为修行方式，《坛经》：“何名无相？无相者，於相而离相。无念者，於念而不念，无住者，为人本性，念念不住。”“我此法门，从上已来，顿渐皆立无念为宗，无相为体，无住为本。”（《坛经校释》，第31—32页）“世人外迷著相，内迷著空。若能于相离相，于空离空，即是内外不迷。若悟此法一念心开，心开何物？开佛知见。”（《坛经校释》，第81—82页）

慧能之后禅门多学无相、无念、无心，神会在《菩提达摩南宗定是非论》中这样说：

云何为人演说？不取于相。云何不取于相？所谓如如。云何如如？所谓无念？云何无念？所谓不念有无，不念善恶，不念有边际，无边际，不念有限量、无限量。不念菩提，不以菩提为念。不念涅盘，不以涅盘为念。是为无念。是无念者，即是般若波罗密。般若波

① 吴言生：《禅宗思想渊源》，中华书局2007年版，第52页。

罗密，即是一行三昧。诸知识，若在学地者，心若有念起，即便觉照。起心即灭，觉照自亡，即是无念。是无念者，即是无上境界。如有一境界者，即与无念不相应。故诸知识，如实见者，了达甚深法界，即是一行三昧…… 见无念者，六根无染，见无念者，得向佛知见。见无念者，名为 实相。见无念者，中道第一义谛。见无念者，恒沙功德一时等备。见 无念者，能生一切法。见无念者，能摄一切法。①

唐代黄檗希运禅师也有“无心”的修习体会：

如今但学无心，顿息诸缘，莫生妄想分别，无人无我、无贪瞋、无憎爱、无胜负。但除却如许多种妄想，性自本来清净，即是修行菩提法佛等，若不会此意，纵你广学、勤苦修行、木食草衣，不识自心，皆名邪行。②

《宗镜录》卷45在论述邪执时引用《起信论》：“《大乘起信论》云：‘对治邪执者，一切邪执，皆依我见，若离于我，则无邪执。’”并提出“真如一心为总相，能摄世出世间一切法”的论点。（《宗镜录》(2)，第847页）

后代禅师逐渐将“无心”的哲学思想扩大到远离一切心造之物，宋时大慧宗杲禅师就是以这种哲学思想指导修行：“宗杲则继承《起信论》心性离相特别是离绝语言相的观念，将之运用于禅法实践之中：‘佛法要妙，离言说相，离文字相，离心缘相。不可以有心求，不可以无心得，不可以语言造，不可以寂默通！’”③

“真如缘起”影响到南禅宗修行过程还有一个方面就是南禅宗对般若的看重。自性含万法，自性常为无明熏染，要求得自性就要以无相、无住、无念为修行方式，这个过程中，般若则如利剑，可以有效地帮助修行

① 杨曾文编校：《神会和尚禅话录》，中华书局1996年版，第39页。

② （宋）赜藏主编，萧萐父、吕有祥点校：《古尊宿语录》（上）卷第三“黄檗断际禅师宛陵录”，第43页。

③ 吴言生：《禅宗思想渊源》，中华书局2007年版，第34页。

者祛除无明，“何名般若？般若是智惠……修般若行，不修即凡，一念修行，法身等佛”（《坛经校释》，第 51 页）。

结语 《起信论》“如来藏”思想对南禅宗禅法的影响

《起信论》在中国的出现，在中国哲学发展史上具有重要的历史意义，它采取精要的形式，为中土众生阐明了具有创新意义的佛教如来藏的特质，这是对印度如来藏思想的融汇，也是对中国如来藏思想的开拓。

《起信论》中的如来藏思想深刻影响了中国禅宗思想的形成。这些思想给予中国 6、7 世纪及以后的中国人绝对的信仰信心和信仰方便，是一场佛教文化的革新和重建。《起信论》给了中国南宗禅与北宗禅分庭抗礼的理论基础，成为南宗禅一脉相承的经典文献。

《起信论》如来藏思想中的“真如本觉”思想和“真如缘起”思想，成为南禅宗《坛经》及之后大多数禅宗经典的哲学理论基础和修行实践依据，是佛教中国化进程中具有划时代意义的一部论书。

唐以前华严学在关中的传布与发展*

曹振明

（西北大学哲学学院）

摘要：关中华严学始于北周武帝时期，与全国相比，起步相对较晚。隋代关中华严学由弱转盛，中国华严学从此发生重大转折，关中继邺城和建业之后一跃成为全国华严学的首要重镇，其内容丰富、类型多样的华严思想，为华严学在唐代关中地区的发展鼎盛及华严宗在唐代关中地区的策源、创立和兴盛创造了坚实基础，直接奠定了大唐时代以关中为重心的全国华严学基本格局。唐以前华严学在关中传布发展的时间虽然不长，但在中国华严发展史中具有划时代的重大转折意义。

关键词：南北朝　隋代　关中　华严学　地位

《华严经》是大乘佛教的重要经典，中国佛教围绕《华严经》不仅产生了传布大江南北的华严学，还产生了中国化佛教的重要宗派华严宗。《华严经》在中国传播初期，形成了北方的邺城和南方的建业两大华严学中心。然而，后来中国华严学却在唐代关中地区达于成熟和鼎盛（其中包括中国化佛教重要宗派华严宗在关中的策源、创立和兴盛），关中由此成为中国华严学的首要重镇。那么，关中的华严学首要重镇地位是如何确立的，是在何时开始形成的？华严学又是何时传到关中地区的，是如何在

* 本文为国家社科基金项目“佛教中国化视野下的汉传佛教尊祖传统建构研究”（项目号：22BZJ026）和陕西省社科基金项目“‘华严疏主’澄观的儒佛道三教‘会通’思想研究”（项目号：2022C013）阶段研究成果。

关中地区发展壮大的？中国华严学为何在唐代的关中达到其发展史上的顶峰，唐以前的关中华严学与唐代的关中华严学到底有什么关联？这是学术界有待回答的基本问题。

一　南北朝华严学在关中的传布及其基本特点

据现有资料，华严学在关中的传播始于南北朝后期，与全国其他区域相比，华严学在关中的传布相对较晚，但其思想内容表现出值得注意的一些基本特点。

1.《华严经》的初传及在关中的传布分期

晋宋之际（418—420），大本《华严经》在建业被译出，但在此后的近百年中，《华严经》并未受到广泛重视和传播。自6世纪初，即从南朝梁武帝（502—547年在位）和北魏宣武帝永平元年（508）开始，《华严经》的研习与传播逐渐在大江南北较有权势的僧团中展开，并受到当时帝王的重视，遂在全国形成北方的邺城（主要是慧光地论师僧团）和南方的建业（建康，包括摄山，主要是三论师僧团）两大华严学中心。[①]

据《高僧传》《续高僧传》《华严经传记》等史料考察，隋代以前，华严学在关中的传布可分为两个阶段。第一阶段为空白期。从《华严经》译出至北周武帝即位（561年）以前，未见《华严经》在关中传布的明确记载。此近150年的时间，是华严学在关中传布的空白期。第二阶段为初传期。从北周武帝开始至隋朝建立（581年），始见《华严经》在关中的流布，计有普圆、普济、普安、昙延等4位华严学人，另有2人存疑。

2. 南北朝关中华严学人及其思想

最早见于史传的关中华严学人为普圆（生卒年不详，活跃于北周武帝前后）。“似居河海”的普圆，“周武之初，来游三辅”，重“头陀”“苦节”与“慈救利益”，“常诵《华严》”并“依之修定”，《续高僧传》《华严经传记》称其为“禅僧”。后为“恶人”舍身而卒于“郊南樊川”，

① 汤用彤：《汉魏两晋南北朝佛教史》（下册），中华书局2016年版，第629页。

"诸村"民众"争欲收葬，众议不决，乃分其尸为数段，各修塔焉"。[①]可见普圆在下层民众中具有巨大影响。

其二为普济（生卒年不详，约与普圆同时而稍后），雍州（今陕西西安）人，从普圆出家。他继承其师之风：行"头陀"苦修，"业行精苦，独处林野"；"尝读《华严》，依而结业"，"跏坐修禅，至于没齿"；具"舍身"精神，隋朝立国后，重兴佛法，普济"引众集于炭（灰）谷之西崖，广发弘誓，自投而殒"。同时对其师之风又有所发展：一是把普圆"慈救利益"明确提升为《华严经》力倡的"普贤行"，"修普贤行，生贤首国"；二是将《华严经》与净土思想结合（"生贤首国"）；三是进一步扩大在下层社会民众中的影响，普圆殉法后"远方填赴，充于岩谷，为建白塔于高峰焉"，而不仅是郊南樊川之"诸村"。[②]

其三为普安（530—609），京兆（今陕西西安）人，从普圆出家。他一方面不忘其师之风。"苦节头陀"，"遵修苦行"，"常业《华严》，读诵禅思，准为标拟"，且具"舍身"精神。北周武帝灭法时，"京邑名德三十余僧，避地终南"，官府"奉敕傍山，搜括逃僧"，但普安"不惧严诛""不避强御""总召详集""幽密安处"，"显露身，行乞索"以供养众僧。另一方面对其师之风作出重要发展。一是《华严经》神力崇拜与信仰。时避难终南的静蔼叹曰：普安"神志绝伦，不避强御，盖难及也!"普安答曰："今蒙脱难，乃惟《花（华）严》力耳，凡所祈诚，莫不斯赖。"二是与普圆、普济不谈义理不同，普安"通明三藏"，较重义学，并请静渊入山，"披释幽奥，资承玄理"。三是与普圆、普济仅在下层民众中颇具影响不同，普安开始接触"京邑名德"——上层僧众，注重在上层僧众中拓展影响。[③]

其四为昙延（516—588），蒲州（今山西永济）人，从妙法师学《涅槃》，以"佛性妙理为《涅槃》宗极，足为心神之游玩也"。后"更听

---

① （唐）道宣：《续高僧传》卷二十七《普圆传》，《大正藏》第50册，第680页；（唐）法藏：《华严经传记》卷四《普圆传》，《大正藏》第51册，第165页。

② （唐）道宣：《续高僧传》卷二十七《普济传》，《大正藏》第50册，第680—681页；（唐）法藏：《华严经传记》卷四《普济传》，《大正藏》第51册，第165页。

③ （唐）道宣：《续高僧传》卷二十七《普安传》，《大正藏》第50册，第681—682页；（唐）法藏：《华严经传记》卷四《普安传》，《大正藏》第51册，第167—168页。

《华严》《大论》《十地》《地持》《佛性》《宝性》等诸部，皆超略前导，统津准的”。曾撰《涅槃大疏》。“以周建德（572—578）中年，衔命入秦”，并任北周国统，“使夫周壤导达，延又有功”[①]。可见，昙延深研《华严经》并颇有心得，但以《涅槃》为主。

此外，普安在终南山与静渊（544—611，京兆人）所“披释”之“幽奥”，或为《华严经》奥旨；但《续高僧传》又载静渊“暨隋文重开正法……自《华严》《地持》《涅槃》《十地》，皆一闻无坠，历耳便讲”[②]，似说明静渊在隋朝建立后始才研弘《华严》。因此，隋以前静渊是否研习过《华严》，尚需存疑。居终南太白山的法安（518—615，安定鹑孤人，今甘肃灵台人），慕禅为业，诣五台山，隋大业年间（605—617）在东都宝杨道场“读诵《华严》”，声称“普贤境界，常现吾前”，[③] 但隋以前法安是否已研习《华严经》，尚不确定。

3. 南北朝关中华严学的基本特点

第一，与全国相比，传布不仅很晚，而且比较微弱。据现有资料，当《华严经》从江南逐渐流传到北方，且在南北两地较有权势的僧团中展开的一个半世纪内，未见华严学在关中流布的明确记载。直至 6 世纪下半叶（北周武帝 561 年即位以后），始见《华严》在关中的明确传布，但明确的华严学人仅有 4 人。

第二，偏重信仰与实践。一是义学成果微乎其微，未见《华严》注疏的出现；二是多行“头陀”，具强烈“舍身”精神；三是多读诵并与禅定结合，被作为修行的一种法门；四是与净土思想结合，出现彼岸往生的信仰；五是呈现出神力崇拜的信仰；六是在下层民众中颇具影响力。

第三，呈现出两个重要发展趋势。一是在信仰与实践传统中开始注重义学，尽管普安在义学方面“明解佛法，颇未宽多”，但确实已开始重视“奥旨”“玄理”；[④] 二是在下层民众中颇具感召外，开始在上层僧众中拓

---

① （唐）道宣：《续高僧传》卷八《昙延传》，《大正藏》第 50 册，第 488—489 页。

② （唐）道宣：《续高僧传》卷十一《静渊传》，《大正藏》第 50 册，第 511—512 页。

③ （唐）法藏：《华严经传记》卷四《法安传》，《大正藏》第 51 册，第 168—169 页；（唐）道宣：《续高僧传》卷二十五《法安传》，《大正藏》第 50 册，第 651—652 页。

④ （唐）道宣：《续高僧传》卷二十七《普安传》，《大正藏》第 50 册，第 681—682 页；（唐）法藏：《华严经传记》卷四《普安传》，《大正藏》第 51 册，第 167—168 页。

展影响，普安在终南山舍命营救的“京邑名德三十余僧”，隋代“应诏出家，并住官寺”①，关中华严学开始影响到京城上层僧众。

二　隋代华严学在关中的发展及其整体特征

入隋以后，关中华严学明显开始转兴，成为华严学人的荟萃之地，思想内容可谓异彩纷呈，整体上呈现出多元化、立体化发展特征。

1. 隋代关中华严学人及驻锡地

据《续高僧传》《华严经传记》等记载，隋代关中华严学人有28位，分别是慧赜、昙延、慧远、灵裕、慧藏、智脱、智闰、净愿、静渊、吉藏、灵干，灵辩（辨）、智正、法常、慧休、行等、昙迁、静琳、洪遵、道英、道贵、道粲（璨）、普济、普安、樊玄智、法安、法诚、华严等。他们或是生于关中、研习《华严经》于关中，或是生于他地、研习《华严经》于他地而后入驻关中的华严学人。②

隋代关中华严学人所驻寺院（地），有都城长安的清禅寺、延兴寺、大兴善寺、净影寺、妙象寺、空观寺、宝刹寺、大禅定寺、宝昌寺、日严寺、胜光寺、明轮寺、崇敬寺、随法寺、慈悲寺、大总持寺、静法禅院（寺）17所寺院以及终南山的至相寺（前身为楩梓谷）、高冠岭、太白山、炭（灰）谷之西崖、子午与虎林两谷合涧之侧和城南之郊（具体地点不明）、城北华原县的神德寺等。其中，都城长安的大兴善寺有5位，禅定寺有5位，延兴寺有4位，胜光寺有4位，终南山的至相寺（包括楩梓谷）有4位。

2. 隋代关中华严学的主要内容

虽然隋代关中部分华严学人的《华严经》著述多有亡佚，而史传对其华严思想的记载亦不详细，但隋代关中的丰富华严思想也并非无从

---

① （唐）道宣：《续高僧传》卷二十七《普安传》，《大正藏》第50册，第681—682页；（唐）法藏：《华严经传记》卷四《普安传》，《大正藏》第51册，第167—168页。

② 蓝吉富的《隋代佛教史述论》对隋代华严学人曾作过统计，但蓝先生的统计多有失察。蓝先生认为，隋代全国研习《华严经》的高僧有14人，研习于关中者为9人。参见蓝吉富《隋代佛教史述论》，台湾商务印书馆1993年版，第121—131页。据笔者统计，隋代全国华严学人有43人，聚集关中者有28人。

探察。

（1）净影慧远

华严宗三祖法藏《华严经探玄记》卷一曰：“大远法师以华严三昧为宗，谓因行之华能严佛果。……但得所成行德，遗其所依法界。”① 净影慧远的《华严疏》已佚，其“以华严三昧为宗”已无法完全探察，但慧远的其他著述对此有所显示。慧远指出，“《华严》《法华》《无量义》等，三昧为宗……皆是大乘缘起行德究竟了义”②；“华严三昧，故德胜也。华严三昧，如《华严》说，彼一三昧，统摄法界，一切佛法悉入其中”③。可见慧远确实“以华严三昧为宗”，认为“华严三昧”是大乘了义，可统摄一切法乃至法界，此与华严宗由“海印三昧”呈现森罗万有的思维方式相同。

慧远还提出“法界缘起法门”，认为大乘中“若论破相，违之毕竟；若论其实，皆明法界缘起法门，语其行德，皆是真性缘起所成”④。“显实”之“真性缘起”，由地论师真识缘起或如来藏缘起发展而来，其中相即不异、缘起无尽、同体互成等思想⑤，已具华严宗“法界缘起”的理论雏形。

（2）灵裕

灵裕的《华严经文义记》现存卷六残本，据此已不能究明其华严思想的整体面貌。但法藏《华严经探玄记》卷一曰：“裕法师，以甚深法界心境为宗。谓法界门中，义分为境，诸佛证之以成净土。法界即是一心，诸佛证之以成法身。是故初品之内，初天王偈赞无尽平等妙法界，悉皆充

---

① （唐）法藏：《华严经探玄记》卷一，《大正藏》第 35 册，第 120 页。日本学者木村清孝认为，华严宗人批评慧远只重视因果行德（能依）而不重法界（所依），“其理由是不明的”。［日］木村清孝：《中国华严思想史》，李惠英译，台北：东大图书股份有限公司 1996 年版，第 65 页。

② （隋）慧远：《大乘义章》卷一，《大正藏》第 44 册，第 466—467 页。

③ （隋）慧远：《无量寿经义疏》上卷，《大正藏》第 37 册，第 98 页。

④ （隋）慧远：《大乘义章》卷一，《大正藏》第 44 册，第 482—483 页。

⑤ 慧远曰：“心性本净，缘起集成无尽法界”；“初地已上悟实随缘，了知缘起无尽法界”；“如来藏性，唯是法界恒河沙佛法，同体缘集，互以相成，不离不脱，不断不异。良以诸法同体缘集互相成。故无有一法别守自性。虽无一性，而无不性。无有一性，即是如如一实之门；而无不性，即是真实常乐净等法界门也。体性常然，古今不变”。（隋）慧远：《大乘义章》卷三，《大正藏》第 44 册，第 526、536 页等。

满如来身，末后复明《入法界品》，故知唯以法界为宗。此上二说，但得所依法界，遗所成行德。"[1] 法藏的评述基本可信，这在《华严经文义记》卷六中可得到很多印证[2]，但灵裕之"宗趣" "以《入法界品》为经证"[3]，强调作为修行主体的清净之"心"及其所得之"境"，法藏所谓灵裕"但得所依法界，遗所成行德"似不完全妥当。

灵裕还指出，"善财修行满足，圆通自在，无障无碍，功齐大觉故也，若据普贤以说，即明普贤之道与佛无殊"[4]。此已初具华严宗法界自在、圆融无碍的"法界缘起"之义。另外，灵裕所言"澄心真定，境无不现"[5] 等，亦与华严宗由"海印三昧"而呈现森罗万有的思维方式相同。

（3）昙迁

昙迁"是促动北方《华严》与南方《摄论》相融合的重要代表"[6]。昙迁十卷本的《华严明难品玄解》等已佚，其华严思想全貌难以探察，但华严宗人对其思想的两处引述值得注意。其一，"在华严教学上，于《华严经·菩萨明难品》的解释，给予骨架结构的'十甚深'思想，则是来自于昙迁"[7]。其二，智俨"将《亡是非论》以'顺性起'的理由收录"[8]。昙迁的《亡是非论》与华严宗的"性起"思想有何关联？昙迁《亡是非论》认为，"是"与"非""非差别者"，进而强调"无是无非"；

---

① （唐）法藏：《华严经探玄记》卷一，《大正藏》第51册，第120页。

② 如慧远指出："盖是了义真唱，备显法界，本末相资，义无缺少"；"心净无垢，内照圆明"，"澄心真定，境无不现"，"奉心纯净，事转更妙，更妙故，圆净真土，境现心目"，"以体寂真定，净土为家"；"得入楼观之法界……以见净土法身义""莲花藏净土"。（梁）灵裕：《华严经文义记》卷六，《卍续藏》第3册，第21—36页。

③ ［日］木村清孝：《中国华严思想史》，李惠英译，台北：东大图书股份有限公司1996年版，第66页。

④ （梁）灵裕：《华严经文义记》卷六，《卍续藏》第3册，第35页。

⑤ （梁）灵裕：《华严经文义记》卷六，《卍续藏》第3册，第25页。

⑥ 魏道儒：《中国华严宗通史》，凤凰出版社2008年版，第87页；［日］木村清孝：《中国华严思想史》，李惠英译，台北：东大图书股份有限公司1996年版，第49页。

⑦ ［日］木村清孝：《中国华严思想史》，李惠英译，台北：东大图书股份有限公司1996年版，第49页。

⑧ （唐）智俨：《华严经内章门等杂孔目章》卷四，《大正藏》第45册，第580—581页；［日］木村清孝：《中国华严思想史》，李惠英译，台北：东大图书股份有限公司1996年版，第47页。

证悟“亡是非”“彼我丧故，得失亦无”“逍遥累外”境界，“莫若无心以无心故”，即必须“无心”乃至“无心”亦“无”。[①]《亡是非论》的此种“无心”之旨，恰与智俨提出的以“离相”“离分别”之“菩提心”为基础的“起即不起”的“性起”思想[②]具有相通之处，对智俨的理论创造或具启发之功。

（4）智正

智正师承昙迁，在融会《摄论》与《华严》方面有着重要作用[③]。智正讲《华严经》不计其数，“有请便讲，详论正理；无请便止，安心止观”[④]。可见，在研弘《华严经》义理时，智正亦不忘禅定修行。对于《华严经》的“显文分齐”，智正认为《华严经》可有“四分”：初品是序分；《卢舍那品》至《光明觉品》，是举果劝乐分；从《名难品》至《性起品》，是明修因契果分；最后七八二会，是明依人入证分。华严宗三祖法藏提出的教起因缘分（序）、举果劝乐生信分（信）、修因契果生解分（解）、托法进修成行分（行）、依人入证成德分（证）等“五分”说，实际上是在智正“四分”基础上，把其第四分之“七八二会”一分为二而形成的。[⑤]

（5）吉藏

吉藏是三论宗大师，著有《华严游意》，认为《华严经》“正开二佛、两教门、净土、三十（千）心、十地等，今略明净土义”，吉藏“略明”的“净土义”包括“化主”“化处”“教门”“徒众”等四项内容，但吉藏实际仅重点说明“化主”一项，即《华严经》所崇奉的释迦和舍那佛。[⑥]《华严游意》全篇围绕“此经为是释迦所说耶，为是舍那所说耶”展开，集中论证释迦佛与卢舍那佛的关系，从揭示已有各种不同观点的相互矛盾入手而对它们分别予以否定，再运用三论宗“非四句亦不失四句”的思维方式，最终得出符合中道实相的结论。“吉藏的《华严游意》，实

① （唐）智俨：《华严经内章门等杂孔目章》卷四，《大正藏》第 45 册，第 580—581 页。

② （唐）智俨：《华严经内章门等杂孔目章》卷四，《大正藏》第 45 册，第 580 页。

③ 魏道儒：《中国华严宗通史》，凤凰出版社 2008 年版，第 87 页。

④ （唐）道宣：《续高僧传》卷十四《智正传》，《大正藏》第 50 册，第 536 页。

⑤ （唐）法藏：《华严经探玄记》卷二，《大正藏》第 35 册，第 125 页。

⑥ 魏道儒：《中国华严宗通史》，凤凰出版社 2008 年版，第 96 页。

际上是借《华严经》而游三论之意。”[①]

（6）其他

其一，《华严经》神力崇拜。入隋后，普安依然推崇“《华严》之力”，以致郊南民众“皆来请谒，兴建福会，多有通感”，并受到隋文帝的特别尊崇。[②]“稍呈异迹”的道英，“讲《华严》，以祈甘泽”而成功，“远近咸赖焉”[③]。《华严经》神力信仰受到时人广泛崇拜。

其二，《华严经》净土信仰。“志奉《华严》”的灵干，临终前曰：“兜率天城”之“天乐非久，终坠轮回，莲华藏是所图也”，并成功往生“莲华藏世界”。[④]“莲华藏世界”是《华严经》塑造的佛国净土，灵干视其为最圆满的净土世界。

其三，《华严经》读诵及其与禅修的结合。普安“常业《华严》，读诵禅思，准为标拟”[⑤]。静渊弘讲《华严经》同时，依此“住则安禅，缘诸止观”[⑥]。“慕禅为业”的法安，“读诵《华严》”，依此修行而“普贤境界，常现吾前”。灵干“志奉《华严》，常依经本，作莲华藏世界海观及弥勒天宫观”[⑦]。

其四，《华严经》的“普贤行”崇尚。樊玄智师从华严宗初祖杜顺，杜顺“即令读诵《华严》为业，劝依此经修普贤行”[⑧]。杜顺及樊玄智不仅以读诵《华严》为修行，并重视“普贤行”的实践法门。

其五，《华严经》消业信仰。行等“常礼佛名及读《华严》，以为消障之本也”，认为《华严经》具有消除业障的功能。史载，“从（行等）受戒者，死而还活，冥曹所放，云传等教，斯亦骇动幽显”[⑨]。

其六，《华严经》的卢舍那佛信仰。居终南太白山的法安，画“七处

① 魏道儒：《中国华严宗通史》，凤凰出版社2008年版，第96—98页。
② （唐）道宣：《续高僧传》卷二十七《普安传》，《大正藏》第50册，第167—168页。
③ （唐）法藏：《华严经传记》卷三《道英传》，《大正藏》第51册，第162页。
④ （唐）道宣：《续高僧传》卷十二《灵干传》，《大正藏》第50册。
⑤ （唐）道宣：《续高僧传》卷二十七《普安传》，《大正藏》第50册，第167—168页。
⑥ （唐）道宣：《续高僧传》卷十一《静渊传》，《大正藏》第50册，第511—512页。
⑦ （唐）道宣：《续高僧传》卷十二《灵干传》，《大正藏》第50册。
⑧ （唐）法藏：《华严经传记》卷四《樊玄智传》，《大正藏》第51册，第166页。
⑨ （唐）道宣：《续高僧传》卷十五《行等传》，《大正藏》第50册，第543页。

八会”之像[①]，展现出对《华严》卢舍那佛的崇拜与信仰。韩伟等认为，关中耀县药王山的《雷香妙碑》出现《华严》塑造的“华严三圣”佛教造像，此碑凿于开皇六年（586），“佛结枷趺坐于中央，文殊侍左方，普贤侍右方”[②]。

其七，与道家神仙思想结合。隐居终南山的慧悟，被山神带入山神之所，山神曰：“师受持《华严》，理宜尊胜”而受五百余异僧尊崇，后得山神之“精药”而成“仙”。[③] 可见《华严经》与道教神仙思想的合流迹象。

3. 隋代关中华严学的整体特征

隋代关中华严学的内容是丰富的，类型是多样的，整体上呈现出多元化、立体化的发展特征，具体而言有如下四端：

一是由微弱转向兴盛。入隋后，全国华严学人大规模地聚集于关中地区，关中成为华严学人的荟萃之地，与隋代以前《华严经》在全国的传布情况相比，隋代关中的华严学明显开始转兴。此种转兴，与隋朝发动的“关中兴法”等密切相关。[④]

二是推崇义学，成果纷呈。隋代的关中出现推崇《华严经》义理之学的众多高僧，产生关于《华严经》的许多义学注疏，有些高僧虽未有《华严经》注疏传世，但亦以研究和弘阐《华严经》义学为主，他们使隋代关中的《华严经》理论学说异彩纷呈。

三是信仰与实践内容更加丰富。《华严经》信仰与实践依然是关中华严学的重要内容，先后出现神力崇拜、净土信仰、读诵及与禅修结合、“普贤行”、消业信仰、卢舍那佛崇拜、与道家神仙思想合流等众多类型，种类数量比南北朝时更加丰富。

四是流布于社会的各个阶层。隋代关中华严学既有处于社会上层而活跃于京城都市或山林野间的诸多义理之学，同时信仰与实践型的华严思想

---

① （唐）法藏：《华严经传记》卷四《法诚传》，《大正藏》第 51 册，第 171 页。

② 韩伟、阴志毅：《耀县药王山佛教造像碑》，《考古与文物》1996 年第 2 期。不过，有学者认为“华严三圣”在中晚唐始才流行。

③ （唐）法藏：《华严经传记》卷四《慧悟传》，《大正藏》第 51 册，第 165—166 页。

④ 曹振明：《隋代“关中兴法”与终南山佛教》，《首届长安佛教国际学术研讨会论文集》（第 2 卷），陕西师范大学出版社 2010 年版，第 156—165 页。

在社会各界特别是下层民众中具有巨大感召力和影响力，而这两类华严思想均受到皇帝尊崇。

三　唐以前关中华严学在中国华严发展史上的重要地位

与全国特别是建业和邺城相比，唐以前华严学在关中传布与发展的时间虽然不长，却是中国华严发展史中不可或缺的关键一环，在中国华严发展史中具有划时代的重大转折意义。

1. 奠定关中在中国华严学中的首要重镇地位

北周武帝以前，在《华严经》译出长达一个半世纪内，未见《华严经》传布关中的明确记载。即使在隋以前，史载明确的关中华严学人也仅有4人。入隋以后，据《续高僧传》《华严经传记》等记载，隋代全国华严学人共有43人，入驻关中者有28人，隋代关中华严学人数量上已占全国华严学人总数的一半强。更值得注意的是，荟萃关中的华严学人多为全国华严学中的硕学宏才。如开皇七年（587）隋文帝在全国征请的“六大德”中，研弘《华严》的就有慧远、慧藏、昙迁、洪遵4位；隋代撰有《华严》注疏的有净影慧远、灵裕、昙迁、智正、吉藏、慧藏、洪遵、灵干、道英等[①]（此外尚有法常等人“随讲出疏”，但其注疏之名或卷数等不详），均已汇集隋代的关中；另外如普安、静渊、慧赜、灵辩（辨）、法常、道贵、道粲（璨）等，均是华严学中的突出人才。隋代关中华严学的内容异彩纷呈，使关中继建业和邺城之后一跃而成全国华严学的首要重镇，中国华严学从此发生重大转折，直接奠定大唐时代以关中为重心的全国华严学的基本格局。

2. 华严学脱离对地论的依附而趋于独立发展

南北朝以来，地论师成为推动《华严经》传播的重要力量，特别是慧光一系的僧团，其影响不止于南北朝而达于隋唐。但从隋代开始，《华严经》的研习萌生出脱离地论师而趋于独立发展的转变，这种转变至唐初武德（618—626）与贞观（627—649）之交最终完成。慧光的再传弟

---

① 李世杰：《华严哲学要义》，台湾佛教出版社1978年版，第13—14页。

子净影慧远虽研《华严经》，但更是《十地》巨匠；慧光的三传弟子静渊在研弘《地论》时，开始特别重视《华严经》；[①] 在仁寿元年（601）投师于静渊的智正，成为华严大师而不再研弘《十地》；[②] 慧光三传弟子、被隋朝敕为“十地众主”的慧迁，武德末圆寂，“《十地》一部，绝闻关壤”；[③] 随后，敷扬《十地》《摄论》等的灵辩（辨），拜学于智正后“以为一乘妙旨无越《华严》，遂废敷扬”，约贞观时成为“擅名帝里”的“华严”大师[④]；师于智正等的华严二祖智俨，在贞观之初完成《华严经搜玄记》而“立教分宗”。[⑤] 入隋后，华严学开始从地论学派中脱离出来而趋于独立发展的趋势十分明显，并在武德与贞观之交最终完成。

3. 为华严宗的理论创造提供了丰富的思想资源

整体而言，南北朝时期南方佛教偏重玄谈与义理，北方佛教偏重信仰与实践。[⑥] 隋代以前的关中华严学人即是如此，他们擅于苦节修行，缺乏《华严经》的义理探讨。入隋后，全国各地的华严义学高僧荟萃关中，在信仰与实践类华严学之外，推崇玄谈与思辨的《华严》义理之学开始在关中流行开来，为义理色彩十分浓厚的华严宗的理论创造营造出浓厚的学术氛围。此是其一。其二，慧远、灵裕、昙迁、静渊、智正等诸多高僧的华严思想，如“法界缘起”范畴，缘起无尽、同体互成和法界自在、圆融无碍的意涵，由禅定三昧而呈现万法的基本思维，“亡是非”的“无心”境界，对《华严》的“显文分齐”等，其实已经具有华严宗核心教说的思想雏形，为华严宗的理论创造提供丰富的思想资源。其三，更值得一提的是，提出以上思想的诸位华严学人与华严宗人多有直接的师承关系，如静渊师于灵裕，智正师于昙迁、静渊等，华严宗二祖智俨师于智正、灵辩（辨）等。可以说，隋代关中的华严学实际上已为华严宗的理论创造提供了直接而丰富的思想资源。

---

① （唐）道宣：《续高僧传》卷二十一《静渊传》，《大正藏》第 50 册，第 511—512 页。

② （唐）道宣：《续高僧传》卷十四《智正传》，《大正藏》第 50 册，第 536 页。

③ （唐）道宣：《续高僧传》卷十二《慧迁传》，《大正藏》第 50 册，第 520 页。

④ 道宣在写《续高僧传》时云：灵辩（辨）“今住胜光寺，众议业行，擢知纲任。扬导《华严》，擅名帝里”。道宣撰《续高僧传》终于唐贞观十九年（645）而后稍有补充，故道宣所谓之“今”当是指贞观年间（627—649）左右。

⑤ （唐）法藏：《华严经传记》卷三《智俨传》，《大正藏》第 51 册，第 163—164 页。

⑥ 吕澂：《中国佛学源流略讲》，中华书局 1979 年版，第 159 页。

4. 孕育出华严宗创宗立派的策源之地

北周武帝灭法时，“通明三藏，常业《华严》”的普安，隐入终南山楩梓谷，后引请静渊入山禀受“玄理”，并与静蔼在终南山楩梓谷“东西造二十七寺，使逃逸之僧得存深信”[①]，终南山楩梓谷的华严学由此肇始。周末隋初，楩梓谷又迎来一位华严大师——静渊，除注重研习《华严经》外，静渊积极营建至相寺。[②] 颇受隋文帝礼遇的华严大师灵裕，“以帝之信施”等大力支持至相寺建设。史载，静渊“置寺结徒，分时程业，三辅令达，归者充焉，今之至相寺是也”，“自尔迄今，五十余载，凶年或及而寺供无绝”。[③] 普安和静渊圆寂后相继归葬至相寺；隋朝“六大德”之一、“以《华严》为本宗”的慧藏[④]，大业元年（605）圆寂后亦归葬于此。仁寿元年（601），智正前来师从静渊，长居于此并卒于山寺，凡讲《华严经》不计其遍，撰有《华严疏》10 卷等，“具行于世”[⑤]。隋末唐初，灵辩（辨）前来师于智正，“以为一乘妙旨无越《华严》”，“研味兹典，既卒师资之功，备举传灯之业，并采众经，傍求异义，撰《疏》十二卷《抄》十卷《章》三卷”。[⑥] 当时，华严宗初祖杜顺也活跃于此地带，“隋高（隋文帝）重之”[⑦]。华严二祖智俨师从杜顺[⑧]，并师于智正、灵辩（辨）等华严大师，“虽阅旧闻，常怀新致”，“遍览藏经，讨寻众释”，[⑨] 撰成《华严经搜玄记》，“名贯至相”[⑩]，并有“立教分宗”[⑪] 之功。至此，终南山至相寺由华严学基地演变为华严宗创宗立派的策源之地。

---

① （唐）道宣：《续高僧传》卷二十七《普安传》，《大正藏》第 50 册，第 681—682 页；（唐）法藏：《华严经传记》卷四《普安传》，《大正藏》第 51 册，第 167—168 页；（唐）道宣：《续高僧传》卷二十三《静蔼传》，《大正藏》第 50 册，第 625—626 页等。

② （唐）道宣：《续高僧传》卷十一《静渊传》，《大正藏》第 50 册，第 511 页。

③ （唐）道宣：《续高僧传》卷十一《静渊传》，《大正藏》第 50 册，第 511 页；（唐）道宣：《续高僧传》卷九《灵裕传》，《大正藏》第 50 册，第 497 页。

④ （唐）道宣：《续高僧传》卷八《慧藏传》，《大正藏》第 50 册，第 498 页。

⑤ （唐）道宣：《续高僧传》卷十四《智正传》，《大正藏》第 50 册，第 536 页。

⑥ （唐）法藏：《华严经传记》卷三《灵辨传》，《大正藏》第 51 册，第 163 页。

⑦ （唐）道宣：《续高僧传》卷二十五《法顺传》，《大正藏》第 50 册，第 653 页。

⑧ （唐）法藏：《华严经传记》卷三《智俨传》，《大正藏》第 51 册，第 163 页。

⑨ （唐）法藏：《华严经传记》卷三《智俨传》，《大正藏》第 51 册，第 163 页。

⑩ （唐）道宣：《续高僧传》卷二十五《杜顺传》，《大正藏》第 50 册，第 654 页。

⑪ （唐）法藏：《华严经传记》卷三《智俨传》，《大正藏》第 51 册，第 163 页。

5. 对隋唐社会政治及中国华严发展面向产生重要影响

唐以前，《华严经》信仰在关中受到社会各界广泛追捧。如普安继承普圆之风，依"《华严》之力"，"时行村聚，惠益生灵"，以至于"皆来请谒，兴建福会"，使"（都城）郊之西、南五十里内，鸡猪绝祀，乃至于今（645 年或稍后）"，隋文帝对其倍加尊崇，"频敕入京，为皇储门师"，"长公主营建静法，复延住寺"。[①]《华严经》的此种影响直接延伸到唐代。《华严经传记》记载了隋唐时代依持《华严经》而产生的大量神异故事。此种神异故事"在后人看来荒诞不经"，也常被正统史家"删削殆尽"，但事实上这些故事恰恰反映了时人的"宗教信仰"。[②] 武则天利用《华严经》与华严宗人维护其"武周革命"，使《华严经》思想影响到国家政治，与《华严经》信仰对时人的精神感召力量不无关联。更值得注意的是，依据《华严经》可以"考校经典、树立信仰、确定修行内容和探索义理"[③]，唐代以前的关中华严学内容十分丰富、类型多种多样，它们为隋唐及其以后中国华严学多种面向的发展演变，奠定了思想基础、提供了充分可能，对中国华严学所最终形成并影响至今的多元化、立体化基本面貌产生深远影响。

---

① （唐）道宣：《续高僧传》卷二十七《普安传》，《大正藏》第 50 册，第 681—682 页；（唐）法藏：《华严经传记》卷四《普安传》，《大正藏》第 51 册，第 167—168 页。

② 荣新江：《中国中古史研究十论》，复旦大学出版社 2005 年版，第 191 页。

③ 魏道儒：《中国华严宗通史 · 导言》，凤凰出版社 2008 年版，第 2 页。

刘一明丹道特色及成因新探*

——基于“先天真一之气”的考察

Rakhimova Dildora（秋香）　聂启阳

（西北大学历史学院，西安邮电大学马克思主义学院）

摘要： 刘一明作为清代乾嘉时期全真龙门派第十一代传人，其丹道理论有着重要的影响，而学界又对其丹道特点看法不同，故重新了解其丹道特色与成因尤为必要。受当时重“气”思潮和丹道南宗北传的影响，致使刘一明立足于龙门派的北宗本位，以“先天真一之气”概念为核心，从本源义上融合南宗“先天之气”，重新挺立“道”的本体义，并在规则义上凸显以“理”，为其以“性命为一”代替性命两分的人性论、以“体认”代替体验的修道论奠定了本体论基础。并将已被通俗化的“气”重新赋予了超越的内涵和广阔的理论空间，显示出刘一明作为道教思想家转海回天的理论气魄。而刘一明在此过程中的理论革新精神也体现出一定的时代意义和现代价值。

关键词： 先天真一之气　性命双修　南北宗

刘一明作为清代乾嘉时期全真龙门派第十一代传人，其独特的道教思

* 陕西省教育厅专项科研项目“近现代‘新儒学’概念的形成及演变研究”（21JK0356）。

想受到同时期及后世丹家的高度评价①，但亦有丹家对其评价一般②。评价的差异实则为学术研究提供了空间和需要解答的问题，即刘一明的道教思想是否真的别具一格？如果是，那么其丹道思想的成因和时代意义究竟是什么？又对今天道教义学的发展有哪些价值？已有关于刘一明的研究成果大都针对其具体思想③，未从道教乃至内丹学发展史上对其思想地位和作用予以厘定。

一　刘一明丹道思想成因

学界一般认为道教至明中叶以后从理论、组织等方面的发展已陷入沉寂，然而在清代前期，却出现了龙门派“中兴”的社会思潮，诸多有时代担当的道教人士，针对所面临的各种社会现象而重振道教思想和组织④，目前已有成果针对清代道教发展及时代成因进行考察⑤，但还未有具体论述刘一明特色的丹道思想与时代的关系。

---

① 闵一得说其“《修真辩难》全部阐发古哲欲发未发处，数不胜数，有功玄教之作。……余学问较之悟元子，岂仅小巫大巫已哉！是余真实语，笔以告夫同志云。”［（清）闵一得《栖云山悟元子修真辩难参证》，《藏外道书》第 10 册，第 293 页］；“刘一明实为道功革新人物……全真功法至刘一明，已将儒释道功法精华冶于一炉，加以革新，非旧日龙门派功法所能望其项背。”（王沐编：《修真辩难序》，《道教五派丹法精选》第五集，中医古籍出版社 1989 年版，第 2 页）；胡孚琛先生将包括刘一明等人的丹道思想分判为虚空丹法，并认为虚空丹法之特色是“此术应识得天罡消息；能深耕置种，假幻勾玄；敢赴无遮佛会，放光以引之，摄心以俟之，能采天宝，悟透玄机，彻底掀翻丹家境界，才有个入手处。”（胡孚琛：《三家四派丹法略讲》，《西南民族大学学报（人文社科版）》2008 年第 8 期）

② 陈撄宁认为：“……悟元子各种著述，在道书中，可以称他是个乡愚谨愿者。他把别人家所用的旧名词概念排斥，换上他自己所造的新名词，实际亦不过尔尔。”（洪建林编：《仙学解密——道家养生秘库》，大连出版社 1991 年版，第 132 页）

③ 何建明：《刘一明道教养生哲学方法论和境界说》，《中国道教》1992 年第 2 期；李远国：《刘一明“九要八法”概述》，《中国道教》1993 年第 2 期；陈耀庭：《清代全真道派适应低潮时期的三项历史经验——全真三大师王常月、刘一明、闵小艮的启示》，《全真道研究（第一辑）》2011 年；刘宁：《刘一明修道思想研究》，巴蜀书社 2001 年版；刘仲宇：《刘一明学案》，齐鲁书社 2010 年版；白娴棠：《信仰与教化：刘一明的信仰之道与教化之论》，中国社会科学出版社 2018 年版。

④ 陈耀庭：《清代全真道派适应低潮时期的三项历史经验——全真三大师王常月、刘一明、闵小艮的启示》，《全真道研究（第一辑）》，齐鲁书社 2011 年版。

⑤ 尹志华：《清代全真道历史新探》，香港中文大学出版社 2014 年版，第 228—236 页。

除了在清代道教所处的政治、经济的大环境之外[①]，刘一明的丹法特色对时代的反映是不容忽视的。“元明以来，南宗内丹学影响颇大，道门修丹者大抵多注重渐法一途炼精化气的有为命术”[②]，在道门中有为命术占上风，而在民间宗教中，以炼养性体为主的内丹术也蔚为大观，“在民间宗教中，修炼内丹成为一种普遍的宗教内容……道教修炼内丹的理论和实践在民间宗教这里被改头换面而且通俗化、普及化了。……修炼内丹，成为这些教派宗教活动的重要内容”[③]。内丹道及其所影响的民间宗教内丹术逐渐有从精神超越转变为形躯养生的趋势。

会道门中出现最早的罗教的教义中，就呈现出从反对内丹术到心性修炼再至修养阴阳之气的路径。[④] 稍晚发展起来的黄天教之经典《普明如来无为了义宝卷》就有“昼夜功行，运周天”的带有南宗特色的丹道方法。而在清代影响范围极广的八卦教，其教首刘佐臣所编《五圣传道》中便将“做功运气”作为传授教徒的核心内容之一。[⑤]

可见，无论从金丹道内部偏重南宗命法的倾向还是从民间盛行内丹术重“气”的路径，都是以更偏重肉体长久为特点的。这种时代风气，与全真道北宗重心性修持的倾向相左，入清以后的全真龙门派“中兴”对此有直接的批判：

> 烹铅炼汞的，抽添火候的，比效卦爻的，把一个太极混元，穿残凿破，认假名而指实用，指譬喻作功夫，妄论三田，瞎猜精气……降至九年，还是个不知死的老造孽。[⑥]

关于刘一明究竟拜何人为师，在何时何地皈依全真龙门派，从已有研究成果和文献材料来看还未可知。但从其所遇传其丹法的两位道人来看，可以分析出形成其将南宗思想融入自己思想体系的蛛丝马迹。

---

① 卿希泰主编：《中国道教史》（第四卷），四川人民出版社 1996 年版，第 158 页。
② 任继愈主编：《中国道教史》，上海人民出版社 1990 年版，第 666 页。
③ 任继愈主编：《中国道教史》，上海人民出版社 1990 年版，第 682 页。
④ 匡钊：《明清会道门的内丹修炼》，《兰州大学学报》（社会科学版）2011 年第 5 期。
⑤ 马西沙、韩秉方：《中国民间宗教史》，上海人民出版社 1992 年版，第 929 页。
⑥ （清）王常月：《碧苑坛经》，《藏外道书》第 10 册，第 213 页。

刘一明先受教于龛谷老人，老人先帮其清除原来所学之妄，而后传其大道：

又问平生所看何书，师即陈秉平日所看书籍。老人指其何书为真，何书为假，独称其道光所注《参同契》、三子所注《悟真篇》、丘祖所著《西游记》为修真之指南，乃丹经中千真之理窟，可细玩之。①

“龛谷老人对丹经的看法，实综合了南北二宗的思想，所以推崇南宗薛道光所注的《周易参同契》和《悟真篇》，同时也推崇传为丘处机所著的《西游记》。”② 而在诸多《西游记》注家中，刘一明首推清初悟一子陈士斌所著《西游真诠》，“自悟一子陈先生《真诠》一出，诸伪显然，数百年埋没之《西游》，至此方得释然矣。”③

《西游真诠》首重“先天真乙之气”，在五十回回评中：

《西游》一书，讲金丹大道，止讲得“性命”二字，实止是先天真乙之气。修性命者，修此一气，性命双全，而还归于一。……横竖侧出，旁通曲喻，千磨万怪，无非止讲得“性命”二字，止修得先天真乙之气而已。④

可见在当时的丹道修炼思想中，“先天之气”占据重要的地位。故后来龛谷老人更进一步指点刘一明：

老人曰：“药自外来，丹向内结。”又曰：“先天之气从虚无

① （清）刘一明著，孙永乐评注：《刘一明：栖云笔记》，社会科学文献出版社 2011 年版，第 168 页。

② 刘仲宇：《刘一明学案》，第 8 页。

③ （清）刘一明：《西游原旨》（序），中国致公出版社 2016 年版，第 6 页。

④ （清）陈士斌：《西游真诠》，上海：上海古籍出版社，1992 年版，第 1108 页。

中来。”①

从上述考察可以看出，刘一明在其修习丹法和思想体系形成时期，南宗的思想尤其是“先天之气”的概念对其影响很深。可以认为，刘一明在面对当时丹道修炼偏重形体的倾向之时，选择以“先天真一之气”为核心概念构建其思想体系，不仅是立足北宗对南宗理论从根本上的吸纳，更在本体论层面上通过以“气”（先天真一之气）替换和反对“气”（阴阳之气或后天之气）的巧妙手段而对当时丹道倾向进行扭转。

二　以“先天真一之气”为核心的本体论建构

学界对刘一明道气观的认识是不断发展的，从最早的“道”生“先天一气”至“道”即是“先天真一之气”，然而此“是”则有不同，有的对“气”先天性认识不足，有的无法将“道”“气”在生成论和本体论上相统一，而至最后彻底将“道”与“气”相同。② 本文认为“先天真一之气”不仅与“道”在刘一明道教思想体系中具有一致性，而且将“道”的内涵进一步扩展。

除了道教最核心的概念“道”被金丹派南北宗作为共同的理论前置之外，一般来说，北宗以“真性”为主③，南宗则以“先天一气”为要④，二者所依本体之差别，是其早期修道理论差异的思想体系之根源。

---

① （清）刘一明著，孙永乐译注：《刘一明：栖云笔记》，社会科学文献出版社 2011 年版，第 170 页。

② 张文玲《刘一明道教思想刍议》（《中国道教》1997 年第 2 期）认为刘一明的宇宙生成论是“道”即“气”，但忽视了两者的形上内涵；刘宁《刘一明修道思想研究》（四川：巴蜀书社 2001 年版）认为刘一明思想体系中“道”与“先天真一之气”为二物，前者生成后者，同样论述于其《刘一明论“先天真一之气”》（《社会科学研究》2000 年第 1 期）；王闯《论刘一明〈道德经会义〉的诠释特点》（《全真道研究（第四辑）》，齐鲁书社 2015 年版）肯定了刘一明对先天真一之气的论述与道的一致性，以及本体论与生成论的融合；王永平《清代刘一明的道学思想》（博士学文论文，中国社科院研究生院，2002 年）在论述其宇宙论时，将本体论与宇宙生成论分而论述，认为在本体论意义上，先天真一之气与道相同，在宇宙生成论上认为先天真一之气则表示道与万物之间的中介，表示“气”的创造力。

③ 孙亦平：《论全真道的真性观念》，《齐鲁文化研究》，山东文艺出版社 2008 年版。

④ 戈国龙：《道教内丹学论“先天之气”》，《宗教学研究》2017 年第 1 期。

在当时以“气”为核心偏重形体修炼的内丹术环境下，引领龙门派“中兴”的王常月针对性地提出“休妄拘拘的摇精荡气，图精气引降窍穴，疏通血脉经行，延年却病，贪著其事，反顾色身坚固、快活逍遥，竟忘却了自己的真性”①。

与王常月挺立北宗“真性”的路径不同，刘一明虽立足龙门派本位立场，但因于其个人所处时代和修学背景，反其道而行之，以“先天真一之气”作为其本体概念，与“道”和“理”融合，虽看似淡化了“真性”，但实是把全真道追求精神超越的根本旨趣融入其中，从本体论层面推动了全真道理论的转向。

刘一明虽受张伯端《悟真篇》影响很大，但不拘泥于其具体表述的限制，提出其自己对道气关系的理解。他在解释《悟真篇》“道自虚无生一气，便从一气产阴阳。阴阳和合成三体，三体重生万物张”时，直言“所谓虚无一气者，乃天地之根，阴阳之宗，万物之祖……至无而含至有，至虚而含至实，无形无象，先天而立其体，后天而发其用……古人强图之以○，强名之曰道，曰虚无，曰先天一气，曰无极，曰太极。曰道者，无名之名也；曰虚无、无极者，自未生物时言之；其实虚无一气无极太极，总是道之一个物事，非是两个”②。他肯定了道的生化本源含义，然而其本源义并非因其“无”而能生“有”，“虚”而能生“实”，而是无中含有，虚中含实。在刘一明眼中，道是一个整体，种种概念都只是从一个角度对道的认识。这种对道内涵的扩充使之不再是停留于形上层面的超越存在，而是通过其在生成宇宙的大化流行过程中变得具象。因此，刘一明的道教思想体系，以从先天之气从“有”的一面来统摄有无、表征大道，使得“道”与“气”成为一体两面的存在，以“道”来表述宇宙本源的虚无、超越面，以“气”表述其落实、具体面，于是“宇宙之间，俱是道气充塞”③。

“先天真一之气”在刘一明这里，不同于以往仅仅作为生成的源头、材料或是内丹道药物的“先天炁”：

---

① （清）王常月：《龙门心法》，《藏外道书》第 6 册，第 755 页。

② （清）刘一明：《周易阐真》，《藏外道书》第 8 册，第 33 页。（后文所引《藏外道书》第 8 册所录刘一明著述，仅以夹注形式注明篇名和页码）。

③ （清）刘一明：《无根树解》，《藏外道书》第 8 册，第 545 页。

“此气生于先天，藏于后天，寂然不动，感而遂通，以其言无，则不识不知，以其言有，则顺帝之则。不识不知者，寂然不动也，顺帝之则者，感而遂通也。寂然不动即是真空，感而遂通即是妙有。真空而含妙有，妙有而含真空。”①

刘一明通过对儒佛二家概念的借用，以“寂然不动”与“真空”来形容“先天真一之气”的超越性、形上性和本体性，以“感而遂通”与“妙有”来形容“先天真一之气”的具象性、发用。而这种动静、有无的描述本身就是针对形上本体所言，故而刘一明的“先天真一之气”概念更具有深刻的本体论内容：

“虚无为体，一气为用，体用如一，两也，四也，八也，万也，皆在虚无一气中运用。”（《周易阐真》，第 17 页）

刘一明认为虚无与一气只是“道”之一体两面，其本体义为虚无，其发用义在一气，而一气之发用流行的过程中并非脱离了虚无之性，从道至万事万物的各个生化流行的环节中，全部都是有无互含，体用如一的，唯有虚无与一气的互含，才是大道的全体大用。

“先天真一之气”的本体义通过“理”进一步发挥，“天以阴阳五行化生万物，气以成形，而理亦具。”② 在宇宙创生的过程中，不仅有气的作用，亦有理的存在，而在具体的事物中，气作为材质而理蕴含于其中。

“气”与“理”同样是一体的不同面相，天道“其为物不贰，则其生物不测。不贰者，浑然一气也，不测者，阴阳变化也。然阴阳变化，总是一气运用之。”（《会心集》，第 654 页）气的生成作用不仅体现在为物的初始阶段，更是于生物万千的阴阳变化之中，这种阴阳变化的一气运用就是“理”，“理为何？理即天地造化之道也。造化之道，有体有用，有始有终，其间阴阳迭运，消息互更，变化无端，然其最要紧处，总是在一

① （清）刘一明：《会心集》，《藏外道书》第 8 册，第 655 页。

② （清）刘一明：《修真辩难》，《藏外道书》第 8 册，第 481 页。

气，一气总不外乎虚无”① 气是天地造化之物，理是天地造化之则；以质料义来言，天地造化的主体就是气，以形式义来言，天地造化的主体就是理。

因此在刘一明体系中，“理气”是对“道气”理则义的凸显，为人对形上实体之“气”的体认提供了对象。故而理与气作为一体两面的存在“先天而生乎阴阳，后天而藏于阴阳”（《无根树解》，第 546 页），在形上合于道，在形下合于事物，因此“理不离气，气不离理”（《修真辩难》，第 481 页），完成了“先天真一之气”的生成论与本体论结合。

可见，刘一明作为北宗的龙门派传人，以“先天真一之气”为核心，从本源义上对南宗“先天之气”的融合，又对“道”本体义的挺立，并在规则义上以“理”来凸显，为其以性命为一代替性命两分的人性论、以体认代替体验的修道论奠定了本体论基础。对当时社会内丹术注重形体修炼的风气来讲，他将已被通俗化的“气”重新赋予了超越的内涵和广阔的理论空间，显示出了刘一明作为道教思想家转海回天的理论气魄。

三　性命为一的人性论建构

全真道一般将性命上接神气。但在当时内丹术的环境中，“神”也变得通俗化。在明清影响很大的黄天教，其修炼思想体现出金丹派南北宗融合并在民间演变的体现。② 在其经典《普静如来钥匙宝卷》中就将神气降为后天有形之物“得道之人，先通内用。养神、养气，神气不散，结成大丹”。

在刘一明思想体系中，虽然也有“神”乃至“元神”的概念，但“先天真一之气”“非后天呼吸气、思虑神、交感精可比，亦非元精元气元神可同，盖元精元气元神，在后天则为阳，在先天则为阴。若非先天真一之气，历万劫而不坏，超群类而独尊，生死不拘，有无不立。为后天精气神之根本，为先天精气神之主宰。”（《修真后辨》，第 496 页）虽说元神等为先天之物，但并非根本性的概念，包括“元神”的先天五元也是

① （清）刘一明：《修真后辨》，《藏外道书》第 8 册，第 516 页。

② 马西沙、韩秉方：《中国民间宗教史》，上海人民出版社 1992 年版，第 461 页。

从“先天真一之气”中得来，虽说是“先天”之五元，但相比较“先天真一之气”来说却是位于“后天之先天”的层面。

刘一明否认与“先天真一之气”相对待的“神”概念的存在，故性并不对接于神，而是与命并列，同为“先天真一之气”在个体生命上的贯彻，“先天真一之气为生天生地生人之祖气，无理不具，无时不在，所谓性命之宗祖。”① 可见正因为先天之气的创生性并伴随着宇宙的大化流行，所以个体生命中的性与命说是不离的。

那么性与命具体指的又是什么呢？

> “何为性？不识不知，顺帝之则即是性”“无欲以观其妙，妙即是性”，“何为命？男女媾精，万物化生即是命，恍惚中物，杳冥内精，即是命”“有欲以观其徼，徼即是命。”（《修真后辨》，第499页）

刘一明对性命的内涵进行的描述是互为对待的，不识不知，顺帝之则表征性的规则义，男女媾精，万物化生表征命的生成义；妙表征性之虚无义，徼表征命之实有义。可以说规则义与生成义的结合是“理气”，虚无义与实有义的结合是“道气”，这种有物有则、虚无实有的对立表达，使性命具备平等地位并与前文所分析刘氏的“先天真一之气”的内涵相契合。并且刘氏认为：

> “命者，先天真一之祖气；性者，本来真空之祖性。”②

在刘一明体系中，“先天真一之气”是一种“道气”，既具备先天之气的生成、实有、具象之义，又具备道的本体、虚无、无形之义。因此，所说之“祖气”即是“先天真一之气”之妙有发用面，所说之“祖性”即是“先天真一之气”之真空性体面。所以其性命内涵是对“先天真一之气”“真空而含妙有，妙有而含真空”在个体生命上的落实与表达。

---

① （清）刘一明：《百字碑注》，《藏外道书》第8册，第437页。

② （清）刘一明：《敲爻歌直解》，《藏外道书》第8册，第432页。

因此，性命之性所上接的形上之物并非是神炁之神，而是其具有独特内涵的以“先天真一之气”为一体，以“理气”“道气”为一体两面之“理”与“道”的面相。所以刘氏认为：

“天以阴阳五行化生万物，气已成形，而理亦具。气即命，理即性，气不离理，理不离气，即性不离命，命不离性。焉得有性无命。”（《修真辩难》，第 481 页）

“不能修性，焉能立命。盖性者命之寄，命者性之存。性命原是一家，焉得不修性。”（《修真辩难》，第 481 页）

“先天真一之气”是即道即气的，其不仅具有生成义而且具备本体义，既是体又是用，在概念上分判为理与气，进而在个体生命上落实成为性与命，理气即是一体，故而性命必然是一体。性命既为一体，则性命不能偏废，性命双修不仅是选择，更是必然。故说“道包性命，性命一气。”（《会心集》，第 661 页）所以在刘氏体系中，性命双修不仅是一种方法论或者修炼传统，更是不得不奉行的前置背景。

但性命既有名上区别，实际中也必然有分，“本来性命一家，并无两事，因交后天，阴阳相离，一而成两，性命各别矣”（《悟真直指》，第 368 页）。性命分别的原因即是因为个体生命落入后天，从一气而分为性命。

既然性属先天真一之气之理则方面，是否可以通过“心”来认识或者复归呢？但刘一明对心性修炼也进行了批判与分析，“殊不知灵根即是灵根，心意即使心意。所言‘心性修持’者，特用心性修持灵根以生道，非修持心性即是道”。又说“夫所谓灵根者，乃先天虚无之一气”[①]。普通的心性修炼“是以心制心，终是人心”，“必先要认得天良真心”（《象言破疑》，第 181 页）。

在其体系中，“真心”“道心”“天心”等概念相同并与“人心”相对，刘氏将“道心”与“先天真一之气”进行融通。“盖先天之气藏于道心也，道心为体，先天之气为用。同出异名。”（《百字碑注》，第 437 页）

① （清）刘一明：《西游原旨》，中国致公出版社 2016 年版，第 2 页。

而“道心”在人中是否存有的状态又对应着资质不同的人，上德之人“天真未伤，阴阳和合，人心窍闭，道心常存”下德之人“天真已亏，阴阳散涣，道心窍闭，人心用事”，所以“上德无为，抱元守一，即守此先天真一之气也；下德者有为，后天中返先天，即返此一气也。”上德之人保持先天纯真的状态，这种状态肯定不是指身体，而是一种对道有较高领会的状态，故称之为德，而下德之人则无此状态，故而人心用事。所以无论是上德还是下德之人，其修炼对象均是“先天真一之气”，而“道心”之存废的分判标准，实则是对“先天真一之气”的觉知之有无。

综上可知，刘氏将个体生命中最为重要的性命概念与“先天真一之气”的融合，使得其内丹思想独具特色。

四　性命双修：对南北宗性命修炼路径的融合与发展

在刘氏思想中性命皆是个体对“先天真一之气”不同面向的秉承，而性命双修就是丹道的内容。

> 性命必须双修，功夫还要两段。盖金丹之道，一修命，一修性之道。修命之道，有作之道。修性之道，无为之道。有作之道以术延命也。无为之道，以道全形也。始于有作者，有作之道，以延命也……终而无为者，用无为之道以修性也……但人只知无为之道为要妙，而不知有作之道是根基。不知有作，而只知无为，不但不能修命，而亦不能修性。纵有所修，亦不过修后天气质之性，岂能修先天根本之性乎？根本之性，天命之性也。本来性命一家，并无两事，因交后天，阴阳相离。一而成两，性命各别矣。……故金丹之道，必先有为，于后天中返先天，还我原来命宝，命宝到手，主宰由我，不为造化所移。于是抱元守一，行无为之道。以了真空本性，直超最上一乘之妙道矣。奈何一切顽空寂灭之徒，只知无为，不知有作者，何哉。（《悟真直指》，第368页）

这段材料频繁被引用，以说明刘氏性命双修中“先命后性”的路径选择，而随着对刘一明研究的进展，学界对其性命先后问题也提出了更进一步的看法，认为南北宗在炼己这一步骤上对“性”的理解是有差别的。即北宗是将炼己修心工夫和炼神化虚的具体性功整体性的理解为性功，而南宗则是直接从炼精化气讲起，把单把炼神化虚及其之后工夫理解为性功，属于狭义。因此，南宗的先命后性并不否定刘一明先性后命的方法。①

但基于前文的分析，刘一明性命双修问题可以有更进一步探讨的空间。无论是判断为先命后性还是将炼己归入性功而判断为先性后命，都忽视刘一明思想体系从一体两面的“先天真一之气”出发，下贯至性命不离的个体，最终通过性命双修返还的整体性与逻辑性。

上述材料虽讲“一而成两，性命各别”，但成两与各别指的就是一种后天的假、妄状态，这种错误的状态必须是要纠正的，具体来说即是达到“两而一、性命合”的状态。性命之先后其实并非是一个原则性问题，因为在其体系中，针对资质卓绝之士，也可走“先性后命”的路径即是“顿悟之后，不废渐修之功”（《悟真直指》，第388页）。刘一明丹道性命双修的特色是在实践中的圆融一体：

> 欲修此性，需要了悟此性。即悟此性，需要将此性炼成一个金刚不坏之物，方能得济。若已悟而不知修炼，命不由我尚由天（《悟真直指》，第388页）
>
> 若以修命而言，亦必须修性。若不修性，命亦不凝。（《敲爻歌直解》，第433页）

一般意义上的修性、修命阶段，必须对性命同时兼顾。在修性方面，所讲的把性“炼”成金刚不坏实则就是修性的同时要修命。而修命之时，修性才能命凝，即是强调修命之时对性的兼顾。

具体而言，如从“还丹”阶段的性命归属上看：

> 还丹者，还其人生之初，良知良能，刚柔合一，真灵之本性也。

① 刘仲宇：《刘一明学案》，齐鲁书社2010年版，第79页。

（《悟真直指》，第335页）

先天真一之气，即是还丹也。因其还丹，乃刚柔二气交合而成，故谓真一之气，非还丹之外，别有真一之气也。（《悟真直指》，第339页）

“还丹”既是真一之气，又是真灵本性，真一之气即是命。无论是性或命都是对形上超越的表征，并不代表在实际路径上具有这种可能性，原因便是“先天真一之气”是“道气”融合、“理气”一体，所以单纯修命或修性不仅不能达到对“先天真一之气”的全面复归，而且因为性命不离的先在条件而根本不可能有现实的可操作性。

再如刘一明讲炼己筑基，“炼己即在筑基之中，筑基不在炼己之外。愚人不知。以炼己为守心，筑基为闭精，非也。夫炼己之功，为丹道始终之要着。”（《象言破疑》，第181页）如果从广义来说，一般意义上炼己偏重于修性，筑基偏重于修命，然而刘氏不同于一般内丹学先炼己、再筑基、而后炼精化气的程序推进，而是将“炼己”与“筑基”融合，并且先要认得“天良真心”，此真心即是炼己之真铅、筑基之橐籥，同时又是“道心”，“道心”是对“天生烝民，有物有则”的真知，是对“先天真一之气”的体认。

因此刘一明又以“中”表达性命合一的状态“盖此中乃性命之根，在先天性命如一而为中，在后天中分而为性命。其是后天中返出先天，性了命凝，性命归根，仍是一中字”（《周易阐真》，第32页）。性命如一，即是对形上本体的复归，“儒曰执中，道曰守中，释曰虚中……至无而含至有，至虚而含至实。故谓中”（《周易阐真》，第31页）。

有研究认为刘一明的内丹理论最终还是回归到全真道（北宗）的真性本体[①]，但据前文分析，虽然其作为龙门派传人，更偏重对于性的挺立，但在其体系中北宗早期的真性本体已经被其所引入的“先天真一之气”所涵盖。

“修命时所修之性乃天赋之性，修命后所修之性，乃虚无之性。天赋

① 黄红兵：《阳道生内丹思想在融合金丹派南北宗中的作用和地位》，《宗教学研究》2013年第1期。

之性，从阴阳中来，虚无之性，从太极中来，不得一例而看。”（《修真辩难》，第 482 页）修性有两段，一为阴阳之性，一为虚无之性，其是即是“先天真一之气”从虚无中来之“道”和行阴阳迭运往来的造化之“理”。“其理为何，理即天地造化之道也。造化之道，有体有用，有始有终，其间阴阳迭运，消长互更，变化无端，然其最要紧处，总在一气，一气总不外乎虚无。”（《修真后辨》，第 516 页）因此，所修之性不同，实则是“先天真一之气”内涵中“道”的虚无本体义与“理”的理则义在具体层次的展现！并未突破“先天真一之气”的范畴。

而此先天之气归根到底，又是与虚无、大道同义者，“究到实处，只一虚空而已。古仙教人修道，返于父母未生身以前面目者，即返于虚空之境。”（《象言破疑》，第 176 页）可见，虽然“先天真一之气”融合了“道”“太极”等最高实体概念，然而作为宗教思想，其本身的超越性与彼岸指向又迫使其在描述最高的境界时运用“虚空”“虚无”这类充满无限性的遮诠式表达。

五 小结

刘一明丹道思想隔绝先后天，扫除了各种神秘术语和在实践中容易证伪的概念与方向，将整个丹道思想体系贯穿于其对“先天真一之气”的哲学思辨中和个人的行为修养上，这种以“理气”“道气”替代“神气”，并且坚持理气、道气统一，进而将理（道）与性挂钩，始终强调穷理的重要意义，体现出道教哲学家“愚人以天地文理圣，我以时物文理哲”态度，将神秘的修道体验转化为对天地造化流行之理与虚空无形之道的体认。这种丹道旨趣的转向，是道教学者主动为人们理性思维开辟空间的尝试。然而这种以扫除神秘性为特点的丹法却因为在丹道实践中，依靠于个人对“理”与“道”的体认而缺乏落脚与把柄。

编后感言

编后感言

思想史是中华民族固有的学术传统。近代以降，经过中西文化的冲突与融合，逐渐完成了向现代学科形态的转型。

西北大学中国思想史学科点是中国思想史现代化、学科化的产物。学科点源自侯外庐先生。侯先生吸收马克思主义唯物史观，确立了社会史与思想史相结合的方法论原则，为中国思想史学科奠定了科学研究的基石。1950 年侯外庐先生出任西北大学校长，1952 年成立“中国思想史研究室”，薪火相传，生生不息。1986 年张岂之先生在此基础上组建创立了直属学校的“西北大学中国思想文化研究所”。这里的“思想文化”是与“物质文化”“制度文化”等并列的概念，它明确了思想文化研究的特质和地位。回顾历史，自梁启超以来，中国思想文化史研究可谓人才辈出，硕果累累，直接或间接引发的诸多思潮跌宕起伏。可是十分遗憾的是，学术界一直没有“中国思想史研究”的专业刊物。为了给中国思想文化研究开辟一块学术园地，西北大学中国思想文化研究所于 1998 年创办《中国思想史论集》，由广西师范大学出版社支持出版，2012 年，根据中国思想史研究发展的新需要，正式更名为《中国思想史研究》，移交中国社会科学出版社出版。时光荏苒，今年正好到了十周年节点，今年也是我的老师张岂之先生到西北大学执教 70 周年，又欣逢党的二十大召开，本期学刊具有特别的意义，因此，我想借此一角略记感言以与同道诸仁共勉。

1. 扶植中国古代思想史经典的研究，为促进中国的文化复兴大业尽绵薄之力

中国思想史要研究什么？有的学者说是研究中国古代思想家或知识分子，有的说是研究中国古代思想体系，有的说是研究中国古代思想观念，

等等，多种说法各有侧重，都属于中国思想文化研究的应有内涵。但是结合本学刊，笔者以为，我们中国思想文化研究的学者首先要面对的恐怕还是中国思想史的经典原著，这就免不了遇到这样的问题：今天为什么还要学习过往的经典？为什么还要研究过往的经典？诸如此类的问题，仅仅凭借知性是很难获得定论的。

不如让我们放眼世界，参照和借鉴历史。实现中华民族伟大复兴的中国梦需要文化的繁荣发展，这不是一般意义上的文化数量上的增加，而是文化、文明的实质性进步，其意义也许只有“文艺复兴”可以比拟，或者可以说，中国需要经历自己伟大的文艺复兴。那么，何以能期望中国的文艺复兴？我想，起码有一点，必须回到古代思想文化经典的研究上来。脱离古代思想文化经典等于割断历史、脱离民族精神、背离文化根脉，何谈文化传承、民族复兴呢！所以，我们要大力营造中国思想文化研习的氛围，大力推动中国思想文化的创造性转化和创新性发展，将来《中国思想史研究》拟重点关注中国思想史经典原著的创新性诠释。

2. 弘扬和创新侯外庐先生创立的思想史研究范式，推动马克思主义基本原理与中华优秀传统文化相结合

侯外庐先生是我国马克思主义思想史研究的开拓者、奠基人，他的著作是马克思主义中国化的重要学术成果，弥久弥新，值得我们重新学习、深入发掘。侯先生发明了社会史与思想史研究相结合的方法原则，值得进一步继承和发展。为此，中国思想史研究需要摆脱抽象地从概念到概念的研究和叙述模式，需要自我突破，需要向社会史、社会学、文化人类学向社会科学群学习，只有这样才有希望继续光大思想史研究的特色，彰显思想史学科对人类社会历史意义的认识功能与多重价值。奋勇探索，《中国思想史研究》学刊应成为新时代马克思主义基本原理与中华优秀传统文化相结合的前沿阵地。

3. 发扬会通精神，推动文明互鉴

“会通”一语出自《易大传》。明末徐光启将其创造性地运用到中西历法的交流互鉴领域。王国维先生曾经说，“学无新旧也，无中西也，无有用无用也”，“余谓中西二学，盛则俱盛，衰则俱衰”（《〈国学丛刊〉序》）。这是超越中体西用的进步的学术观。张岂之先生说：“对世界文化了解得越多，对本国文化会更加珍惜，在借鉴和研究上会更有深度，更有

感情；在将传统与现代结合，在将文化思想精华与古代文化中的糟粕加以剥离上越加科学化。同样，对中国思想文化研究得越深，对西方文化越有鉴别力，越能准确地吸收其优质，以补自身文化的某些不足。”（张岂之著《中华文化的会通精神》，长春出版社 2016 年版，第 280—281 页）这是老师终身治学之道的现身说法吧。笔者以为，不仅相近、相似、相通的学术可以借鉴吸收，甚至矛盾对立的也有可以辩证会通之处，所谓相反相成。党的二十大报告提出“创造人类文明新形态”的号召，这要求学者们具备更高的、自觉的会通精神。

值此学刊创立十周年之际，谨向学刊的各位编委致以崇高的学术敬意！

最后，向支持敝刊的同仁、作者和付出劳动的编辑同志们致以诚挚的感谢！也希望学术界朋友们继续关心支持本刊，共同推动本刊欣欣向荣、蓬勃发展！

谢阳举

2022 年 10 月 21 日